# 桥梁检查手册

陈金东　主编

人民交通出版社股份有限公司
北京

## 内 容 提 要

全书立足于江苏交通控股有限公司(简称:江苏交控)桥梁管养现状,考虑桥梁管养长期需求,从一线桥梁检查人员的实际工作出发,结合江苏交控桥梁管养经验及教训进行介绍,图文并茂,具有较强的实用性。

全书共10章,主要内容包括:桥梁检查总体要求、桥梁力学基础、桥梁材料基础、桥梁工程基础、桥梁构件及病害、缆索承重结构桥梁、桥梁日常巡查、桥梁经常检查、桥梁定期检查、桥梁特殊检查等。

本书可供基层桥梁养护人员、技术人员及桥梁养护工程师参考使用,可作为从事一线桥梁检查人员的实用手册,亦可作为高等院校有关工程专业的教学参考书,以及公路技术人员自学与培训教材。

**图书在版编目(CIP)数据**

桥梁检查手册 / 陈金东主编. — 北京 : 人民交通出版社股份有限公司, 2021.11

ISBN 978-7-114-17632-6

Ⅰ.①桥… Ⅱ.①陈… Ⅲ.①桥梁结构—检查—手册 Ⅳ.①U443-62

中国版本图书馆CIP数据核字(2021)第189466号

Qiaoliang Jiancha Shouce

**书　　名**:桥梁检查手册
**著 作 者**:陈金东
**责任编辑**:赵瑞琴
**责任校对**:孙国靖　宋佳时　龙　雪
**责任印制**:张　凯
**出版发行**:人民交通出版社股份有限公司
**地　　址**:(100011)北京市朝阳区安定门外外馆斜街3号
**网　　址**:http://www.ccpcl.com.cn
**销售电话**:(010)59757973
**总 经 销**:人民交通出版社股份有限公司发行部
**经　　销**:各地新华书店
**印　　刷**:中国电影出版社印刷厂
**开　　本**:787×1092　1/16
**印　　张**:24.75
**字　　数**:586千
**版　　次**:2021年11月　第1版
**印　　次**:2021年11月　第1次印刷
**书　　号**:ISBN 978-7-114-17632-6
**定　　价**:125.00元

# 《桥梁检查手册》
# 编写委员会

**主　　编：**陈金东

**副 主 编：**吴赞平　赵佳军

**主　　审：**陈政清　宗周红

**编写人员：**江瑞龄　朱　伟　吴建平　张文浩
陈　欣　王　锋　左永辉　刘玉静
宋　奎　夏叶飞　王继林　董凌峰
袁微微　杨泽刚　李　勇　戚淇景

# 序

桥梁是人类智慧的结晶，它不仅缩短了人类跨越天堑的距离，更是人类建筑艺术的展示。当今世界桥梁界有着这样一句话：世界桥梁建设 20 世纪 70 年代以前看欧美，90 年代看日本，21 世纪看中国。

江苏位于中国东部沿海，辖江临海，扼淮控湖，京杭大运河从中穿过，水系发达，桥梁众多。江苏的桥梁，技术领先，精品迭出，创造了许多桥梁史上的世界之最。江苏交通控股有限公司作为江苏重点交通基础设施投融资的“主渠道”，不仅负责江苏境内高速公路、过江通道等建设的投资，还负责后期的运营和管理。截至 2019 年底，江苏交控管养公路桥梁总数为 6024 座，其中特大桥 145 座，大桥 1868 座，中桥 2432 座，小桥 1579 座，分别占比 3%、31%、40%、26%。根据《公路桥涵养护规范》(JTG H11—2004)评定结果，一类桥 3499 座，二类桥 2525 座，分别占比 42% 和 58%。在江苏桥梁建设取得巨大成就的同时，江苏交控坚持科技创新，对标高质量发展要求，以打造“百年品质桥梁”为目标，桥梁管养水平也处于全国前列。

高速公路是平时服务、急时应急、战时应战的交通战备体系的重要一环，尤其是大型桥梁，不仅是社会公众出行的必然需要，更是交通战备的重要保障。加强平时的维护管理，显得尤为重要。由于大交通量、超载、早期设计理念、建设品质等影响，我国一些桥梁运营 10 ~ 20 年即进入了病害高发期。而桥梁检查作为桥梁养护管理的主要内容之一，是保障桥梁结构安全及制定养护策略的基础。江苏交控 2011 年编制发布了《桥梁检查手册》(简称《手册》)第一版，并分别于 2013 年和 2016 年修编发布了《手册》第二版和第三版。近年来，随着桥梁出现了一些重大安全隐患和非常见病害，超出了已有《手册》的知识体系，对桥梁检查工作提出了更高的要求。因此，在新形势下非常有必要对《手册》修编，以期提高桥梁检查工作质量。

此次，《手册》正式出版，在既有版本的基础上进行了全面、深入的优化，形成了知识体系完善、技术内容翔实、表现形式生动的特色。在知识结构方面，增加了桥梁力学、材料及桥梁工程等基础理论知识，并以深入浅出的编写风格，将基础理论与桥梁检查实际相结合，完善了《手册》的知识体系。在技术内容方面，以构件为核心进一步梳理分析了各构件构造特点、受力特性、病害特征及病害原因，突出了日常巡查在桥梁检查体系中的重要性，详细阐述了各类检查中各构件的检查要点、病害的记录标记要点及隐患的排查要点。在表现形式方面,改变技术文件以文字描述为主的枯燥风格,以平面示意图、三维透视图配合现场照片共同描述结构构造、病害原理及潜在隐患等复杂抽象内容。

《手册》编制工作由江苏交控组织,编写组总结吸收了江苏交控桥梁管养经验及教训,借鉴了国外桥涵检查的先进技术和理念,取得了开创性的编制成果,不仅丰富了“苏式养护”的技术体系,还填补了国内在相关领域的空白。《手册》既是桥梁检查工作开展的技术规程,也是一线桥梁检查人员的工具书,并且还可以作为桥梁养护技术培训的专业教材。《手册》的推广实施对桥梁检查工作的开展具有十分重要的指导意义,我们也期待《手册》能够为桥梁的科学养护、实现打造“百年品质桥梁”的目标起到积极的推动作用,为江苏率先建成“交通强省”贡献绵薄之力。

江苏交通控股有限公司董事长、党委书记

2021 年 9 月

# 前　言

桥梁不可能永久完好。不管使用何种结构形式,采用哪些材料,桥梁迟早都会出现退化。随着路龄的增长、荷载的增加及结构的劣化,桥梁检查在保障桥梁安全方面起到越来越重要的作用。

2011 年,江苏交控编制发布了《桥梁检查手册》(简称《手册》)第一版。《手册》第一版主要参照《公路桥涵养护规范》(JTG H11—2004)(简称《04 规范》)、《公路桥梁技术状况评定标准》(JTG/T H21—2011)(简称《11 标准》)、交通部《公路桥梁养护管理工作制度》(交公路发〔2007〕336 号)以及《江苏交通控股系统公路桥梁养护管理办法》(苏交控工程〔2009〕247 号)等规范、文件,经过细化整理编制而成。

2013 年,江苏交控修编发布了《手册》第二版。《手册》第二版与第一版相比变化较小,主要是对桥梁定期检查的要求做了细化,梳理了钢筋混凝土桥梁、钢桥的共性病害,共同部位的常见病害,不同截面形式的上部结构常见病害及检查方法。此外,《手册》第二版增加了支座检查方法建议。

2016 年,江苏交控修编发布了《手册》第三版。第三版修编内容较多、篇幅增加了 50%。修订内容主要有:①对规范规定的定期检查、经常检查的依据、分类及检查的主要工作进行了细化。②按照各桥型对桥梁上、下部结构等常见病害进行了分类介绍和分析,重点讲解了需关注的病害以及可能的病害成因。③按照各主要加固方法,对桥梁加固后可能产生的病害进行了分类介绍、分析。④介绍了现场定期检查的主要到达构件方式、检查手段及对病害跟踪观测的要求。⑤介绍了《04 规范》《11 标准》桥梁技术状况评定的方法以及《11 标准》提出的构件评分标准。⑥简要介绍了无损检测设备及适用情况。

江苏交控一直坚持推进桥梁检查工作的标准化。2016 年苏通大桥桁车脱落事故后,鉴于当时桥梁检修桁车的检查评定与维护使用没有相关规范,使用单位对检修桁车在管养过程中缺乏相关依据及标准这一情况,2017 年江苏交控编制发布了《江苏省大跨径桥梁检修桁车安全性检查、操作与维护手册》。针对公司内部逐渐增多的桥梁在线监测系统和动态称重系统,为规范其使用和维护工作,提高系统可用性、可靠性和耐久性,2017 年江苏交控编制发布了《江苏省高速公路在线监测及动态称重系统使用手册》。

近几年，随着高速公路路龄增长和交通荷载提高，桥梁病害不断出现和发展，甚至出现了一些安全隐患和非常见病害，超出了已有《手册》的知识体系，对桥梁检查工作提出了更高的要求。同时，通过近几年桥梁抽检工作的开展，发现了桥梁检查工作中存在的一些不足，例如病害检查遗漏、忽视结构隐患、缺少病害标记、检查成果不规范等。因此，在新形势下，有必要对《手册》实施修编，以期提高桥梁检查工作质量。正式出版《手册》总结吸收了江苏交控桥梁管养经验及教训，立足于江苏交控桥梁管养现状，同时考虑了桥梁管养长期需求。

本书共10章，涵盖了桥梁工程基础、桥梁构件划分、桥梁病害检查与分析等方面的内容。其中，第1章介绍桥梁检查总体要求，明确桥梁检查人员的要求及检查工作质量控制细则。第2章介绍桥梁力学基础，包括力学基本原理、桥梁所受的作用、桥梁的基本响应以及桥梁的设计基础等内容。第3章介绍桥梁材料基础，包括混凝土、钢筋混凝土、预应力混凝土、钢结构的材料特性、固有缺陷等内容，还包括一些新材料的特性。第4章介绍桥梁工程基础，包括桥梁基本构成、基本术语及常见施工方法。第5章介绍桥梁构件及病害，介绍桥梁各构件及其典型病害，并分析病害可能产生原因。第6章介绍缆索承重结构桥梁。第7章至第10章介绍桥梁各类检查细则，分别为日常巡查、经常检查、定期检查、特殊检查，明确各类桥梁、各构件、各病害检查要点及记录要点。

本书由陈金东担任主编，吴赞平、赵佳军担任副主编，并特邀陈政清院士和宗周红教授担任审稿专家。本书第1章、第7章由吴建平编写，第2章由江瑞龄、左永辉编写，第3章由朱伟、张文浩编写，第4章由夏叶飞、董凌峰编写，第5章由陈欣编写，第6章由刘玉静、宋奎编写，第8章由袁微微、杨泽刚编写，第9章由王锋编写，第10章由王继林、戚淇景、李勇编写。

限于编者的水平，本书难免存在遗漏和不当之处，敬请专家同行和读者批评指正。

编　者

**2021年9月**

# 目　　录

Chapter One

# 第 1 章

# 桥梁检查总体要求

## 1.1 桥梁检查体系

桥梁在设计时已经因为材料、施工、荷载等的不确定性预留了安全储备，但是对于旧桥来说，特别是设计标准低于现行规范、结构数值分析不充分的桥梁，其安全储备仍然无法弥补车辆超载、施工质量、极端状况等带来的风险。准确、全面评估桥梁技术状况，对于保持桥梁的安全性、适用性和耐久性至关重要，而桥梁检查是桥梁技术状况评估的基础性工作。

根据相关规范标准，结合系统内自身情况，江苏交控桥梁检查体系（图 1.1-1）由日常巡查、经常检查、定期检查及特殊检查组成。

（1）日常巡查是指对桥面系及以上部分的技术状况进行日常巡视检查，并在可视范围内查看桥梁周边环境。

（2）经常检查主要指对桥面设施、上部结构、下部结构及附属构造物的技术状况进行检查，同时检查桥涵周边环境和维修加固情况。

（3）定期检查是为评定桥梁使用功能，制订管理养护计划提供基础数据，对桥梁主体结构及其附属构造物的技术状况进行的全面检查。

（4）特殊检查是在特定情况下，为查清桥梁的病害成因、破损程度、承载能力、抗灾能力，确定桥梁技术状况的工作。特殊检查又分为专门检查和应急检查。

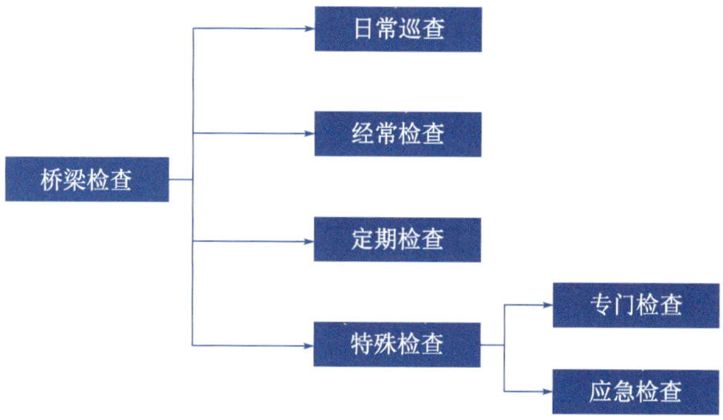


图 1.1-1　桥梁检查体系

日常巡查、经常检查、定期检查是根据检查频率和检查内容进行的划分，日常巡查重点关注结构变位等威胁行车和桥梁安全的突发状况；定期检查则是长周期的全面体检，对所有构件的安全性、适用性及耐久性做全面评估，为制订长期大规模的养护计划提供依据；经常检查的频率和范围都介于日常巡查和定期检查之间，一方面弥补日常巡查的检查内容较少和定期检查检查间隔时间较长的缺陷，另一方面为桥梁管养单位的小修保养提供依据。因此，日常巡查、经常检查和定期检查各有侧重、缺一不可，共同组成一个多层次、全方位的桥梁检查体系。

## 1.2　检查人员基本要求

### 1.2.1　检查人员及团队的职责

桥梁检查必须由专业人员承担，且必须以专业和系统的方式进行。这是由于桥梁形式多样，管理资源也不是无限的，不可能对每座桥梁都进行充分全面检测，所以再详细的检查也是“有限检测”，都有其局限性。另一方面，每座桥都是单独体，它的形式及布局决定了检测的重点。如拱桥与梁桥以完全不同的方式受损，混凝土桥和钢桥也是不同的。不同桥梁检查类型对相应的实施人员的经验能力、工作方法有不同的要求，但所有检查人员的职责都是相近的，主要有以下几点：

(1)制订桥梁检查计划

检查计划的制订对于开展一个安全、高效、经济的桥梁检查工作是必需的。检查计划主要应包含：

①确定检查人员组成，尤其应选择具有足够经验和能力的项目现场负责人；

②评估需要开展的具体工作，例如无损检测、交通管制所需的设备等；

③整个检查过程的日程表。

(2)开展桥梁检查前的准备工作

检查前的准备工作主要包括准备合适的工具和设备、查看桥梁历史资料，以及确定抵达构件的计划方法。现场检查的质量在很大程度上取决于准备工作的完成情况。具体的准备工作包括：

①查阅桥梁历史资料，包括建造信息、运营信息、历年病害及养护情况等；

②确定检查顺序；

③准备检查记录用的笔、表格、草图等；

④如有必要，制订临时交通管制计划；

⑤查阅安全预案；

⑥准备合适的工具和设备；

⑦编写其他需要特别关注的事项。

(3)实施桥梁检查

桥梁检查人员应树立责任意识、忧患意识和工匠精神，认真对待现场检查工作，高质量完成查找病害、测绘病害、标记病害、记录病害、拍摄影像等现场工作环节，对检查内容的退化或缺陷的范围和严重程度做出判断，跟踪轻微病害的发展情况，防止其发展为重大病害。

(4)编制桥梁检查报告

检查报告是各类型检查工作的基本成果。检查人员应收集足够的信息来保证检查报告的综合性和完整性。检查报告能够反映检查工作的完成情况，是桥梁状况和工作成果的共同记录。检查报告应提供完整的桥梁缺损位置和缺损状况信息，且应尽可能精确记录发现的任何缺陷，注意可能产生缺陷的原因，并建议任何需要养护或专项检查的优先级别。

(5)确定需要维修或者养护的范围

判定需要进行维修的桥梁构件，以保证桥梁安全性，同时避免更大规模的维修。

(6)上报需要立即采取措施的紧急状况

紧急状况包括直接威胁结构安全和公众行车安全的情况。各类现场检查人员均有责任和义务在发现紧急状况时，第一时间上报并采取纠正或者保护措施。

### 1.2.2 检查人员从业资格

经常检查、定期检查及特殊检查的项目负责人应具备桥梁工程相关专业本科及以上学历，取得试验检测师(检测工程师)证书，并从事桥梁检查工作3年以上。现场检查负责人应具备桥梁工程相关专业专科及以上学历，取得助理试验检测师(检测员)证书，并从事桥梁检查工作3年以上。现场负责人应在现场负责，对一般病害能做合理分析判断，对较特殊病害应及时通知项目负责人到现场查看。

## 1.3 桥梁检查安全基础

虽然及时高效完成桥梁检查工作比较重要，但是安全生产是永远都不能忽视的方面。桥梁检查显然是一项存在危险性的工作，因此需要密切关注检查团队的各个方面。态度、警觉性和常识是保持安全生产的3个重要因素。为减少事故发生的可能性，桥梁检查人员需要对安全生产有充分的认识。

### 1.3.1 安全职责

桥梁管养单位及检测单位有责任提供安全的工作环境，具体包括：

①明确的安全规定和程序；

②安全培训；

③合适的工具和设备。

安全员主要负责监督和指导团队的安全行为，具体职责包括：

①监督已建立的工作程序的实施；

②进行安全作业规程培训；

③对设备的正确使用进行培训；

④ 强调落实安全规定。

检查人员应对自己的安全负责，具体包括：

①确认自己的身体状况，并将其告知安全员和团队成员；

②熟悉自身工作的规则和要求，确保自己理解工作任务并且能够胜任，如果发现工作程序不安全，应予以质疑并提出改进工作的意见；

③不要有让团队其他成员陷入危险境地的行为，同时制止他人的类似行为；

④ 如果发生事故，应按程序上报所在机构或单位，并采取措施降低事故影响。

### 1.3.2 个人防护

个人防护首先应穿着合适的服装。衣服尺码应合适，鞋子和手套应具有防滑功能，便于攀爬扶梯、桥检车等。同时建议桥检人员配备用于携带工具和记录簿的工具包。个人防护还应配备安全帽、反光背心、护目镜、救生衣、防尘口罩及安全绳等安全装备。

### 1.3.3 事故原因

总体来说，事故常常是由人为错误和设备故障导致。设备故障导致事故往往是因为对设备的维护不当。检查、维护和及时更新设备，都会减少事故的发生。人为错误常常是因为判断错误、欠缺考虑或者是想走捷径。

具体的事故原因可能有以下几点：

①不当的工作态度——个人事务导致的不专心、不认真、焦虑；

②个人的能力限制——缺乏知识或技能，超过了身体极限；

③厌倦——因为长期从事重复的、机械的工作任务；

④欠考虑——缺乏安全意识，不仔细辨别危险；

⑤走捷径——为了效率牺牲安全；

⑥设备故障——爬梯损坏、绳索磨损、抵达设备没有正常检修；

⑦不当着装。

### 1.3.4 安全预案

安全预案可以分为几个方面：总体预案、攀爬安全、密闭空间安全、夜间作业安全、水上作业安全等。

保障检查工作安全进行的几个主要规则如下：

①适当休息，保持警觉。检查过程中检查人员面对可能变化迅速工作环境，需快速适应。

②保持良好的精神和身体状态。检查工作需要多种运动技能，检查人员要有相应的身体素质和心理状态。

③使用合适的工具。

④保持工作区域整齐清洁。工具和设备在工作区域的胡乱摆放可能引起事故和人员受伤。

⑤建立系统的工作方法。规定流程和分工，这样所有人都知道自己和其他人应该做什么。

⑥遵守安全准则和规定。

⑦用电安全。电是一个隐形杀手，在不能明确的情况下，即使看起来像电话、电缆线，仍然要作为带电线路来处理。尤其是钢桥，本身具有导电性，一旦桥梁铺设的电路发生漏电，很可能发生触电事故。

⑧水上检查。应穿着救生衣，水面上应有备用的救生筏和救生圈。

⑨ 交通管制。实施检查工作单位或人员，应参照《公路养护安全作业规程》（JTG H30—2015）编制外业安全作业细则，报相关单位审查，审查通过后方可组织实施。

## 1.4 质量控制要求

桥梁管养单位应明确桥梁检查工作各环节的责任主体，狠抓制度落实情况，严格执行《04规范》等规范要求，同时参照本《手册》等组织桥涵检查工作。

检查项目发包前，招标文件中应明确承包单位专业力量、设备、履约能力等要求。为保证检测工作的连续高效，便于重点病害的长期跟踪观测，掌握病害的发展变化规律，桥梁管养单位应做好不同检测单位间的技术标准衔接指导，保持病害定义和记录方式的延续性。

在桥梁检查项目实施过程中，桥梁管养单位要做好动态跟踪和过程监督，及时了解工作执行和完成情况，进行定期和不定期的外业及内业抽查，监督桥梁检查质量，关注检测单位投入人员、设施配备以及内业报告完成质量。

桥梁管养单位应加强对检查单位病害参数描述及检测报告内容格式的规范化要求与检查，严格按照本《手册》病害描述方式和报告模板要求进行描述。检查报告应全面准确反映缺损位置、缺损状况、发展状况，报告应包含病害统计、病害原因分析以及养护措施意见等内容。

## 1.5 病害风险等级体系

参考《04 规范》3.5 节和《11 标准》4.3 节，结合江苏交控桥梁病害案例，考虑病害对结构的影响程度，将其划分为四个风险等级：极高风险病害、高风险病害、中风险病害、低风险病害（表 1.5-1）。

病害风险等级划分 表 1.5-1

| 病害风险等级 | 影 响 程 度 | 备 注 |
|---|---|---|
| 极高风险病害 | 大 | 病害已严重威胁结构或行车安全 |
| 高风险病害 | 较大 | 病害影响结构或行车安全 |
| 中风险病害 | 较小 | 病害进一步发展会影响结构或行车安全 |
| 低风险病害 | 小 | 病害对结构或行车安全影响较小 |

常见病害的风险等级划分如表 1.5-2 所示。

病害风险等级分类 表 1.5-2

| 风 险 等 级 | 备 注 |
|---|---|
| 极高风险病害 | 1. 上部结构有落梁;或有梁、板断裂现象;<br>2. 梁式桥上部承重构件控制截面出现全截面开裂;或组合结构上部承重构件结合面开裂贯通,造成截面组合作用严重降低;<br>3. 梁式桥上部承重构件有严重的异常位移,存在失稳现象;<br>4. 结构出现明显的永久变形,变形大于规范值;<br>5. 关键部位混凝土出现压碎或杆件失稳倾向,或桥面板出现严重塌陷;<br>6. 拱式桥拱脚严重错台、位移,造成拱顶挠度大于限制值;或拱圈严重变形;<br>7. 腹拱、侧墙、立墙或立柱产生破坏造成桥面板严重塌落;<br>8. 系杆或吊杆出现严重锈蚀或断裂现象;<br>9. 悬索桥主缆或多根吊索出现严重锈蚀、断丝,或锚具出现裂缝或破损;<br>10. 斜拉桥拉索钢丝出现严重锈蚀、断丝,主梁出现严重变形;或锚具出现裂缝或破损;<br>11. 扩大基础冲刷深度大于设计值,冲空面积达 20% 以上;<br>12. 桥墩(桥台或基础)不稳定,出现滑动、下沉、位移、倾斜等现象;或出现结构性裂缝且裂缝有开合现象,危及桥梁安全;<br>13. 悬索桥、斜拉桥索塔基础出现严重沉降或位移,或悬索桥锚碇有水平位移或沉降;<br>14. 上部结构梁体钢绞线或主筋撞断,墩柱主筋撞断或偏斜,影响桥梁结构安全;<br>15. 桥梁发生火损,混凝土大面积剥落;或主筋、预应力筋外露,影响桥梁结构安全 |
| 高风险病害 | 1. 预应力梁新出现裂缝,或原有裂缝有进一步发展,且裂缝超过《04 规范》中表 3.5.2-4 限值;<br>2. 关键部位混凝土新出现缺损并露出内部钢筋,且缺损的最大尺寸大于该构件最小尺寸 20% 的;<br>3. 预应力结构的预应力锚头锚下混凝土出现严重破损;<br>4. 钢结构连接螺栓出现新的损坏,钢结构出现新的开裂,钢结构主要构件新出现扭曲、变形、开焊、锈蚀削弱截面面积 10% 以上,或原有上述类型的病害继续发展的;<br>5. 对于特殊结构桥梁(悬索桥、斜拉桥、桁架桥、系杆拱桥、变截面桥等)、单孔跨径 60m 及以上的桥梁,除上述情况外,桥面板发生纵向开裂的;<br>6. 桥梁新出现火烧痕迹或有害化学物泄漏污染的;<br>7. 跨路孔梁体加固钢板大面积脱落,影响通行安全的;<br>8. 预应力碳纤维板被拉爆或断裂;<br>9. 体外预应力线形严重异常,锚固块混凝土出现严重破坏,钢绞线严重锈蚀、断丝;<br>10. 定期检查人员判断对桥梁结构及车辆通行安全可能有较大影响或有重大隐患的其他损坏 |

续上表

| 风险等级 | 备注 |
| --- | --- |
| 中风险病害 | 1. 存在安全隐患的龙门架(变形、断裂等)<br>2. 存在被撞隐患的桥孔及墩柱(跨路孔净空不符等);<br>3. 存在火烧隐患(孔下柴草堆积等);<br>4. 钢筋混凝土梁及墩台裂缝缝宽超限;<br>5. 板式橡胶支座全脱空;<br>6. 聚乙烯(PE)护套损坏存在渗水可能;<br>7. 悬索桥主缆最低点渗水;<br>8. 预应力碳纤维板滑移;<br>9. 定期检查人员判断进一步发展会影响结构或行车安全的其他病害 |
| 低风险病害 | 1. 未超过《04 规范》中表 3.5.2-4 限值的裂缝;<br>2. 钢筋锈胀、露筋等耐久性病害;<br>3. 定期检查人员判断对结构或行车安全的影响较小的其他病害 |

不同风险等级病害的分类处置规定如下。

(1)极高风险病害:应立即采取应急措施,并第一时间上报管养单位。

(2)高风险病害:应第一时间上报管养单位。

(3)中风险病害:应建议管养单位予以重点关注。

(4)低风险病害:应在检查报告中载明病害信息。

Chapter Two

# 第 2 章

# 桥梁力学基础

## 2.1 力学基本概念

当桥梁投入运营后，结构将受到荷载的作用。在外力作用下，构件会发生变形甚至破坏。因此，为保证桥梁的正常工作，构件应具有足够的承载能力，应当满足以下 3 个方面的基本要求：

（1）强度要求，是指构件应有足够的抵抗破坏的能力，即在确定的外力作用下不发生损坏。

（2）刚度要求，是指构件应有足够的抵抗变形的能力，即在确定的外力作用下，其变形不超过工程允许范围。

（3）稳定性要求，是指构件在某些受力形式（例如轴向压力）下应有足够的保持原有平衡形态的能力，即在这些受力形式下，构件的平衡形式不发生突然改变。

若要满足这些要求，则需要运用力学原理进行设计、施工和养护。在桥梁全寿命周期中，涉及的力学基础知识非常广泛，包括理论力学、结构力学、材料力学、弹性力学、结构动力学、土力学等众多学科分支。本章节围绕以上要求对常见的力学基本概念加以简单介绍，旨在提高桥涵检查人员基本力学素养，能够更好理解和掌握《手册》后续章节中的内容。

### 2.1.1 外力

对于所研究的对象而言,其他构件或物体作用于其上的力均为外力,包括荷载和约束反力。荷载是主动作用于物体上的外力。在实际工程中,构件或结构受到的荷载是多种多样的,如结构重力、支座受到的桥梁上部结构作用力、桥面受到的车辆作用力等。这些力统称为加在构件上的荷载。

### 2.1.2 内力

当物体受外力作用而变形时,为了抵抗外力引起的变形,物体内部分子结合力发生了变化,这种由于外力作用而引起的内部作用力的改变量,称为附加内力,简称内力。内力随外力的增减而发生变化,当内力增大到某一极限时,构件就会发生破坏。内力的基本形式有轴力、弯矩、剪力和扭矩。

沿杆件轴线建立 $x$ 轴,沿横截面建立 $y$、$z$ 轴。将图 2.1-1a) 中截面上的分布内力向截面形心简化,得到一个力(主矢 $F_R$)和一个力偶矩(主矩 $M$)。然后将主矢和主矩沿 3 个坐标轴方向进行分解,得到 3 个内力分量 $F_{Nx}$、$F_{Sy}$、$F_{Sz}$,以及 3 个内力偶矩分量 $M_x$、$M_y$、$M_z$,如图 2.1-1b) 所示。其中,沿轴线的主矢分量 $F_{Nx}$ 将使杆件产生轴向变形,称为轴力。作用线位于所切横截面的主矢分量 $F_{Sy}$、$F_{Sz}$,将使杆件产生剪切变形,称为剪力。作用面垂直于杆件轴线 $x$ 的内力偶矩分量 $M_x$,将使杆件产生绕杆轴的扭转变形,称为扭矩(记为 $T$);作用面垂直于轴 $y$、$z$ 的内力偶矩分量 $M_y$、$M_z$,将使杆件产生弯曲变形,称为弯矩。

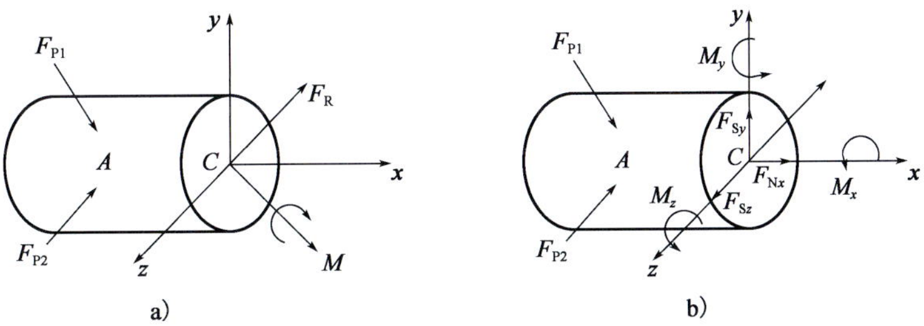


图 2.1-1 内力分量

### 2.1.3 应力与应变

#### 2.1.3.1 应力

内力只与截面位置和外力因素有关,而与横截面的形状无关。仅靠内力还不能确定构件的承载能力,不足以描述构件的强度,需要进一步研究内力在截面上一点处的密集程度,即应力。

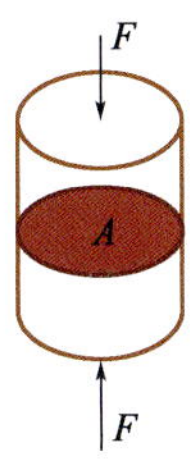


图 2.1-2 应力计算图式

如图 2.1-2 所示,轴心受压构件中,在施加的外力 $F$ 作用下物体内部产生应力。此时构件所受内力为轴力,且与外力大小相等,因此用力 $F$ 与截面面积 $A$ 的比值计算应力:

$$\sigma = \frac{F}{A} \tag{2.1-1}$$

式中：$\sigma$——应力(Pa)；

$A$——横截面面积($m^2$)；

$F$——外力(N)。

应力的单位是 Pa。$1\text{MPa} = 1\times10^3\text{kPa} = 1\times10^6\text{Pa}$。

当混凝土桥梁构件中的拉应力超过其抗拉应力极限(即抗拉强度)时，混凝土就会开裂，构件表面裂缝由此产生。

2.1.3.2　应变

应变是用来描述变形量的基本度量单位。它表示材料的变形尺寸与材料原始尺寸的比值。如图 2.1-3 所示，等截面直杆的原始长度为 $l$，被拉伸时会产生伸长变形 $\Delta l$，试件长度变为 $l+\Delta l$。

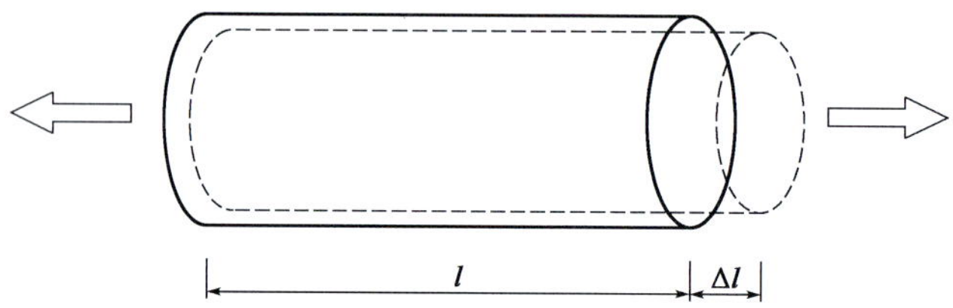


图 2.1-3　应变

应变可由下式表示：

$$\varepsilon = \frac{\Delta l}{l} \tag{2.1-2}$$

式中：$\varepsilon$——应变；

$\Delta l$——伸长量(m)；

$l$——原长度(m)。

应变是无量纲的量。应变一般量值很小，通常用微应变 $\mu\varepsilon$ 表示，$1\mu\varepsilon = 1\times10^{-6}\varepsilon$。

### 2.1.4　弹性与塑性变形

2.1.4.1　弹性变形与弹性模量

可变形材料在外力作用下将发生变形，当外力小于某一限值(通常称之为弹性极限)时，在引起变形外力卸除后，材料能完全恢复原来的形状。这种能恢复的变形称为弹性变形，其荷载-变形曲线如图 2.1-4 所示。一般情况下，如果变形是弹性的，则应力与应变成正比，两者的比值被称为弹性模量。弹性模量的单位与应力的单位相同，每种材料都有一个独特的弹性模量，可以用下列公式表示：

$$E = \frac{\sigma}{\varepsilon} \tag{2.1-3}$$

式中：$E$——弹性模量(MPa)；

$\sigma$——应力(MPa)；

$\varepsilon$——应变。

#### 2.1.4.2 塑性变形

塑性变形是材料不可逆或永久的变形。如果材料在消除应力后仍保持变形形状，则该变形为塑性变形。如图 2.1-5 所示，材料受到荷载作用发生变形，*OA* 阶段为弹性变形阶段，荷载与变形成正比。过了 *A* 点（弹性极限）后，进入塑性变形阶段，在荷载作用消除后材料仍无法恢复原形状。

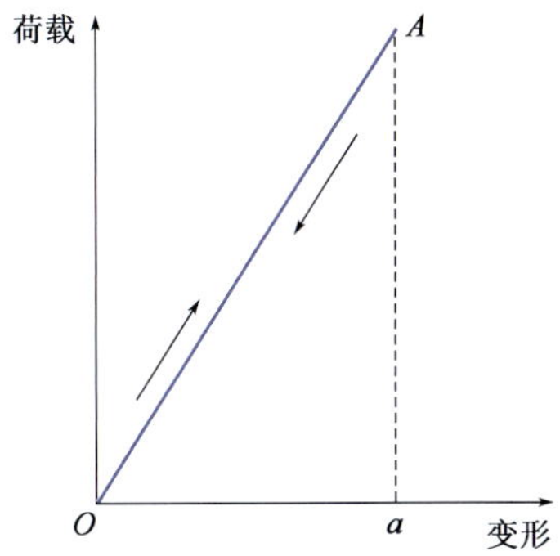


图 2.1-4 材料的弹性变形曲线

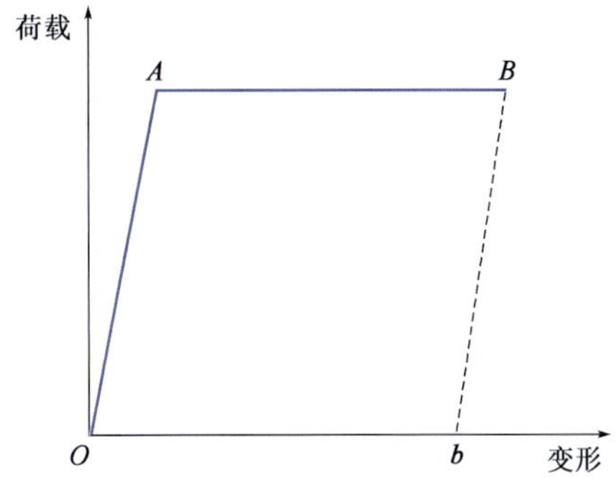


图 2.1-5 材料的弹塑性变形曲线

### 2.1.5 延展性和脆性

延展性是衡量材料可以承受的塑性（永久）应变的指标。

具有延展性的材料在断裂前会发生明显的塑性变形，横截面面积大幅减小。桥梁结构常用的具有延展性的材料有钢材、铝材、铜、木材等。

脆性或非延展性材料在断裂前不会发生明显的塑性变形。脆性材料的失效是突然发生的，桥梁结构常用的脆性材料有混凝土、铸铁、石材等。

### 2.1.6 疲劳

疲劳是一种材料反应，在连续反复荷载作用下，即使材料的应力低于屈服强度，也会发生突然破坏。疲劳具有以下特点：材料要承受交变应力（循环荷载）的作用才会发生疲劳；疲劳往往从某点或某些点开始，具有局部性；疲劳发展到一定程度会形成裂纹或完全断裂；疲劳要持续一段时间，要经历一个发展过程，不可能在短时间内完成。

在桥梁结构中，容易出现疲劳现象的区域有钢材焊接点、螺栓连接件、拉吊索锚头等，“疲劳＋腐蚀”是钢构件安全的最大威胁。

## 2.2 作用

《公路桥涵设计通用规范》（JTG D60—2015）（简称《桥通规》）将桥梁设计采用的作用分为永久作用、可变作用、偶然作用和地震作用四类，见表 2.2-1。

作用分类　　表 2.2-1

| 序号 | 分类 | 名称 |
|---|---|---|
| 1 | 永久作用 | 结构重力 |
| 2 | | 预加力 |
| 3 | | 土的重力 |
| 4 | | 土侧压力 |
| 5 | | 混凝土收缩、徐变作用 |
| 6 | | 水浮力 |
| 7 | | 基础变位作用 |
| 8 | 可变作用 | 汽车荷载 |
| 9 | | 汽车冲击力 |
| 10 | | 汽车离心力 |
| 11 | | 汽车引起的土侧压力 |
| 12 | | 汽车制动力 |
| 13 | | 人群荷载 |
| 14 | | 疲劳荷载 |
| 15 | | 风荷载 |
| 16 | | 流水压力 |
| 17 | | 冰压力 |
| 18 | | 波浪力 |
| 19 | | 温度作用 |
| 20 | | 支座摩阻力 |
| 21 | 偶然作用 | 船舶的撞击作用 |
| 22 | | 漂流物的撞击作用 |
| 23 | | 汽车撞击作用 |
| 24 | 地震作用 | 地震作用 |

### 2.2.1　永久作用

在设计基准期内始终存在且其量值变化与平均值相比可以忽略不计的作用,或其变化是单调的并趋于某个限值的作用。

### 2.2.2　可变作用

在设计基准期内其量值随时间而变化,且变化值与平均值相比不可忽略不计的作用。下文介绍可变作用中的汽车荷载作用。

汽车荷载分为公路—Ⅰ级和公路—Ⅱ级两个等级。各级公路桥涵设计的汽车荷载等级应符合表 2.2-2 的规定。

各级公路桥涵的汽车荷载等级　　表 2.2-2

| 公路等级 | 高速公路 | 一级公路 | 二级公路 | 三级公路 | 四级公路 |
|---|---|---|---|---|---|
| 汽车荷载等级 | 公路—Ⅰ级 | 公路—Ⅰ级 | 公路—Ⅰ级 | 公路—Ⅱ级 | 公路—Ⅱ级 |

汽车荷载由车道荷载和车辆荷载组成。桥梁结构的整体计算采用车道荷载;桥梁结构的局部加载、涵洞、桥台和挡土墙土压力等的计算采用车辆荷载。车道荷载与车辆荷载的作用不得叠加。

### 2.2.2.1 车道荷载

车道荷载的计算图式如图 2.2-1 所示。

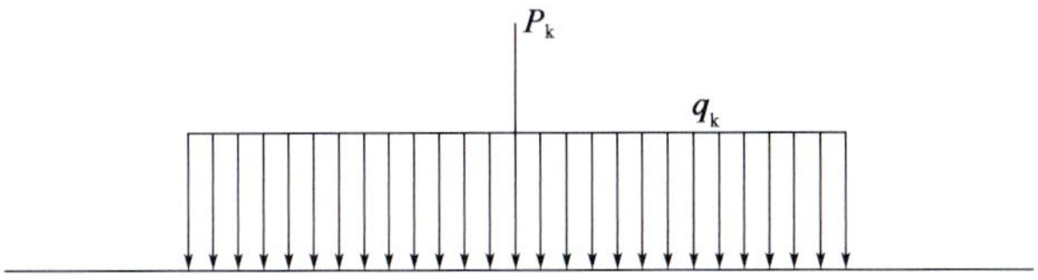


图 2.2-1　车道荷载计算图式

公路—Ⅰ级车道荷载均布荷载标准值为 $q_k = 10.5\text{kN/m}$;集中荷载标准值 $P_k$ 取值见表 2.2-3。计算剪力效应时,上述集中荷载标准值乘以系数 1.20。

集中荷载标准值 $P_k$ 取值　　表 2.2-3

| 计算跨径(m) | $L_0 \leq 5$ | $5 < L_0 < 50$ | $L_0 \geq 50$ |
|---|---|---|---|
| $P_k$(kN) | 270 | $2(L_0 + 130)$ | 360 |

进行布载时,车道荷载的均布荷载标准值满布于使结构产生最不利效应的同号影响线上;集中荷载标准值只作用于相应影响线中一个影响线峰值处。

### 2.2.2.2 车辆荷载

车辆荷载的立面、平面尺寸如图 2.2-2 所示。公路—Ⅰ级和公路—Ⅱ级汽车荷载采用相同的车辆荷载标准值。

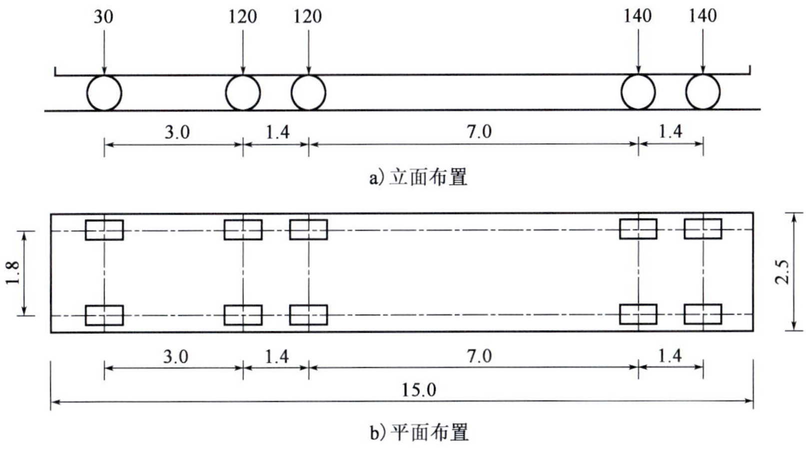


图 2.2-2　车辆荷载的立面、平面尺寸(尺寸单位:m;荷载单位:kN)

### 2.2.3 偶然作用

偶然作用是指在设计基准期内不一定出现，而一旦出现其量值很大，且持续时间很短的作用。例如：船只或漂流物的撞击力，汽车的撞击力等。

### 2.2.4 地震作用

作用在结构上的地震动，包括水平地震作用和竖向地震作用。

## 2.3 桥梁对荷载的响应

当荷载施加于桥梁上时，桥梁就会发生变形。荷载施加于每个构件的形式不一样，构件因此产生的变形也会不同，而不同的变形又会在构件内部产生不同形式的内力。

### 2.3.1 轴向拉压变形

桥梁中许多杆件承受拉伸或压缩作用，如桥墩在理想情况下承受轴向压缩作用，悬索桥的吊索一般承受轴向拉伸作用。这些构件具有以下共同的受力特点和变形特点(图 2.3-1)：作用在构件上的外力或外力合力的作用线与构件的轴线重合，构件沿其轴线方向伸长或缩短。

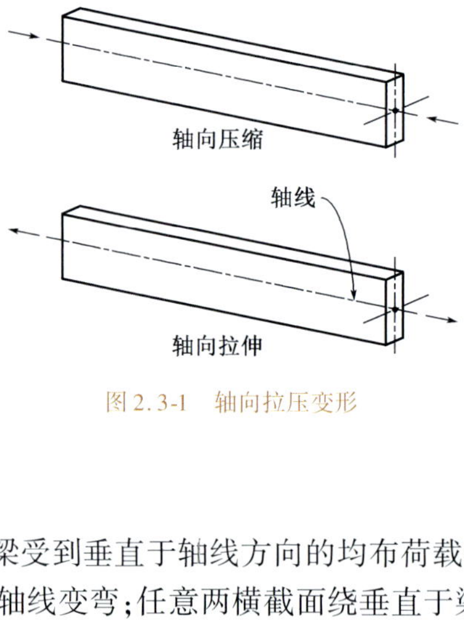


图 2.3-1 轴向拉压变形

### 2.3.2 弯曲变形

如图 2.3-2 所示，当连续梁受到垂直于轴线方向的均布荷载作用时，构件将主要发生弯曲变形。弯曲变形的特点：梁的轴线变弯；任意两横截面绕垂直于梁的轴做相对转动。

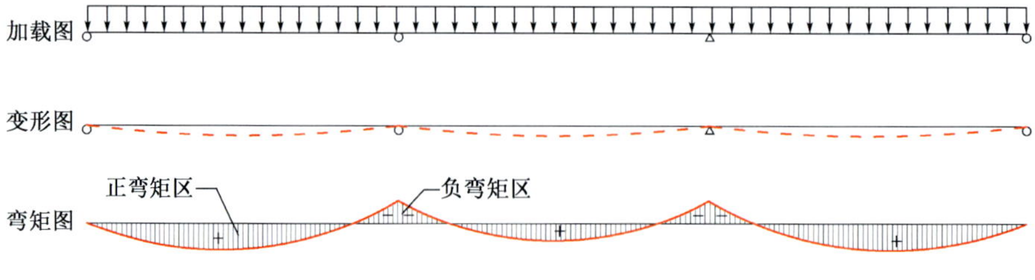


图 2.3-2 连续梁的弯曲变形

连续梁变形后的曲线称为挠曲线，梁中任一横截面形心的竖向位移称为该截面处的挠度。在均布荷载作用下，连续梁在支点截面产生负弯矩，在跨中截面产生正弯矩。

如图 2.3-3 所示，弯矩的正负约定为使研究对象上凹下凸为正，下凹上凸为负。正弯矩在构件的上缘和下缘分别产生压力和拉力，负弯矩反之。

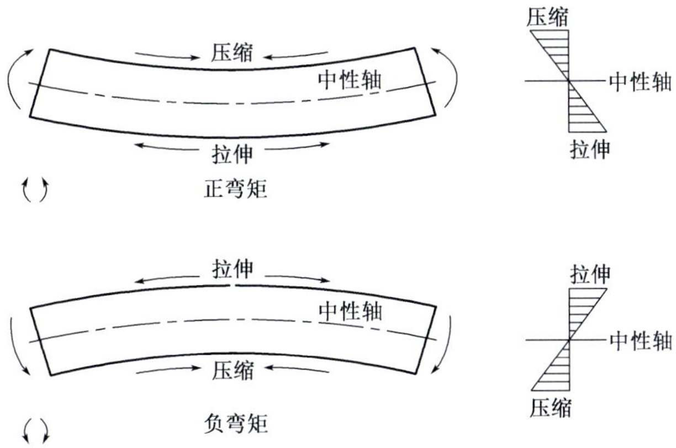


图 2.3-3 正负弯矩

如图 2.3-4 所示，混凝土受弯构件弯矩最大截面的拉应力超过混凝土抗拉强度时，从受拉区边缘开始出现与受拉方向垂直的裂缝，并逐渐向中性轴方向发展，这种裂缝称作弯曲裂缝。由于该裂缝一般为垂直形状，所以又称为垂直裂缝。正弯矩弯曲裂缝常出现在混凝土梁、板等结构的跨中截面下部，而负弯矩弯曲裂缝主要发生在支点上方部位。

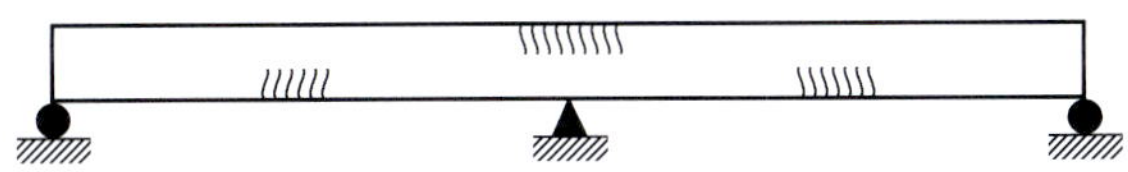

图 2.3-4 弯曲裂缝

### 2.3.3 剪切变形

剪切指在一对相距很近的大小相同、方向相反的外力作用下，构件横截面沿外力作用方向发生相对错动。如图 2.3-5 所示，在桥梁变形过程中，支座常会受到剪切作用而发生剪切变形。

如图 2.3-6 所示，混凝土桥梁在荷载作用下，腹板靠近支座位置出现许多斜裂缝，又称为剪切裂缝。这些裂缝出现的位置对应的剪应力都较大，随着荷载增大，斜裂缝会不断延伸，并且裂缝数量也会增加。

### 2.3.4 扭转变形

工程实际中有很多构件如汽车转向轴、汽车传动轴、丝锥、钥匙等都是受扭构件。桥梁构件一般不被设计为受扭构件，不过在一些桥梁上部结构中，构件相互组合在一起，扭转仍可能发生在纵向构件中。如出现汽车偏载或者支座脱空时，桥梁就会受到扭转作用，这种情况在箱式截面的斜交桥和曲线桥中更常见(图2.3-7)。

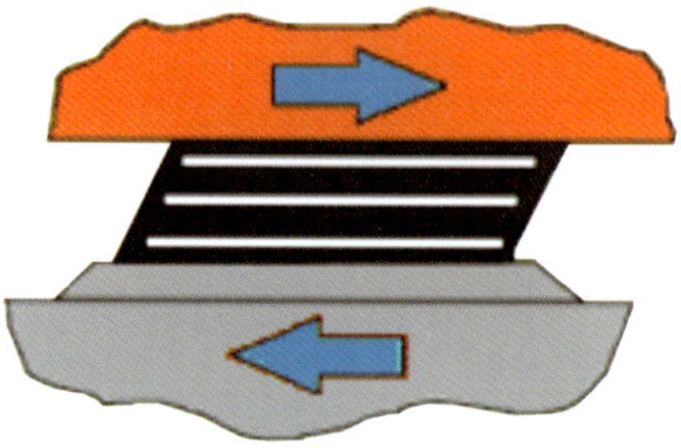

图2.3-5 支座剪切变形

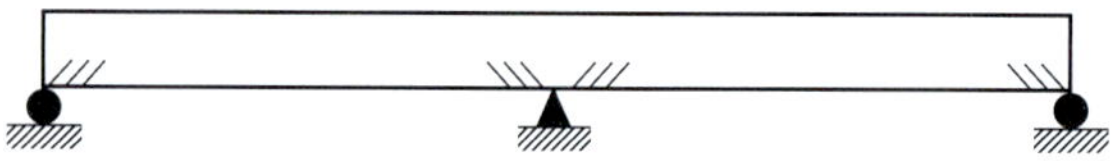

图2.3-6 剪切裂缝

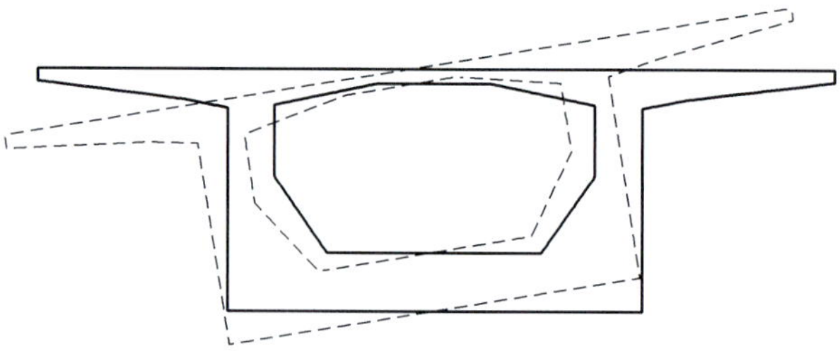

图2.3-7 箱梁扭转变形

受扭杆件具有以下共同的受力和变形特点:杆件的两端作用着大小相等、方向相反,且作用面垂直于杆件轴线的力偶,杆件的任意两个横截面发生绕轴线的相对转动。图2.3-8所示是圆轴扭转的简单力学模型,当一对大小相等、方向相反的扭力偶作用在等截面直杆两端时,直杆横截面上将产生扭矩 $T$。

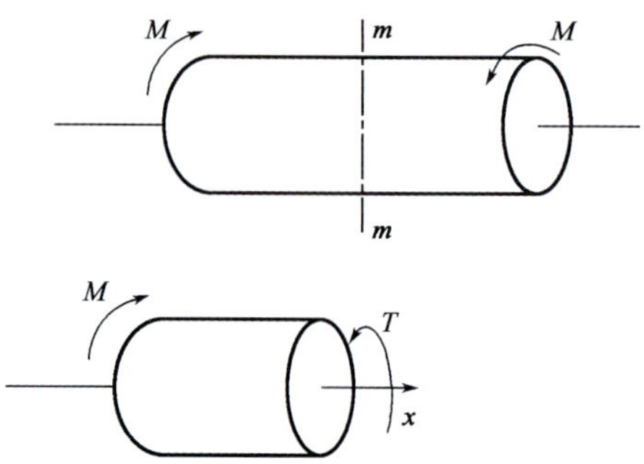


图2.3-8 扭矩

### 2.3.5 支座反力

支座反力是由支座提供的力，它与上部结构传递到支座的力相等，但方向相反。从力学角度划分支座类型如图2.3-9所示，从左到右分别为活动支座、固定支座、固定端。在实际桥梁工程中，以活动支座和固定支座居多，如梁式桥常用的板式橡胶支座和盆式橡胶支座。

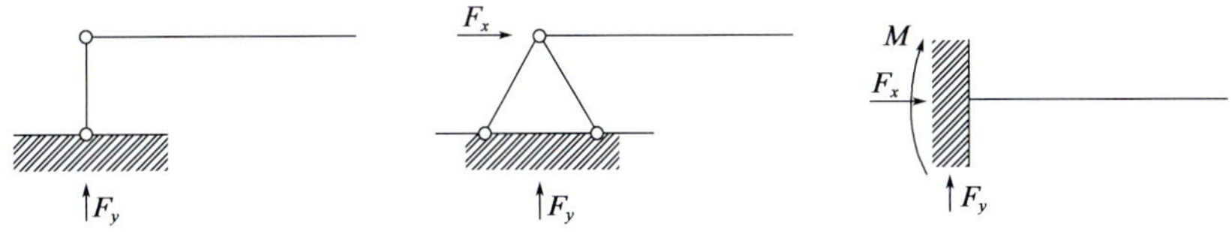


图2.3-9 支座的类型

如图2.3-10所示的连续梁桥，该桥每联只设一个固定支座，其余为活动支座。在设置固定支座的桥墩(台)上，一般采用一个固定支座，其余为横桥向的单向活动支座；在设置活动支座的所有桥墩(台)上，一般沿设置固定支座的一侧均设置顺桥向的单向活动支座，其余支座均为双向活动支座。

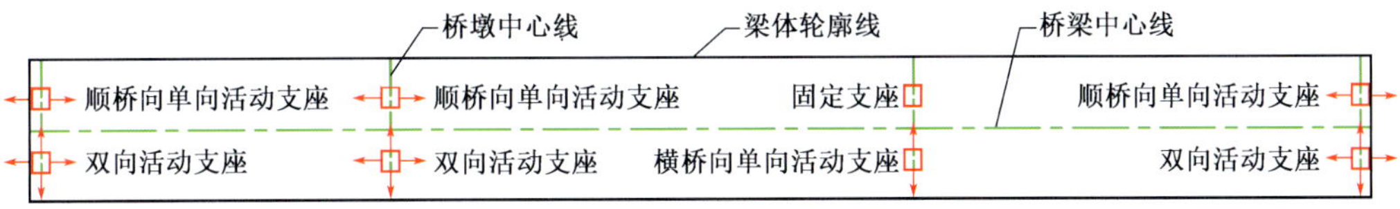


图2.3-10 连续梁的支座布置

## 2.4 桥梁设计

公路桥涵结构采用以可靠度理论为基础的概率极限状态设计法设计。两种设计极限状态分别为承载能力极限状态和正常使用极限状态。

承载能力极限状态是对应于桥涵结构或其构件达到最大承载能力或出现不适于继续承载的变形或变位的状态。其设计是以塑性理论为基础，其设计原则为荷载效应最不利组合的设计值与重要性系数的乘积，必须小于或等于结构抗力的设计值。

正常使用极限状态是对应于桥涵结构或其构件达到正常使用或耐久性某项规定限值的状态，其设计是以弹性理论或弹塑性理论为基础，涉及构件的抗裂、裂缝宽度和挠度3个方面的验算。

以预应力混凝土梁桥的设计流程为例进行说明。进行构件设计时，一般按照正截面抗裂控制的要求，先估算有效预压力值，从而估算所需要的总预应力筋截面积，并在确定锚具形式及预应力筋布置后，逐一进行承载能力极限状态和正常使用极限状态的各项计算和验算。设计流程见图2.4-1。

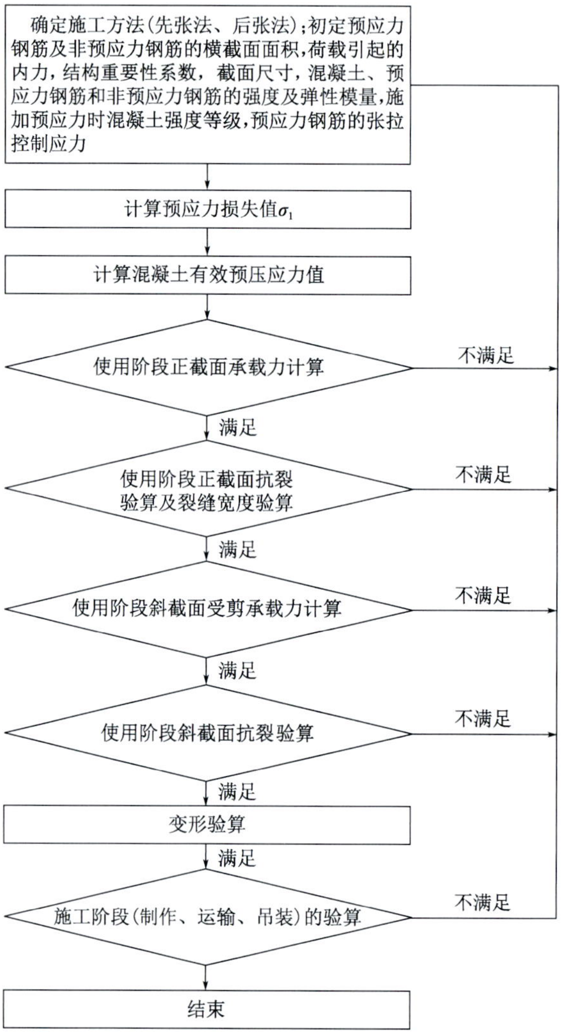


图 2.4-1　预应力混凝土桥设计流程

Chapter Three

# 第 3 章

# 桥梁材料基础

桥梁材料是构成桥梁工程的物质基础。所有的桥梁都是由各种不同的材料经设计、施工建造而成。这些材料在各部位起着各种不相同的作用，为此要求材料必须具备相应的不同性质。如桥梁的梁、墩主要承受荷载的作用；基础除承受桥梁全部荷载外，还要承受冰冻及地下水的侵蚀。此外，长期暴露在大气环境中或与侵蚀性介质相接触的各种构筑物，还会受到冲刷、磨损、化学侵蚀、生物作用、干湿循环、冻融循环等破坏作用。为了保证桥梁能安全、经济、美观、经久耐用，必须熟悉和掌握各种土木工程材料的基本性质。

## 3.1 混凝土

### 3.1.1 混凝土的特性

混凝土是一种水泥基复合材料，它是以水泥为胶结剂，结合各种集料、外加剂形成的水硬性胶凝材料。在通常情况下，强度和耐久性是评定混凝土品质的主要指标。

#### 3.1.1.1 强度

强度是混凝土最主要的技术性质。混凝土的强度主要有立方体抗压强度、轴心抗压强度（棱柱体抗压强度）和轴心抗拉强度 3 项。混凝土的抗压强度与各种强度及其他性能之间有一定相关性，因此混凝土的抗压强度既是结构设计的主要参数，也是混凝土质量评定的指标。

混凝土强度等级按立方体抗压强度标准值确定。立方体抗压强度标准值系指按标准方法制作、养护的边长为150mm的立方体试件，在28d或设计规定龄期以标准试验方法测得的具有95%保证率的抗压强度值（以MPa计）。例如，C30表示立方体抗压强度标准值为30MPa。

由于在实际工程结构中，受压构件受力状态更接近棱柱体，所以轴心抗压强度更能反映混凝土的实际抗压能力。因此，混凝土强度标准值采用轴心抗压强度标准值$f_{ck}$和轴心抗拉强度标准值$f_{tk}$，按表3.1-1采用。

混凝土强度标准值　　表3.1-1

| 强度等级 | C25 | C30 | C35 | C40 | C45 | C50 | C55 | C60 | C65 | C70 | C75 | C80 |
|---|---|---|---|---|---|---|---|---|---|---|---|---|
| $f_{ck}$(MPa) | 16.7 | 20.1 | 23.4 | 26.8 | 29.6 | 32.4 | 35.5 | 38.5 | 41.5 | 44.5 | 47.4 | 50.2 |
| $f_{tk}$(MPa) | 1.78 | 2.01 | 2.20 | 2.40 | 2.51 | 2.65 | 2.74 | 2.85 | 2.93 | 3.00 | 3.05 | 3.10 |

轴心抗拉强度是结构设计时确定混凝土抗裂性能的重要指标，有时还可以通过其间接衡量混凝土的其他力学性能，比如混凝土的冲切强度、混凝土与钢筋的黏结强度等。轴心抗拉强度远较轴心抗压强度低，仅相当于后者的1/18～1/8，同时立方体抗压强度越高，此比值越小，亦即混凝土强度等级提高后，其相应的抗拉强度却提高不多。

3.1.1.2　徐变

在荷载的长期作用下，混凝土的变形将随时间的增加而增加，即在应力不变的情况下，混凝土的应变随时间继续增大，这种现象称为混凝土的徐变。混凝土徐变产生的主要原因是在长期荷载作用下，混凝土凝胶体中的水分逐渐析出，水泥石的黏性流动，内部微细孔隙逐渐闭合，结晶内部逐渐滑动，内部微裂缝的不断产生和发展等原因综合所致。

混凝土的徐变效应会在桥梁的受压区增大挠度，出现横向裂缝或大量斜裂缝。同时，将引起预应力损失，并且会使偏压柱的极限承载能力降低。在混凝土桥梁结构中，徐变变形随着时间推移而变大，从而不断导致桥梁内力分布发生变化。

3.1.1.3　收缩

混凝土收缩主要是由于干燥失水和碳化作用引起的，它与混凝土的组分成分有密切的关系。

混凝土收缩对混凝土结构有不利的影响。在钢筋混凝土结构中，由于受到钢筋或相邻部分的约束，当混凝土产生收缩时，其收缩不能完全自由发展，因此在混凝土中产生（拉）压力，从而导致或加剧裂缝的产生和发展。在预应力混凝土结构中，混凝土的收缩还会引起预应力损失。另外，对跨度变化比较敏感的超静定结构，如拱等，混凝土收缩还会产生不利的内力。

对于跨径较大的预应力混凝土梁式桥而言，收缩徐变已经被普遍认为是其跨中下挠的主因。

3.1.1.4　温度变形

混凝土与其他材料一样，也具有热胀冷缩的性质。混凝土的热膨胀系数与混凝土的组成材料及用量有关，但影响不大。由于温度变形的存在，桥梁一般都会设置伸缩缝来满足结构自由伸缩变形，当温度过高、墩台垃圾等情况导致梁体无法自由伸缩缝时会导致结构发生损伤。

3.1.1.5　耐火性

混凝土耐火性即混凝土在火灾高温下的性能,包括高温下的抗压强度、抗拉强度、抗折强度、弹性模量、应力-应变曲线等等指标。混凝土自身的耐火性通常对混凝土构件的耐火性有显著影响,从而影响桥梁结构的安全性能。

混凝土在火灾作用下,其内部的温度逐步升高,混凝土在升温过程中内部结构出现了一系列的物理、化学反应,使混凝土在高温下逐步丧失强度或出现爆裂现象使承载能力下降,最终无法继续承受荷载而崩溃。

混凝土试块抗压强度和弹性模量随温度变化的关系,分别如图3.1-1、图3.1-2所示。可以看出,500℃时,混凝土的抗压强度大幅下降至常温下的60%左右,弹性模量下降至40%左右。

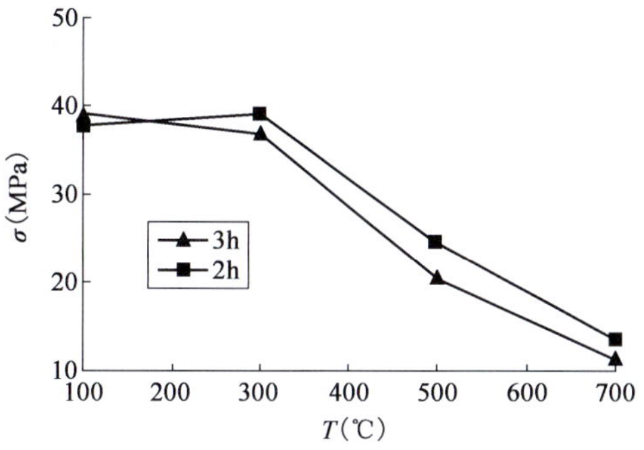


图3.1-1　混凝土试块抗压强度随温度变化曲线

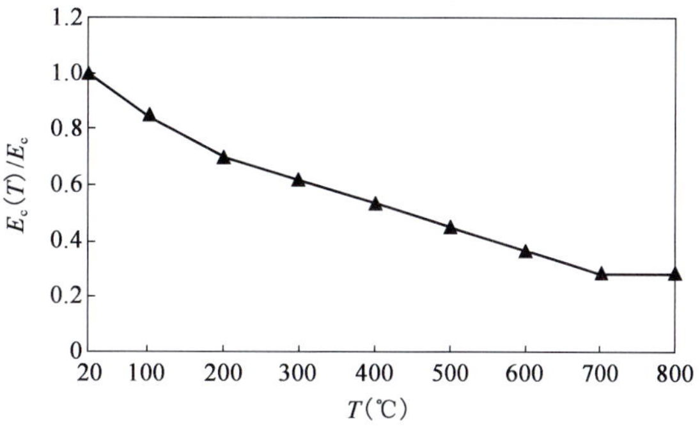


图3.1-2　混凝土试块弹性模量随温度变化曲线

## 3.1.2　混凝土缺陷

为了正确检查混凝土桥梁,检查人员需具备辨识各类混凝土缺陷、了解缺陷原因以及掌握缺陷检查方法的能力。混凝土桥梁常见缺陷:易开裂、怕冻融、碱-集料反应、蜂窝麻面。

3.1.2.1　易开裂

易开裂可以说是混凝土材料最大的缺陷之一,这是由其抗拉强度过低导致的。裂缝从形成原因上来分,有结构裂缝与非结构裂缝。结构裂缝又称为受力裂缝,由外荷载引起,预示结构承载力可能不足或存在其他严重问题。结构裂缝常见的有弯曲裂缝、剪切裂缝等,如图2.3-4和图2.3-6所示。

非结构裂缝是指由变形引起的裂缝,如温度变化、混凝土收缩等因素引起的。结构变形受到限制时,在结构内部就会产生拉应力,当此应力达到混凝土抗拉强度极限值时,即会引起混凝土裂缝。

温度裂缝(图3.1-3)、收缩裂纹(图3.1-4)宽度相对较小,但它们为水和污染物提供了入侵路径,容易导致钢筋腐蚀等严重后果。温度裂缝是由混凝土的热膨胀和热收缩引起的。混凝土随着温度的升高或下降而膨胀或收缩。如果混凝土因受限制而无法变形,就会开裂。支座装置受损和伸缩缝堵塞也会导致这种情况。收缩裂缝是由于混凝土的收缩引起的劣化过程,裂缝通常呈较短、不规则形状。温度、收缩裂缝通常不会显著影响混凝土构件的结构强度。

图 3.1-3 温度裂缝

图 3.1-4 收缩裂纹

结构裂缝的方向通常是垂直于其应力(即拉力或剪力)的。非结构裂缝,如温度和收缩裂缝,在横向和纵向均有可能发生。

3.1.2.2 怕冻融

混凝土是多孔隙的复合材料,外界水可以通过毛细作用进入混凝土的内部。混凝土内的水在低温下结冰,体积膨胀约 9%,在孔隙中产生应力,使混凝土承受压力,产生微裂缝。在冻融循环作用下,微裂缝逐步发展,使更多的封闭孔相互连接贯通,进一步降低混凝土的抗冻性,加速混凝土的冻融破坏。

3.1.2.3 碱-集料反应

碱-集料反应主要是指混凝土中的碱与集料中的活性硅发生化学反应,生成一种碱-硅酸盐凝胶(图 3.1-5)。这种硅凝胶具有强烈的吸水膨胀能力,使混凝土发生不均匀膨胀,造成开裂、强度和弹性模量下降等不良现象,从而影响混凝土的耐久性。

3.1.2.4 蜂窝麻面

混凝土蜂窝是由于集料间存在孔隙、形成蜂窝状窟窿,结构物表面缺浆、碎石外露深度大于 5mm,但不大于钢筋保护层厚度,如图 3.1-6 所示。而混凝土麻面则是由于结构物表面缺浆、粗糙、呈现无数小坑,而无钢筋外露现象。

图 3.1-5 混凝土的碱-集料反应

图 3.1-6 混凝土的蜂窝

# 3.2 钢材

钢材强度高、品质均匀,具有一定的弹性和塑性变形能力,能够承受冲击、振动等荷载;钢材的可加工性能好,既可以进行各种机械加工,也可以通过铸造的方法,将钢铸造成各种形状,还可以通过切割、铆接或焊接等多种方式的连接,进行装配法施工。因此,钢材是最重要的桥梁工程材料之一,大量应用于钢筋混凝土、预应力钢筋混凝土及钢结构。

## 3.2.1 钢材的特性

用钢材制造成钢桥,要经过许多机械加工与焊接工艺,承受很大的静、动荷载与冲击荷载。因此,被选作造桥的钢材,既要能适应制造工艺要求,又需满足使用要求。与其他材料相比,钢结构有如下特点:

### 3.2.1.1 钢材的应力-应变曲线

在正常情况下,钢材的强度和变形性能主要由钢材在单向拉伸试验得到的应力-应变曲线来表述。按单向受拉时的应力-应变曲线特点,钢材可分为有明显流幅和无明显流幅两类,前者称软钢,后者称硬钢。图3.2-1所示为有明显流幅的低碳钢标准试件的常温、静载、一次拉伸时的应力-应变曲线。钢材的工作特性可分为以下几个阶段:

(1)弹性阶段。在弹性阶段($OE$段),随着钢材应力的增加,钢材应变也增加,当应力降低到零时,应变也恢复到零位(原点),其中$OA$段应力-应变曲线为一直线,应力和应变成正比关系,应力和应变的比值为常数,称为弹性模量,以符号$E_s$表示。$A$点的应力称为比例极限,$E$点的应力称为弹性极限。实际上钢材的比例极限和弹性极限很接近,一般可不加区分。

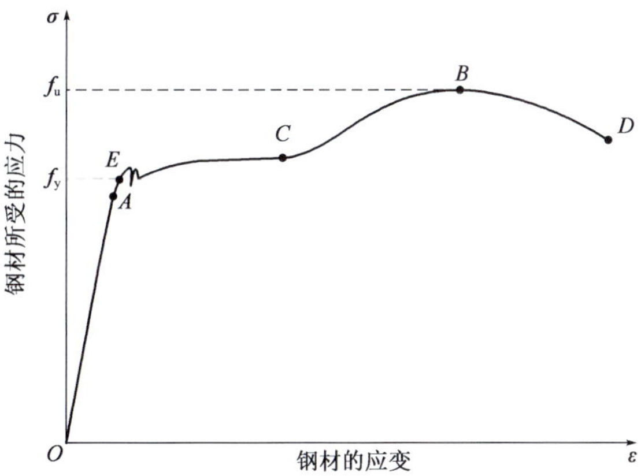


图3.2-1 有明显流幅钢材的应力-应变关系曲线

(2)屈服阶段。当应力超过弹性极限($E$点)后,进入屈服阶段,应力与应变不成正比关系,应变增加很快,甚至出现应力不增加,应变不断发展的现象。此时,钢材的应变包括弹性应变和塑性应变两部分,其中弹性应变是应力卸除后可以恢复的应变,而塑性应变则是应力卸除后不能恢复的应变。在开始进入屈服阶段时,曲线波动较大,随后逐渐趋于平稳,其波动应力最高点和最低点分别称为屈服上限和屈服下限。屈服下限的数值对试验条件不敏感,取值时一般以屈服下限为依据，称为屈服强度，以符号 $f_y$ 表示。屈服阶段从开始（$E$ 点）到应力又开始明显增加（$C$ 点）的变形范围很大，相应的应变幅度称为流幅。流幅越大，说明钢材的塑性越好。屈服强度和流幅是钢材很重要的两个力学性能指标，其中屈服强度反映钢材的强度性能，而流幅反映钢材的塑性性能。

（3）强化阶段。屈服阶段之后，钢材进入强化阶段，随着应变的增加应力开始增加，应力和应变为曲线关系。当曲线达到 $B$ 点时，应力达到最大值，该值称为抗拉强度或极限强度，以符号 $f_u$ 表示。

（4）颈缩阶段。当应力达到极限强度（$B$ 点）后，截面开始出现横向收缩，截面面积明显缩小（图 3.2-2），进入颈缩阶段。此时应力不断降低，应变迅速增大，最后在 $D$ 点钢材断裂。

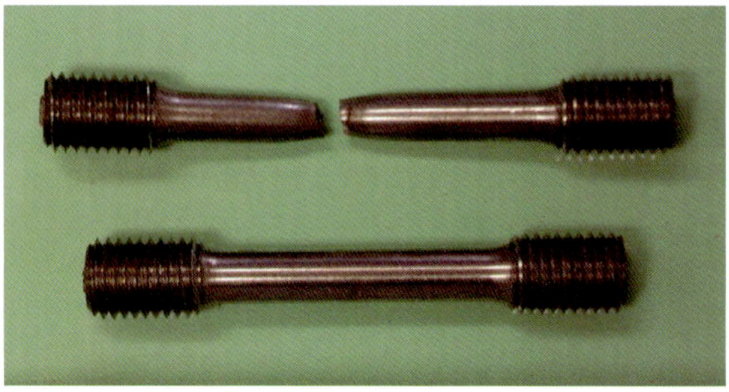

图 3.2-2　塑性断裂前的颈缩现象

有明显流幅钢筋有两个强度指标：一是 $E$ 点对应的屈服强度，它是确定钢筋强度设计值的依据；另一个强度指标是 $B$ 点对应的极限强度，一般情况下作为材料的实际破坏强度。

3.2.1.2　强度

钢的强度表示钢的塑性变形和对破坏的抵抗能力。钢的强度有两个指标，第一个指标是屈服强度，当应力小于屈服强度时，材料的变形是弹性的，卸载后可以完全恢复。因此，在结构设计时，一般取屈服强度为钢材允许达到的最大应力。

第二个指标是极限强度，钢材的极限强度（包括抗拉强度、抗压强度和抗剪强度）是材料能承受的最大应力。当材料达到或接近极限强度时，材料已经产生了非常大的塑性变形，此时的结构已经无法正常使用。

桥梁所用钢材强度设计值见表 3.2-1。钢材牌号“Q×××”代表钢材的屈服强度在×××MPa 左右，并且随着材质厚度的增加，屈服强度会降低。

桥梁所用钢材的强度设计值　　表 3.2-1

| 钢材 | | 抗拉、抗压、抗弯强度（MPa） | 抗剪强度（MPa） |
|---|---|---|---|
| 牌号 | 厚度（mm） | | |
| Q235 钢 | ≤16 | 190 | 110 |
| | 16～40 | 180 | 105 |
| | 40～100 | 170 | 100 |
| Q345 钢 | ≤16 | 275 | 160 |
| | 16～40 | 270 | 155 |

续上表

| 钢材 | | 抗拉、抗压、抗弯强度(MPa) | 抗剪强度(MPa) |
|---|---|---|---|
| 牌号 | 厚度(mm) | | |
| Q345 钢 | 40～63 | 260 | 150 |
| | 63～80 | 250 | 145 |
| | 80～100 | 245 | 140 |
| Q390 钢 | ≤16 | 310 | 180 |
| | 16～40 | 295 | 170 |
| | 40～63 | 280 | 160 |
| | 63～100 | 265 | 150 |
| Q420 钢 | ≤16 | 335 | 195 |
| | 16～40 | 320 | 185 |
| | 40～63 | 305 | 175 |
| | 63～100 | 290 | 165 |

#### 3.2.1.3 韧性

在选用造桥钢材时还要特别重视它的韧性。韧性是钢材在塑性变形和断裂过程中吸收能量的能力,会影响钢桥的抗疲劳性能和抗脆断性能。钢的抵抗疲劳破坏性能对于桥梁十分重要,钢桥所受的动荷载虽然低于结构的名义承载能力,但由于结构中有微小的缺陷或应力集中,易产生塑性变形,从而萌生裂纹。随着外力循环次数的增加,微小的裂纹会逐渐扩展,最后导致钢桥的疲劳断裂。

钢桥构件在静力或加载次数不多的动荷载作用下发生突然断裂,断裂前构件变形很小,裂缝开展速度很快,这种断裂称为脆性断裂。钢材的脆性断裂也与其韧性有关。韧性不好的钢材,在低温或快速加载等不利条件下,容易使钢材发生脆性断裂。因此,常用低温冲击韧性来判断钢材的脆性断裂倾向。随着使用年限延长,钢材会发生老化,韧性下降。

#### 3.2.1.4 冷弯性能

冷弯性能指钢材在常温下承受弯曲变形的能力。工程上常把钢筋、钢板弯成要求的形状,因此要求钢材有较好的冷弯性能。

冷弯是钢材处于不利变形条件下的塑性,与表示在均匀变形下的塑性(伸长率)不同,在一定程度上冷弯更能反映钢的内部组织是否均匀、是否存在内应力及夹杂物等缺陷。一般来说,钢材的塑性越大,其冷弯性能越好。

#### 3.2.1.5 可焊性

焊接是钢结构最常见的连接形式。钢材的可焊性指的是采用一般焊接工艺就可以完成合格的(无裂纹的)焊缝的性能。在焊接中,由于高温作用和焊接后急剧冷却作用,焊缝及附近的过热区将发生晶体组织及结构变化,产生局部变形及内应力,使焊缝周围的钢材产生硬脆倾向,降低了焊接的质量。可焊性良好的钢材,焊缝处性质应与钢材尽可能相同,焊接才牢固可靠。

## 3.2.2 钢材缺陷

### 3.2.2.1 易腐蚀

最容易辨认的钢材缺陷是钢材腐蚀(图 3.2-3)。腐蚀会导致钢材截面大幅降低,桥梁构件承载能力下降。当吊索钢丝因为锈蚀出现 10% 的截面削弱时,其疲劳寿命可能下降 80%。腐蚀最常见的原因是钢材暴露在干湿循环环境中,当钢桥用含氯盐除冰时,钢材腐蚀速度会加快。

图 3.2-3 钢材腐蚀造成梁腹板截面损失

腐蚀可以定义为化学或电化学氧化金属过程。如图 3.2-4 所示,金属腐蚀是一种氧化反应,是由金属表面的电荷流动引起的,其结果是金属铁转化为氧化铁。一旦腐蚀过程发生,钢构件就会出现截面损失,导致结构承载能力下降。

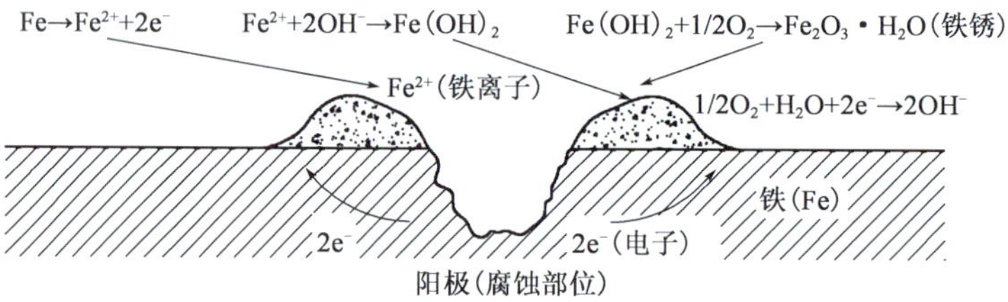


图 3.2-4 钢材腐蚀机理

为了使电荷流动,金属附近必须存在导电溶液(水)或电解质。金属在蒸馏水中的腐蚀非常缓慢,但在盐水中则非常迅速,因为盐的存在提高了水导电的能力,加速了腐蚀过程。水既是发生腐蚀的介质,也是提供腐蚀反应的媒介。此外,氧气加速了腐蚀过程。当钢材与水和氧气隔绝时,腐蚀就会停止或减缓。因此,水和氧气对钢材腐蚀过程至关重要。例如,钢的腐蚀不会发生在干燥空气中,在正常或较低的温度下,当空气相对湿度低于 30% 时,腐蚀是可以忽略不计的。

### 3.2.2.2 存在应力集中区域

当构件中存在裂纹、孔洞、槽口、凹角等内部缺陷,或厚度、宽度和截面形状等改变时,构件中的应力分布将变得很不均匀,应力线曲折、密集,出现局部高峰应力,这种现象称为应力集中,如图 3.2-5 所示。在应力集中区域,应力方向与构件受力方向不一致,存在横向应力,在厚度方向也会产生应力,这种平面或三向的应力状态,约束钢材沿受力方向塑性变形,促使钢材变脆。

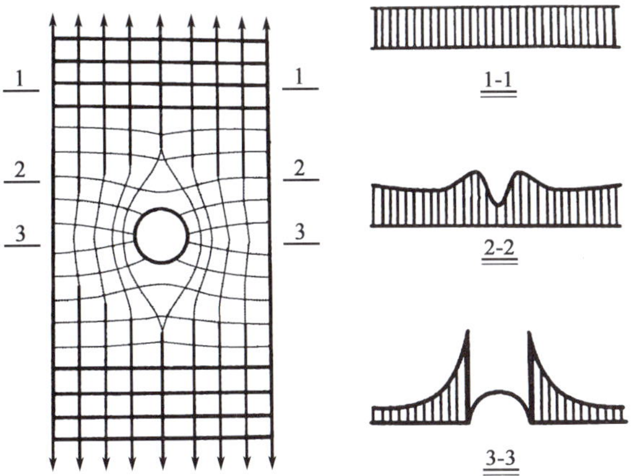


图 3.2-5 有缺陷构件截面的应力分布

#### 3.2.2.3 易发生疲劳脆性破坏

疲劳脆性破坏是钢材在连续重复荷载作用下,在应力低于材料的抗拉强度,甚至低于屈服强度时突然断裂的脆性破坏(图 3.2-6)。这种类型的破坏会导致桥梁突然发生灾难性事故,危害性较大。

图 3.2-6 脆性断裂

钢材的疲劳脆性破坏过程包括 3 个阶段:

(1)裂纹的形成。裂纹一般从结构或连接处的应力集中点开始。对桥梁钢结构来说不存在裂纹形成阶段,因为焊缝中总是存在有微观裂纹或者孔洞、夹渣等缺陷,这些缺陷与微裂纹类似;非焊接结构中在冲孔、剪边、切割等处也存在微观裂纹。

(2)裂纹缓慢扩展。一旦疲劳裂纹形成,施加的循环应力会导致裂纹在构件的截面上扩展或生长,直到它达到临界尺寸。

(3)突然断裂。一旦裂纹扩展到临界尺寸,构件就会断裂,折断为两部分,可能导致全部或部分桥梁坍塌。

应力集中程度是决定钢材疲劳强度的重要因素。大量疲劳破坏的事故以及试验研究表明,裂纹总是与应力集中形影不离。应力集中系数越大,构件的抗疲劳性能越差。由于冶炼、轧制以及冷热加工在构件表面或内部留下的几何缺陷,经常导致应力集中出现,使钢材处于三向拉应力状态,塑性变形受到限制,加快了裂纹扩展。

3.2.2.4 耐火性差

钢材性能随温度变化总的趋势:温度升高,钢材强度降低;温度降低,钢材强度略有增加,塑性和韧性却会降低(图3.2-7)。图中,$f_y$表示屈服强度,$f_u$表示抗拉强度,$\delta$表示伸长率,$E$表示弹性模量。

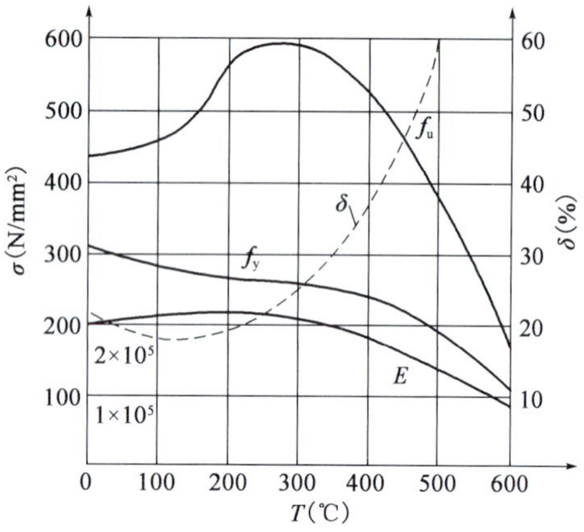

图3.2-7 温度对钢材力学的影响

温度在约250℃以内时钢材性能没有明显变化,430~540℃之间强度急剧下降,600℃时强度、弹性模量很低无法承担荷载。在火灾中,没有防护的钢结构耐火时间只有20min左右,因此,钢结构必须采取可靠的防火措施。

钢材在250℃左右,抗拉强度反而略有提高,同时塑性和韧性均下降,材料有转脆的倾向,钢材表面氧化膜呈现蓝色,称为蓝脆现象。当温度从常温开始下降,特别是接近或达到负温度范围时,钢材强度虽有所提高,但其塑性和韧性降低,材料逐渐变脆,这种性质称为低温冷脆。

3.2.2.5 涂料易失效

涂料对钢桥梁提供的腐蚀保护以机械屏蔽的隔离防护为主,涂层的老化、粉化使这种隔离作用减弱或丧失;其阴极保护作用的锌粉是靠油漆中有机黏合才能与钢铁相结合,随着有机物的裂解、老化,使锌粉无法与钢铁相结合,这样阴极保护作用自然消失。其次,涂层本身有无数微针孔,长期处在盐雾、潮湿环境下,氯离子、水分子等会透过针孔腐蚀基体金属,在涂料层与基体金属交界处钢铁腐蚀产物体积积聚膨胀,导致涂层剥落,并沿着涂层剥落处四周迅速扩展,导致整个防腐体系失效。

## 3.2.3 钢材的防护

影响钢材腐蚀的主要因素有环境中的水分、氧,介质中的酸、碱、盐,钢材的化学成分及表面状况等。其中有材质的原因,也有使用环境和接触介质等原因。因此,防腐蚀的方法也有所侧重。目前常用的防腐蚀方法主要有以下4种:

3.2.3.1 耐候钢

耐候钢即耐大气腐蚀钢。耐候钢是在碳素钢和低合金钢中加入少量的铜、铬、镍等合金元素而制成。这种钢在大气作用下,能在表面形成一种致密的防腐保护层,起到耐腐蚀作用,同时保持钢材具有良好的焊接性能。耐候钢的强度级别与常用碳素钢和低合金钢一致,技术指标也相近,但其耐腐蚀能力却高出数倍。

3.2.3.2 涂料

涂料防腐是最常见的钢桥保护手段,是隔离水分、氧气和氯化物的物理屏障。涂料一般由环氧(无机)富锌底漆、环氧云母氧化铁中间漆和环氧聚氨酯或环氧各色面漆或氯化橡胶面漆等组成。

采用涂料来保护钢铁,就是要提高其腐蚀电位,由腐蚀阳极成为阴极,隔绝电解质以免形成腐蚀电池。漆膜的耐腐蚀性一个重要原因就是涂层作为一种高聚物薄膜,能够不同程度地阻缓腐蚀因子(水、氧和氯离子)透过,从而发挥防锈防腐蚀的作用。此外,涂层漆膜对腐蚀介质的稳定性,与底材的附着力以及相应的机械性能,对于涂层的防腐蚀性能都有着重要的影响。

#### 3.2.3.3 金属热喷涂

在腐蚀性较强的环境中,钢结构防腐蚀常采用金属热喷涂,热喷涂金属材料一般选用铝、铝镁合金或铝锌合金。利用热源将金属等喷涂材料熔化后,以一定的速度喷射到钢结构表面,改变钢材表面的化学结构,使之形成具有较强耐腐蚀性的表面涂层。目前常用的热喷涂工艺有火焰喷涂和电弧喷涂。

#### 3.2.3.4 外加电流阴极保护

外加电流保护,即将惰性阳极与外部的直流电源的正极相连,将受保护的钢结构与外部的直流电源的负极相连。保护电流是由电源提供的。这时辅助阳极可选用耐腐蚀的材料(如钛金属)。当系统工作时,在阳极与钢结构之间有电流通过,使钢管桩表面出现一层薄膜,也就是通常所说的极化薄膜。该极化薄膜形成阻止腐蚀电池的电位。在阴极保护中该极化电位可以通过改变电流的方式加以改变,从而可以实现理想的防腐效果。

### 3.2.4 钢结构的连接

钢结构是由各种钢构件通过一定的安装连接而形成的整体结构,钢构件是由钢板、型钢通过连接方式组合而成。钢结构的连接方法可分为焊缝连接、螺栓连接和铆钉连接(图3.2-8)。

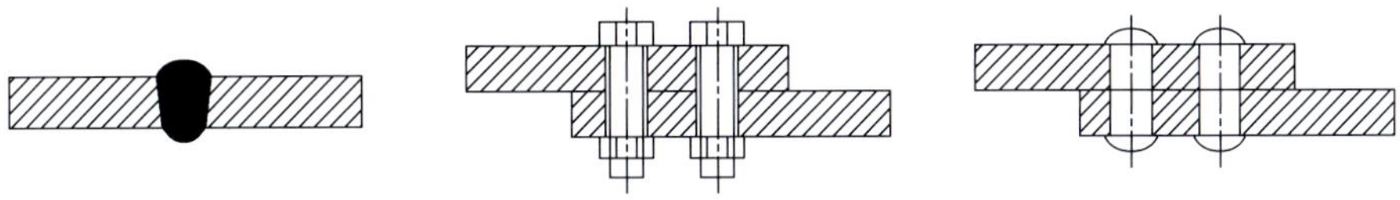

a)焊缝连接　　b)螺栓连接　　c)铆钉连接

图3.2-8　钢结构连接方式

#### 3.2.4.1 焊缝连接

焊缝连接(即焊接)是将需要连接的钢板,在结合处用高温熔合在一起。焊接是钢结构最主要、应用最广泛的连接方法,其优点是构造简单、不削弱构件截面、节约钢材、加工方便、易于采用自动化操作、连接的密闭性好、刚度大。缺点是焊接残余应力和焊接残余变形对结构有不利影响,同时焊接结构的低温冷脆问题比较突出。目前除少数直接承受动载结构的某些连接不宜采用焊接外,焊接广泛应用于桥梁钢结构。

#### 3.2.4.2 螺栓连接

螺栓连接又分为普通螺栓连接和高强度螺栓连接。其优点施工工艺简单,安装方便,特别适用于工地安装连接,工程进度和质量易得到保证;装卸方便,适用于需装拆结构的连接和临时性连接。其缺点对结构截面有一定削弱;有时在构造上还须增设辅助连接件,故用料增加,构造较繁;螺栓连接需制孔,拼装和安装时需对孔,工作量增加,且对制造的精度要求较高。

普通螺栓连接和高强度螺栓连接的主要区别:普通螺栓扭紧螺母时螺栓产生的预拉力很小,由板面挤压力产生的摩擦力可以忽略不计。普通螺栓连接抗剪时是依靠孔壁承压和栓杆抗剪来传力。高强度螺栓除了其材料强度高之外,施工时还给螺栓杆很大的预拉力,使被连接构件的接触面之间产生挤压力,因此板面之间垂直于螺栓杆方向受剪时有很大的摩擦力。依靠接触面间的摩擦力来阻止其相互滑移,以达到传递外力的目的,因而变形较小。

普通螺栓连接应用于桥梁次要构件、结构构造性连接和临时连接中;高强度螺栓连接应用于主要受力结构中。

3.2.4.3 铆钉连接

铆钉连接需要先在构件上开孔,铆孔比铆钉直径大 1mm,加热至 900 ~ 1000℃,并用铆钉枪打铆。其优点是连接刚度大,传力可靠,韧性和塑性较好,质量易于检查,适用于直接承受动载结构的连接。缺点是构造复杂,用钢量多,目前已很少采用。

## 3.3 钢筋混凝土

混凝土由于其抗压强度大的特点,在桥梁工程中得到了广泛应用。为了提高混凝土有限的抗拉、剪切和弯曲强度,钢筋作为一种能够同时承受抗拉、抗剪作用的材料被添加进了混凝土材料中。按《公路钢筋混凝土及预应力混凝土桥梁设计规范》(JTG 3362—2018)规定,混凝土结构用钢筋分为普通钢筋和预应力钢筋。一般把仅使用普通钢筋的结构称之为钢筋混凝土结构。目前的路网中存在大量钢筋混凝土桥梁,如钢筋混凝土空心板梁桥、钢筋混凝土箱梁桥等。

普通钢筋分为热轧钢筋与冷轧带肋钢筋。热轧钢筋是低碳钢、普通低合金钢在高温状态下轧制而成,按强度等级牌号分为 HPB300、HRB400(HRBF400、RRB400)、HRB500。HPB 为光圆钢筋,HRB 为热轧带肋钢筋,HRBF 为采用控温轧制工艺生产的系列细晶粒热轧带肋钢筋,RRB 为余热处理钢筋,英文字母后面的数字代表抗拉强度标准值。

钢筋外形有光圆和带肋两种,带肋钢筋又分为螺旋纹钢筋、人字纹钢筋和月牙纹钢筋三种。带肋钢筋的直径按与光圆钢筋具有相同质量的当量直径确定。我国目前生产的带肋钢筋大多为月牙纹钢筋,其横肋高度向肋的两端逐渐降至零,呈月牙形,这样可使横肋相交处的应力集中现象有所缓解。钢筋的类型如图 3.3-1 所示。

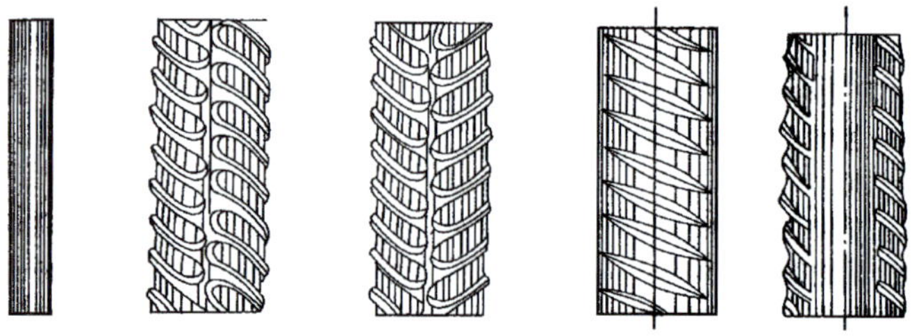

a)光面钢筋 b)螺旋纹钢筋 c)人字纹钢筋 d)月牙纹钢筋

图 3.3-1 钢筋类型

## 3.3.1 钢筋混凝土特性

### 3.3.1.1 钢筋混凝土梁的受力和变形阶段

常用如图3.3-2所示的加载方式研究钢筋混凝土梁在荷载作用下的受力阶段、截面正应力分布及破坏形态。

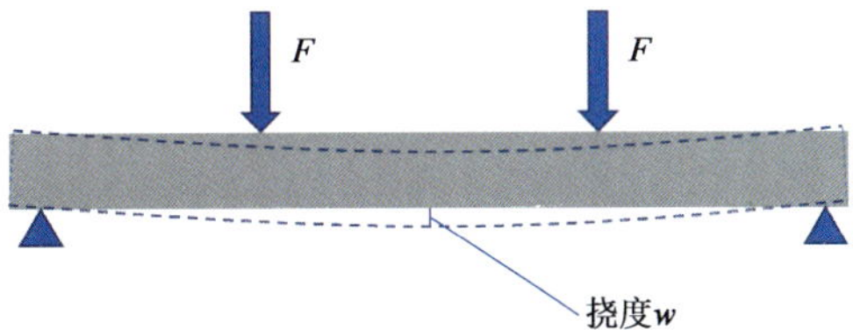


图3.3-2 钢筋混凝土梁加载示意图

图3.3-3表示梁受力全过程中集中力 $F$ 与梁体跨中挠度的关系曲线图。由图3.3-3可知，当荷载较小时，挠度随着力 $F$ 的增加而不断增大，两者基本成比例；当 $F$ 超过开裂荷载时，梁跨中区域下部即可观察到竖向裂缝，此后挠度就比力 $F$ 增加得快了，并出现若干条新裂缝；当 $F$ 超过屈服荷载时，裂缝急剧开展，挠度急剧增大；当 $F$ 超过破坏荷载时，梁受压区边缘混凝土被压碎，梁不能继续承载。

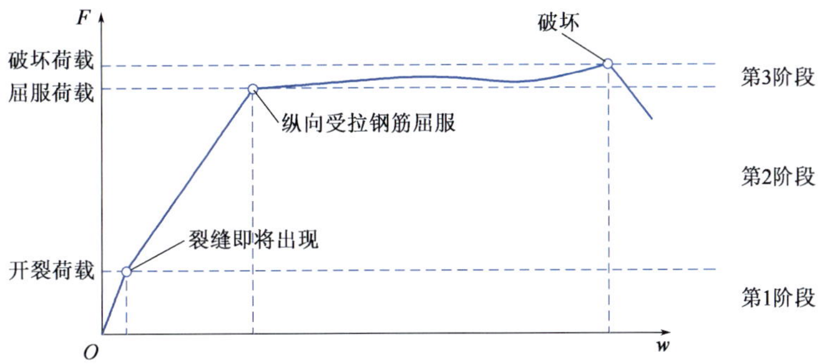


图3.3-3 钢筋混凝土梁荷载-挠度曲线的简化示意图

从图3.3-3中还可以看到，梁的荷载挠度曲线有两个明显的转折点，从而把梁的受力和变形全过程分为3个阶段。第1阶段，梁没有出现混凝土裂缝阶段；第2阶段，梁混凝土裂缝出现与开展阶段；第3阶段，裂缝急剧开展，纵向受力钢筋应力维持在屈服强度不变，为梁破坏阶段。同时荷载-挠度曲线上有3个特征点，即第1阶段末，裂缝即将出现；第2阶段末，纵向受拉钢筋屈服；第3阶段末，梁受压区混凝土被压碎，整个梁截面破坏。

### 3.3.1.2 钢筋混凝土梁受弯破坏形态

钢筋混凝土梁正截面受弯破坏类型与配筋率、钢筋和混凝土的强度有关。当材料性能及几何尺寸确定后，其破坏类型主要与配筋率有关，可分为：适筋破坏、超筋破坏、少筋破坏3种类型。

(1)适筋破坏

钢筋先屈服，混凝土后压碎。当配筋量合适，将发生图3.3-4a)所示的适筋破坏类型。此时，受拉混凝土退出工作，受拉钢筋先屈服，当受压区混凝土被压碎时才破坏。这种破坏有预兆，两种材料可以得到充分利用，属于延性破坏类型。

(2)少筋破坏

如图3.3-4b)所示，当配筋率小于最小配筋率时，受拉区混凝土一旦开裂，混凝土上的拉力转由钢筋承担，钢筋应力突增且迅速屈服并进入强化阶段。而裂缝往往只有一条，宽度大且延伸大，致使梁的裂缝过宽且挠度过大，即使受压区混凝土未被压碎，但已经失效。此种破坏发生时，材料未被充分利用，十分突然，属于脆性破坏类型。

(3)超筋破坏

受压混凝土先压碎而钢筋不屈服。当配筋率大于最大配筋率时，在钢筋尚未屈服时，受压区混凝土先被压碎，这时钢筋强度没有被充分发挥，梁的变形和裂缝宽度都不大，如图3.3-4c)所示，然而破坏突然，也属于脆性破坏类型。

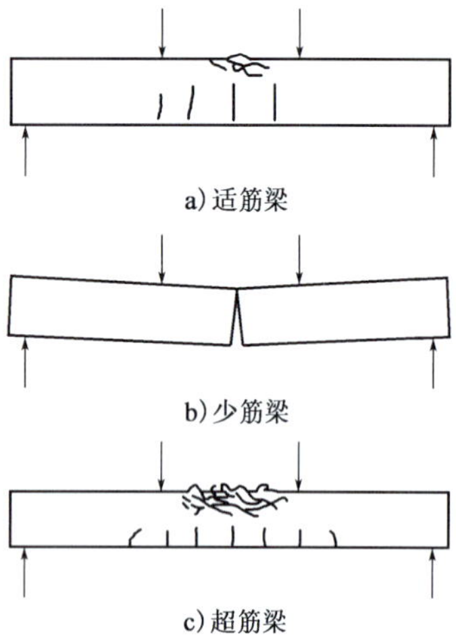


图3.3-4　钢筋混凝土梁正截面受弯破坏类型

## 3.3.2　钢筋混凝土的缺陷

钢筋混凝土除了存在和混凝土材料类似的缺陷，如开裂、冻融、碱-集料反应、蜂窝麻面等，此外最主要的缺陷就是内部钢筋的易锈蚀性。锈蚀形成的铁锈体积为原来的4倍，产生的内应力高达27MPa，这就必然导致混凝土开裂和剥落。而判断钢筋锈蚀情况的几个重要指标分别是钢筋锈蚀电位、混凝土电阻率、钢筋保护层厚度、碳化深度及氯离子含量。

### 3.3.2.1　混凝土碳化

碳化是空气中的二氧化碳与混凝土中的碱性水化物之间的化学反应。

钢筋混凝土中水泥的水化产物——氢氧化钙是一种高碱性物质，pH值在12.5以上，混凝土中钢筋与该溶液接触，表面会形成氧化亚铁面膜，它可以钝化钢筋，阻止氧接触钢筋，对钢筋起到保护作用。这种钝化作用在碱性环境中是很稳定的。

由于外来的酸性气体，如二氧化碳渗入混凝土与氢氧化钙发生化学反应，变成碳酸钙，整个反应称为碳化作用。当大量的碳酸钙形成时，混凝土内部碱性环境受到破坏，达到一定程度时，如pH在9以下时，钝态铁的保护层就失去作用，混凝土内的钢筋因为没有受到碱性环境的保护而产生锈蚀。

### 3.3.2.2　氯化物侵蚀

氯离子进入混凝土内部有两种方式：一是掺入，即在施工过程中通过集料水泥、拌合用水、外加剂掺入混凝土中的氯离子；另一种是侵入，即外界使用环境中的氯离子通过渗透、扩散、毛细作用侵入混凝土中。

氯离子不仅会和混凝土中的$Ca(OH)_2$等化学成分发生反应，生成易溶的$CaCl_2$和大量结晶水造成混凝土膨胀破坏，还能够破坏钢筋周围的保护膜，从而引起腐蚀，而且能增大溶液导电性、增大电位差而加速腐蚀过程。当钢筋周围的混凝土液相中氯离子浓度足够高时，其表面钝化膜即遭破坏，此时的钢筋一旦遇到空气和水，便会锈蚀。

## 3.4 预应力混凝土

普通钢筋混凝土桥的适用跨径为5~20m,当跨径进一步增大时,结构自重产生的弯矩迅速增大,混凝土将产生裂缝。而且普通钢筋是被动参加工作的,高强度钢筋达到其屈服强度时可能混凝土裂缝已经超过使用要求,所以高强度混凝土不能充分发挥作用。这在一定程度上限制了普通钢筋混凝土结构的使用范围。

采用预加应力的方法可以弥补普通钢筋混凝土结构的缺点。在构件受荷载作用之前预先对荷载作用,将产生拉应力的混凝土施加压力,使结构受荷载作用而产生的拉应力必须先抵消混凝土上预先施加的压应力,然后才能使混凝土受拉。预压应力可减少甚至抵消荷载在混凝土中产生的拉应力,使混凝土结构在正常使用荷载作用下不产生过大的裂缝,甚至不出现裂缝,促使结构轻型化。因而预应力混凝土结构具有比钢筋混凝土结构大得多的跨越能力。

### 3.4.1 预应力混凝土梁工作原理

通过张拉预应力筋来施加预应力是最常用的方法。以图3.4-1简支梁为例,说明预应力混凝土梁的工作原理。

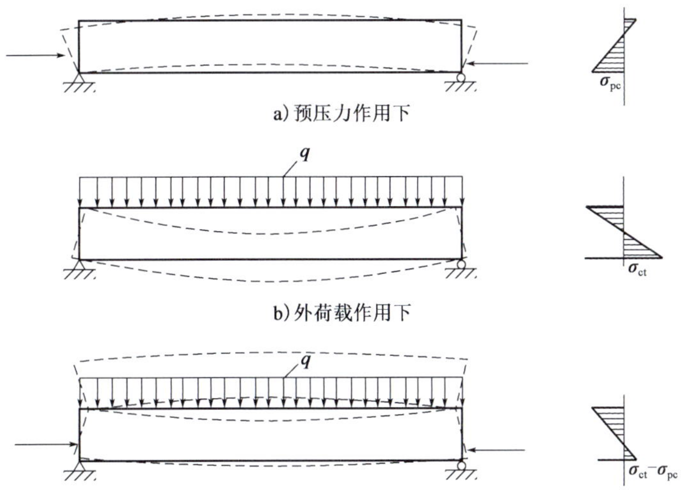


图3.4-1 预应力混凝土梁工作原理

如图3.4-1a)所示,荷载作用之前,在梁的受拉区(截面下部)施加预应力$\sigma_{pc}$,截面的下边缘产生压应力,上边缘产生拉应力或较小的压应力(取决于预压力$N_p$的偏心程度)。在荷载$q$作用下,梁截面下部受拉,上部受压,如图3.4-1b)所示,跨中截面下边缘产生拉应力$\sigma_{ct}$(此时截面可能已经开裂,为便于说明预应力的原理,假设截面未开裂)。显然,在预应力和荷载共同作用下,该梁跨中截面应力分布等于预压力$N_p$单独作用下截面应力分布与荷载$q$单独作用下截面应力分布的叠加,如图3.4-1c)所示。由此可见,由于预压应力$\sigma_{pc}$全部或部分抵消了荷载作用下产生的拉应力$\sigma_{ct}$,因而使梁不开裂或延缓裂缝的出现和开展。这表明,施加预应力可以显著提高混凝土构件的抗裂能力或延缓裂缝的开展,提高刚度。

### 3.4.2 预应力混凝土结构组成

预应力混凝土结构组成主要包括混凝土、普通钢筋、预应力钢筋和锚固体系等。下文主要介绍预应力混凝土独有的预应力筋与锚固体系。

3.4.2.1 预应力筋

我国目前用于预应力混凝土构件中的预应力筋主要有钢绞线、钢丝、螺纹钢筋三大类。

(1)钢绞线

常用的钢绞线是由直径5～6mm的高强度钢丝捻制成的。用7根钢丝捻制的钢绞线(图3.4-2),其结构为1×7,公称直径有9.5mm、12.7mm、15.2mm、17.8mm。钢绞线的极限抗拉强度标准值最高可达1960MPa,在后张法预应力混凝土中采用较多。

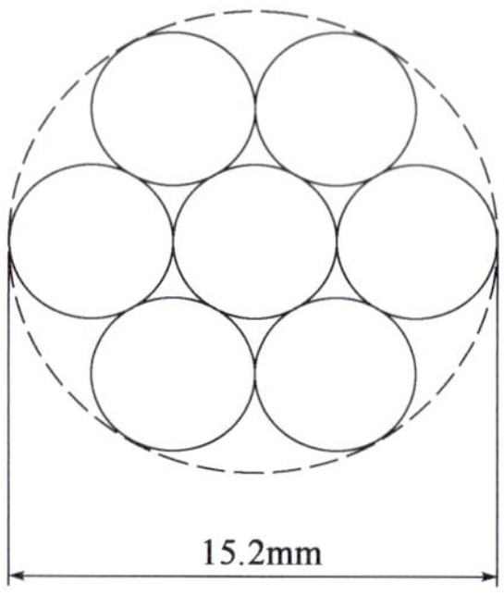

图3.4-2 1×7结构钢绞线外形示意图

(2)钢丝

预应力混凝土所用钢丝可分为冷拉钢丝及消除应力钢丝两种。按外形分有光圆钢丝、螺旋肋钢丝、刻痕钢丝;按应力松弛性能分则有普通松弛(即Ⅰ级松弛)及低松弛(即Ⅱ级松弛)两种。钢丝的公称直径有3～9mm,其极限抗拉强度标准值可达1770MPa。要求钢丝表面不得有裂纹、小刺、机械损伤、氧化铁皮和油污。

(3)螺纹钢筋

螺纹钢筋是用热轧的螺纹钢筋经淬火和回火的调质热处理而成。螺纹钢筋按其螺纹外形可分为有纵肋和无纵肋两种。钢筋经热处理后应卷成盘,每盘钢筋由一整根钢筋组成,其公称直径有6～10mm,极限抗拉强度标准值可达1470MPa。

3.4.2.2 锚固体系

预应力锚固体系是预应力混凝土结构成套技术的重要组成部分,完善的锚固体系通常包括锚具、夹具、连接器及锚下支撑系统等。

锚具和夹具是预应力混凝土结构和构件中用于锚固或夹持预应力筋的工具,是预应力混凝土结构的关键部件。夹具(也称为工作锚),是指在先张法构件施工时,为保持预应力筋的拉力并将其固定在生产台座(或设备)上的临时性锚固装置;或是指在后张法结构或构件施工时,在张拉千斤顶或设备上夹持预应力筋的临时性锚固装置。锚具是指在后张法预应力混凝土结构或构件中,为保持预应力筋的拉力并将其传递到混凝土上所用的永久性锚固装置。

连接器是预应力筋的连接装置,用于接长预应力筋,能使分段施工的预应力筋逐段张拉锚固并保持其连续性。

锚下支撑系统包括与锚具相配套的锚垫板、螺旋筋或钢筋网片等,布置在锚固区的混凝土中,作为锚下局部承压、抗劈裂的加强结构。

预应力筋配套的锚固体系很多,这里主要介绍我国常用的夹片式锚固体系和固定端锚具。

(1)夹片式锚固体系

夹片式锚具是一种由夹片、锚板及锚垫板等部分组成的锚具。两分式或三分式夹片构成一套锚塞,共同夹持一根钢绞线,每个锚板上设有锥形的孔洞,在钢绞线回缩过程中夹片按楔块作用原理将其拉紧,从而达到锚固的目的。它属于自锚式锚具,无须外加顶塞作用。夹片式锚具品种很多,目前国内常用的有 OVM、CVM、OLM、TYM 等。这些锚具主要用于锚固预应力钢绞线。

目前国内普遍采用的锚具规格有 M15-N 锚具和 M13-N 锚具。其中,M 代表锚具;15(13)代表钢绞线的规格为 15.2(12.7)的钢绞线;N 是指所要穿戴的钢绞线根数。锚具的常见体系分为:

圆柱体常规锚具(图 3.4-3)。此种锚具具有良好的锚固性能和放张自锚性能。张拉一般采用穿心式千斤顶。规格型号表示为 M15-N 或 M13-N。

长方体扁锚(图 3.4-4)。扁形锚具主要用于桥面横向预应力、空心板、低高度箱梁,使应力分布更加均匀合理,进一步减小薄壁结构的厚度。规格型号表示为 BM15-N 或 BM13-N。

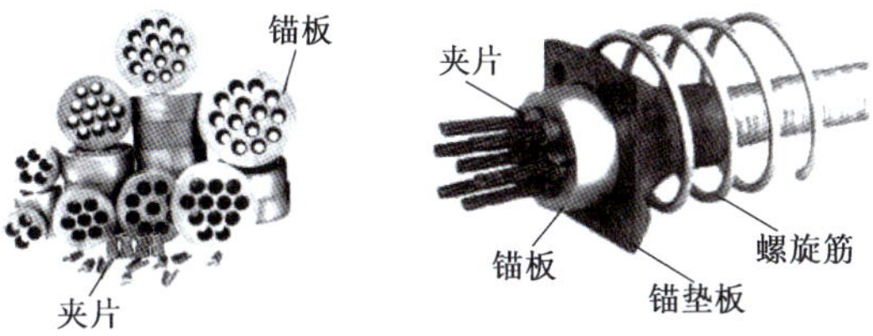


图 3.4-3　圆柱体常规锚具

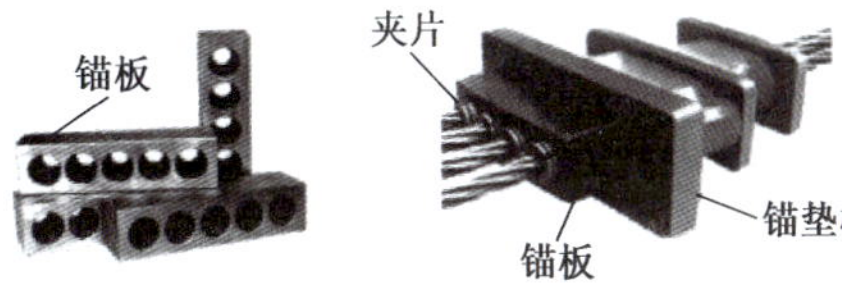


图 3.4-4　长方体扁锚

(2)固定端锚具

H 型锚具(图 3.4-5)利用压花机将钢绞线端头压成梨形头,利用梨形自锚头与混凝土之间的黏结进行锚固。当需要把后张力传至混凝土时,可采用 H 型锚具。

P 型锚具(图 3.4-6)适用于构件端部受力大或端部空间受到限制的情况,它是使用挤压机将挤压锚压结在钢绞线上的一种握裹式锚具,预埋在混凝土内,按需要排布,待混凝土凝固到设计强度后,再进行张拉。

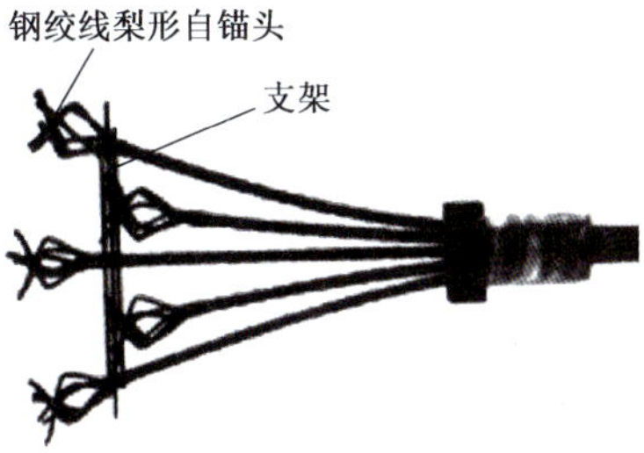


图 3.4-5　H 型锚具

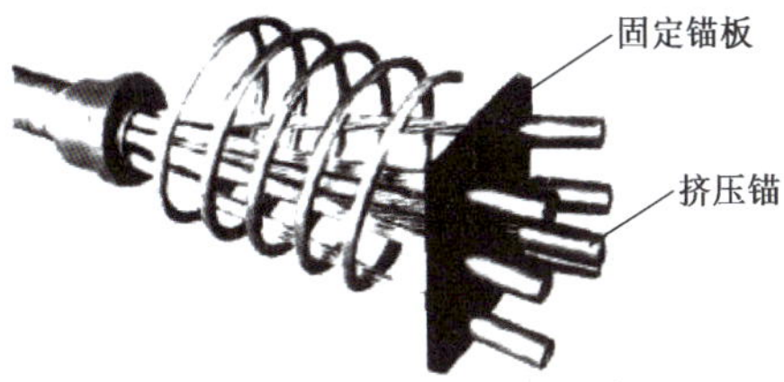


图 3.4-6　P 型锚具

### 3.4.3　预应力混凝土梁的受力和变形阶段

采用与钢筋混凝土梁类似的试验方式可获得预应力混凝土梁的荷载-挠度曲线,如图 3.4-7所示,从开始加载到破坏同样存在 3 个发展阶段。与钢筋混凝土梁相比,预应力混凝土梁的裂缝出现延迟,跨中挠度则明显减小,因此其开裂荷载和梁体刚度相对较大。

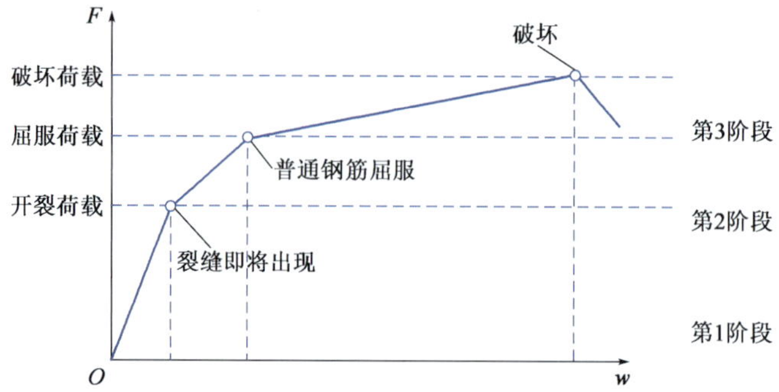


图 3.4-7　预应力混凝土梁荷载-挠度曲线的简化示意图

### 3.4.4　预应力混凝土的缺陷

预应力混凝土构件的劣化方式与传统钢筋混凝土构件相似。然而,这些缺陷对预应力混凝土构件性能的影响通常更严重。

3.4.4.1　混凝土开裂

一般来说,预应力构件的开裂比钢筋混凝土构件的开裂问题更大。在受弯裂缝较小或评估表明裂缝不影响构件的设计承载能力的情况下,裂缝为水分和氯化物的进入提供了途径,可能会导致预应力钢筋腐蚀。

3.4.4.2　预应力损失

由于预应力施工工艺和材料性能等原因,预应力筋中的初始预应力在施工及使用过程中将不断降低,这种现象称为预应力损失。预应力损失会降低预应力的效果。早期由于没有认识到这一问题,施加预应力后效果差,在相当长的时间内影响了预应力混凝土的应用。

预应力损失对承载力影响很小,但对裂缝、变形影响较大。因此,准确预估和尽可能减少预应力损失,对预应力混凝土结构具有十分重要的意义。

## 3.5　新材料

图 3.5-1　钢纤维

### 3.5.1　钢纤维混凝土

钢纤维混凝土是指掺加了适量、均匀分布钢纤维(图 3.5-1)的混凝土。

在混凝土中掺入钢纤维,能大幅提高混凝土的抗冲击强度和韧性,显著改善其抗裂、抗剪、抗弯、抗拉、抗疲劳等性能。钢纤维的原材料可以使用碳素结构钢、合金结构钢和不锈钢,生产方式有钢丝切断、薄板剪切、熔融抽丝和铣削。表面粗糙或表面刻痕、形状为波形或扭曲形、端部带钩或端部有大头的钢纤维与混凝土的黏结较好,有利于增强混凝土性能。

由于钢纤维混凝土自身的良好特性，在相同荷载条件下，钢纤维混凝土的铺装厚度要比普通混凝土桥面减少 30% ~50%，不仅降低了桥面铺装的自重荷载，还减少了材料用量，进而缩短了工程施工时间。钢纤维混凝土因其具有优良的韧性、较强的耐冲击性，还常用于桥梁伸缩缝的锚固混凝土，能够保障伸缩缝连接钢筋的黏结牢固，防止伸缩缝出现较大的变形、位移或翘曲，提高伸缩缝的寿命。

### 3.5.2 碳纤维材料

碳纤维材料(Carbon Fiber Reinforced Polymer，简称 CFRP)为连续碳纤维单向或多向排列、未经胶黏剂浸渍固化的高强度、高弹性模量的复合材料，是由基体材料和增强材料等两种以上的组分材料在宏观尺度上的物理组合材料。国际工程界从 20 世纪 80 年代后期就开始将其作为钢筋、预应力钢材的替代材料加以研究，并陆续将其作为预应力桥梁的张拉材料、建筑物的外墙材料、既有桥梁的加固材料等。以下是它有别于钢材的一些独特性能：

(1) CFRP 具有比钢材高出十几倍的抗拉强度(2.0 ~3.6GPa)和相当于钢材 1 ~2 倍的弹性模量(200 ~700GPa)。

(2) CFRP 减振性能好，其自振频率很高，可避免早期共振，同时内阻也很大，一旦激振起来，衰减也快。

(3) CFRP 具有良好的耐久性，耐油、耐酸、耐腐蚀性能好，与环境有很好的相容性能。除了强氧化剂外，一般如浓盐酸、30% 的硫酸、碱等对其均不起作用。

(4) CFRP 材料是柔软的，其产品的形状几乎不受限制，还可以任意着色，从而达到结构形式和材料美学的高度统一。

(5) CFRP 材料施工便捷，在结构加固中，碳纤维布易成型，能够粘贴在曲面或不规则的结构表面上，考虑到其方向性，设计者可以进行裁剪，使其在特定方向上达到预期的设计强度。

结构加固中应用的碳纤维材料主要包括碳纤维片材、碳纤维棒材和碳纤维型材。碳纤维片材包括碳纤维布(CFS)和碳纤维板(CFP)，一般通过环氧树脂类黏结剂粘贴于混凝土受拉区表面，是用于结构加固修复最多的一种材料形式。

碳纤维布宜用于梁、柱等主要受力构件的加固，如图 3.5-2 所示。当所需纤维布层数较多时，宜使用碳纤维板，如图 3.5-3 所示。

图 3.5-2 碳纤维布

图 3.5-3 碳纤维板

### 3.5.3 超高性能混凝土(UHPC)

超高性能混凝土是指抗压强度在150MPa以上,具有超高韧性、超长耐久性的纤维增强水泥基复合材料。其中,最具代表性的超高性能混凝土材料为活性粉末混凝土,最早由法国学者于1993年提出。其主要成分为硅灰、水泥、细集料及钢纤维等材料,依照最大密实度原理构建,从而使材料内部的缺陷(孔隙与微裂缝)减至最少。

与普通混凝土相比,UHPC具有较高的抗压强度、抗拉强度、黏结强度、弹性模量、断裂能。此外,其裂缝更加细密,且宽度可以通过水灰比、纤维材料的含量来控制,因此,其应用范围更加广泛。表3.5-1为UHPC与普通混凝土(NC)、高性能混凝土(HPC)材料特性对比。从中可以看出,UHPC具有优异的性能。

**UHPC、HPC、NC材料特性对比** 表3.5-1

| 混凝土种类 | NC | HPC | UHPC |
|---|---|---|---|
| 抗压强度(MPa) | 15~50 | 60~110 | 150~300 |
| 抗折强度(MPa) | 2~5 | 6~10 | 30~60 |
| 弹性模量(GPa) | 30~40 | 30~40 | 40~60 |
| 材料断裂韧性($kJ/m^2$) | 0.12 | 0.14 | 20~40 |
| 氯离子扩散系数($\times10^{-12}/s$) | 1.11 | 0.60 | 0.02 |
| 冻融剥离($g/cm^2$) | >1000 | 900 | 7 |
| 吸水特性($kg/m^2$) | 2.7 | 0.4 | 0.2 |
| 碳化深度(mm) | 10 | 2 | 0 |
| 磨耗系数 | 4.0 | 2.8 | 1.3 |

Chapter
Four

# 第 4 章

# 桥梁工程基础

## 4.1 基本术语

(1)多孔跨径

梁式桥、板式桥的多孔跨径总长 $L$ 为多孔标准跨径的总长;拱式桥为两端桥台内起拱线间的距离;其他形式桥梁为桥面系行车道长度。

(2)单孔跨径

单孔跨径 $L_k$ 是指标准跨径(图 4.1-1)。梁式桥、板式桥以两桥墩中线之间桥中心线长度或桥墩中线与桥台台背前缘线之间桥中心线长度为标准跨径;拱式桥以净跨径为标准跨径。

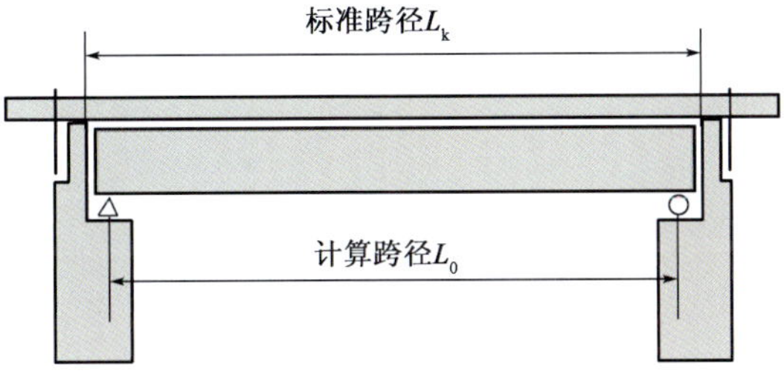


图 4.1-1　跨径示意图

桥梁按多孔跨径和单孔跨径的不同，分为特大桥、大桥、中桥和小桥，详细划分标准如表4.1-1所示。

桥涵按长度规模分类　　表4.1-1

| 桥涵分类 | 多孔跨径总长 $L$(m) | 单孔跨径 $L_k$(m) |
|---|---|---|
| 特大桥 | $L>1000$ | $L_k>150$ |
| 大桥 | $100\leq L\leq 1000$ | $40\leq L_k\leq 150$ |
| 中桥 | $30<L<100$ | $20\leq L_k<40$ |
| 小桥 | $8\leq L\leq 30$ | $5\leq L_k<20$ |
| 涵洞 | — | $L_k<5$ |

(3)计算跨径

对于具有支座的桥梁，计算跨径是指桥跨结构相邻两个支座中心之间的距离，用 $L_0$ 表示，如图4.1-1 所示；对于拱式桥，是相邻拱脚截面形心点之间的水平距离。

(4)延米数

延米数是指桥梁跨径总长与桥梁幅数(主线桥多为双幅，匝道和跨线桥多为单幅)的乘积。

(5)桥下净空

桥下净空是指设计水位与桥跨结构最下缘的高差(图4.1-2)，设计水位一般指的是设计洪水位或设计通航水位。

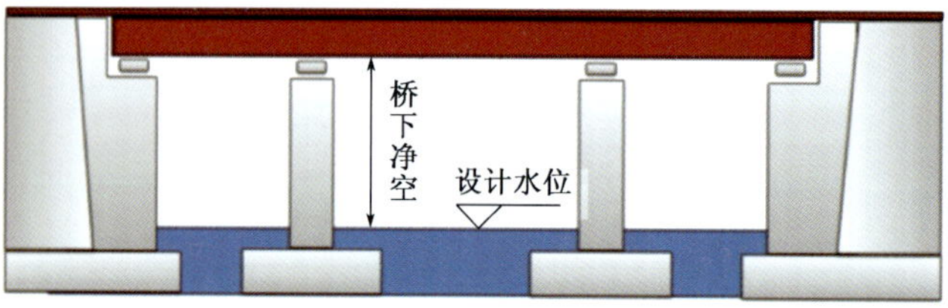


图4.1-2　桥下净空

(6)横向分布系数

如果某桥梁的结构一定，轮重在桥上的位置也确定，则分布给某根梁的荷载也是定值。在桥梁设计中，常用一个表征荷载分布程度的系数 $m$ 与轴重的乘积来表示该定值。$m$ 即为荷载横向分布系数，它表示某根主梁所承担的最大荷载占车辆轴重或人群荷载的比例系数。

## 4.2　桥梁基本组成

桥梁的组成与桥梁的结构体系有关。桥梁主要由桥面系、上部承重结构、下部结构和支座组成，如图4.2-1 所示。

(1)桥面系

桥面系通常包括桥面铺装、防水和排水设施、伸缩缝、栏杆和灯柱等构造(图4.2-2)。由于桥面系天然敞露而对气候影响十分敏感，其选择是否合理、布置是否恰当直接影响桥梁的使用功能、布局和美观。由于桥面系工程量小，项目复杂，在施工中又多在主体工程结束之后进行，往往在施工中得不到应有的重视，从而造成桥梁使用中的弊病或过早进行维修、养护，甚至会中断交通，因此必须了解桥面系各部件的工作性能。

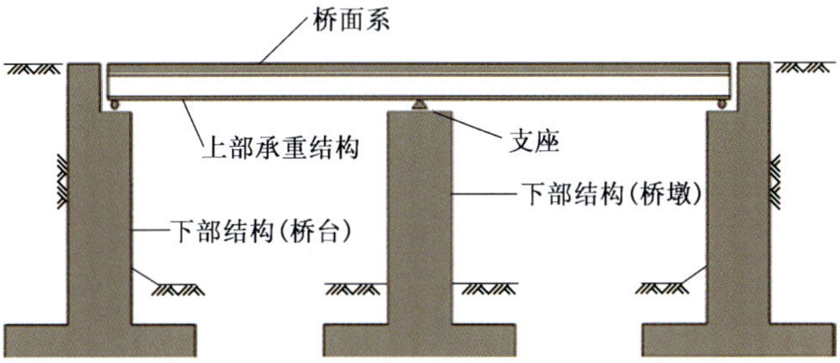


图4.2-1　桥梁基本组成

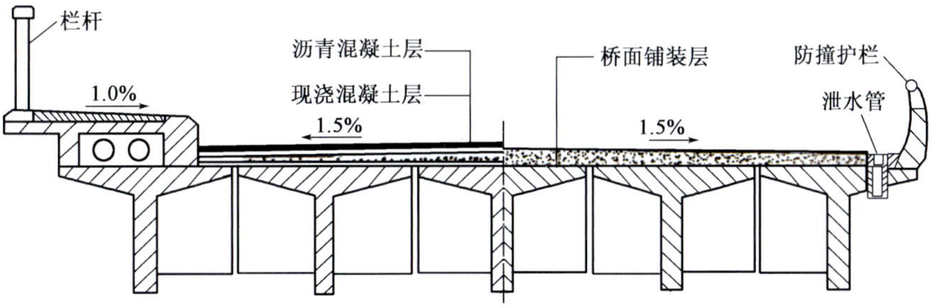


图4.2-2　桥面系横截面图

(2)桥梁上部承重结构

上部承重结构主要指的是桥梁支座以上的桥跨结构(不包括桥面系)，桥跨结构是直接承受桥面荷载和交通荷载、跨越障碍的主体架空结构。对梁桥而言，主体结构是梁；对拱桥而言，主体结构是拱；对索桥而言，主体结构是缆索。

(3)桥梁下部结构

桥梁下部结构指的是将桥梁上的车辆荷载和桥梁自重传入大地的桥梁支座以下的结构物，如桥墩、桥台及基础等。桥台设在桥跨结构的两端，桥墩设在桥跨结构的中间。

桥台除了支承上部结构和传力作用之外，还起到将桥梁和路堤衔接并防止路堤下滑和坍塌的作用。为此通常在桥台周围修建锥形护坡、导流堤等防护措施，以保证迎水部分路堤边坡的稳定。对于允许船只经过的河流，为了保证桥梁的安全，还需要在桥墩上设置防撞设施。

桥墩和桥台中使全部荷载传至地基底部的部分，通常称为基础，它是确保桥梁安全的关键。由于基础深埋在土层中，并且需要在水下施工，故也是桥梁施工中比较困难的一部分。

(4)桥梁支座

桥梁支座一般设置在桥梁上部承重结构与墩、台之间，可将上部荷载传递至基础。同时，桥梁上部承重结构与桥梁墩、台通过支座连接在一起，这样桥梁的整体性大幅增强，它们不仅可以承受较大的外荷载，还能传递较大的荷载。桥梁的支座主要是为桥梁上部结构提供约束，因此，桥梁支座有时也被看作桥梁上部结构的一部分。

## 4.3　桥梁基本分类

结构工程中的受力构件，总离不开拉、压、弯三种主要受力方式。由基本构件组成的各种结构物，在力学上也可归结为梁式、拱式和悬吊式三种基本体系以及它们之间的各种组合。现代的桥梁结构也一样，但是其内容更丰富，形式更多样，技术更进步。下面从受力体系、跨径两方面分别阐述桥梁体系的特点。

### 4.3.1　梁式桥

梁式桥是一种在竖向荷载作用下无水平反力的结构。图4.3-1a）为单跨简支梁桥，通过支座支承在桥台（桥墩）之上。简支梁为静定结构，具有受力明确，构造简单，易于设计、施工、管养的优点。如图4.3-1b）所示，由于外力（恒载和活载）的作用方向与承重结构的轴线接近垂直，故与同样跨径的其他结构体系相比，梁内产生的弯矩最大，通常需用抗弯能力强的材料（钢、木、钢筋混凝土等）来建造。对于中小跨径桥梁，目前在公路上应用最广泛的是标准跨径的预应力混凝土简支梁桥，施工方法有预制装配和现浇两种。这种梁桥的结构简单，施工方便，对地基承载力的要求不高，常用跨径在25m以下。当跨径较大时，可采用图4.3-1c）所示的预应力混凝土连续梁形式，多跨形成一联，由于支点负弯矩的卸载作用，使跨中正弯矩显著减少，而且其弯矩分布比悬臂梁合理。梁式桥常见分类如表4.3-1所示。

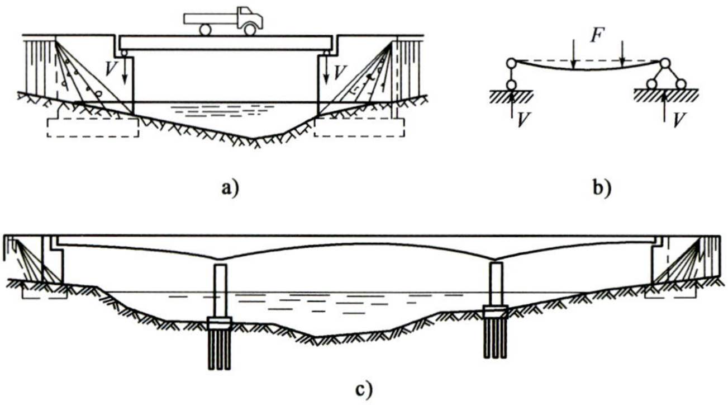


图4.3-1　梁式桥

梁式桥常见分类　　表4.3-1

| 分类原则 | 分类明细 |
|---|---|
| 支承体系 | 简支、连续、悬臂 |
| 主要承重结构材料 | 圬工、钢筋混凝土、预应力钢筋混凝土、钢结构、钢混凝土组合结构、木结构 |
| 施工方法 | 先张预应力、后张预应力、悬臂浇筑、悬臂拼装、整孔浇筑 |
| 截面形状 | 装配式空心板梁、(组合箱梁)装配式小箱梁、装配式T梁、整体式空心板、整体式箱梁 |

## 4.3.2 拱式桥

拱式桥的主要承重结构是拱圈或拱肋,这种结构在竖向荷载作用下,桥墩或桥台将承受水平推力,如图4.3-2b)所示。同时,这种水平推力将显著抵消荷载在拱圈(拱肋)内引起的弯矩作用。因此,与同跨径的梁相比,拱的弯矩和变形要小得多。鉴于拱桥的承重结构以受压为主,通常可用抗压能力强的圬工材料(如砖、石、混凝土)和钢筋混凝土等来建造。在地基条件不适于修建具有强大推力的拱桥的情况下,必要时也可建造水平推力由钢或预应力筋做成抗拉系杆来承受的系杆拱桥,如图4.3-2d)所示。近年来还发展了一种所谓"飞鸟式"三跨无推力拱桥,如图4.3-2e)所示,即在拱桥边跨的两端施加强大的预加力,传至拱脚,以抵消主跨拱脚巨大的恒载水平推力。

图4.3-2中还示出三种不同形式的桥梁。通常称行车道位于拱肋上部的为上承式桥梁,如图4.3-2a)所示;行车道位于拱肋底部的为下承式桥梁,如图4.3-2d)所示;图4.3-2中的c)和e)则称为中承式桥梁。

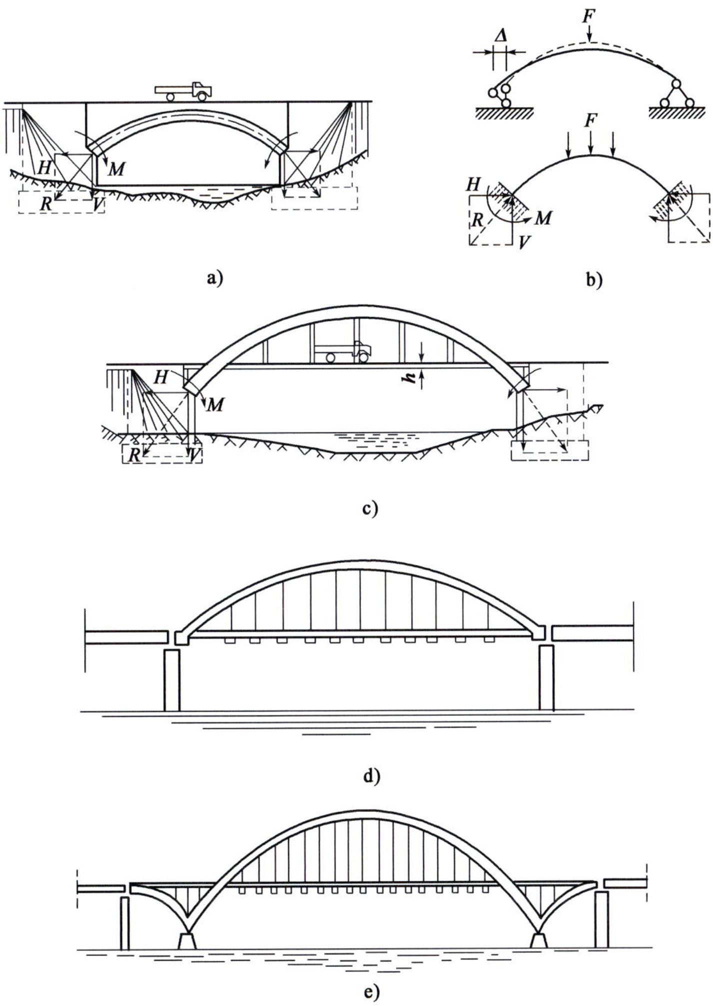


图4.3-2 拱式桥

上承式拱桥构造简单、横向联系容易布置,整体性、横向稳定性和抗震性均较好。上承式拱一般是有推力拱,它对地基的要求较高,适合于地质条件较好的峡谷桥位。中承式、下承式拱桥主要用在建筑高度受限制和地基条件较差的情况下。

### 4.3.3 刚架桥(即刚构桥)

刚架桥的主要承重结构是梁或板和立柱或竖墙整体结合在一起的刚架结构,梁和柱的连接处具有很大的刚性。如图4.3-3a)所示的门式刚架桥,在竖向荷载作用下,柱脚处具有水平反力;如图4.3-3b)所示,梁部主要受弯,但弯矩值较同跨径的简支梁小,梁内还有轴压力,因而其受力状态介于梁桥与拱桥之间。

图4.3-3c)所示的T形刚构是修建较大跨径钢筋混凝土桥曾采用的桥型,它是结合了刚架桥和多孔静定悬臂梁桥的特点发展起来的一种多跨结构。对于普通钢筋混凝土T形刚构桥,由于悬臂根部的负弯矩很大,修建时不仅钢材用量大,而且控制混凝土裂缝的开展成为关键,因此,跨径就不能做得太大(通常达40~50m),目前已很少修建。

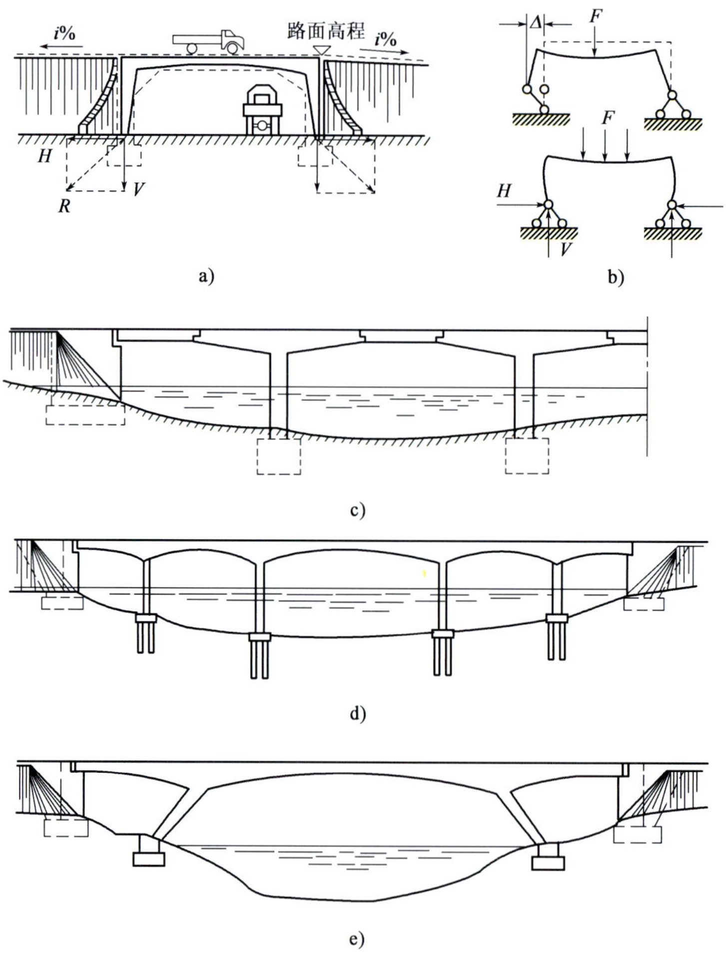


图4.3-3 刚架桥

图 4.3-3d)所示的多跨连续刚构桥,属于多次超静定结构,在设计中一般应减小墩柱顶端的水平抗推刚度,否则可能会在结构内引起较大的附加内力。对很长的桥,为了降低这种附加内力,往往在两侧的边跨设置滑动支座,甚至将主跨的墩柱做成双壁式结构。

当跨越陡峭河岸和深邃狭谷时,修建斜腿式的刚构桥往往既经济合理,又造型轻巧美观,如图 4.3-3e)所示。由于斜腿墩柱置于岸坡上,有较大斜角,在主梁跨度相同的条件下,斜腿刚构桥的桥梁跨度比门式刚构桥要大得多。

### 4.3.4 悬索桥

悬索桥是以通过索塔悬挂并锚固于两岸(两端)的缆索作为上部结构主要承重构件的桥梁,如图 4.3-4 所示。在竖向荷载作用下,通过吊杆使缆索承受很大的拉力,通常需要在两岸桥台的后方修筑非常巨大的锚碇结构。现代悬索桥广泛采用高强度钢丝成股编制的钢缆,以充分发挥其优异的抗拉性能。悬索桥的承载系统包括缆索、索塔和锚碇 3 部分,因此结构自重较轻,能以较小的建筑高度跨越其他任何桥型无法企及的特大跨度。然而,悬索桥的自重轻,结构刚度差,在车辆动荷载和风荷载作用下,桥有较大的变形和振动。

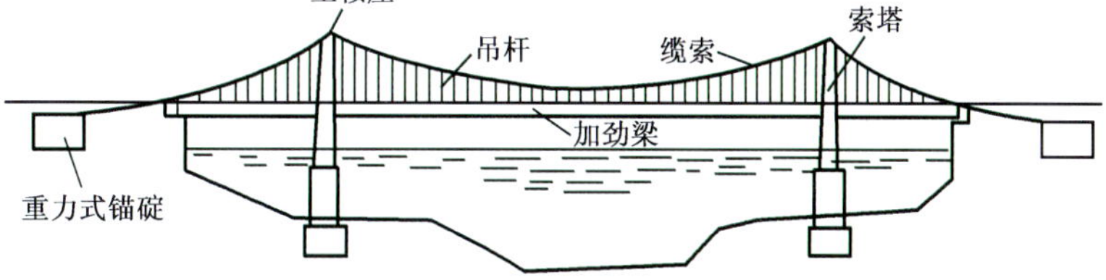


图 4.3-4　悬索桥

### 4.3.5 斜拉桥

斜拉桥由斜拉索、塔柱和主梁所组成,如图 4.3-5 所示。用高强钢材制成的斜拉索将主梁多点吊起,并将主梁的恒载和车辆荷载传至塔柱,再通过塔柱基础传至地基。这样,跨度较大的主梁就像一根多点弹性支承(吊起)的连续梁一样工作,从而可使主梁尺寸大幅度减小,结构自重显著减轻,既节省了结构材料,又大幅度地增大桥梁的跨越能力。此外,与悬索桥相比,斜拉桥的结构刚度大,即在荷载作用下的结构变形小得多,且其抵抗风振的能力也比悬索桥好,这也是斜拉桥在可能达到的大跨度情况下使悬索桥逊色的重要因素。

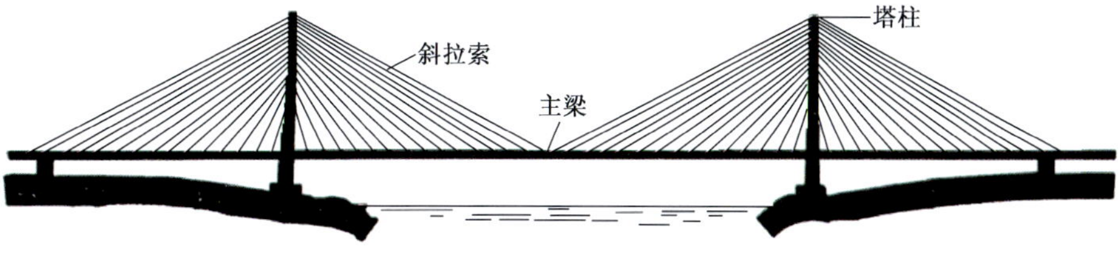


图 4.3-5　斜拉桥

另外,必须提到的是,斜拉桥的斜索可以说是这种桥梁的生命线,至今国内外已发生几起通车仅几年就因斜拉索腐蚀严重而导致全部换索的工程实例。我国常用高强平行钢丝或钢绞线等制成斜拉索,斜拉索按施工工艺可分为工厂预制(成品索)和现场防护两种。我国20世纪80年代末90年代初修建的斜拉桥中,斜拉索大多采用现场防护的方法,由于现场防护环境不利,不确定因素较多,加上施工技术不够成熟,拉索在使用7~8年后,索内高强钢材出现了不同程度的锈蚀现象,影响了大桥的安全。目前常用的平行钢丝斜拉索完全在工厂制成,钢丝束上包一层高密度聚乙烯(HDPE)护套进行防护。

### 4.3.6 组合体系桥梁

除了以上5种基本体系以外,根据结构的受力特点,还有由几种不同体系的结构组合而成的桥梁,称为组合体系桥。一种梁和拱的组合体系(系杆拱桥),其中梁和拱都是主要承重结构,两者相互配合共同受力。由于吊杆将梁向上(与荷载作用的挠度方向相反)吊住,这样就显著减小了梁中的弯矩;同时由于拱与梁连接在一起,拱的水平推力就传给梁来承受,这样梁除了受弯以外还受拉。这种组合体系桥能跨越比一般简支梁桥更大的跨度,而对墩台没有推力作用,因此,对地基的要求就与一般简支梁桥一样。

## 4.4 梁式桥常见施工方法

### 4.4.1 空心板梁桥施工方法

普通钢筋混凝土简支梁构件的预制较为简单,就是在地面专门的场地上,按支立模板、钢筋骨架成形、浇筑混凝土、养护及拆除模板的基本施工工艺流程来完成构件的制作,然后堆放在场地的一侧,等待运到桥孔处进行安装。

预应力预制板梁的制作工艺则有所不同。

4.4.1.1 先张法简支板梁的预制

见图4.4-1,先张法的制梁工艺是在浇筑混凝土前张拉预应力筋,在生产台座上张拉钢筋至要求的控制应力,并将其临时锚固在台座上,然后立模浇筑混凝土,待混凝土达到规定强度(不得低于设计强度的75%)时,逐渐将预应力筋放松,这样就因预应力筋的弹性回缩,通过其与混凝土之间的黏结作用,使混凝土获得预压应力。

4.4.1.2 后张法简支板梁的预制

见图4.4-2,后张法制梁是在混凝土达到一定强度后直接在构件上张拉预应力筋,先制作留有预应力筋孔道的梁体,待其混凝土达到规定强度后,再在孔道内穿入预应力筋进行张拉并锚固,最后进行孔道压浆并灌注梁端封头混凝土。

后张法施工不需要台座,且预应力筋可以按照预留孔道的形状成折线形布置,因而可以更好地根据结构的受力特点调整预应力沿结构的分布。但是,与先张法相比,后张法需要锚具,构造和施工工艺较复杂,成本较高,一般适用于现场施工的大型构件或结构。

4.4.1.3 桥面连续

空心板梁桥常采用几孔一联的桥面连续形式,其构造如图4.4-3所示。多跨简支体系桥梁采用几孔一联桥面连续可以减少桥面伸缩缝,使行车平顺,但在竖向荷载作用下,主梁结构仍以简支体系受力，连续的桥面板仅传递由温度变化和汽车制动力等产生的水平力。

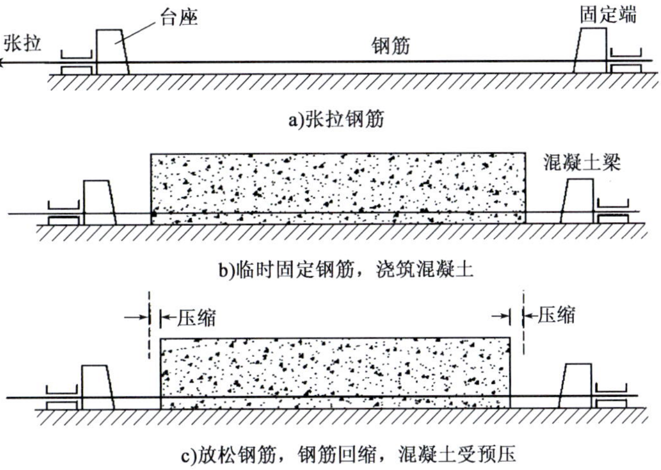


图4.4-1 先张法主要工序示意图

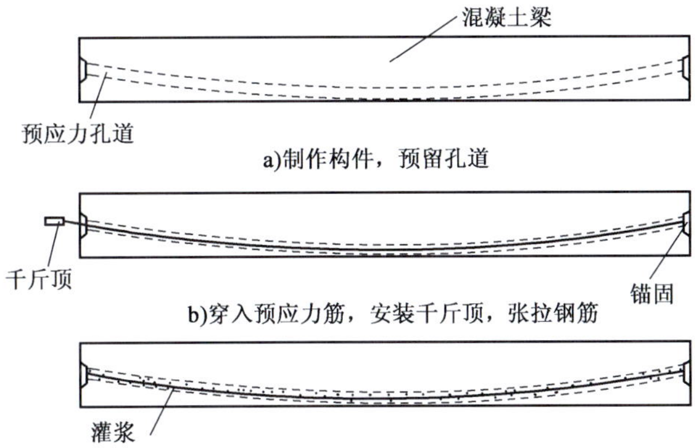


图4.4-2 后张法主要工序示意图

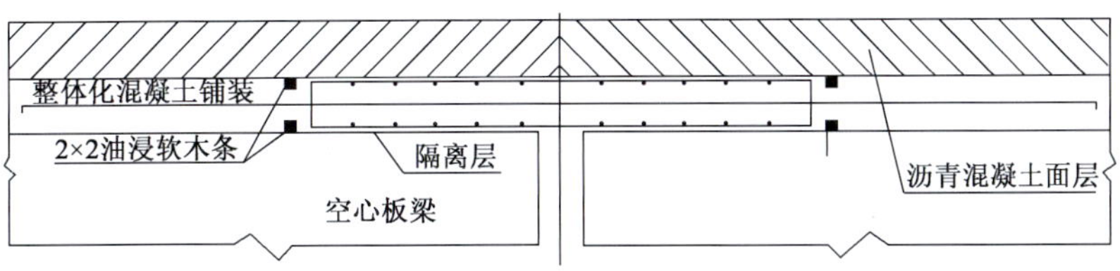


图4.4-3 桥面连续构造示意图

## 4.4.2 组合箱梁桥施工方法

组合箱梁桥(装配式部分预应力混凝土连续箱梁桥)集简支梁桥、连续梁桥的优点于一身,既有简支梁桥的施工简便、利于工厂化集中预制、安装迅速的特点,又具有连续梁桥结构经济的特点。这种结构在江苏省高速公路建设中得到了广泛应用。

组合箱梁桥常采用先简支后连续施工工艺,其主要过程如图 4.4-4 所示。首先将后张法预应力梁移运吊装至桥上,吊装时先采用临时支座(图 4.4-5)按简支梁安装就位,形成简支体系,如图 4.4-4a)所示;然后在连续墩上预置永久橡胶支座,在相邻两简支跨之间浇筑湿接头混凝土,待混凝土达到设计强度后,张拉支座区域上缘设置的负弯矩钢束,如图 4.4-4b)所示;最后拆除临时支座,完成落梁后将体系转换为连续梁,如图 4.4-4c)所示。

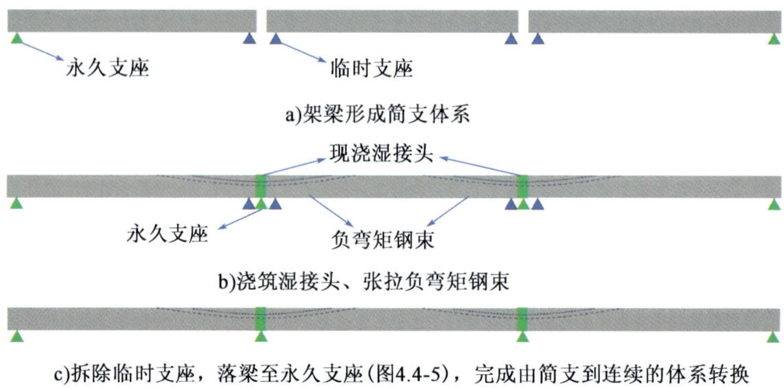


图 4.4-4 先简支后连续施工过程

图 4.4-5 临时支座与永久支座

采用先简支后连续的梁桥大幅提高了驾驶舒适度,减轻了桥梁养护工作量,并且提高了桥梁的使用寿命。连续梁桥在支座处产生负弯矩,对跨中弯矩起到卸载作用,故可以比一般简支梁桥的跨径大一些。但先简支后连续桥梁现浇湿接头施工质量难以保证,负弯矩钢束预应力损失可能较大,也对后期的养护管理带来了不小的挑战。

### 4.4.3 连续梁桥的悬臂施工法

悬臂施工法也称为节段施工法，就是从已建桥墩开始，对称逐段地沿桥跨方向向两边延伸施工，并通过预应力筋的张拉将新建节段与已有节段集成为整体。悬臂施工过程中不需满设支架，为了承受施工荷载产生的不平衡弯矩，需首先将墩和梁临时固结，施工时首先形成两端带悬臂的T形刚架，待合龙后才成为连续梁，因此施工过程中存在体系转换。

按混凝土是现浇还是预制，悬臂施工法分为悬臂浇筑法和悬臂拼装法。前者的接长方式是采用挂篮等设备，在桥位处就地浇筑混凝土，待混凝土达到一定强度后，张拉力筋，前移挂篮，继续下一梁段的施工。江苏省内高速公路中的变截面箱梁桥多是采用这种方法施工建成。后者的接长方式是采用起重机等设备，吊装预先制成的梁段块件，张拉力筋，前移起重机，继续下一梁段的施工。这在近几年的公路桥梁中应用越来越多。

以三跨连续梁为例，来说明悬臂施工的一般程序。首先在墩顶上施工一合适长度的梁段，把墩梁临时固结起来形成T构，保证后续悬臂施工的结构稳定性，如图4.4-6a）所示；然后各跨开始对称悬臂施工，边跨端部梁段与T构合龙，释放墩顶临时固结，形成两个单悬臂梁，如图4.4-6b）所示；最后中跨合龙，形成三跨连续梁结构［图4.4-6c）］。

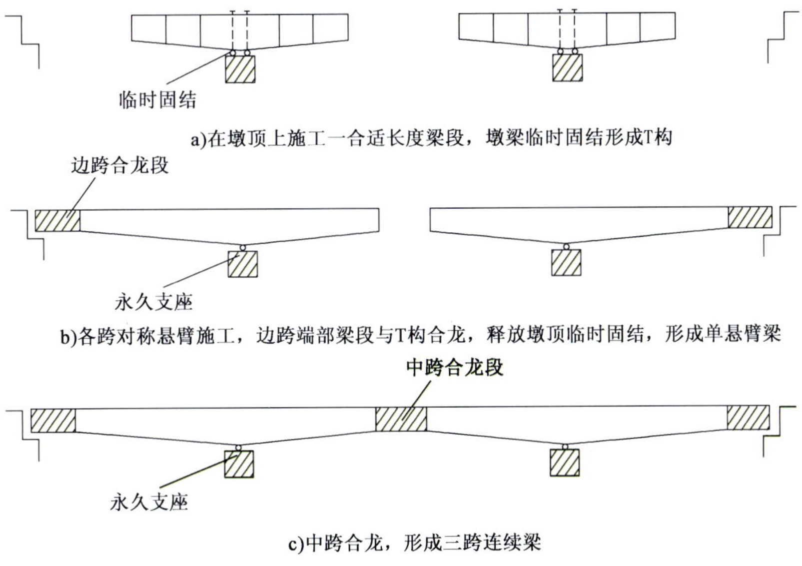


图4.4-6 连续梁悬臂施工程序

## 4.5 桥梁基础

桥梁基础根据埋置深度分浅基础和深基础两类，它们的施工方法不同，设计计算原理不同。

### 4.5.1 浅基础

浅基础通常修建于天然地基上，地基土保持自然形成的结构和特性。有时地基土质较差，经过方案比较，可采取措施，对地基土进行加固处理，使土的结构和性质不再是天然状态。浅基础（图4.5-1）结构形式简单，施工简便，是桥梁建筑常用的基础形式。

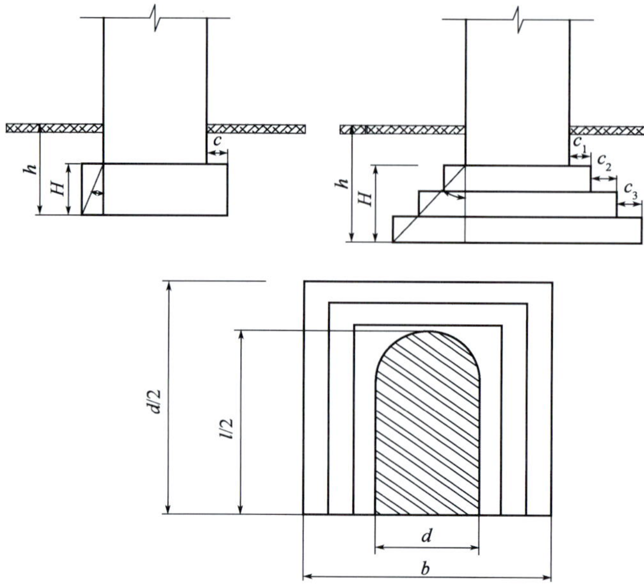


图4.5-1　浅基础

## 4.5.2　桩基础

当墩台所处位置的覆盖层很厚，适于承载的地基很深，或同时水深也较大时，往往需要采用深基础，桩基础就是一种常用的深基础。

桩基础由若干根桩和承台两部分组成。桩在平面排列上可为一排或几排，所有桩的顶部由承台连成一个整体。在承台上再修筑桥墩或桥台及上部结构，如图4.5-2所示。桩身可全部或部分埋入地基土中，当桩身外露在地面上较高时，在桩之间应加横系梁，以加强各桩的横向联系。

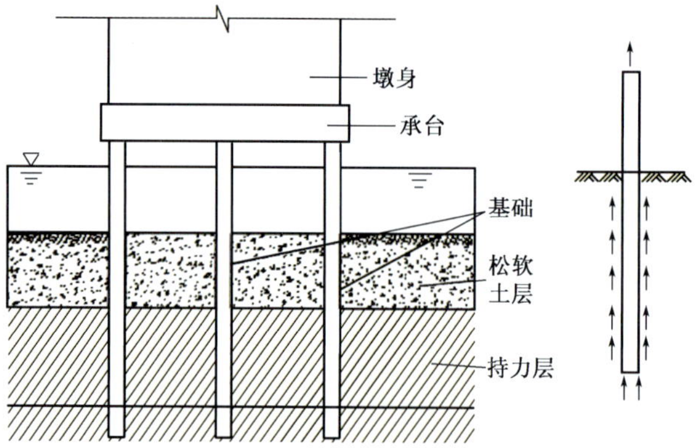


图4.5-2　桩基础

按施工方法的不同，桩基础可分为灌注桩和沉入桩。

灌注桩是采用就地成孔的方法来完成的一种深基础。其施工方法是：先用机械或人工在土中做成桩孔，然后在孔内放入钢筋笼骨架，再灌注桩身混凝土而形成桩身，最后在桩顶浇筑承台（或盖梁）。其中，若用钻（冲）孔机成孔，称为钻孔灌注桩；若用人工开挖桩孔，则称为挖孔灌注桩。

钻孔灌注桩具有造价低、无噪声、无冲击、无振动、无污染等优点，已被我国桥梁工程施工广泛采用。钻孔灌注桩常用设备为冲击型钻机和旋转式钻机。前者采用卷扬机带动重力式冲击钻头，往复吊起和落下，冲击成孔；后者采用钻头旋转切削地层，其钻孔速度比冲击型钻机要快得多。

在成孔过程中，需要向孔内灌入一种特制的泥浆（由一种特殊的膨胀土加化学制剂用水调制而成），主要作用为通过平衡土压力和地下水压力，达到护壁、防坍孔的效果，并通过泥浆循环不断将孔内钻渣排出。根据泥浆循环方式不同，可分为正循环和反循环。正循环成孔是利用泥浆从孔底将钻渣悬浮至孔外，泥浆经沉淀后用泥浆管通至孔底循环使用；反循环成孔是泥浆和钻渣在孔底从钻头或钻杆的中心孔洞吸出至孔外，泥浆经沉淀后从孔外经孔壁流至孔底循环使用。

钻孔灌注桩施工工序多，每个工序都有严格的技术要求，要连续不间断地施工，这样才能保证施工质量。图4.5-3表示了钻孔灌注桩施工工艺流程。

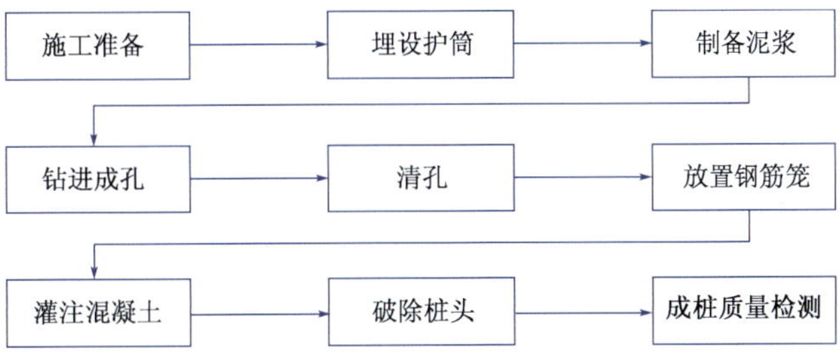


图4.5-3　钻孔灌注桩施工工艺流程图

## 4.6　桥梁常见维修加固措施

### 4.6.1　桥面补强层加固

桥面补强加固法通过在桥面板（或主梁顶面）加铺一层钢筋混凝土层，使其与原有结构形成整体，从而增大桥面板或主梁有效高度和受压截面，增加桥梁横向联系和桥面整体刚度，提高桥梁承载能力。空心板桥桥面补强层加固如图4.6-1所示。

适用条件：桥面补强加固法主要适用于中小跨径装配式梁桥。对于主梁或桥面板承载力不足，刚度不够，或铰接梁、板的铰缝不能有效传力时，可采用桥面补强层加固法进行加固。

### 4.6.2　钢筋锈蚀的维修

将松脱、剥离等已经损坏的部分混凝土凿除，全部露出钢筋；用钢丝刷或喷砂枪对钢筋进行除锈处理，除锈后要及时清除钢筋及混凝土表面上的铁锈与灰尘，必要时还要在修补范围及周边涂刷渗透型阻锈剂进行防锈处理。

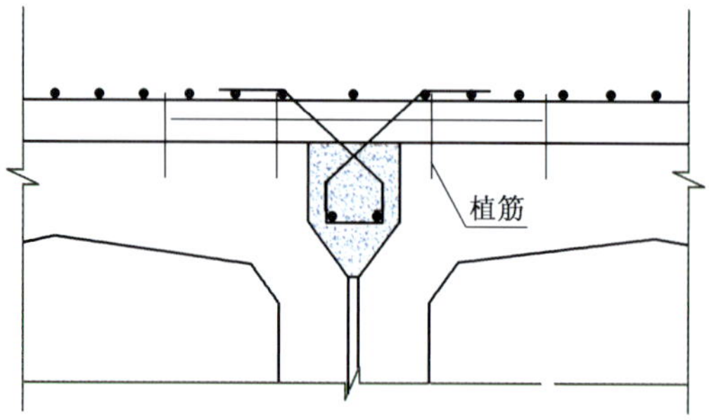


图 4.6-1 空心板桥桥面补强层加固示意图

为提高新、旧混凝土的黏结力,要涂上环氧胶液等黏结剂,用新混凝土或者砂浆进行填补,可用普通混凝土立模浇筑法、干(湿)式喷浆法,也可用环氧混凝土、环氧砂浆或其他防腐材料来修补;对新喷涂浇筑的混凝土要进行表面处理,防止混凝土的表面再次碳化。

### 4.6.3 桥面防水维修

桥梁防水层作为桥面铺装结构中不可或缺的一部分,主要起防止雨水、油污等对结构的腐蚀,同时在桥面板和保护层之间起黏结作用。

防水层损坏后应及时进行修补。常见的防水层有三种类型:①沥青涂胶下封层,即洒布薄层沥青或改性沥青,其上布一层砂,经碾压形成;②高分子聚合物涂胶,例如聚氨酯胶泥、环氧树脂、阳离子乳化沥青、氯丁胶乳等;③沥青或改性沥青防水卷材,为避免防水层在施工过程中被破坏,其上宜铺设厚度 1cm 的 AC-10 或 AC-5 沥青混凝土或单层表面处治。

桥面防水层施工如图 4.6-2 所示。

图 4.6-2 桥面防水层施工

### 4.6.4 封缝灌缝

混凝土结构裂缝的修补常采用封缝灌缝法。混凝土结构进行封缝灌缝通常的原则为对于缝宽 $<0.15$mm 的裂缝,采用树脂封闭胶进行涂刷封闭处理,见图 4.6-3;对于缝宽 $\geqslant 0.15$mm 的裂缝,采用裂缝灌注胶或专用环氧树脂浆液进行灌缝处理,见图 4.6-4。

图4.6-3 封缝

图4.6-4 灌缝

### 4.6.5 支座更换

支座更换的方法有很多，下面介绍几种常用方法。

#### 4.6.5.1 整联跨同步顶升法

整联跨同步顶升法采用同步液压顶升系统，实现对多联跨整浇或预制连续箱梁桥和预制梁在不封闭交通情况下的桥梁顶升和支座更换。

整联跨同步顶升法适用于多联跨整浇或预制连续箱梁桥、连续刚构桥和预制梁、板拼装宽桥以及在不封闭交通情况下的桥梁顶升和支座更换。

多联跨同步顶升如图4.6-5所示。

#### 4.6.5.2 直接顶升法

梁体顶升应具有足够的可操作顶升空间，以墩台顶部为支撑面，选配合适的千斤顶，直接实施梁体顶升和支座更换。

适用于T梁和空心板梁等中小跨径（≤20m）简支梁桥。

单墩顶升如图4.6-6所示。

图4.6-5 多联跨同步顶升

图4.6-6 单墩顶升

4.6.5.3 鞍型支架法(贝雷法)

鞍型支架法(图 4.6-7)利用桥墩本身作为支撑体系,在盖梁上架设专门设计的鞍型支架,即钢结构支架和钢牛腿,固定在盖梁上,安放千斤顶,实施梁体顶升。钢结构支架可重复使用。

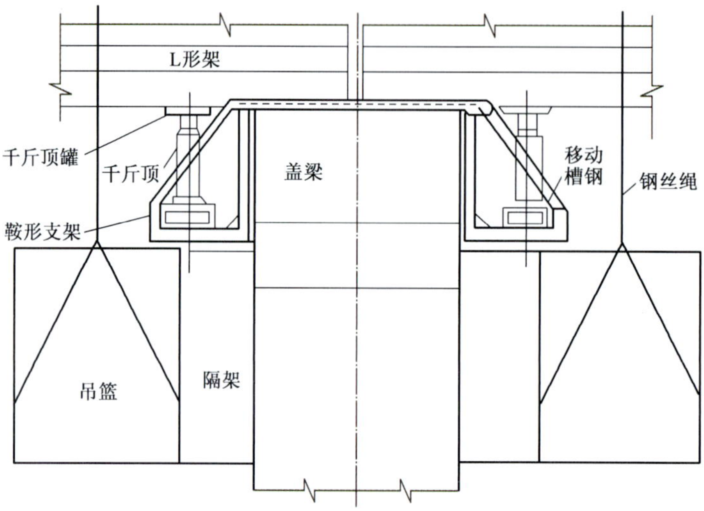


图 4.6-7 鞍型支架法

鞍型支架法适用于多个小箱梁、空心板梁和 T 梁等横向拼装结构桥梁,其桥墩为盖梁墩柱体系,梁体顶升空间狭小、无法安放顶升千斤顶情况下的桥梁顶升和支座更换。

## 4.6.6 粘贴钢板加固

粘贴钢板加固法是采用环氧树脂系列粘接剂,将钢板粘贴在钢筋混凝土结构物的受拉区域薄弱部位,使之与结构物形成整体的一种加固方法(图 4.6-8、图 4.6-9),通过钢板与补强结构的共同作用,提高其刚度,限制裂缝开展,改善钢筋及混凝土的应力状态,提高梁的承载能力,以达到补强效果。

适用条件:适用于钢筋混凝土受弯、受剪和受拉构件的加固,且原混凝土强度等级应满足要求。适用的环境温度在 -20 ~ 60℃范围内,相对湿度不大于 70% 及无化学腐蚀地区。加固时一般将钢板粘贴在被加固桥梁结构受力部位的外边缘,以便能充分发挥粘贴钢板的作用,同时封闭粘贴部位的裂缝和缺陷,约束混凝土变形。

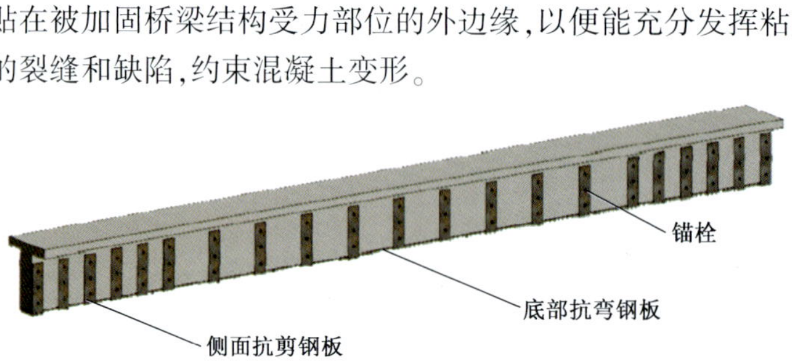


图 4.6-8 粘贴钢板加固构造

a)

b)

图4.6-9 粘贴钢板加固

## 4.6.7 粘贴纤维复合材料加固

粘贴纤维复合材料加固主要有粘贴碳纤维布加固(图4.6-10)和粘贴碳纤维板加固两种,是将纤维复合材料用树脂类黏结胶粘贴在被加固混凝土结构薄弱部位,固化后形成具有纤维增强效应的复合体结构,以此提高构件的抗拉能力或约束力,达到加固的目的。

图4.6-10 粘贴碳纤维布加固

适用条件:适用于钢筋混凝土受弯、轴心受压、大偏心受压及受拉构件的加固,且原混凝土强度等级一般不宜低于C25;不适用于素混凝土构件,包括纵向受力钢筋一侧配筋率小于0.2%的构件加固。

采用胶黏剂将纤维布(板)粘贴在混凝土构件表面,纤维布(板)设计成仅承受拉应力作用。对于受弯构件的正截面加固,纤维材料粘贴在受拉区,且纤维方向与受力方向一致,如图4.6-11所示;抗剪加固时,粘贴成垂直于构件轴线方向的环形、U形、双L形、I形等形式,如图4.6-12、图4.6-13所示;对于受压构件的正截面加固,纤维布采用连续环向围束的加固形式。

预应力碳纤维板(图4.6-14、图4.6-15)加固技术与传统的粘贴碳纤维板加固技术相比,可使碳纤维板在承担结构传递的荷载应力之前就已经处于较高的应力水平,可抵消一部分初始荷载的影响,提高使用阶段的承载力,使构件中原有裂缝宽度减小,甚至完全闭合,并限制新裂缝的出现,抑制裂缝发展。

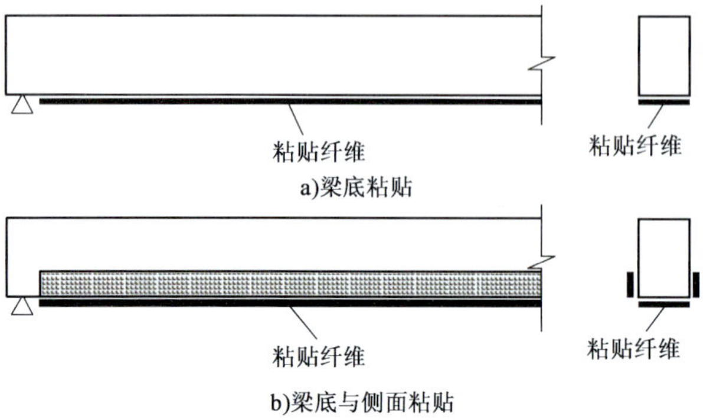


图 4.6-11　抗弯加固形式

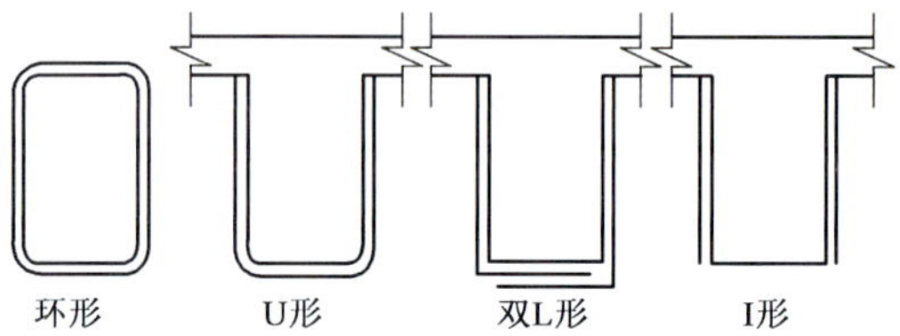


图 4.6-12　抗剪加固形式

图 4.6-13　抗剪加固

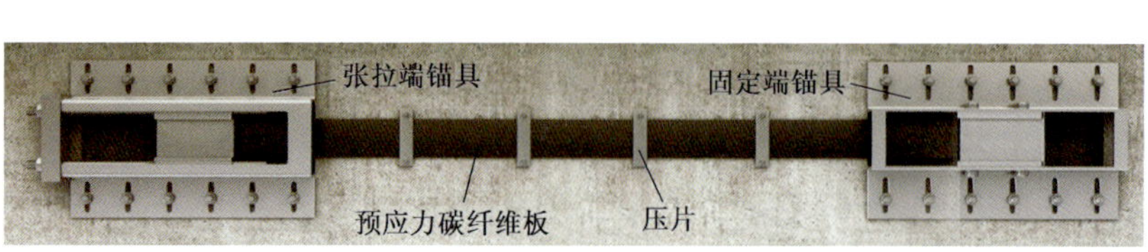


图 4.6-14　预应力碳纤维板加固系统

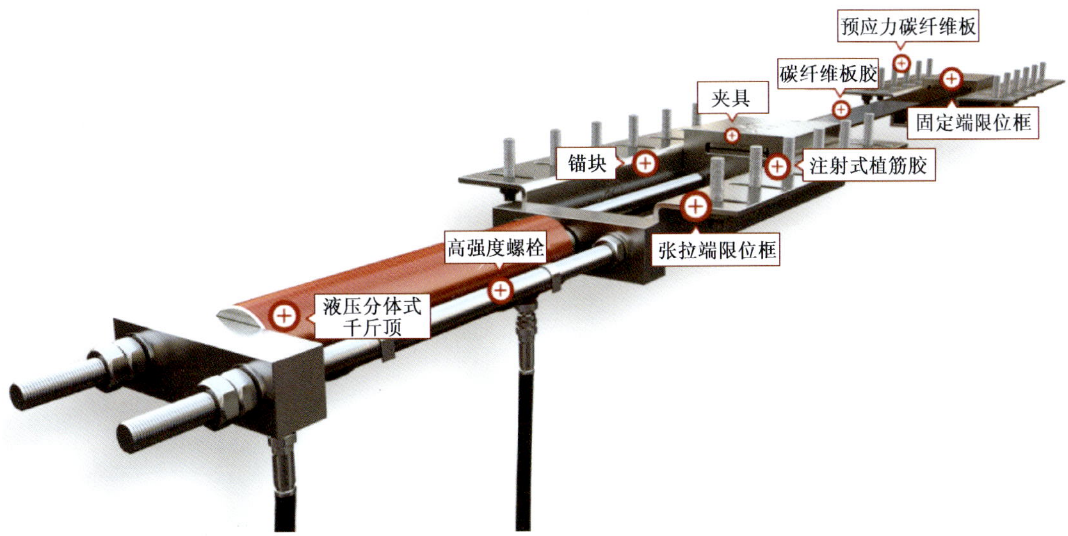


图4.6-15 预应力碳纤维板加固系统构造

预应力碳纤维板加固系统,由预应力碳纤维板和两端刚性锚具组成,见图4.6-14,通过两端锚具的夹片夹持向预应力碳纤维板施加预应力,使碳纤维板永久锚固在混凝土上,这样就沿结构件受弯拉的方向对混凝土施加了预压应力。

## 4.6.8 增大截面加固

目前有相当一部分桥梁,由于修建年代早、荷载等级较低,面对不断增加的交通量,表现出承载能力不足的弱点。对于这部分桥梁,可以采用增大构件截面的技术进行加固(图4.6-16)。增大截面加固技术又称"外包混凝土"加固技术,是在构件表面增大混凝土尺寸,增加受力钢筋,使其与原结构形成整体,从而增大构件有效高度和受力钢筋截面面积,增加构件的刚度,提高构件承载力。

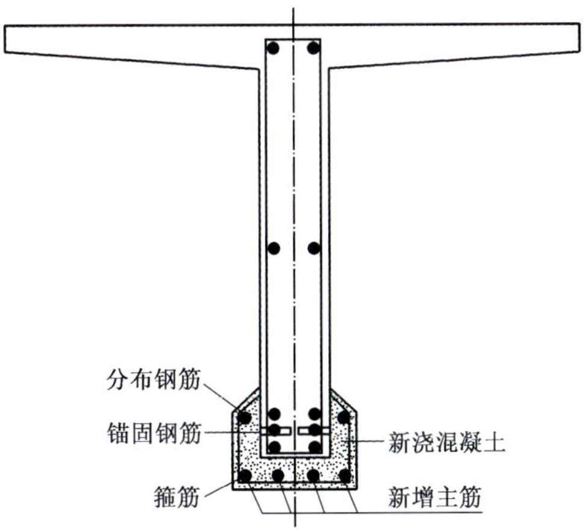


图4.6-16 增大截面加固

适用条件：适用于钢筋混凝土受弯、受剪和受压构件的加固，适用于梁(板)桥、拱桥拱肋以及下部结构与基础的加固。原构件混凝土强度等级不宜低于C25，预应力混凝土构件强度等级不宜低于C30。

增大截面的主要途径有增加主筋截面、加大混凝土截面、加厚桥面板喷锚加固等。该方法施工工艺简单、适应性强，并具有成熟的设计和施工经验，适用于较小跨径的T梁桥或板桥的加固，也常配合其他加固方法共同使用。采用此方法加固后桥梁刚度明显提高，承载能力也能取得较好的效果。

### 4.6.9 增加横向联系加固

该方法是通过增设桥梁横向联系，提高桥梁的横向刚度，改善上部结构的荷载横向分布规律，从而达到提高结构整体承载能力的目的。比较典型的有组合箱梁跨中增设钢横隔板(图4.6-17)和空心板增设槽钢加固(图4.6-18)。

图4.6-17 组合箱梁跨中增设钢横隔板

图4.6-18 空心板增设槽钢加固

### 4.6.10 体外预应力加固

体外预应力(简称体外索)加固法是通过增设体外预应力索(包括钢绞线、高强钢丝束和精轧螺纹钢筋)对既有混凝土梁体主动施加外力，以改善原结构的受力状况的加固方法(图4.6-19、图4.6-20)。

体外预应力加固法适用范围：

①正截面抗弯承载能力不足或正截面受拉区钢筋锈蚀结构；

②跨中裂缝开展严重，缝宽超规范限值结构；

③抗弯刚度不足，挠度超规范限值的结构；

④梁斜截面受剪承载能力不足的结构。

该方法优点：可平衡卸掉部分恒载；能充分发挥加固材料性能，较大幅度提高结构的承载能力和结构刚度；体外索变化幅度小，无疲劳问题，便于更换体外力筋；能够有效控制原结构的裂缝和挠度，使裂缝部分或全部闭合，使挠度大幅度减小，提高结构的耐久性；能够控制和调校体外索的应力；可在不中断交通的条件下进行，对桥梁的运营影响小；所需要的设备简单，施工工期短，经济效益显著。

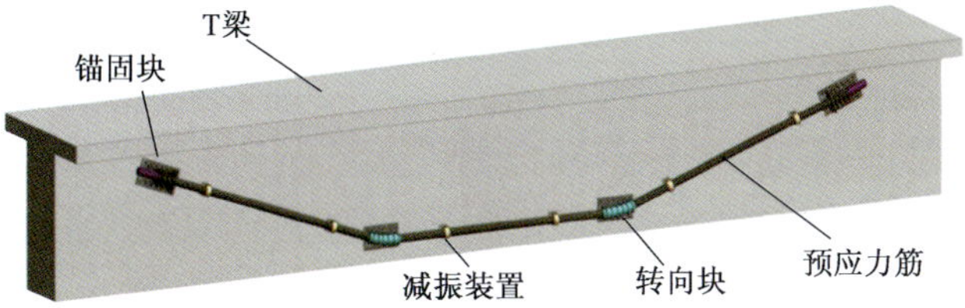


图4.6-19 体外预应力构造

图4.6-20 体外预应力钢绞线

体外预应力筋的布置形式主要采用折线形，预应力筋仅在锚固区和转向块处和结构相连。对于荷载分布较均匀的梁，可采用二折点或多折点的布筋形式；对于受较大的集中荷载的梁，预应力筋宜在集中荷载位置折弯，采用单折点的布筋形式，以期在弯折点产生较大的反作用力。

组合箱梁常见的体外预应力钢束布置形式见图4.6-21。

变截面箱梁常见的体外预应力通长束布置方案有两种：图4.6-22适用于跨中下挠过大的情况，对于控制下挠速率有明显效果；图4.6-23适用于主拉应力超限、腹板严重开裂的情况。

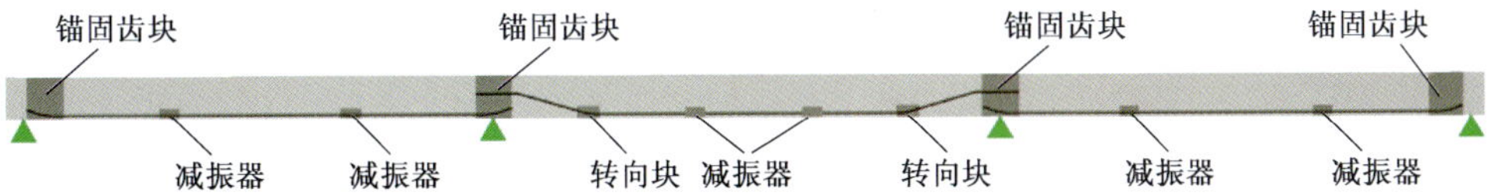


图4.6-21 组合箱梁体外预应力钢束布置

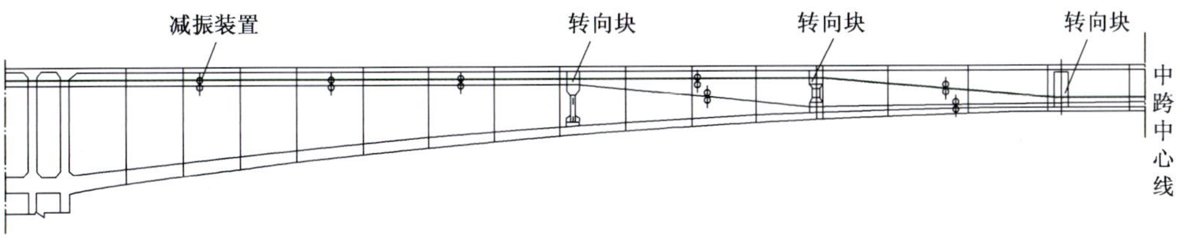


图4.6-22 改善下挠过大的预应力布束形式

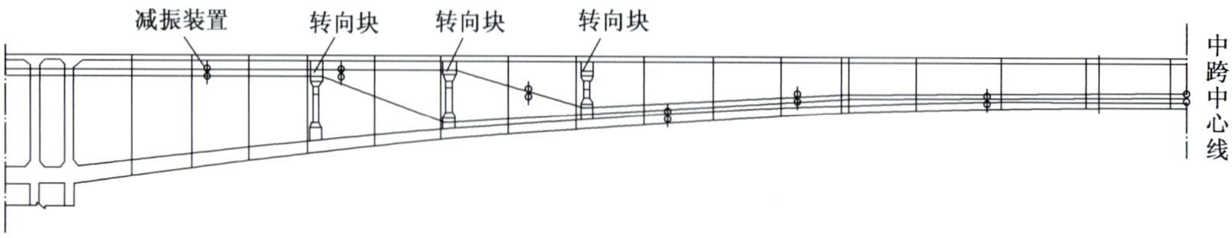


图 4.6-23　控制腹板斜裂缝的预应力布束形式

体外预应力部件由以下部分组成：

(1)预应力锚具

体外预应力体系仅靠锚固端(图 4.6-24)传力，因此体外预应力锚固体系的可靠性和安全性比一般体内预应力锚固体系高，需使用专用的体外索锚具和夹片。体外预应力锚具的外观尺寸比普通锚具大，且还增加了一些辅助配件，如密封装置、防松装置、防护装置等。

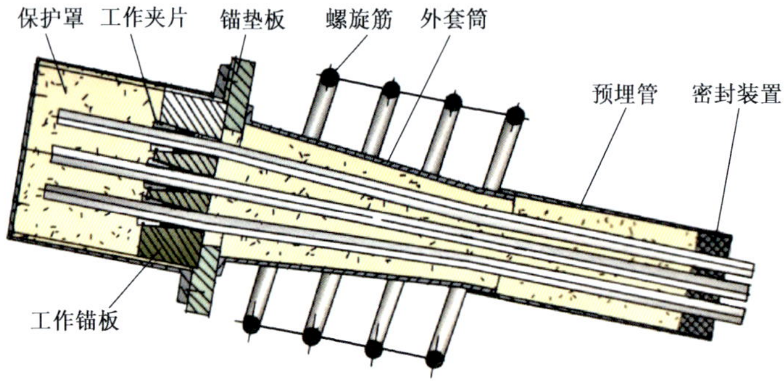


图 4.6-24　圆形张拉端锚具

在张拉过程中，外部荷载通过张拉端锚具、钢绞线、固定端锚具作用于锚下混凝土结构中。混凝土结构所承受的是内、外锚具传递过来的压应力，正是这种由钢绞线的拉应力转换在锚固体上的预加应力，使预应力结构得以发挥增强抗拉强度和抗裂缝变形能力的作用。

体外预应力结构在锚固区受到很大的局部压力，截面应力分布是不均匀的，锚固区的混凝土处于三向受力状态，为了防止在施加张拉力过程中产生应力集中，造成锚固区拉裂破坏，锚固体系不仅要承担力的传递，还需将可能产生的集中应力分散传递到锚下混凝土结构中。其中，锚垫板的作用是承担锚板压应力，并将应力分散传递到混凝土中；螺旋筋则起到约束锚固体变形和分担锚固体的形变应力的作用。

(2)桥梁体外索

体外索主要有光面钢绞线、无黏结钢绞线、平行钢丝、成品索(图 4.6-25)等类型。体外索较多采用无黏结钢绞线，环氧喷涂带 PE 的单根钢绞线具有良好的耐腐蚀性能，目前广泛使用在桥梁加固中。

(3)转向块

体外预应力中的转向装置(图 4.6-26)是一种特殊构造，它是除了锚固构造外体外预应力索在跨内唯一与预应力受力结构有联系的构件，是体外预应力桥梁中最重要最关键的结构构造之一。转向块材料多选用钢材和混凝土，转向块的作用是传递体外束产生的水平和垂直横向力，限制体外束自由长度，调整体外束偏心距。通过合理布置转向块，可调整体外预应力筋线形,改变结构抗弯、抗剪性能,使之受力更好。

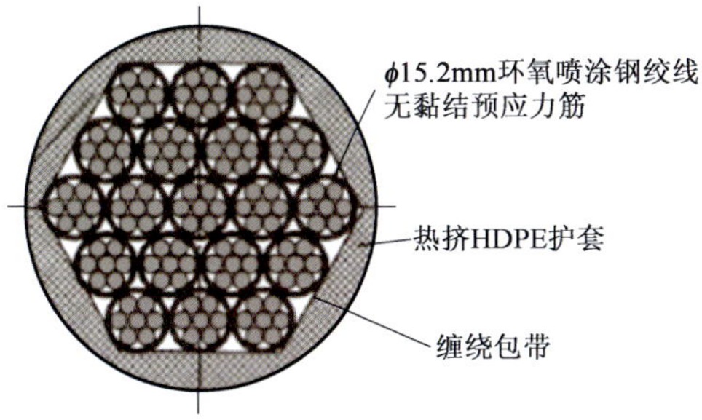


图 4.6-25 环氧喷涂钢绞线成品索

(4)减振装置

体外预应力体系的减振装置(图 4.6-27)用于转向块与转向块或者锚固块与转向块之间的体外索自由长度较大的位置,主要目的是减少体外索在动荷载作用下的振动。减振装置多为内包橡胶的小型钢结构,通过植螺栓与原桥相联系。

图 4.6-26 转向块

图 4.6-27 减振装置

### 4.6.11 改变结构体系加固

改变结构体系加固技术通过增设附加受力构件、连接构造和改变边界条件等手段进行技术改造,使桥梁的受力体系和受力状况发生改变,从而减小承重构件的应力,改善桥梁性能,提高桥梁承载能力。

如将简支梁与简支梁纵向连接,使其由简支梁转换成连续梁;在桥下架设桥墩(图 4.6-28)或托架;连续梁、连续刚构改变为矮塔斜拉桥;将带挂梁 T 形刚构改变为连续刚构。

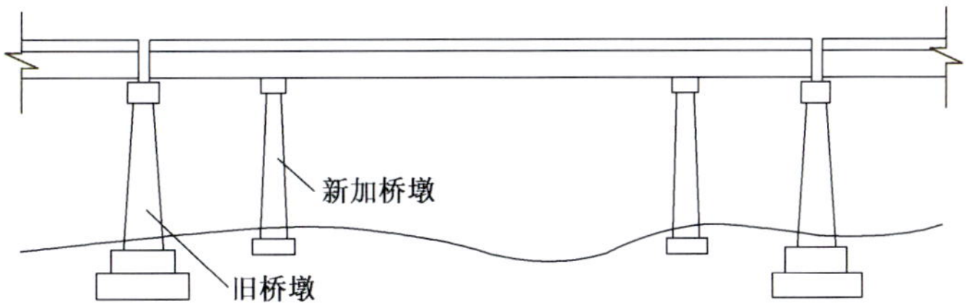


图 4.6-28 加辅助墩

Chapter Five

# 第 5 章

# 桥梁构件及病害

## 5.1 桥梁构件编号

桥梁结构形式多样,预先对桥梁构件编号,能使桥梁检查工作更加清晰、有序,现场记录能够准确反映病害实际发生的位置,为下一步养护工作提供准确有效的信息。

### 5.1.1 主线桥

编号规则为路线小桩号往大桩号方向定义为正向,反之为反向(图 5.1-1、图 5.1-2)。若某一路段存在共线现象,宜由桥梁管养单位指定路线正方向。一般情况下,路线正方向即为上行方向,车辆行驶方向为上行方向的一侧桥梁为上行桥梁,反之为下行桥梁。

桥梁孔跨沿路线正方向依次编号,起始编号为 1 号;桥墩台起始编号为 0 号;桥梁的构件及支座编号为从外侧向内侧依次编号,起始编号为 1 号。分离式桥梁上行、下行桥跨编号一致。

#### 5.1.1.1 装配式主梁

装配式主梁多用于分离式桥梁或单幅桥梁,经常出现病害的部位包括底板、腹板和翼缘板。对于分离式桥梁,按照从桥梁外侧往桥梁内侧依次编号,即靠近路线中心线的一侧为内侧,相应的另一侧为外侧,腹板及翼缘板以内、外侧区分;对于单幅桥梁,按照从桥梁左侧往桥梁右侧依次编号,即面朝路线正方向,左手侧为左侧,右手侧为右侧,腹板及翼缘板以左、右侧区分。

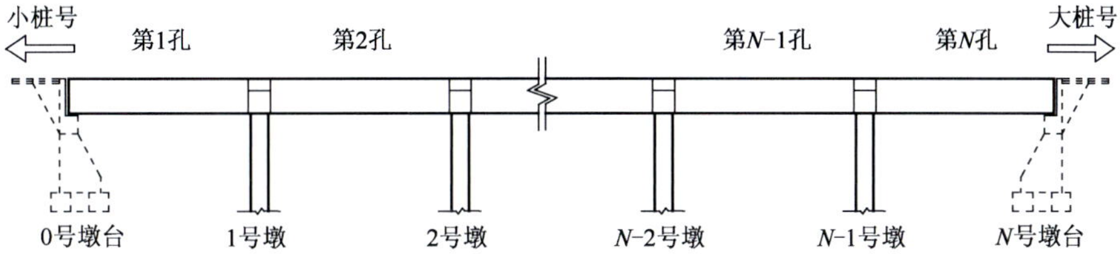


图5.1-1 桥跨编号示意图

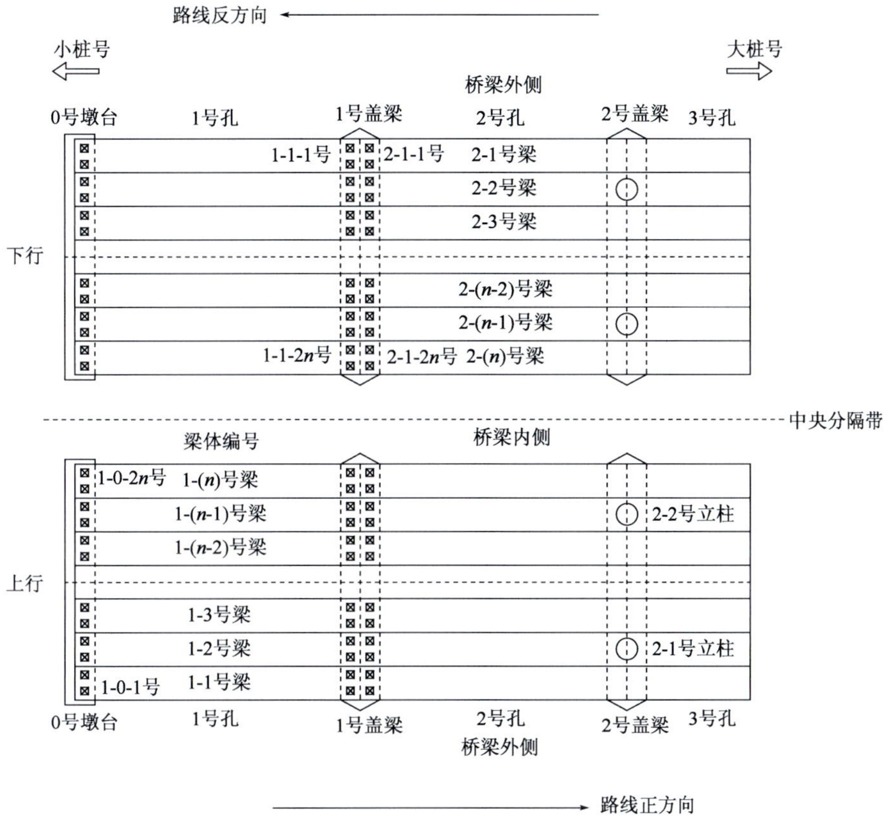


图5.1-2 梁体、支座及墩柱编号示意图

### 5.1.1.2 整体式箱梁

整体式箱梁有单箱单室、单箱双室及单箱三室等类型。

对于单箱单室,腹板和翼缘板定义同装配式主梁。若可以进入箱梁内部检查,则腹板、底板需要区分箱梁内部表面和箱梁外部表面。

对于单箱双室来说,箱室从外侧至内侧(单幅桥梁从左侧至右侧)依次编码,称为1号箱室、2号箱室,类似的中腹板称为1号中腹板。划分构件部位时,底板箱内面、顶板拆分到各箱室中称为1号箱室底板箱内面、2号箱室底板箱内面等;中腹板的两个侧面以内外侧或者左右侧来区分,如图5.1-3所示。单箱三室或者更多箱室的构件部位划分同理。

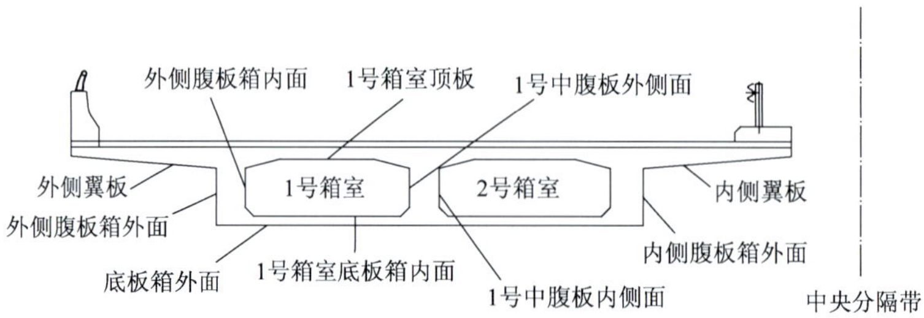


图 5.1-3　等截面箱梁桥横断面构造示意图

5.1.1.3　支座

支座编码应明确墩顶支座的孔跨归属问题，0 号台顶支座归于 1 号孔，$n$ 号墩台顶若是单排支座则归于 $n$ 号孔，若是双排支座则靠近 $n$ 号孔的归于 $n$ 号孔，靠近($n+1$)号孔的归于 $n+1$ 号孔。因此 $n$ 号孔内最多有 2 排支座，分别属于 $n-1$ 号墩台和 $n$ 号墩台。横向从外侧至内侧(单幅桥梁从左侧至右侧)依次编号为 1 号支座、2 号支座……

支座编号由 3 部分组成，即纵向孔号 + 纵向墩编号 + 横桥向支座编号，如图 5.1-2 所示。例如上行 1-1-3 号支座为上行幅桥第 1 孔 1 号墩上第 3 号支座。

5.1.1.4　横隔板

端横隔板与支座类似位于墩顶，与孔跨的隶属关系参照支座定义。

中横隔板编号同样有两个维度，桥纵向沿着路线正方向依次为 1 号中横隔板、2 号中横隔板……横向被装配式主梁或者箱室内中腹板分隔为多个部分，按照从外侧至内侧(单幅桥梁从左侧至右侧)依次编号为 1 号块、2 号块……

### 5.1.2　上跨桥

上跨桥以主线上行桥梁指向下行桥梁的方向为路线正方向。与主线桥上行、下行定义类似，根据支线上跨桥路线正方向定义上行及下行。

桥梁孔跨沿路线正方向依次编号，起始编号为 1 号，所跨主线桥上行方向靠近一侧为 0 号台。对于分离式上跨桥，腹板两个侧面以内外侧来区分，桥梁的构件及支座编号为从外侧向内侧依次编号(图 5.1-4)；对于单幅上跨桥，腹板两个侧面以左右侧来区分，桥梁的构件及支座编号为从左侧至右侧依次编号(图 5.1-5)。

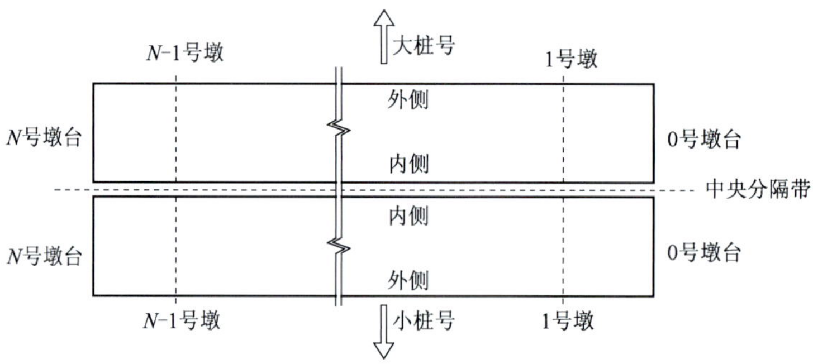


图 5.1-4　分离式上跨桥编号示意图

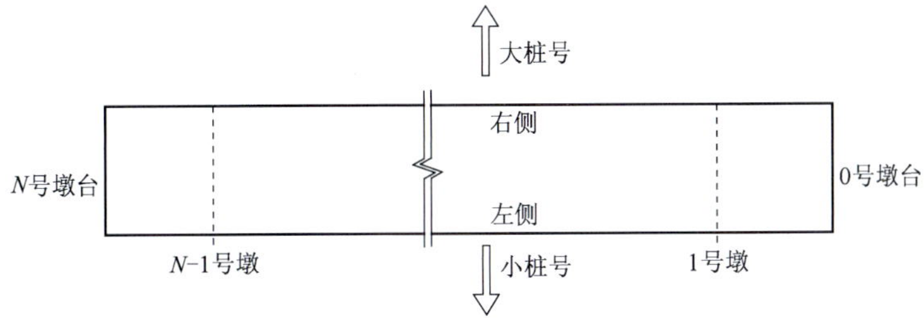


图5.1-5 单幅上跨桥编号示意图

### 5.1.3 收费站匝道桥

收费站匝道桥以远离收费站、趋近主线为路线正方向(图5.1-6)。孔跨、构件及支座编号规则同上跨桥。

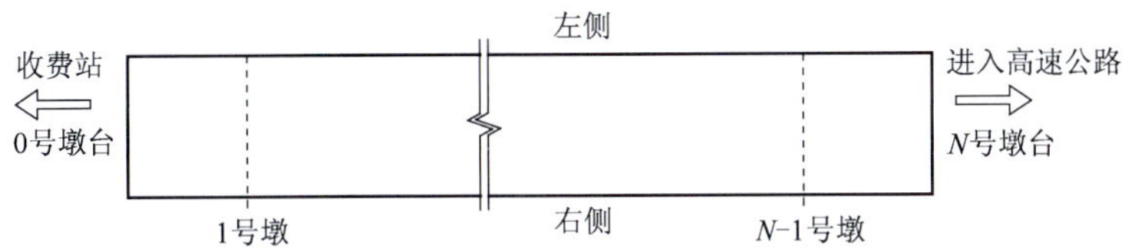


图5.1-6 收费站匝道桥编号示意图

### 5.1.4 互通枢纽匝道桥

若省高速公路与国家高速公路互通,以远离省高速公路、趋近国家高速公路为路线正方向。若省高速公路与省高速公路或者国家高速公路与国家高速公路互通,以远离编号小的高速公路、趋近编号大的高速公路为路线正方向。

桥梁孔跨、构件及支座编号规则同上跨桥。

## 5.2 构件划分

桥梁按结构组成分为数个部件,部件是结构中同类构件的统称,如梁、桥墩等。构件是部件的下一级分类,是组成桥梁结构的最小单元,如一片梁、一个桥墩等。

(1)以装配式梁桥为例:

①单跨单片梁板为单独构件;

②单跨相邻梁板间湿接缝为单独构件;

③每处横隔板为单独构件;

④每个支座为单独构件;

⑤桥墩每墩柱、盖梁、系梁分别为单独一个构件;

⑥桥台每台身、台帽为单独一个构件;

……

(2)以整体式梁桥为例:
①单跨梁板为单独构件;
②每个支座为单独构件;
③桥墩每墩柱、盖梁为单独一个构件;
……

## 5.3 桥面系

### 5.3.1 沥青混凝土桥面铺装

桥面铺装(图5.3-1)是车轮直接作用的部分,桥面铺装的作用在于防止车轮直接磨耗行车道板,保护主梁免受雨水的侵蚀,并分散车轮的集中力。其中,沥青混凝土桥面铺装在江苏交控应用较广泛(图5.3-2),其柔性性能可以减轻行车荷载对桥面板的冲击,较易达到车辆行驶安全、平稳、舒适的要求。

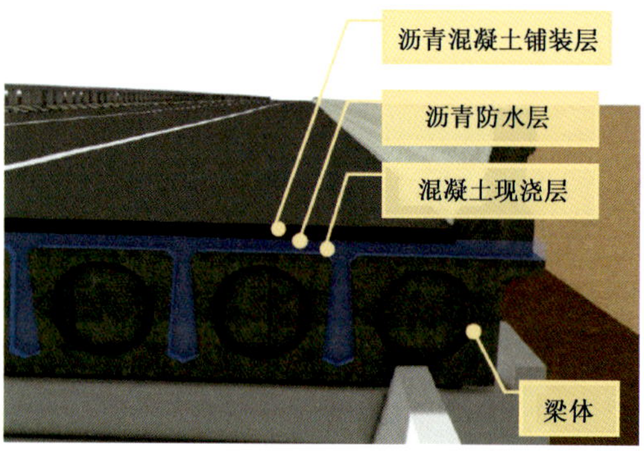


图5.3-1 沥青混凝土桥面铺装构造示意图

图5.3-2 沥青混凝土桥面铺装

下面介绍几类沥青混凝土桥面铺装常见的病害,并分析其可能的病害原因。

1)车辙

车辙是指车轮的压痕,是车轮通过频率较高的地方产生的规则凹槽,在桥面铺装表面沿桥梁宽度方向出现波状起伏,如图5.3-3所示,一般热稳定性差的面层材料,车辙比较明显。

产生车辙的可能原因如下:

(1)沥青混合料的高温稳定性不够。

(2)大交通量或超载车辆渠化交通,在高温条件下车辆荷载长时间作用,车轮经常碾压轮迹带,轮迹带逐渐产生下凹变形(图5.3-4)。

2)纵向裂缝

纵向裂缝是指桥面铺装出现沿跨径方向发展的裂缝,如图5.3-5所示,有时存在少量的支缝(横向裂缝)。

图 5.3-3　桥面铺装层车辙

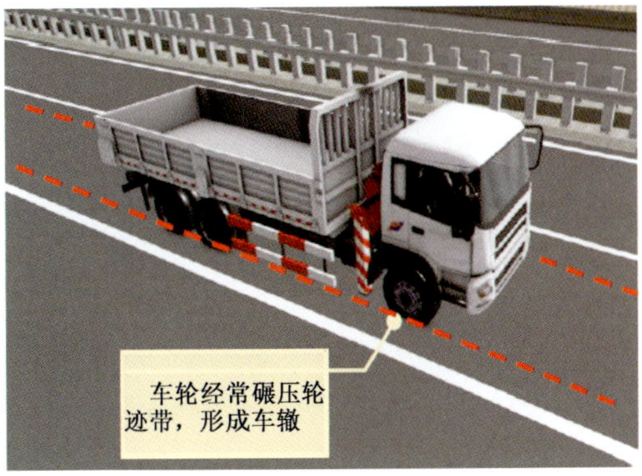


图 5.3-4　车辙形成示意图

产生纵向裂缝的可能原因如下：

(1)冬季降温，沥青混凝土的收缩作用。

(2)装配式板梁桥铰缝易损坏，相邻预制板横向不能整体工作，可能造成单板受力，导致在预制板铰缝处铺装层出现反射纵向裂缝。

(3)部分拓宽桥梁采用整体桥面，两幅新老梁体相邻悬臂翼板端部没有连接，由于新旧桥结构差异及收缩徐变的影响产生的横桥向剪力由桥面铺装承受，从而产生桥面纵向通缝。

3)横向裂缝

横向裂缝是指桥面铺装出现沿桥面宽度方向发展的裂缝，如图 5.3-6 所示。

图 5.3-5　桥面铺装层纵向裂缝

图 5.3-6　桥面铺装层横向开裂

产生横向裂缝的可能原因如下：

(1)冬季降温沥青混凝土的收缩作用。

(2)结构简支、桥面连续墩顶铺装处的反射横向裂缝。

(3)连续梁桥、悬臂梁桥等桥型结构的负弯矩区，由于车辆荷载反复作用而使桥面铺装产生拉力出现开裂。

4)波浪拥包

波浪拥包是指桥面铺装表面的凸凹变形波或鼓包，如图 5.3-7、图 5.3-8 所示。

产生波浪拥包的可能原因如下：

(1)车辆制动或减速产生较大水平力。

(2)桥面铺装的沥青混合料稳定性不够，桥面板平整度较差。

(3)沥青黏结层用料过多,不均匀。

图5.3-7　桥面铺装层波浪拥包

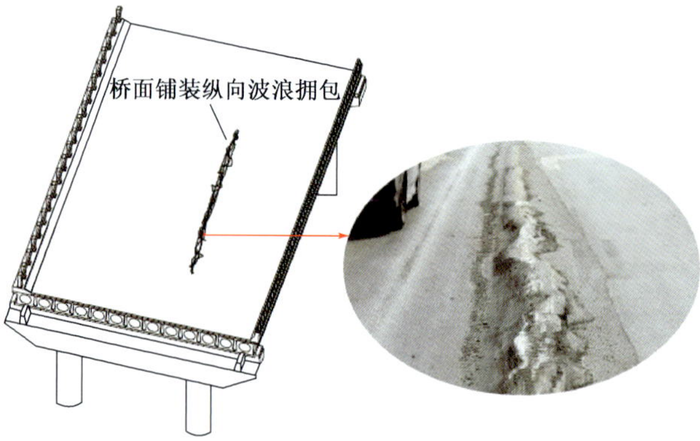


图5.3-8　桥面铺装波浪拥包示意图

5)坑槽

坑槽是指桥面铺装表面出现局部破损的现象,如图5.3-9所示。坑槽会导致桥面水会渗入沥青混凝土铺装层中,降低其与下层的黏结性能,造成沥青混凝土铺装破坏,同时降低行车安全性。

图5.3-9　桥面铺装坑槽

产生坑槽的可能原因如下：

(1)沥青混合料施工质量不好和碾压遍数不够，沥青混合料出现离析，或局部与桥面板的黏结强度不足。

(2)车辆在行进过程中重物掉落形成坑槽。

6)网状裂缝

网状裂缝是指在桥面铺装上产生交错或相互连接的裂缝，将桥面分割成网状的碎块，如图5.3-10所示。

产生网状裂缝的可能原因如下：

(1)沥青混凝土的收缩作用。

(2)沥青混合料质量不满足要求，油石比偏小。

(3)沥青老化，疲劳开裂。

7)划痕

沥青混凝土桥面铺装层存在划痕现象(图5.3-11)，该类病害会降低桥面铺装平整度，对行车舒适性有一定影响，同时划痕处易积水造成铺装层渗水。其产生的主要原因是通行车辆的剐蹭。

图5.3-10　桥面铺装层网状开裂

图5.3-11　桥面铺装层划痕

8)跳车

跳车一般出现在桥跨结构物的连接部位，是由于桥头及伸缩缝处的差异沉降或伸缩缝破坏，而使路面纵坡出现台阶引起车辆通过时产生跳跃的现象。

产生跳车的可能原因如下：

(1)台后路基沉降过大，产生错台所致(图5.3-12)。

(2)摊铺材料质量不佳，摊铺机械及施工工艺水平差。

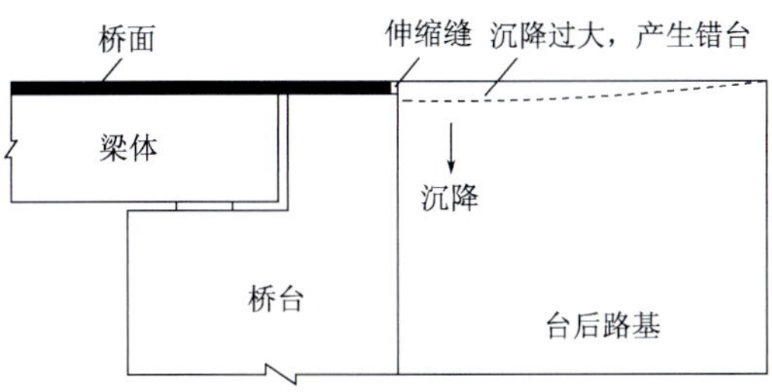


图5.3-12　台后路基沉降导致跳车示意图

9)泛油

泛油是指沥青面层中的自由沥青受热膨胀,溢出路表的现象,如图5.3-13所示。桥面出现泛油后,车辆过桥时粘轮,下雨时易打滑,使行车安全性降低。

产生泛油的主要原因是施工质量或材料质量差。

10)修补后二次破损

修补后二次破损是指桥面铺装层受损修补后重新出现病害(图5.3-14)。

产生修补后二次破损的可能原因如下:

(1)交通量过大,重车荷载。

(2)修补质量欠佳。

图5.3-13　桥面铺装泛油

图5.3-14　修补后二次破损

11)松散、露骨

松散、露骨是指铺装表面的细集料慢慢脱离,表面出现锯齿状的粗糙状态。沥青铺装层表面松散如图5.3-15所示。

产生松散、露骨的可能原因如下:

(1)沥青混凝土原材料质量差,石料抗磨耗性能低,或者石料与沥青的黏附力不足。

(2)现场施工问题,碾压遍数不足。

图5.3-15　沥青铺装层表面松散

## 5.3.2 伸缩装置

为保证在气温变化、混凝土收缩与徐变以及荷载作用等因素影响下，桥跨结构能够按照静力图示自由变形，保证车辆平稳通过，在两梁端之间或梁端与桥台之间设置伸缩装置。由于桥面伸缩缝设置在梁端构造薄弱部位，直接承受车辆反复荷载的作用，并且暴露于大自然中受到各种自然因素的影响，因此伸缩缝是易损坏、难维修的部位。

伸缩装置按照伸缩体结构的不同，分为模数式伸缩装置（图5.3-16、图5.3-17）、梳齿板式伸缩装置、异型钢单缝式伸缩装置、橡胶式伸缩装置等。其中，模数式伸缩装置及异型钢单缝式伸缩装置在江苏交控应用较多。

图5.3-16 模数式伸缩装置

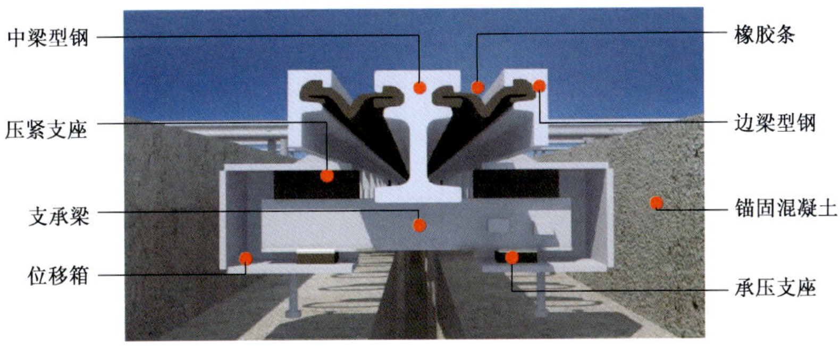


图5.3-17 模数式伸缩装置构造模型

下面介绍这两种伸缩缝常见的几类病害，并分析其可能的病害原因。

### 5.3.2.1 橡胶条

橡胶条破损、脱落（图5.3-18、图5.3-19）是伸缩缝的共性病害，会导致雨水进入伸缩装置内部，造成伸缩缝内部钢构件防腐体系失效锈蚀，如图5.3-20所示。雨水进一步往下流淌，附着于主梁及墩台表面，如图5.3-21所示，腐蚀此处混凝土，较大可能引起此部位钢筋锈蚀胀裂，加剧桥梁劣化速度。

图 5.3-18 橡胶条破损

图 5.3-19 橡胶条脱落

图 5.3-20 伸缩缝内部位移箱焊缝处锈蚀严重

图 5.3-21 伸缩缝止水带破损，对应墩台大面积渗水

产生橡胶条破损、脱落可能原因如下：

(1)安装施工过程中难以控制橡胶条的压缩状态，橡胶条嵌入过紧，易造成橡胶条上表面外鼓，在桥梁营运阶段易造成橡胶条脱落；

(2)伸缩缝内碎石填塞，长期不清理，车辆冲击挤压导致橡胶条破损；

(3)矩形橡胶条与锚固型钢间涂胶老化；

(4)橡胶条本身橡胶材料质量差，在车轮作用下断裂，成段脱落。

#### 5.3.2.2 锚固混凝土

伸缩装置锚固混凝土主要病害包括开裂、破损、空洞等，如图 5.3-22 所示。锚固混凝土破损会造成桥面跳车，同时病害会进一步向伸缩缝内部发展。

产生锚固混凝土开裂、破损的可能原因如下：

(1)浇筑混凝土产生的水化热温度在降温过程中，当养护措施不到位时，锚固区混凝土收缩形成裂缝。

(2)施工质量欠缺，槽口混凝土流动性差，振捣不到位；锚固钢筋布置不合理、现场焊接不到位易导致锚固混凝土开裂破损。

(3)设计时伸缩缝选型不当，选择的伸缩缝型号过小，导致伸缩缝型钢间距过小，锚固区混凝土挤压、碎裂。

(4)沥青路面铺装施工时表面不平整，与伸缩缝混凝土衔接不平顺，长期车辆荷载冲击作用下会加剧病害发展，进一步使得混凝土松动碎裂。

伸缩缝锚固区混凝土纵桥向裂缝如图5.3-23所示。

图5.3-22 伸缩缝锚固混凝土破损

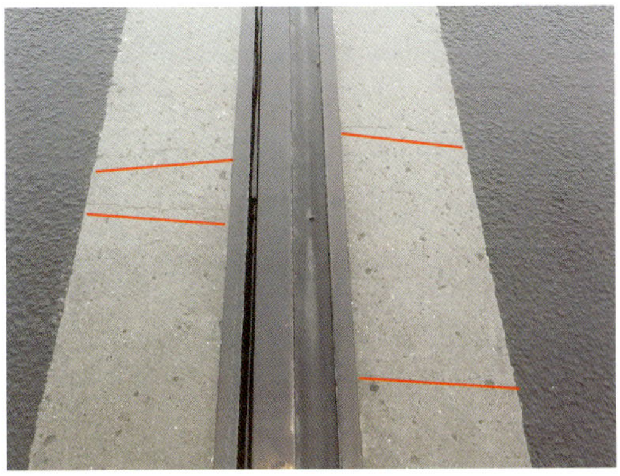

图5.3-23 伸缩缝锚固混凝土纵桥向裂缝

5.3.2.3 型钢

1)型钢横向错位

部分伸缩装置型钢存在横向错位，如图5.3-24所示。此类病害一般与梁体滑移相关联，要引起足够重视。

图5.3-24 伸缩缝型钢横向错位

产生型钢横向错位的可能原因如下：

(1)施工阶段位置控制不精准。

(2)墩柱沉降或其他外力作用，梁体发生横向移位，带动伸缩缝型钢横向错位。

2)中梁型钢开裂、断裂

中梁型钢开裂、断裂是模数式伸缩装置中发生的一种病害，属于伸缩缝装置本身的破坏，具有较大的安全隐患。

产生中梁型钢开裂、断裂可能原因如下：

(1)承压支座、压紧支座脱落，局部脱空，橡胶部件老化使竖向刚度不一致，导致型钢容易断裂。

(2)支撑位移箱间距大于原设计间距，重车荷载反复作用，中梁型钢承载能力不足，极易造成断裂。

(3)伸缩缝出厂时焊缝质量较差，现场锈蚀严重，现场一旦脱焊，型钢承载能力下降，更易出现断裂等病害。

(4)施工时混凝土进入位移箱，导致承压支座及压紧支座不能正常工作，伸缩装置不能正常工作，极易造成破坏。

伸缩装置型钢断裂如图 5.3-25、图 5.3-26 所示。

图 5.3-25　伸缩装置型钢断裂(1)

图 5.3-26　伸缩装置型钢断裂(2)

5.3.2.4　其他

1)杂物填塞

伸缩缝由于未能定期清理，导致伸缩缝内砂砾、泥沙等杂物堵塞(图 5.3-27)，填充了整个伸缩缝空间，影响梁体纵向伸缩。此类病害集中于应急车道伸缩缝内及大部分上跨桥梁伸缩缝内。

图 5.3-27　伸缩缝杂物填塞

2)异常响声

异常响声也是模数式伸缩装置中发生的一种病害,主要表现为重车通行时振动较大,有时会发出碰撞声等,一段运营时间后,这些伸缩装置往往会出现型钢断裂等严重的病害。

异常响声具体表现如下:

(1)正常伸缩缝在大型、小型车辆经过时,声音比较短促清脆有规律,为"咣咣"两声。

(2)中梁变形时,小型车辆经过时声音和完好时类似,但大型车辆经过时声音明显较大,较为沉闷,"咚"一声。

(3)型钢断裂时,小型车辆经过时声音与大型车辆经过中梁变形时的声音类似,"咚"一声;大型车辆经过时声音比较沉闷,能看到型钢有上下振动,在桥下时能听到伸缩缝部件互相撞击的声音,如散架一般。

碰撞声是一种复合的声音效果,可能原因如下:

(1)轮胎与伸缩装置接触(图5.3-28):沥青混凝土铺装层顶面一般较为平整,车辆正常行驶时产生的噪声较为规律。伸缩装置作为一种连接过渡构造,表面有混凝土、钢结构及缝隙,车辆快速通过时,轮胎与伸缩装置接触面产生明显不同的声音。

(2)支承梁与位移箱碰撞:承压支座老化后,在梁体伸缩作用下,局部出现脱落,重车经过时,支承梁在冲击作用下与位移箱内部碰撞,产生响声。

(3)中梁型钢与支承梁碰撞:在运营过程中,由于某种原因与支承梁脱焊,重车经过时冲击中梁型钢,中梁型钢与支承梁产生碰撞及响声。

伸缩缝响声检查如图5.3-29所示。

图5.3-28 轮胎与伸缩装置接触

图5.3-29 伸缩缝响声检查示意图

3)间距异常

伸缩装置缝宽(图5.3-30)异常主要表现为缝宽过宽或过窄,严重时无间距(图5.3-31),模数式伸缩装置各条型钢间距不均匀等,如图5.3-32所示。

产生间距异常的可能原因如下:

(1)施工时伸缩缝计算不准确,位置控制不当,未考虑伸缩缝安装时的实际温度与伸缩缝安装间隙的对应关系;

(2)模数式伸缩装置经过一段时间的运营后,由于渗水、灰尘等的影响,承压支座聚四氟乙烯板与支承梁底面不锈钢板间的摩擦力产生差异,梁体在正常伸缩的状态下,支承梁等不能正常复位而产生累积变形,造成缝宽不均匀;

(3)型钢局部变形也与车辆荷载的冲击作用有关。

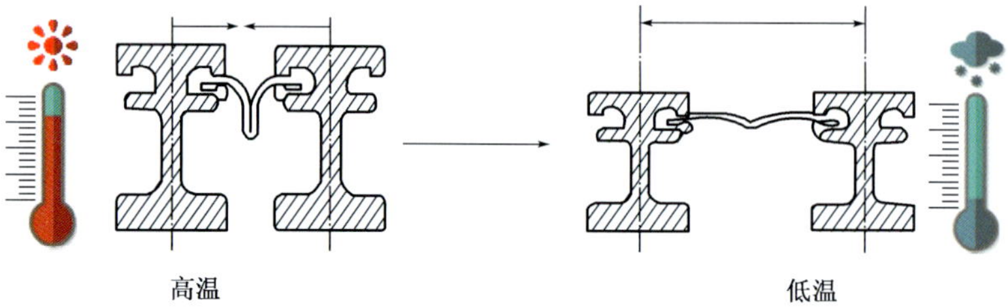


图 5.3-30 伸缩缝缝宽变化示意图

图 5.3-31 伸缩缝无间距

图 5.3-32 伸缩缝型钢间距不均匀

## 5.3.3 栏杆、护栏

护栏的设置能够防止失控车辆冲出路基或越过中央分隔带,具有导向功能,使碰撞车辆改变方向,具有较强的吸收碰撞能量的能力,并具有视线诱导功能。系统内常用的桥侧护栏按构造形式分,有以下 3 种:

(1)钢筋混凝土墙式护栏(图 5.3-33、图 5.3-34)

该类护栏是一种刚性结构,它完全依靠车轮与护栏面接触并沿护栏面爬高、转向、摩擦等吸收能量。当失控车辆的碰撞角度较大时,对人、车的损害均很大。

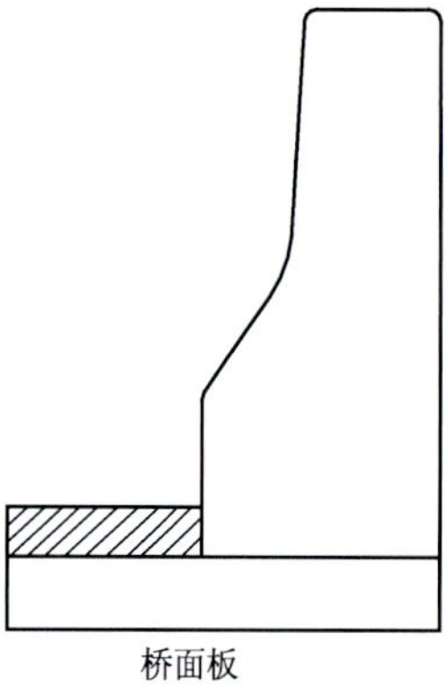


图 5.3-33 钢筋混凝土墙式护栏示意图

图 5.3-34 钢筋混凝土墙式护栏

(2)金属制梁柱式护栏(图5.3-35、图5.3-36)

该类护栏是一种半刚性的结构,横梁和立柱是受力构件,其弹性变形能较好地吸收碰撞能量,对中、小型车辆防撞效果较好。

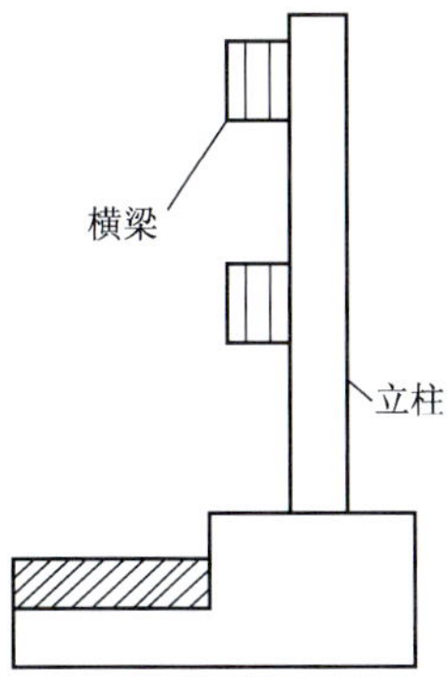


图5.3-35　金属制梁柱式护栏示意图

图5.3-36　金属制梁柱式护栏

(3)组合式桥梁护栏(图5.3-37、图5.3-38)

它是钢筋混凝土墙式护栏和金属制梁柱式护栏的一种组合,兼有墙式护栏坚固和梁式护栏美观的优点。

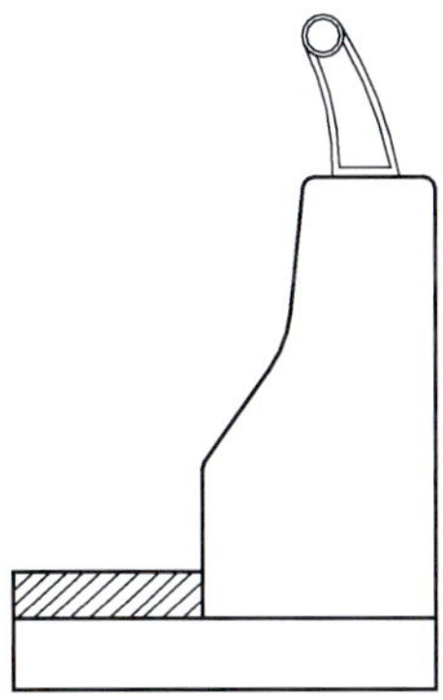


图5.3-37　组合式桥梁护栏示意图

图5.3-38　组合式桥梁护栏

下面介绍护栏常见的几类病害,并分析其可能的病害原因。

#### 5.3.3.1　防撞墙

1)防撞墙横向错位

防撞墙横向错位是指防撞墙与桥梁中线垂直方向的水平错位,如图5.3-39、图5.3-40所示。此类病害可能涉及结构安全,要引起足够重视。

产生防撞墙横向错位的可能原因如下:

(1)受到车辆等外力撞击致使护栏横向错位;

(2)施工阶段安装误差;

(3)墩柱沉降或其他外力作用,梁体发生横向移位,带动过渡墩顶防撞墙横向错位。

图 5.3-39 防撞墙横向错位示意图

图 5.3-40 梁体横向错位

2)防撞墙裂缝

防撞墙裂缝绝大部分为竖向裂缝(图 5.3-41、图 5.3-42),也有斜向延伸,随着时间的推移,经过风沙、雨雪等外部条件的影响,有恶化现象。

图 5.3-41 防撞墙竖向开裂、破损

图 5.3-42 防撞墙竖向开裂

产生防撞墙裂缝的可能原因如下:

(1)施工时混凝土收缩;

(2)防撞墙护栏钢筋布置设计不合理,过粗的钢筋配置对混凝土收缩的约束比较明显,容易引起混凝土表面开裂;

(3)施工时混凝土振捣不密实,由于防撞护栏尺寸较小,易产生混凝土裂缝;

(4)部分钢筋混凝土墙式护栏没有在沿长度方向上每隔一段距离设置一道变形缝,在连续梁的负弯矩区会使护栏受力而混凝土开裂。

5.3.3.2 护栏

1)护栏竖向高差

护栏竖向高差是指防撞墙护栏在墩顶位置出现沿桥梁跨径方向的竖向错位,如图 5.3-43 所示。部分连续梁桥,未设置断缝的防撞墙表现为护栏竖向波浪变形,如图 5.3-44 所示。此类病害可能涉及结构安全,要引起足够重视。

图5.3-43 防撞墙竖向高差示意图

图5.3-44 某桥外侧护栏扶手局部下挠

产生护栏竖向高差的可能原因如下:

(1)相邻跨桥梁挠度差;

(2)桥台及台后路基的不均匀沉降;

(3)墩柱的不均匀沉降;

(4)护栏竖向波浪变形主要是连续梁桥主梁承载力不足、挠度过大造成的。

2)护栏断裂、缺失、锈蚀

部分钢护栏存在断裂、缺失、锈蚀(图5.3-45、图5.3-46)等病害。

图5.3-45 钢护栏缺失

图5.3-46 钢护栏锈蚀严重

产生护栏断裂、缺失、锈蚀的可能原因如下:

(1)受到车辆撞击或人为破坏等使护栏损坏、缺失;

(2)钢护栏受大气中水分、氧和其他污染物的作用而被腐蚀,从而锈蚀。

#### 5.3.3.3 其他

混凝土剥落、露筋是指防撞墙混凝土剥离,可见钢筋锈蚀现象,如图5.3-47所示。

产生混凝土剥落、露筋的可能原因如下:

(1)钢筋骨架绑扎或焊接不牢,入模时操作不当,造成钢筋绑扎骨架翘曲、歪斜和开焊,至

图 5.3-47　防撞墙胀裂、露筋锈蚀

主筋位置偏离，混凝土保护层厚度不足；

（2）制作混凝土防撞护栏时，表面未设置适当斜坡，易渗水，造成钢筋锈蚀胀裂、混凝土剥落。

### 5.3.4　排水系统

桥梁设置排水系统能够迅速将雨水排出桥梁范围，防止雨水积滞于桥面并渗入梁体而影响桥梁的耐久性，确保公路桥梁的正常使用。除设置桥面纵横坡排水外，一般还在桥侧设置一定数量的泄水管排水。排水系统常用的泄水管道有以下两种：

（1）圆柱形直壁式泄水管（图 5.3-48）

这种排水管道在进水的入口处设置箅子适用于具有防水层的铺装结构。泄水管下端应伸出行车道板，以防渗湿主梁表面。

a)　　　　b)

图 5.3-48　圆柱形直壁式泄水管及箅子

（2）横向排水管道（图 5.3-49）

这种排水管道构造简化，可以直接在行车道两侧的安全带或缘石上预留横向孔道，管口伸出构件以便排水。

5.3.4.1　泄水孔

1）泄水孔堵塞

泄水孔堵塞是指排水管道被砂石等堵塞，如图 5.3-50 所示，没有及时清理，导致桥面雨水不能快速从管道内流走，积留在桥面上。

2）泄水管过短或缺失

部分泄水管过短或缺失，会导致雨水沿着翼板下表面梁体到处流淌，如图 5.3-51、图 5.3-52所示，雨水长期侵蚀混凝土，进而使得该区域钢筋锈蚀、混凝土胀裂。

a)

b)

图 5.3-49 横向排水管道

图 5.3-50 泄水孔堵塞

图 5.3-51 泄水管缺失

### 5.3.4.2 箅子

箅子可拦截雨水中携带的体积较大的污物，如塑料袋、纸壳、食品垃圾等。防止堵塞，泄水孔箅子缺失（图 5.3-53）可能导致污物堵塞积水等问题。

图 5.3-52 泄水管未伸出梁体

图 5.3-53 箅子缺失

### 5.3.5 桥头搭板

桥头搭板是一种钢筋混凝土承载板，它的一端搭在桥台上，另一端搭在基层上，随着填土的沉降而能够转动。车辆行驶时可起到缓冲作用，即使台背填土沉降也不至于产生凹凸不平。

桥头搭板绑扎钢筋如图 5.3-54 所示。

桥头二次跳车是指车辆行驶至桥头搭板尾端处跳车，至桥台处再次跳车，如图 5.3-55 所示。此类病害使桥头处产生高低差，桥头搭板设置失效，影响桥头行车的舒适性。

图 5.3-54 桥头搭板绑扎钢筋

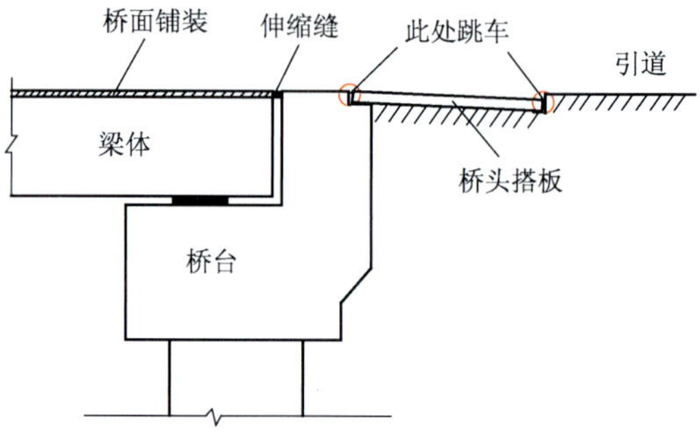


图 5.3-55 桥台二次跳车示意图

产生桥头二次跳车的可能原因如下：

(1)桥头搭板的设置长度未考虑路基沉降差容许值；

(2)对桥台后填土夯实不够或路基沉降过大，引起桥头搭板尾端沉降过大；

(3)桥后未进行防水和排水处理，水进入路基后引起下沉。

## 5.4 混凝土桥梁

混凝土梁桥按承重结构的静力体系可划分为简支梁桥、连续梁桥和悬臂梁桥，其中简支梁桥和连续梁桥在江苏交控应用广泛。

1. 简支梁桥

简支梁桥是中小跨度桥梁应用最多的桥型，其优点是梁体可工厂化预制，其缺点是运营阶段梁间横向联系易损坏。钢筋混凝土简支梁桥经济合理的常用跨径在 20m 以下，大于 20m 时一般采用预应力混凝土结构。简支梁主要截面形式有空心板梁、T 梁、组合箱梁等。

关于装配式简支梁的编号方式，主梁从外侧至内侧(单幅桥梁从左侧至右侧)依次编码。若用于分离式桥梁，两个腹板以内外侧来区分；若用于单幅桥梁，以左右侧来区分，翼缘板亦然。

2. 连续梁桥

连续梁桥结构刚度大、变形小，行车舒适性高。同时，恒活载作用下支点负弯矩对跨中受力有卸载作用，正弯矩显著减小，可减小主梁高度，降低材料用量，跨越能力强，故应用广泛。根据施工工艺及受力特点，可分为钢筋混凝土连续箱梁、等截面预应力混凝土连续箱梁和变截面预应力混凝土连续箱梁。

连续箱梁桥有单箱单室、单箱双室及单箱三室(图5.4-1)等类型。关于单箱单室腹板和翼缘板定义同装配式简支梁,若可以进入箱梁内部检查,则腹板、底板需要区分箱梁内部表面和箱梁外部表面。

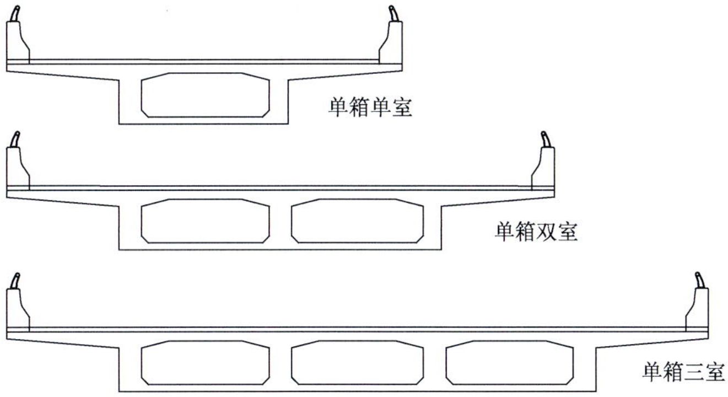


图5.4-1 连续箱梁桥不同箱室分布类型示意图

关于单箱双室来说,箱室从外侧至内侧(单幅桥梁从左侧至右侧)依次编号命名,称为1号箱室、2号箱室,类似的中腹板称为1号中腹板。划分构件部位时,底板箱内面、顶板拆分到各箱室中称为1号箱室底板箱内面、2号箱室底板箱内面等。中腹板的两个侧面内外侧或者左右侧来区分。单箱三室或者更多箱室的构件部位划分同理。

以下为混凝土桥梁常见的几种上部承重结构及其典型病害,并分析其可能的病害原因。

## 5.4.1 混凝土结构共性病害

1)蜂窝

蜂窝是指混凝土局部疏松、砂浆少、砂多、石子之间出现空隙,形成蜂窝状孔洞,表现为无强度状态,如图5.4-2所示。

产生蜂窝的可能原因如下:

(1)施工不当,如混凝土灌筑中缺乏应有的振捣;分层灌筑时违反操作规程,运输时混凝土产生离析;模板缝隙不严,水泥砂浆流失等。

(2)结构不合理,如配筋太密,混凝土集料粒径太大,坍落度过小。

2)麻面

麻面的现象是混凝土局部表面出现缺浆和许多小凹坑、麻点,形成粗糙面,但无钢筋外露现象,如图5.4-3所示。

产生麻面的可能原因是施工时采用模板表面不光滑,模板湿润又不够,致使构件表面混凝土内的水分被吸去。

3)空洞

空洞不同于蜂窝,是局部没有混凝土,空洞的尺寸通常较大,以至于钢筋全部裸露,如图5.4-4所示,它常发生在钢筋密集处。混凝土空洞的存在会削弱结构的有效截面,对结构受力有影响。

图 5.4-2　蜂窝

图 5.4-3　麻面

产生空洞的可能原因是结构上钢筋布置过密,施工时混凝土被卡住,又未充分振捣就继续灌筑上层混凝土。此外,严重漏浆也能产生空洞。

4)剥落

剥落是指混凝土表面水泥砂浆流失或呈片状剥落,粗集料外露的现象,如图 5.4-5 所示。如果严重时则形成集料及包着集料的砂浆一起脱落,或混凝土表面灰浆、成片状的脱落。

图 5.4-4　空洞

图 5.4-5　剥落

产生剥落的可能原因如下:

(1)混凝土表层施工质量不良;

(2)雨水冲蚀出现表面水泥砂浆剥落流失;

(3)钢筋锈蚀膨胀引起剥落;

(4)冬季冰冻及干湿交替循环作用。

5)混凝土破损及钢筋锈蚀、露筋

外力碰撞及钢筋锈蚀等会导致混凝土破损(图 5.4-6),破损位置使得钢筋保护层厚度减少,加速锈蚀及破损,降低结构的耐久性。

露筋是指混凝土内部钢筋局部裸露在桥梁构件表面(图 5.4-7),部分外露钢筋锈蚀,如

图5.4-8所示，影响结构的耐久性。

图5.4-6　混凝土破损

图5.4-7　露筋

图5.4-8　钢筋锈胀

混凝土破损及钢筋锈蚀、露筋的可能原因如下：

（1）施工质量不好，如灌筑混凝土时钢筋保护层垫块位移，钢筋紧贴模板；保护层处混凝土漏振或振捣不实；

（2）部分混凝土构件中的保护层较薄，在雨水等腐蚀性介质的长期侵蚀作用下，内部钢筋出现锈蚀现象，导致混凝土胀裂剥落，出现露筋。

6）火烧痕迹

由于桥下堆积易燃物（图5.4-9），或车辆事故发生火灾等会对桥梁结构造成火损。火烧处（图5.4-10）混凝土强度会降低，甚至会损伤到受力钢筋、预应力筋等，对结构受力产生不利影响。

## 5.4.2　钢筋混凝土空心板梁桥

江苏省高速公路上钢筋混凝土空心板梁桥（图5.4-11～图5.4-13）常用跨径在6～8m之间，少量采用10m跨径。

图 5.4-9　孔内柴草堆积

图 5.4-10　立柱火烧痕迹

图 5.4-11　钢筋混凝土空心板梁桥

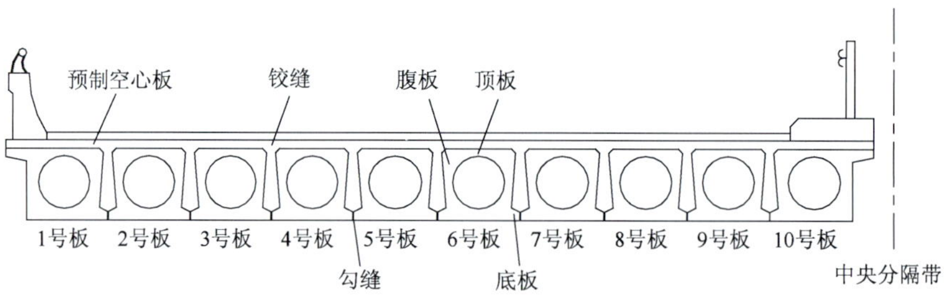


图 5.4-12　空心板梁桥横断面构造示意图

注：1. 预制空心板是桥梁的主要承重构件；

2. 铰缝处在空心板梁片之间，横向传递剪力，形成荷载的横向分布，减小单片板梁受力，使多片梁板结构成为一个整体；

3. 勾缝能防止水汽侵入，外形美观；

4. 按从外往内的顺序对每一片板梁及铰缝进行编号。

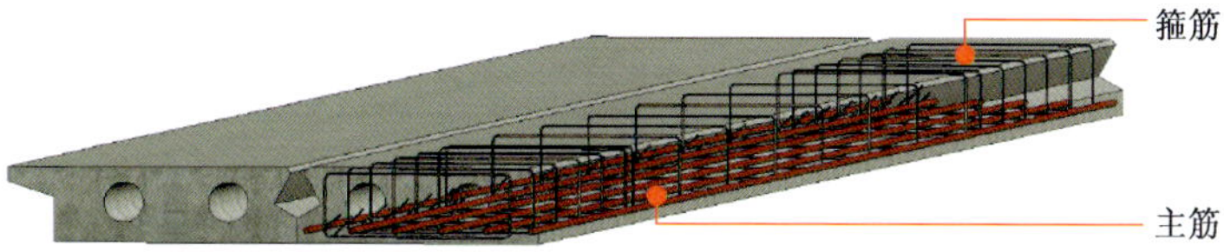


图5.4-13 钢筋混凝土空心板梁构造图

关于纵向、横向裂缝的定义：相对于路线行进方向，与路线方向一致为横向，与路线正交方向为纵向，在竖立面中与横向裂缝垂直的为竖向裂缝。

腹板斜向裂缝以"正八字""倒八字"来进行定义，常规定义如下：以墩顶中心线为分界线，在腹板斜向裂缝下缘画水平指向墩顶的箭头，与斜向裂缝形成一个角度。当角度在0°～90°时，腹板斜向裂缝为正八字形裂缝；当角度在90°～180°时，腹板斜向裂缝为倒八字形裂缝。裂缝斜交角度规定如图5.4-14所示。

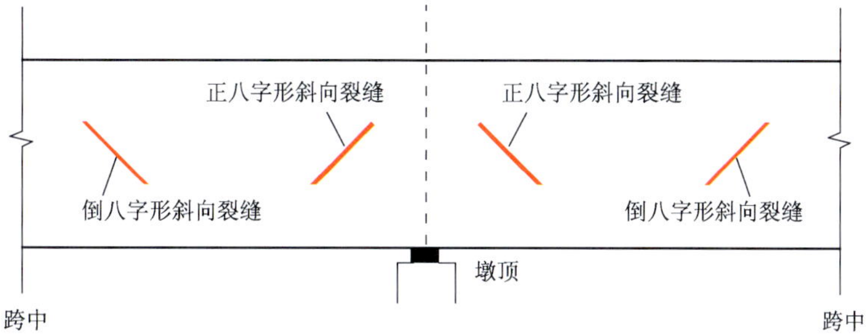


图5.4-14 腹板斜向裂缝形态描述示意图

#### 5.4.2.1 底板

1)底板板底横向裂缝

底板板底横向裂缝(图5.4-15、图5.4-16)通常贯通梁底，裂缝位置一般位于空心板梁1/4～3/4跨之间。梁底横向裂缝是荷载作用下产生的正弯矩裂缝(图5.4-17)，为结构受力裂缝。

图5.4-15 板底横向裂缝

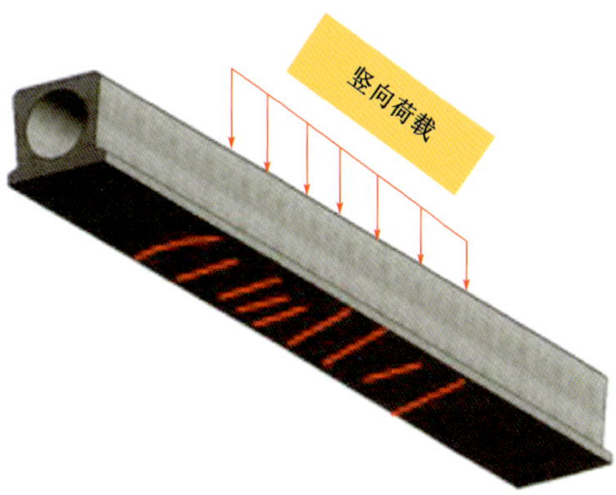


图5.4-16 板底横向裂缝示意图

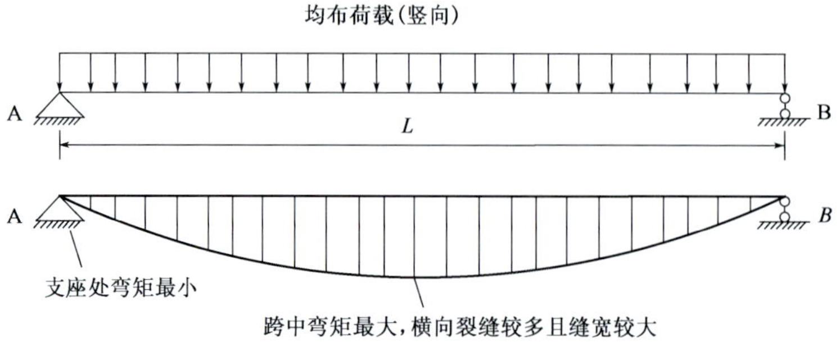


图 5.4-17 简支梁线荷载作用下的弯矩图

产生底板横向裂缝的可能原因如下:

(1)钢筋混凝土空心板梁跨中下缘混凝土受拉,板底出现横向裂缝,按《公路钢筋混凝土及预应力混凝土桥涵设计规范》(JTG 3362—2018)及《04 规范》的规定,钢筋混凝土构件在正常工作条件下是允许带裂缝工作的,但裂缝宽度必须控制在规定的范围内,部分裂缝缝宽超限,可能与重车等原因造成荷载效应大于梁的实际承载能力有关。

(2)横向裂缝渗水白化现象,可能是由于板梁内长期存在大量积水,渗透横向裂缝,造成板梁内的箍筋锈蚀,使钢筋周围混凝土膨胀、析白。

(3)部分板底钢筋保护层厚度不足。

2)底板纵向裂缝

底板纵向裂缝(图 5.4-18、图 5.4-19)是空心板梁的通病之一,这类裂缝既存在于普通钢筋混凝土空心板梁中,也存在于预应力混凝土空心板梁中(包括先张和后张空心板梁),既存在于边梁,也存在于中梁,裂缝大多与空心板梁空腔最低处相对应,部分裂缝表面有白色结晶物析出。

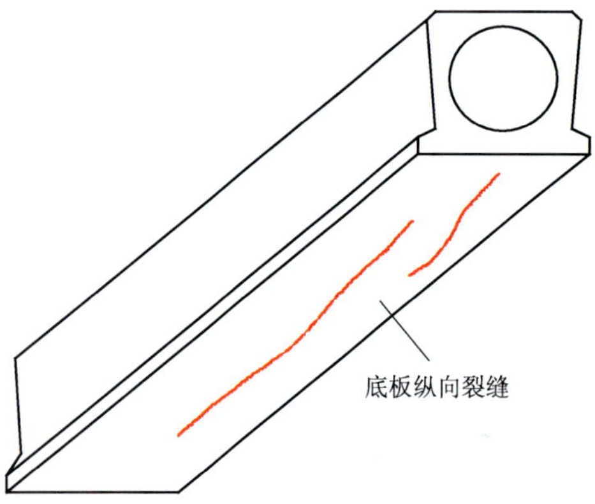


图 5.4-18 底板纵向裂缝示意图

图 5.4-19 底板纵向裂缝

设计阶段产生底板纵向裂缝的可能原因如下:

底板上、下缘未配置横向钢筋,抗裂性能不足,容易在端部至梁四分点之间出现纵向裂缝。

施工阶段产生底板纵向裂缝的可能原因如下:

(1)空心板梁预制时,芯模的位置偏差容易造成在振捣时底板集料分布不均匀,在某些位置形成薄弱区域,芯模的位置偏差容易造成施工中板梁底板钢筋保护层厚度偏薄或偏厚,削弱了钢筋对表面混凝土的约束能力,容易形成纵向裂缝。底板振捣不密实如图 5.4-20 所示。

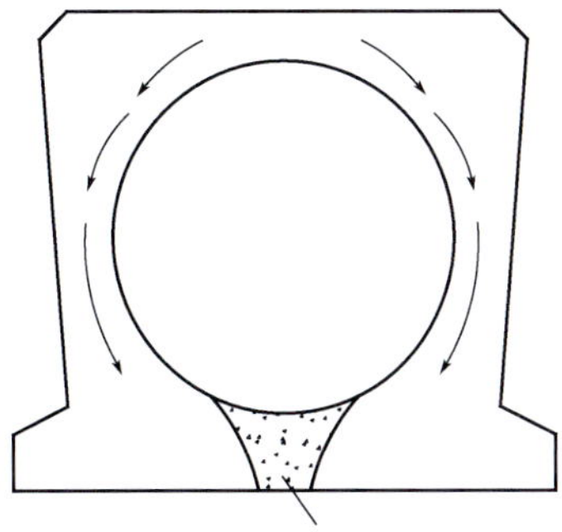


图 5.4-20　底板振捣不密实示意图

(2)施工时钢筋定位不准容易造成施工中板梁底板钢筋保护层厚度偏薄,易导致底板钢筋生锈胀裂,产生纵向裂缝。

运营阶段产生底板纵向裂缝的可能原因如下:

(1)在横向弯矩作用下,底板横向受拉,产生拉应力,当横向拉应力超过混凝土抗拉强度时,底板容易产生纵向开裂。

(2)板梁使用中存在疲劳荷载效应,重复加载卸载过程,对于混凝土内部损伤裂缝起到促使其发展及相互联通的作用,加速了裂缝的发展。

(3)高速公路交通量大以及存在较多的超载现象,底板承担更高的拉应力水平,促使底板开裂和裂缝的发展。

(4)纵向裂缝的发展与温度荷载可能具有较强相关性。梁体在运营过程中遭遇突然升降温在空心板梁的顶底板可产生较大的横向拉应力,可能引起混凝土纵向开裂。

(5)若空心板底板厚度不足,抵抗横桥向弯矩有效截面减小,底板厚度削减越多,底板承担的横向拉应力就越大。

(6)堵头板不密实或者顶板开裂导致板梁腔室积水,积水冻融效应导致裂缝进一步发展,钢绞线在水分作用下的锈蚀膨胀都会导致裂缝的持续发展;裂缝表面析白是由于水从缝隙中渗出时将混凝土中 $Ca(OH)_2$ 带出,与空气中 $CO_2$ 作用形成白色 $CaCO_3$ 结晶。

5.4.2.2　腹板

腹板竖向裂缝(图 5.4-21、图 5.4-22)有两种表现形式:一种位于空心板梁跨中区段,通常下端宽,上端细,部分与底板横向裂缝相连,为结构受力裂缝;另一种裂缝呈两头细、中间宽的枣核形,为收缩裂缝,无明显分布规律,故容易误判为结构受力裂缝,现场可根据底板横向裂缝宽度加以区分。

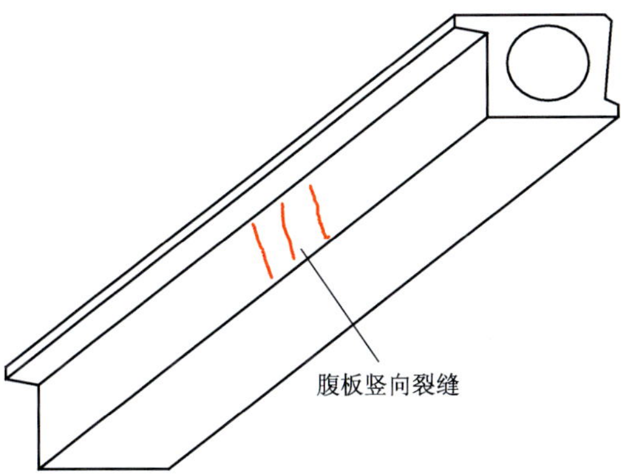


图 5.4-21　腹板竖向裂缝示意图

图 5.4-22　腹板竖向裂缝

产生受力裂缝可能原因如下：

(1)车辆荷载作用；

(2)抗弯能力不足，跨中挠度过大。

产生收缩裂缝可能原因如下：

(1)板梁底部配筋量较大，裂缝沿腹板至受压区消失，裂缝中间较粗是由于腹板侧面纵向配筋较少，混凝土收缩使缝宽加大；

(2)空心板成型后，在大风、昼夜温度变化大等情况下没有采取正确的养护措施进行保湿养护，产生干缩裂缝。

5.4.2.3 铰缝

装配式空心板梁桥中，铰缝的破损是最常见的也是对结构安全影响最大的病害，影响结构整体受力。由于铰缝病害表现形式多样，下面将铰缝病害分为两类：铰缝破坏和铰缝失效。

铰缝破坏主要表现为铰缝下端封缝混凝土脱落、破损(图5.4-23)，铰缝处渗水、析白(图5.4-24、图5.4-25)等。

图5.4-23 铰缝勾缝脱落、破损

图5.4-24 铰缝渗水、析白

铰缝失效是指梁与梁间横向联系失效，前期表现为桥面铺装纵向裂缝(图5.3-5)，进而发展成碎裂带，剪力铰钢筋断裂，最后单板受力(重车过桥时，单板明显下挠，如图5.4-26、图5.4-27所示)。该病害严重削弱了空心板的横向联系，并且往往会导致其他次生病害的发生，例如因单板受力导致空心板底板横向裂缝病害。

图5.4-25 铰缝渗水

图5.4-26 板梁跨中下挠

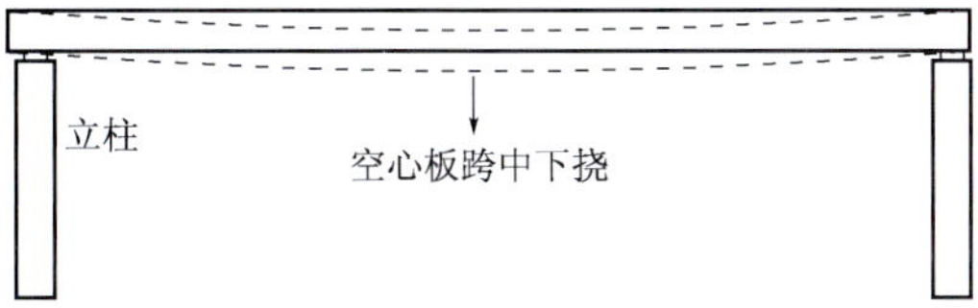


图5.4-27 空心板跨中下挠示意图

产生铰缝破坏、铰缝失效的可能原因如下：

(1)现浇铰缝混凝土之前，未对侧面进行清洁、湿润而直接浇筑铰缝混凝土，勾缝与梁板未能形成有效黏结，刚性较小，在车辆荷载作用下，极易脱落。

(2)铰缝空间小，还设置了部分钢筋，混凝土振捣困难，致使铰缝内混凝土不密实，加之后期养生不到位，会产生许多收缩裂缝，造成在车辆荷载下铰缝混凝土的破坏、脱落。

(3)板梁长期处于超载状态，且边梁长期不能直接参与受力，在受力效应不同步的影响下，最先在边梁铰缝处产生破坏，桥面混凝土铺装开裂以及桥面防水体系失效情况下，桥面积水透过铰缝内部裂缝渗透出来，造成铰缝处大量渗水。

(4)支座脱空，在车辆荷载作用下，加剧了空心板铰缝的横向偏心受力，使铰缝混凝土病害发展。

#### 5.4.2.4 梁体空腔

空腔积水在空心板桥体(图5.4-28、图5.4-29)、组合箱梁等存在空腔的结构中均有出现，梁体空腔积水后，普通钢筋混凝土梁普遍表现为横向裂缝渗水，其危害为锈蚀梁底主筋，增大梁体自重，降低桥梁承载能力。

图5.4-28 空心板梁体空腔积水(1)

图5.4-29 空心板梁体空腔积水(2)

产生梁体空腔积水的可能原因如下：

(1)空腔内积水由伸缩缝、堵头板位置或桥面防水失效处的顶板破损位置进入；

(2)与铰缝破坏有关，桥面积水通过铰缝渗透进入梁体；

(3)由于桥面在积雪冰冻天气，大量使用融雪剂，桥面排水不畅，融雪剂侵蚀桥面混凝土铺装层，造成雪水和雨水大量渗入板梁空腔内；

(4)采用后张法施工工艺的梁桥，若封锚不到位可能雨水会从失效段波纹管进入。

### 5.4.3 先张空心板梁桥

该类桥梁(图 5.4-30、图 5.4-31)的使用量大且面广,江苏省高速公路跨径 10 ~ 20m 的中小跨径桥梁基本上全部采用先张法预应力空心板结构形式。先张空心板梁桥横断面构造同图 5.4-12所示。

图 5.4-30 先张空心板梁桥

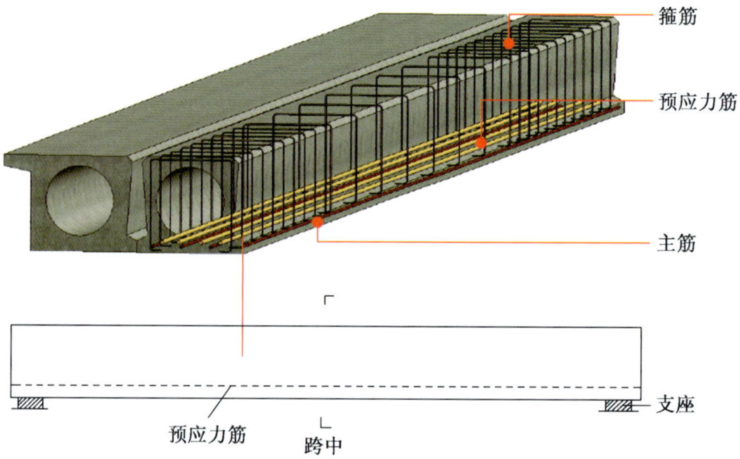


图 5.4-31 先张空心板梁构造图

5.4.3.1 底板

1)底板纵向裂缝

除可能产生钢筋混凝土空心板梁纵向裂缝(图 5.4-32、图 5.4-33)外,对于预应力混凝土空心板而言:预应力钢束张拉,由于存在泊松效应和霍伊尔效应(图 5.4-34)的影响,在底板会存在一定的横向拉应力,从而产生纵向裂缝(图 5.4-35);如果施工过程中,板梁两侧腹板钢束不对称张拉,可能导致板梁侧向弯曲,对底板横向应力也存在一定的影响。

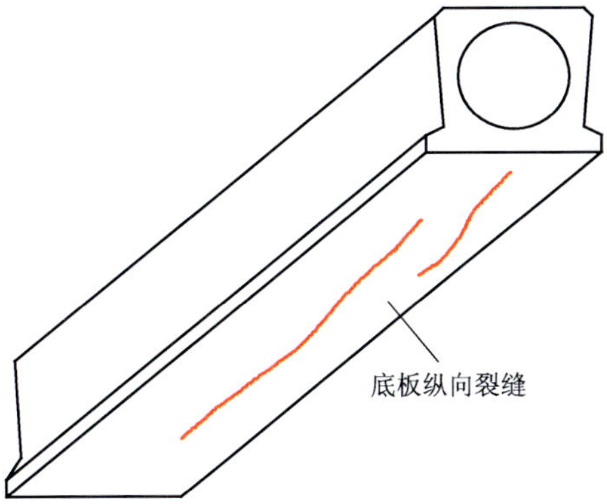


图 5.4-32 底板纵向裂缝示意图

图 5.4-33 底板纵向裂缝

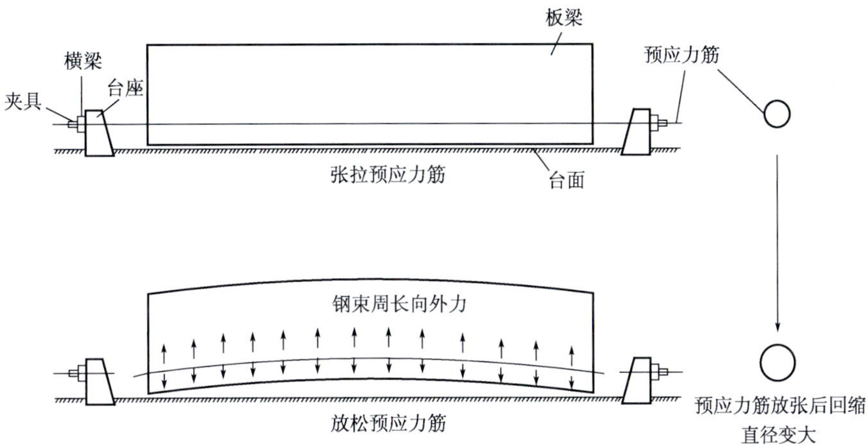


图 5.4-34 霍伊尔效应示意图

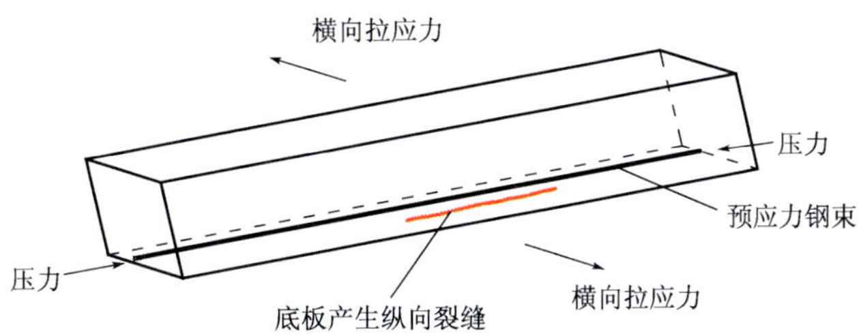


图 5.4-35 泊松效应导致底板纵向裂缝示意图

2)底板横向裂缝

规范规定预应力空心板梁不允许出现底板横向裂缝,此类裂缝(图 5.4-36、图 5.4-37)是结构受力裂缝,主要分布在板梁跨中区域,裂缝有时会沿空心板侧面发展,应引起高度重视,进一步发展会造成板梁的断裂破坏。

产生底板横向裂缝的可能原因如下:

(1)预应力损失或预加力不足,造成承载力降低;

(2)空心板铰缝失效或破坏,造成单板受力过大,在车辆荷载作用下,单块空心板承受的弯矩过大。

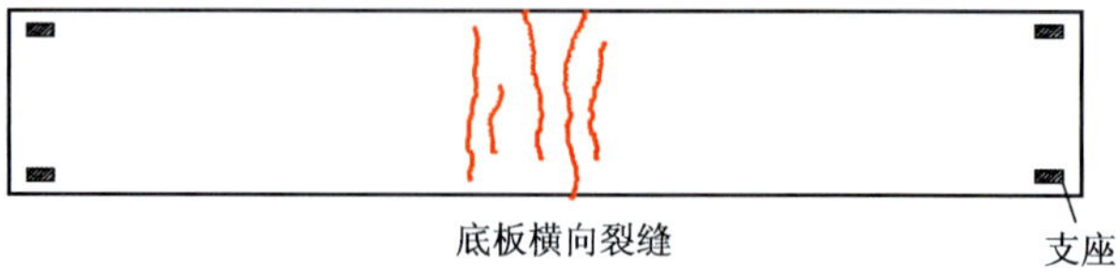


图 5.4-36　预应力空心板底横向裂缝示意图(1)

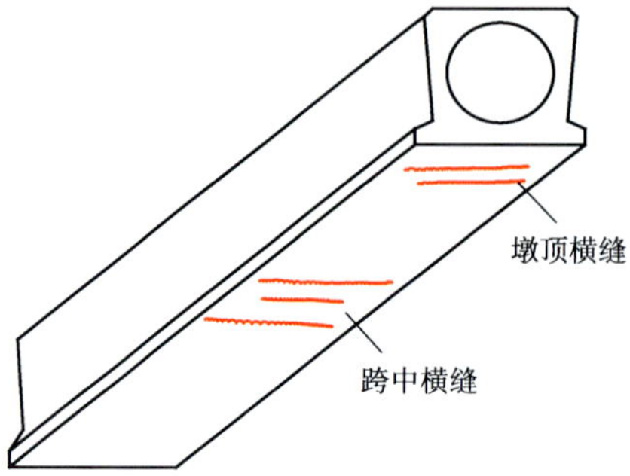


图 5.4-37　预应力空心板底横向裂缝示意图(2)

5.4.3.2　腹板

1)腹板竖向裂缝

除 5.4.2.2 节中提及的受力裂缝和收缩裂缝外,还有一类腹板竖向裂缝,主要出现在梁端部位,是由空心板顶面向下延伸的竖向细小裂缝,如图 5.4-38 所示。

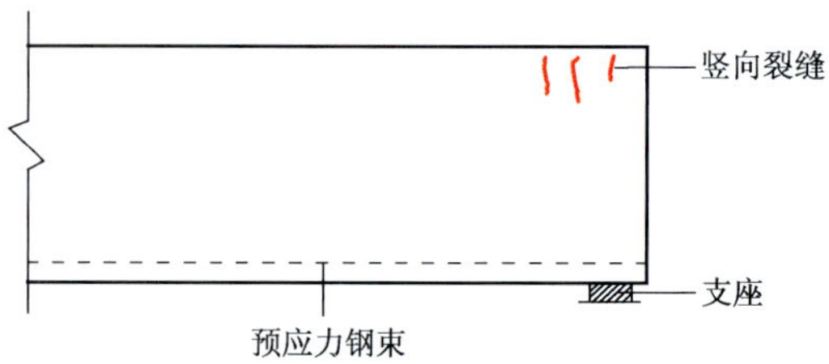


图 5.4-38　先张空心板梁桥端部腹板竖向裂缝示意图

产生腹板竖向裂缝的可能原因如下:

(1)预应力钢束在端部的预应力过大;

(2)端部区段空心板顶面部位纵向非预应力钢筋配置不足,在预加力矩作用下,空心板端部区段截面上边缘受拉,混凝土拉应力超过混凝土抗拉强度,产生竖向裂缝。

2)腹板纵向裂缝

此类裂缝一般为表面温度裂缝,缝深较浅,一般至混凝土表层,是构件表面与内部混凝土温差过大引起的,如图 5.4-39、图 5.4-40 所示。

3)腹板斜向裂缝(倒八字形)

腹板"倒八字"形斜向裂缝一般出现在梁支点至 1/4 跨范围,裂缝方向与梁轴大致成 45°夹角,如图 5.4-41、图 5.4-42 所示,裂缝特征符合剪应力裂缝特征。腹板斜向裂缝定义规则详见图 5.4-14。

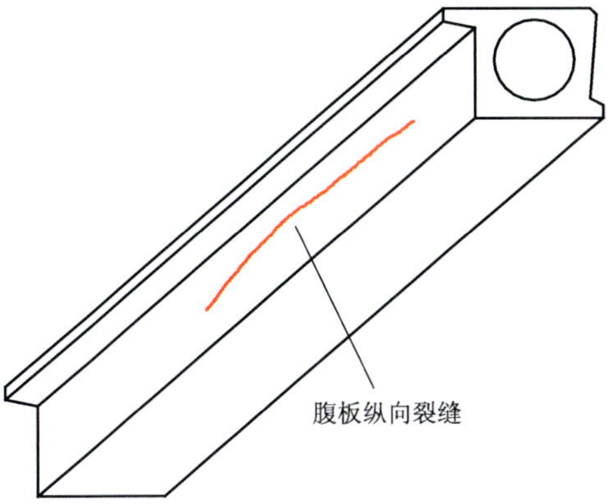


图5.4-39 预应力空心板腹板纵向裂缝示意图

图5.4-40 腹板纵向裂缝

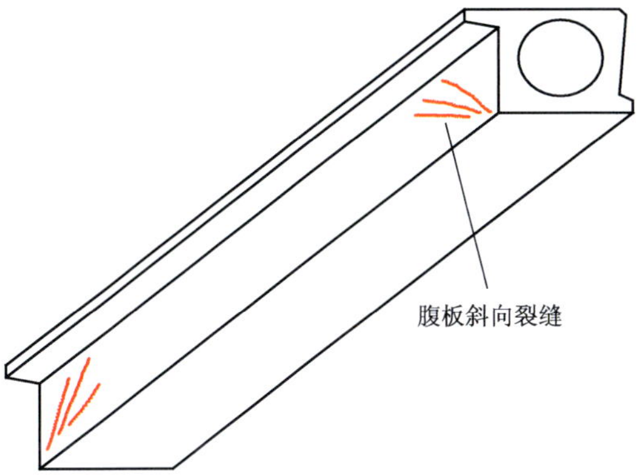


图5.4-41 腹板斜向裂缝示意图

图5.4-42 腹板斜向裂缝

产生腹板斜向裂缝(倒八字形)的可能原因如下:

(1)空心板梁尺寸不满足设计值,截面抗剪承载能力不足,斜截面主拉应力大于混凝土的抗拉极限强度值;

(2)超载交通影响,墩顶长期承受冲击作用,致使部分铰缝失效,加剧病害发展;

(3)混凝土保护层厚度不足。

## 5.4.4 后张空心板梁桥

后张法空心板梁桥(图5.4-43、图5.4-44)在江苏省高速公路上主要为25m及以上跨径时使用。横断面构造同图5.4-12。

后张法空心板除同先张法空心板各病害外,还应注意梁端预应力筋位置腹板是否存在斜向裂缝。

图5.4-43 后张空心板梁桥

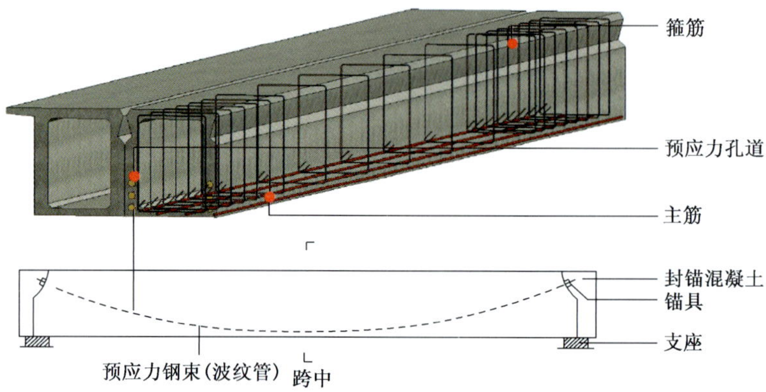


图 5.4-44　后张空心板梁构造图

腹板斜向裂缝(正八字形):此类裂缝一般出现在梁的端部位置,基本与预应力钢束方向一致,缝长较短,如图 5.4-45 所示。

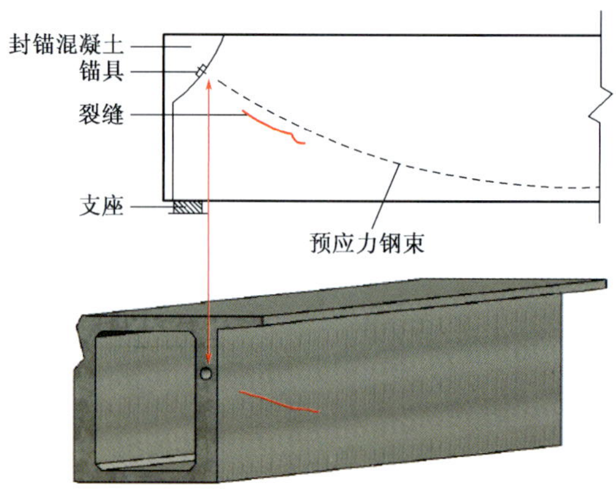


图 5.4-45　后张法预应力混凝土空心板梁桥梁端裂缝示意图

产生腹板斜向裂缝(正八字形)的可能原因如下:

(1)锚下混凝土振捣不密实,导致锚下混凝土的局部承压抗裂性能不足,施加预应力会在锚下混凝土的受拉部位开裂;

(2)施工中弯起束波纹管的定位措施不当,造成波纹管位置下凹走形,张拉预应力束后,此部位混凝土受力较大。

## 5.4.5　组合箱梁桥

组合箱梁桥(图 5.4-46 ~ 图 5.4-48)因其优良的截面特性在江苏省高速公路上得到广泛的应用,其跨径 20 ~ 35m。

图5.4-46　组合箱梁桥

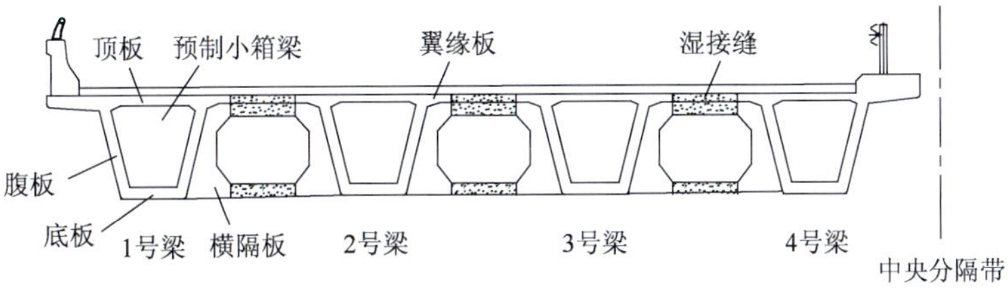


图5.4-47　组合箱梁桥横断面构造示意图

注：1. 预制小箱梁是桥梁的主要承重构件；
2. 横隔板可以增强横向联系，提高桥梁的整体刚度；
3. 湿接缝是两片预制梁架设完毕之后的现浇连接段，把梁块连成整体，承受行车荷载；
4. 按从外往内的顺序对每一片箱梁、横隔板及湿接缝进行编号。

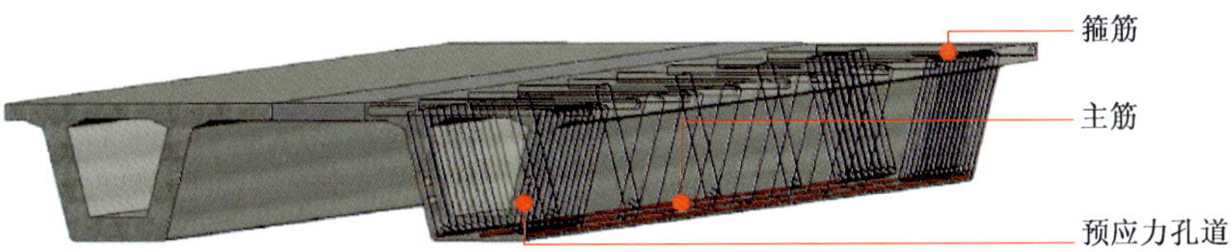


图5.4-48　组合箱梁构造图

### 5.4.5.1　底板

1）底板横向裂缝

底板横向裂缝（图5.4-49、图5.4-50）是组合箱梁主要的受力裂缝病害，是箱梁本身承载力不足而产生的。往往发生在跨中至1/4跨径处，向跨中逐渐加密。腹板竖向裂缝由下向上延伸，部分腹板竖向裂缝与底板横向裂缝可能贯通形成U形裂缝（图5.4-51、图5.4-52）。

产生底板横向裂缝的可能原因如下：

（1）腹板抗裂钢筋布置不足，造成腹板抗裂性能不足，在超载车辆作用下，容易产生裂缝；

（2）箱梁跨中处的纵向受力主筋布置不足，或者是腹板厚度较小，造成结构应力与承载能力储备不足；

(3)江苏省高速公路车流量大,重车多,超载现象较为普遍,使得箱梁底板混凝土拉应力过大,同时由于混凝土收缩徐变、温度效应等原因导致腹板首先产生竖向开裂、截面刚度下降,减弱了箱梁的抗裂性,形成底板开裂现象。

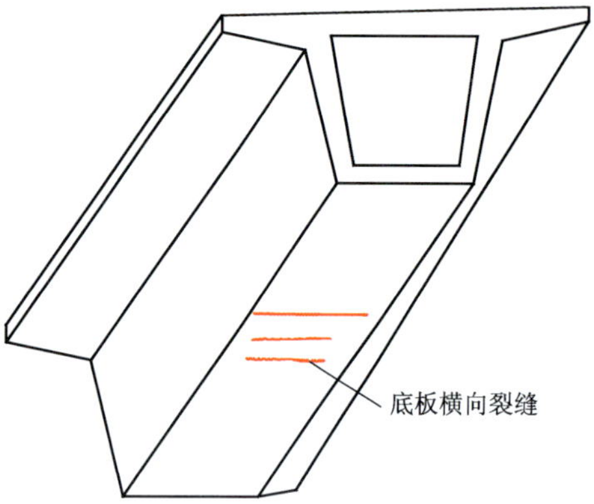


图 5.4-49　底板横向裂缝示意图

图 5.4-50　底板横向裂缝

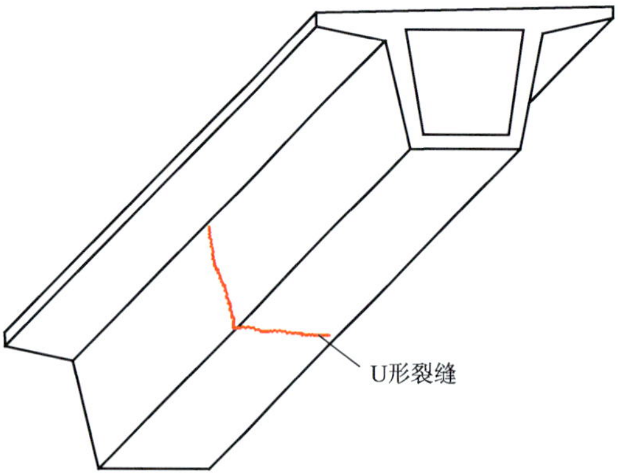


图 5.4-51　U 形裂缝示意图

图 5.4-52　U 形裂缝

2)底板纵向裂缝

底板纵向裂缝一般分布在底板横向两边侧位置,纵向呈断续或连续状延伸,部分裂缝纵向接近通长,裂缝中间宽,两端相对较窄(图 5.4-53、图 5.4-54)。

产生底板纵向裂缝的可能原因如下:

(1)施工时内模板定位不准可能导致底板偏薄,另外预应力混凝土梁底板混凝土浇筑是施工难点,振捣不到位可能导致混凝土质量较差,强度降低,容易开裂。

(2)预应力束不仅在锚端附近底板产生横向拉应力,在跨中等位置也可导致底板的横向拉应力,当预应力张拉过早时,此横向拉应力有可能造成跨中等位置混凝土被拉裂,底板出现沿预应力钢绞线方向的纵向裂缝。

(3)纵向裂缝的发展与温度荷载可能具有较强相关性。预应力混凝土梁在运营过程中遭遇突然升降温,在空心板梁的顶底板可产生较大的横向拉应力,可能引起混凝土纵向开裂。

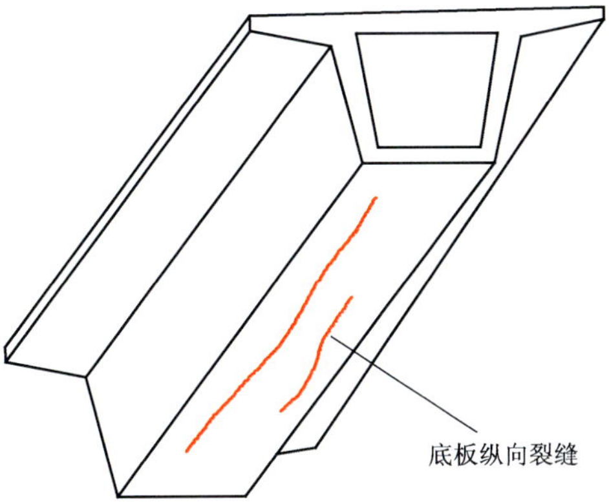


图 5.4-53　底板纵向裂缝示意图

图 5.4-54　底板纵向裂缝

5.4.5.2　腹板

1)腹板竖向裂缝

腹板竖向裂缝(图 5.4-55、图 5.4-56)属于组合箱梁主要的受力裂缝病害,是箱梁本身承载力不足而产生的。主要出现在距墩顶 1/4 ~3/4 跨范围内,且裂缝的宽度最大值多出现在腹板的中间位置,呈中间宽两头细的枣核形,一般竖向贯通,缝宽大多为 0.10 ~0.15mm 之间。腹板竖向裂缝由下向上延伸,部分腹板竖向裂缝与底板横向裂缝可能贯通形成 U 形裂缝。

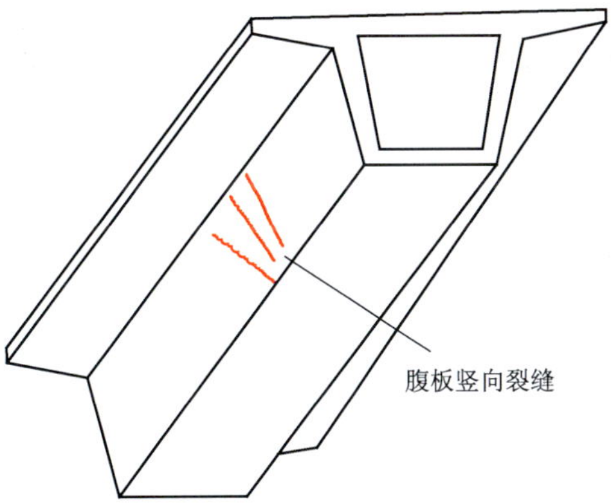


图 5.4-55　腹板竖向裂缝示意图

图 5.4-56　腹板竖向裂缝

可能原因同 5.4.5.1“底板横向裂缝”。

2)腹板纵向裂缝

腹板纵向裂缝(图 5.4-57、图 5.4-58)长度分布无明显规律,有的连续通长,有的断断续续,主要沿预应力钢束方向对应的表面发生,裂缝开展处伴有少量锈迹。

产生腹板纵向裂缝的可能原因如下:

(1)波纹管两侧腹板净距过小,在实际施工中,粗集料质量未必得到很好控制,集料偏粗,很容易导致波纹管的位置出现混凝土离析,进而导致裂缝产生;

(2)预应力孔道压浆不及时,导致波纹管周围混凝土长时间承受较大的压力;

(3)绑扎钢筋时未合理布设钢筋保护层垫块,导致浇筑后局部钢筋保护层不足,钢筋锈蚀胀裂形成多条纵向裂缝。

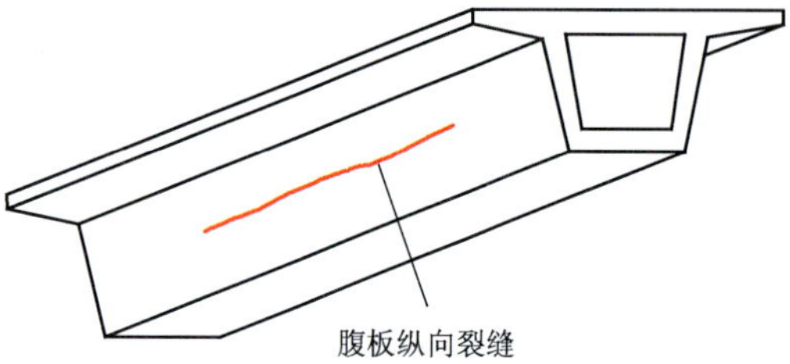


图 5.4-57　腹板纵向裂缝示意图

图 5.4-58　组合箱梁腹板纵向裂缝

3)腹板斜向裂缝

这类裂缝(图 5.4-59、图 5.4-60)一般出现在梁支点至 1/4 跨径范围,裂缝多与腹板成 45°左右,呈"倒八字"形。腹板斜裂缝或斜向延伸到底板,在腹板和底板交接处裂缝沿纵向开展,或向上延伸至顶板,在腹板与顶板的交接处裂缝沿纵向开展。

箱梁腹板在受力中主要起到抗剪的作用,斜向裂缝的产生原因主要为抗剪能力不足。

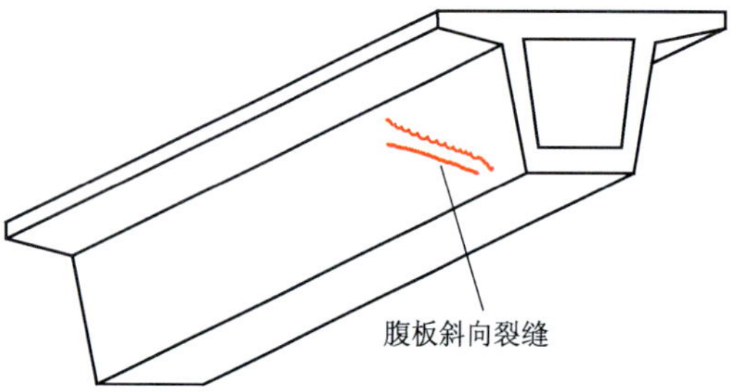


图 5.4-59　腹板斜向裂缝示意图

图 5.4-60　组合箱梁腹板斜向裂缝

### 5.4.5.3　翼缘板

翼缘板纵向裂缝一般出现在翼缘板与腹板的交接处,或箱梁翼缘间的湿接缝处,呈间断或不间断分布。

### 5.4.5.4　封锚混凝土

封锚混凝土开裂:梁端封锚区混凝土为后期浇筑,如果支座安装在靠近封锚区混凝土,或支座移位至封锚区混凝土下端,梁端混凝土易破碎开裂(图 5.4-61、图 5.4-62)。

### 5.4.5.5　横隔板

横隔板裂缝在组合箱梁桥上普遍存在,主要为竖向裂缝(图 5.4-63、图 5.4-64),大都分布在横隔板中部,且两面对称。

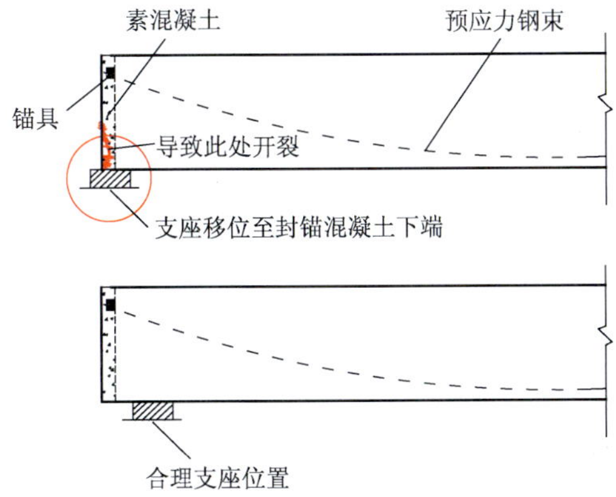


图5.4-61 支座移位导致封锚混凝土开裂

图5.4-62 封锚混凝土开裂

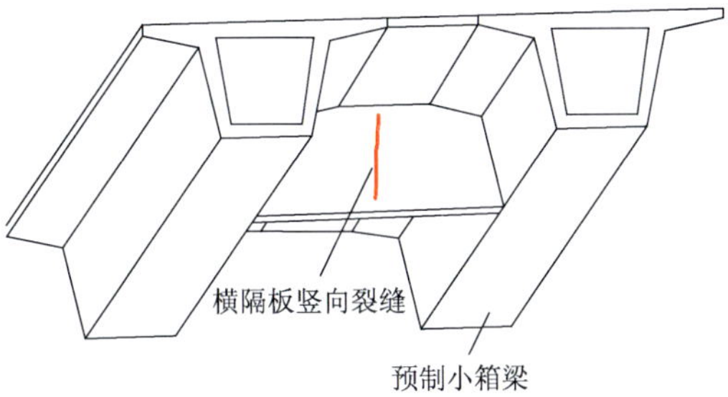


图5.4-63 横隔板竖向裂缝示意图

图5.4-64 横隔板竖向裂缝

产生横隔板裂缝的可能原因如下：

(1)横隔板混凝土为二次浇筑，混凝土收缩徐变以及温度效应作用下，可能会产生横隔板的竖向裂缝；

(2)横隔板与箱梁构件结构存在很大差异，外部荷载作用下横隔板会在薄弱处产生竖向裂缝；

(3)组合箱梁桥在横隔板浇筑后还涉及结构由简支转连续的过程，也有可能会使横隔板产生附加内力，在通车后产生竖向裂缝。

#### 5.4.5.6 湿接缝

湿接缝裂缝(图5.4-65～图5.4-67)发生在两片预制梁间现场浇筑桥面板范围内，主要表现为横向裂缝、纵向裂缝，其中横向裂缝居多。

产生湿接缝裂缝的可能原因如下：

(1)施工振捣不均匀，保护层偏薄，养护不规范，混凝土收缩开裂；

(2)运营过程中，重车轮载作用下，桥面板的局部受力变大，桥梁结构的整体变形过大，箱梁之间受力变形不协调，使得现浇带产生拉应力；

(3)未设中横梁，局部接缝处受力过大；

(4)部分裂缝处析白为长期渗水作用出现的钙化吸附。

图 5.4-65　湿接缝纵向裂缝

图 5.4-66　湿接缝横向白化裂缝

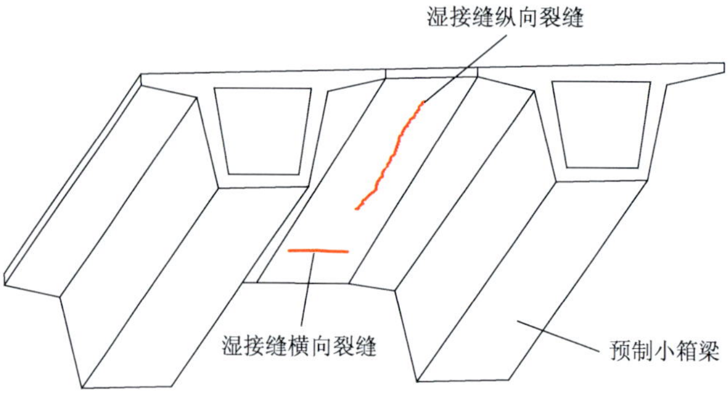


图 5.4-67　湿接缝裂缝示意图

## 5.4.6　钢筋混凝土 T 梁桥

钢筋混凝土 T 梁桥(图 5.4-68 ~ 图 5.4-70)在江苏省高速公路使用较少,跨径普遍不大于 25m。

图 5.4-68　钢筋混凝土 T 梁桥

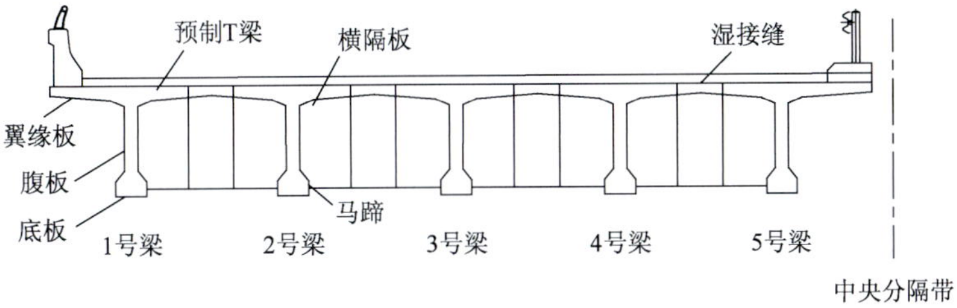


图5.4-69 钢筋混凝土T梁桥横断面构造示意图

注:1. 预制T梁是桥梁的主要承重构件;
2. 横隔板可以增强横向联系,提高桥梁的整体刚度;
3. 湿接缝是两片预制梁架设完毕之后的现浇连接段,把梁块连成整体,承受行车荷载;
4. 马蹄可以增大支点承压面积,留足空间布置预应力筋,在施工、吊装、安放过程中保持平衡和稳定;
5. 按从外往内的顺序对每一片T梁、横隔板及湿接缝进行编号。

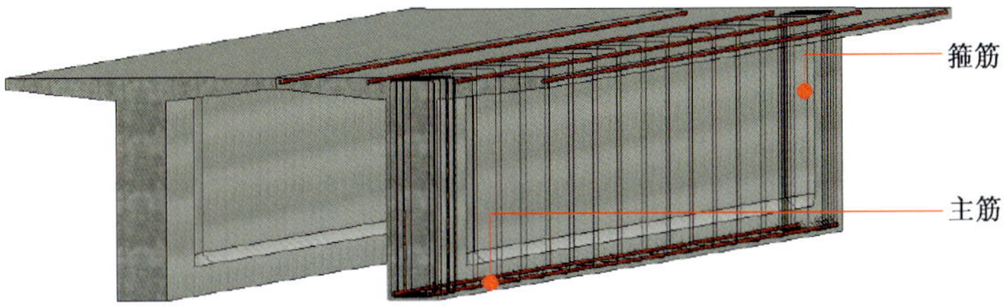


图5.4-70 钢筋混凝土T梁构造图

#### 5.4.6.1 底板

T梁底板横向裂缝(图5.4-71、图5.4-72)一般分布在梁1/4~3/4跨间,是荷载作用下产生的正弯矩裂缝,为结构受力性裂缝。按《公路钢筋混凝土及预应力混凝土桥涵设计规范》(JTG 3362—2018)及《04规范》的规定,钢筋混凝土构件在正常工作条件下是允许带裂缝工作的,但裂缝宽度必须控制在规定的范围内。

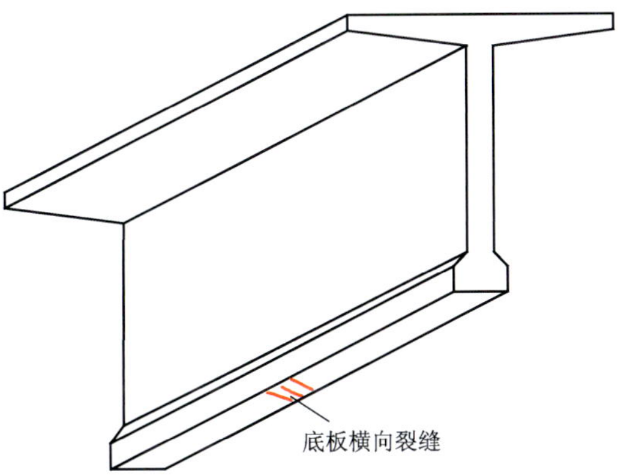


图5.4-71 T梁底板横向裂缝示意图

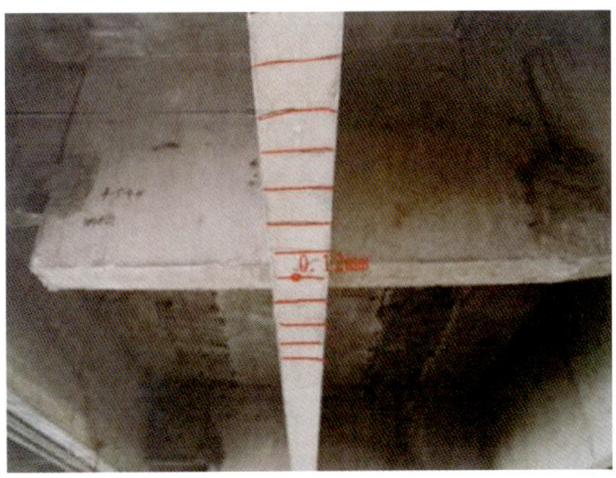

图5.4-72 T梁底板横向裂缝

产生 T 梁底板横向裂缝的可能原因如下：

(1)截面抗弯承载力不足，梁受弯挠曲产生裂缝；

(2)超载交通下，混凝土承受的拉应力超过混凝土的抗拉强度，部分裂缝缝宽超限；

(3)T 梁浇筑过程中会出现水化热，如果养护不到位，或脱模不及时，会出现因收缩造成的混凝土与模板约束的力学关系，模板限制了梁体表面收缩，导致薄弱的腹板位置出现枣核形裂缝。

5.4.6.2　腹板

1)腹板竖向裂缝

T 梁腹板竖向裂缝(图 5.4-73、图 5.4-74)一般分布在梁 1/4 ~ 3/4 跨间，是荷载作用下产生的正弯矩裂缝，为结构受力性裂缝。按《公路钢筋混凝土及预应力混凝土桥涵设计规范》(JTG 3362—2018)及《04 规范》的规定，钢筋混凝土构件在正常工作条件下是允许带裂缝工作的，但裂缝宽度必须控制在规定的范围内。

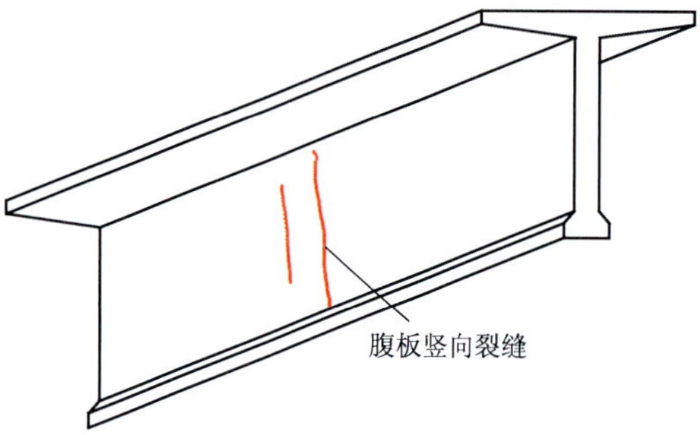


图 5.4-73　T 梁腹板竖向裂缝示意图

图 5.4-74　T 梁腹板竖向裂缝

腹板竖向受力裂缝通常下端宽，上端细，与底板横向裂缝同时出现。现场检查需注意对结构受力裂缝与呈两头细、中间宽的枣核形收缩裂缝进行区别，收缩裂缝分布无规律性。

受力裂缝可能原因如下：

(1)车辆荷载作用；

(2)抗弯能力不足，跨中挠度过大。

收缩裂缝可能原因如下：

(1)板梁底部配筋量较大，裂缝沿腹板至受压区消失，裂缝中间较粗是由于腹板侧面纵向配筋较少，混凝土收缩使缝宽加大；

(2)空心板成型后，在大风、昼夜温度变化大等情况下没有采取正确的养护措施进行保湿养护，产生干缩裂缝。

2)腹板斜向裂缝

T 梁腹板斜向裂缝(图 5.4-75、图 5.4-76)一般出现在梁支点至 1/4 跨径范围，裂缝方向与梁轴线大致为 45°，呈“倒八字”形，一般都是支点截面抗剪不足引起的。桥上超载严重时，腹板斜向裂缝的数量及长度往往发展较快，须予以高度重视。

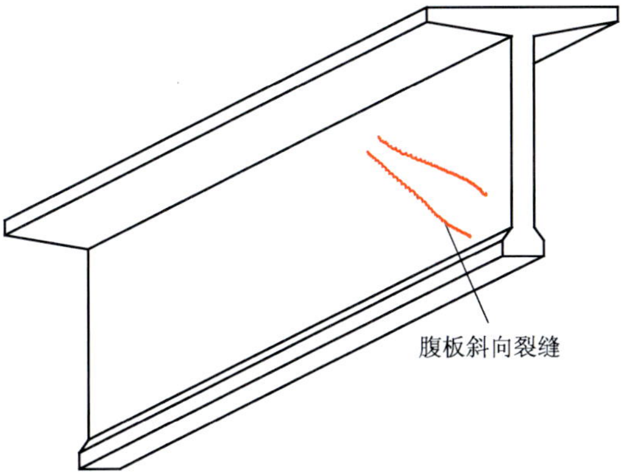


图5.4-75 T梁腹板斜向裂缝示意图

图5.4-76 T梁腹板斜向裂缝

产生腹板斜向裂缝的可能原因如下：

(1)在车辆荷载作用下，在靠近支点的部位剪力大而弯矩小，当主拉应力超过混凝土抗拉强度时出现斜向裂缝；

(2)支点处腹板截面厚度不够，抗剪能力差，出现剪切开裂。

5.4.6.3 翼缘板

翼缘板裂缝：T梁翼缘板裂缝主要表现为横向、纵向裂缝，其中横向裂缝(图5.4-77)较多，一般在跨中偶有出现，各条裂缝间距较大，墩顶较为密集，间距较小，是墩顶负弯矩区翼缘板拉应力导致，为结构受力性裂缝；纵向裂缝分布无明显规律，为混凝土收缩导致开裂。

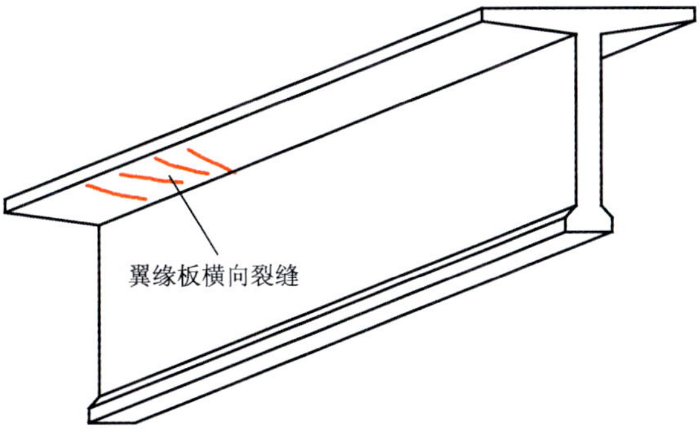


图5.4-77 T梁翼缘板横向裂缝示意图

5.4.6.4 横向连接

1)横向连接错位

横向连接错位(图5.4-78、图5.4-79)是指部分T梁之间的横隔板平面位置相差较大，横隔梁底面不在同一水平线上。

产生横向连接错位的可能原因如下：

(1)T梁预制过程中，横隔梁间距控制不严，安装后形成错位；

(2)预应力张拉后上拱值不同，导致横隔板下缘不在同一水平线上；

(3)梁安装精度误差。

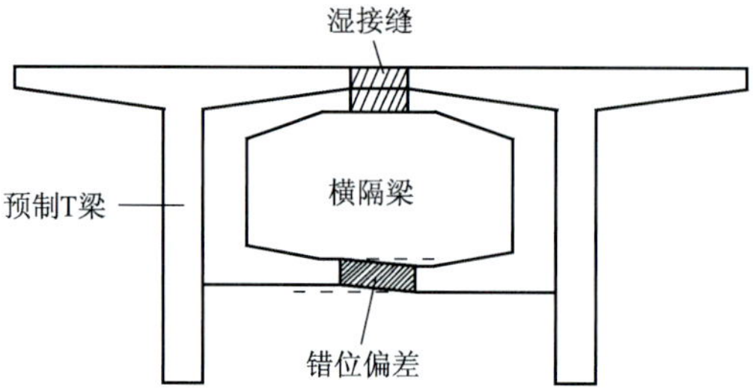


图 5.4-78 T 梁横向连接错位示意图

图 5.4-79 T 梁横向连接错位

2)横向连接破损、断裂

T 梁横隔梁局部混凝土脱落,有的焊接钢板出现破损和断裂的现象(图 5.4-80、图 5.4-81)。

图 5.4-80 T 梁横向连接混凝土破损

图 5.4-81 T 梁横向连接钢构件断裂

产生横向连接破损、断裂的可能原因如下:

(1)横隔梁中预埋钢板局部保护层偏薄,施工焊接质量较差、钢板搭接长度偏小;

(2)车辆荷载反复作用,导致连接部位损坏。

5.4.6.5 湿接缝

T 梁湿接缝裂缝的表现形式及病害原因同 5.4.5.6 节相关内容。

## 5.4.7 预应力混凝土 T 梁桥

江苏省高速公路预应力混凝土 T 梁桥(图 5.4-82、图 5.4-83)跨径一般大于 30m。横断面构造同图 5.4-69。

图 5.4-82 预应力混凝土 T 梁桥

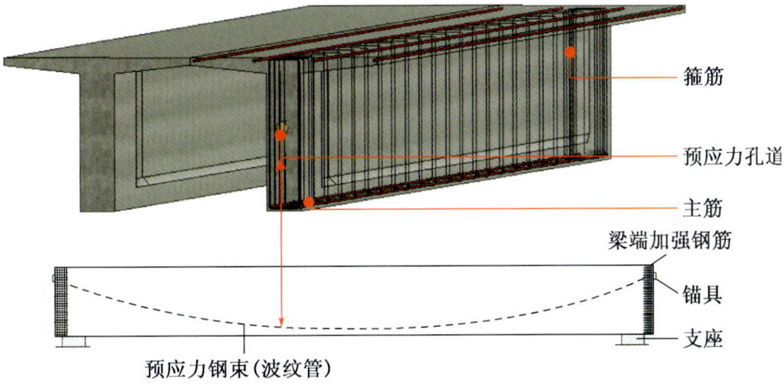


图 5.4-83　预应力混凝土 T 梁构造图

5.4.7.1　底板

T 梁底板纵向裂缝：该类裂缝主要出现于主梁跨中部位，方向与梁纵轴线平行(图 5.4-84、图 5.4-85)。

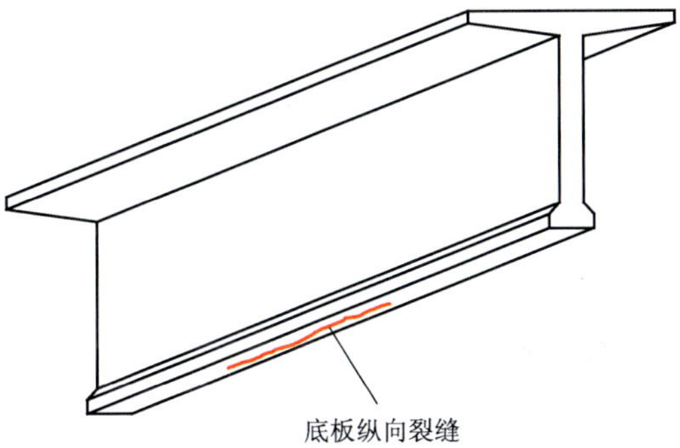


图 5.4-84　T 梁底板纵向裂缝示意图

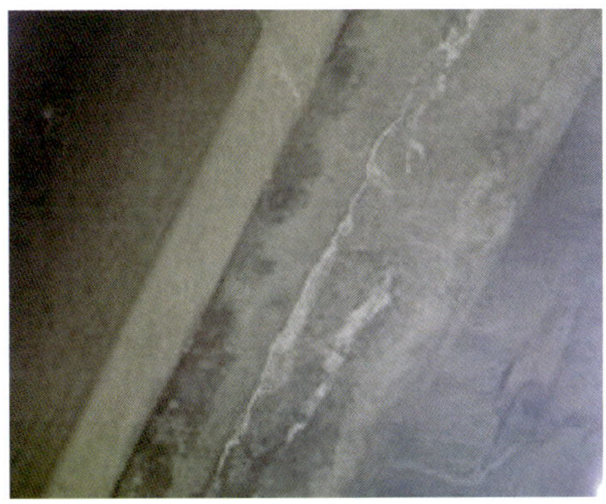

图 5.4-85　T 梁底板纵向裂缝

产生 T 梁底板纵向裂缝的可能原因如下：

(1)预应力张拉时混凝土强度偏低，或是保护层过薄，容易产生纵向开裂；

(2)预应力下受压混凝土由于存在泊松效应的影响，在底板会存在一定的横向拉应力，可能会产生纵向裂缝。

5.4.7.2　腹板

1)腹板竖向裂缝

T 梁腹板竖向裂缝(图 5.4-86、图 5.4-87)一般出现在跨中区段，主要有以下两类：一类是由外荷载引起的裂缝，为结构受力裂缝，表示结构承载力不足；另一类是由变形引起的，为收缩裂缝，指变形得不到满足，在构件内部产生自应力。

产生受力裂缝可能原因：超载或预应力损失，结构受力后导致混凝土主拉应力超标，同时混凝土收缩徐变、温度效应等原因导致腹板首先产生竖向开裂，截面刚度下降，进一步减弱了 T 梁的抗裂性。

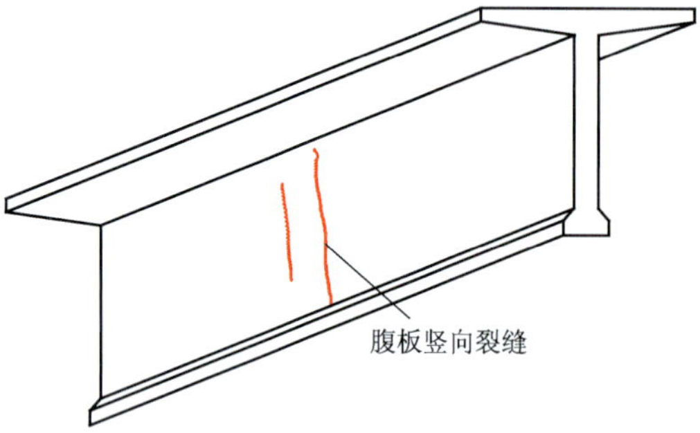


图 5.4-86　T 梁腹板竖向裂缝示意图

图 5.4-87　T 梁腹板竖向裂缝

产生收缩裂缝可能原因：在浇筑混凝土后至预应力钢束张拉前期间，梁体因混凝土水灰比过大、养护条件和梁体内外混凝土温差等控制措施不当，混凝土收缩和温差作用所致。

2）腹板纵向裂缝

T 梁腹板纵向裂缝一般出现在马蹄侧面，沿预应力束，近似水平方向（图 5.4-88、图 5.4-89）。

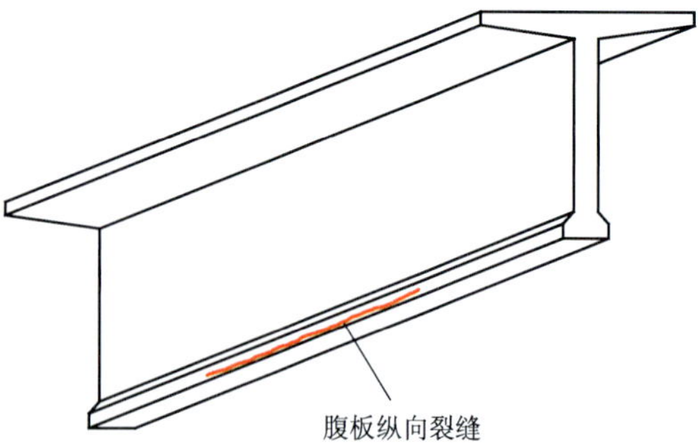


图 5.4-88　T 梁腹板马蹄侧面纵向裂缝示意图

图 5.4-89　T 梁腹板马蹄侧面纵向裂缝

产生腹板纵向裂缝的可能原因如下：

（1）施工偏差，T 梁下马蹄尺寸较小，马蹄部分配筋复杂，致使混凝土浇筑时不容易振捣密实，从而造成薄弱环节，容易产生纵向裂缝；

（2）施工过程中，分层灌筑，间隔时间太长，产生混凝土收缩裂缝；

（3）预应力张拉时，两端张拉难免会产生偏心作用，可能产生纵向裂缝；

（4）混凝土保护层厚度不足。

### 5.4.8　现浇钢筋混凝土箱梁桥

现浇钢筋混凝土箱梁桥（图 5.4-90、图 5.1-3、图 5.4-91）跨径较小，一般采用三跨或四跨布置，主跨最大跨径普遍不大于 20m，采用满堂支架现浇施工，在江苏省高速互通匝道桥上广泛采用。

图 5.4-90 现浇钢筋混凝土箱梁桥

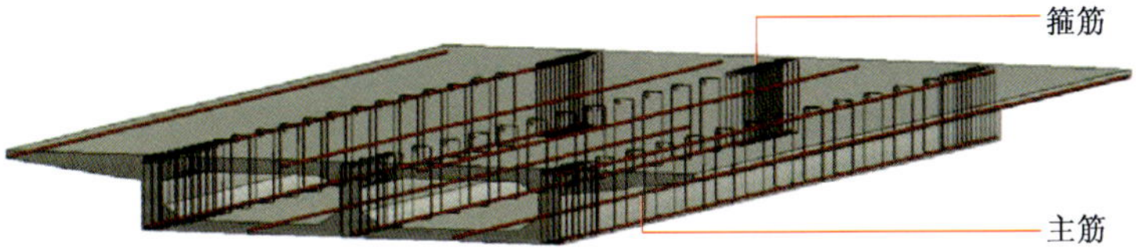


图 5.4-91 现浇钢筋混凝土箱梁构造图

5.4.8.1 底板

1)底板横向裂缝

底板横向裂缝(图 5.4-92、图 5.4-93)主要分布在跨中区段,常常伴随出现腹板竖向裂缝。按《11 标准》及《04 规范》的规定,钢筋混凝土构件在正常工作条件下是带裂缝工作的,但裂缝必须控制在规定的范围内,裂缝过宽会加速钢筋的锈蚀,特别是主筋的锈蚀,易造成箱梁的承载力降低,影响桥梁结构的耐久性。

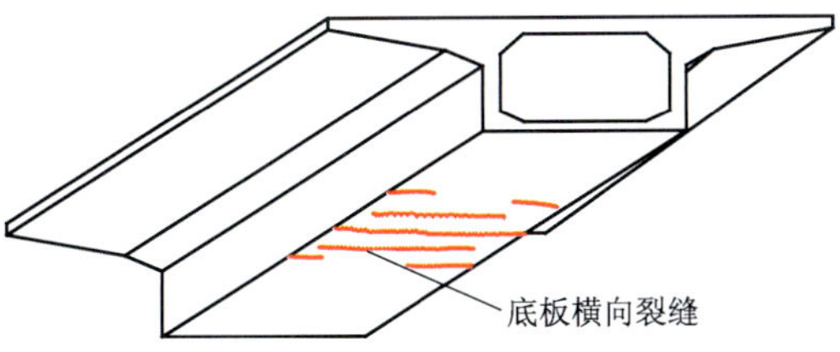


图 5.4-92 底板横向裂缝示意图

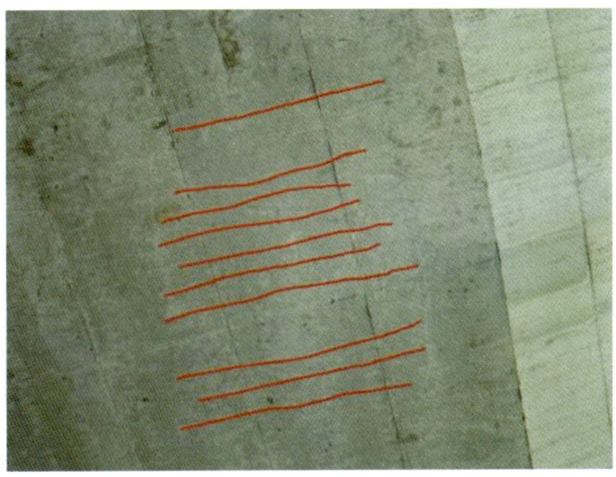

图 5.4-93 底板横向裂缝

产生底板横向裂缝的可能原因如下:

(1)大体积混凝土浇筑时会出现水化热,以及早期混凝土出现收缩现象,养护不到位,或

脱模不及时,箱梁底面易出现裂缝;

(2)荷载作用效应,即使用阶段梁截面正弯矩作用产生的;

(3)钢筋锈胀导致。

2)底板纵向裂缝

底板纵向裂缝(图5.4-94、图5.4-95)偶有出现,缝长不一,分布无明显规律。

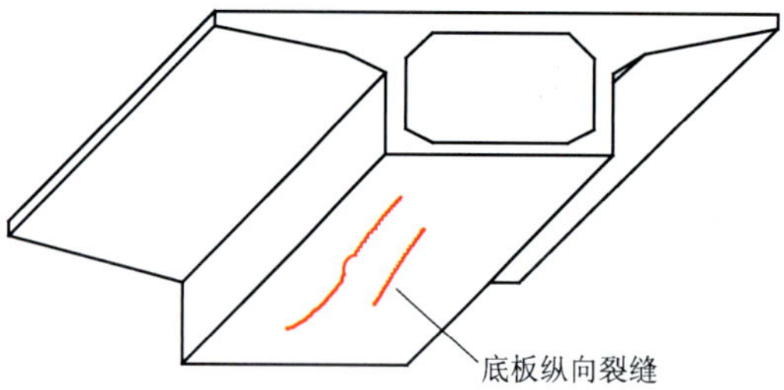


图5.4-94 底板纵向裂缝示意图

图5.4-95 底板纵向裂缝

产生底板纵向裂缝的可能原因如下:

(1)底板横向弯矩过大或底板横向配筋不足导致拉应力过大,产生纵向裂缝;

(2)箱梁内外温差别过大产生温度应力,导致开裂;

(3)混凝土的配合比设计中细集料含量偏高、水胶比偏大。

5.4.8.2 腹板

腹板竖向裂缝(图5.4-96、图5.4-97):属于结构受力裂缝,一般出现在1/4~3/4跨区段,大部分裂缝呈中间宽度大、两端头细小的枣核形,少部分裂缝下端宽度较大。大部分腹板竖向裂缝与底板横向裂缝在箱梁底部拐角处相互贯通。

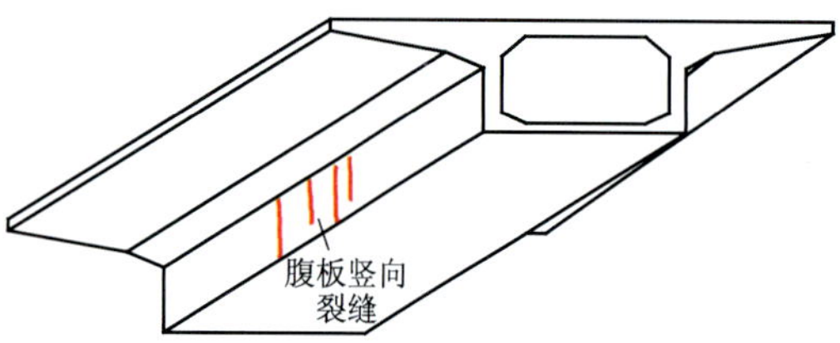


图5.4-96 腹板竖向裂缝示意图

图5.4-97 腹板竖向裂缝

产生腹板竖向裂缝的可能原因如下:

(1)由于混凝土受温度和自身干缩作用产生收缩所致;

(2)荷载作用效应,即因使用阶段梁截面正弯矩作用产生的。

5.4.8.3 翼缘板

翼缘板的横向或斜向裂缝(图5.4-98、图5.4-99):属于钢筋混凝土箱梁桥常见病害,主要集中在墩顶附近,缝宽大多小于0.15mm,少量裂缝存在轻微白化现象。

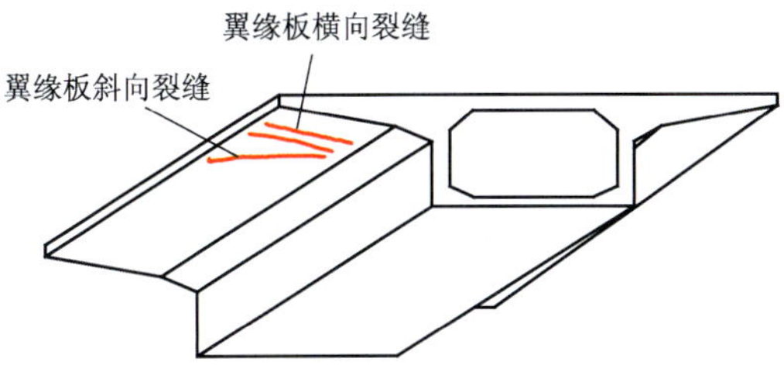


图5.4-98 翼缘板横(斜)向裂缝示意图

图5.4-99 翼缘板横向裂缝

产生翼缘板的横向或斜向裂缝的可能原因如下:

(1)墩顶负弯矩区翼缘板拉应力产生,同时剪力滞效应会加剧裂缝的发展;

(2)施工过程中箱梁分层浇筑,温度应力、材料收缩造成此类裂缝的产生。

### 5.4.9 预应力混凝土等截面箱梁桥

预应力混凝土等截面箱梁桥(图5.4-100、图5.4-101)跨径大小界于现浇钢筋混凝土箱梁桥和预应力混凝土变截面箱梁桥之间,一般在20~40m,采用满堂支架现浇施工。横断面构造同图5.4-91。

图5.4-100 预应力混凝土等截面箱梁桥

5.4.9.1 底板

底板纵向裂缝

此类裂缝(图5.4-102)往往在箱梁底板中心线附近出现,距两侧墩顶0m至1/4跨,裂缝一般沿预应力钢束布置位置纵向分布,多条纵向裂缝之间大致平行,裂缝长度较长。

产生底板纵向裂缝的可能原因如下:

(1)5.4.8.1节中提到的可能原因;

(2)对于预应力箱梁桥而言,还可能是后张法预应力锚固区作用过大,预应力钢束或管道不直也会引起裂缝的产生。

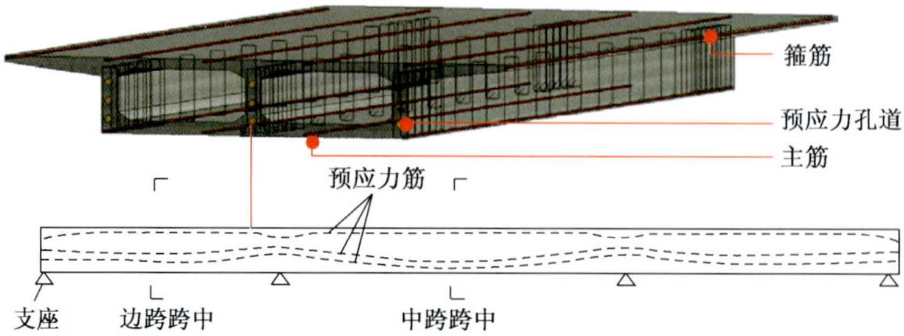


图 5.4-101　预应力混凝土等截面箱梁构造图

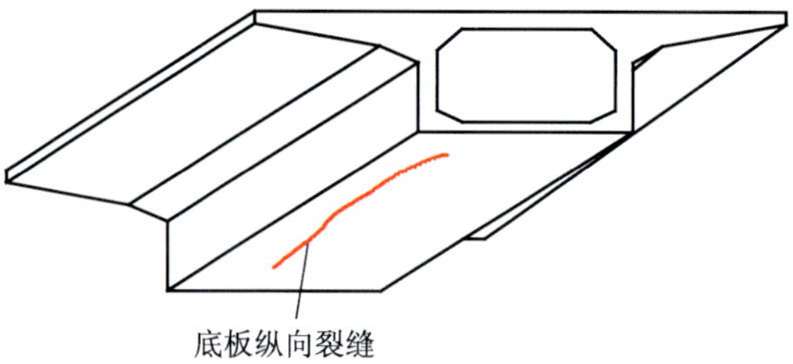


图 5.4-102　底板纵向裂缝示意图

5.4.9.2　腹板

1)腹板竖向裂缝

腹板上出现的垂直于梁轴线方向的竖向裂缝(图 5.4-103、图 5.4-104),裂缝缝宽较小,裂缝在腹板中间稍宽,上下两端稍窄,为收缩裂缝。

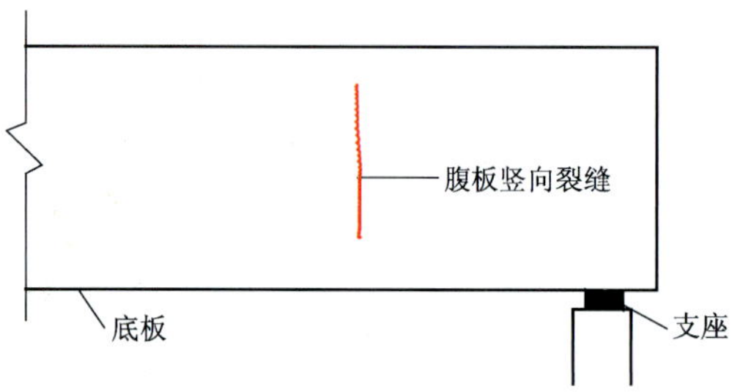


图 5.4-103　腹板竖向裂缝示意图

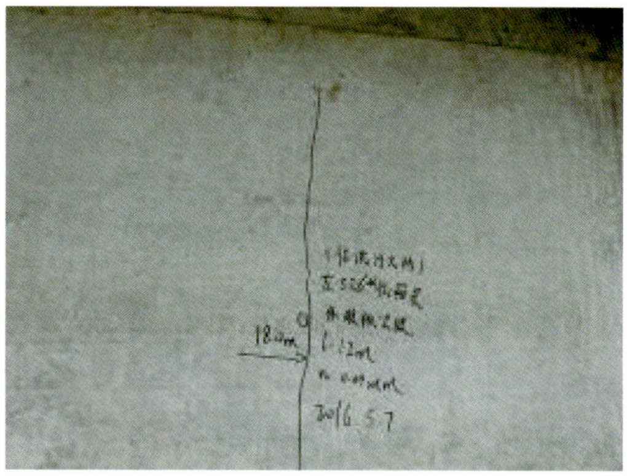

图 5.4-104　腹板竖向裂缝

2)腹板纵向裂缝

腹板纵向裂缝(图 5.4-105)长度分布无明显规律,有的连续通长,有的断断续续,主要沿预应力钢束方向对应的表面发生。

产生腹板纵向裂缝的可能原因如下:

(1)局部钢筋保护层偏薄,导致局部混凝土易在收缩徐变作用下产生浅层裂缝;

(2)箱梁混凝土施工过程中,混凝土振捣不密实或拆模过早,局部混凝土强度较低,腹板预应力张拉后，由于泊松效应，出现竖向拉应力，两者相互作用产生纵向裂缝。

3）腹板斜向裂缝（倒八字）

腹板“倒八字”形斜向裂缝（图5.4-106）一般出现在梁支点至1/4跨范围，裂缝方向与梁轴大致成45°夹角，各条斜裂缝大致平行，裂缝特征符合剪应力裂缝特征。斜向裂缝定义规则详见图5.4-14。

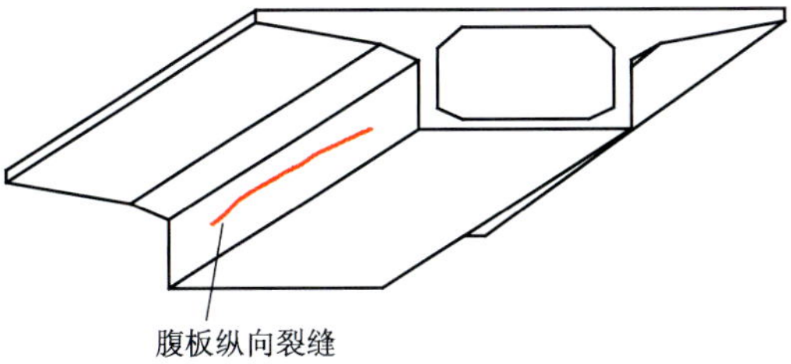

图5.4-105 腹板纵向裂缝示意图

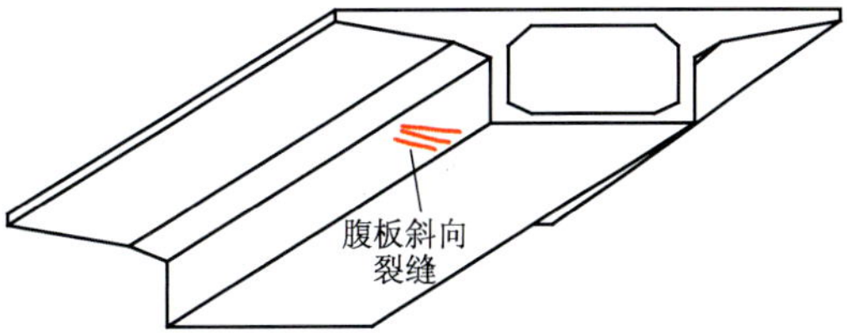

图5.4-106 腹板斜向裂缝示意图

产生腹板斜向裂缝的可能原因如下：

（1）预应力不足或超载的永久荷载；

（2）腹板偏薄，主梁抗剪能力较低。

#### 5.4.9.3 翼缘板

翼缘板横向裂缝及可能原因同5.4.8.3节相关内容。

### 5.4.10 预应力混凝土变截面箱梁桥

在江苏省的高速公路桥梁中，预应力混凝土变截面箱梁桥（图5.4-107～图5.4-110）主跨跨径一般在50～120m之间，采用悬臂挂篮现浇施工。

图5.4-107 预应力混凝土变截面箱梁桥（箱外）

图5.4-108 预应力混凝土变截面箱梁桥（箱内）

#### 5.4.10.1 底板

1）底板纵向裂缝

底板纵向裂缝（图5.4-111、图5.4-112）纵桥向分布无明显规律，长短不一，一般出现在节段拼接处或跨中合龙段。

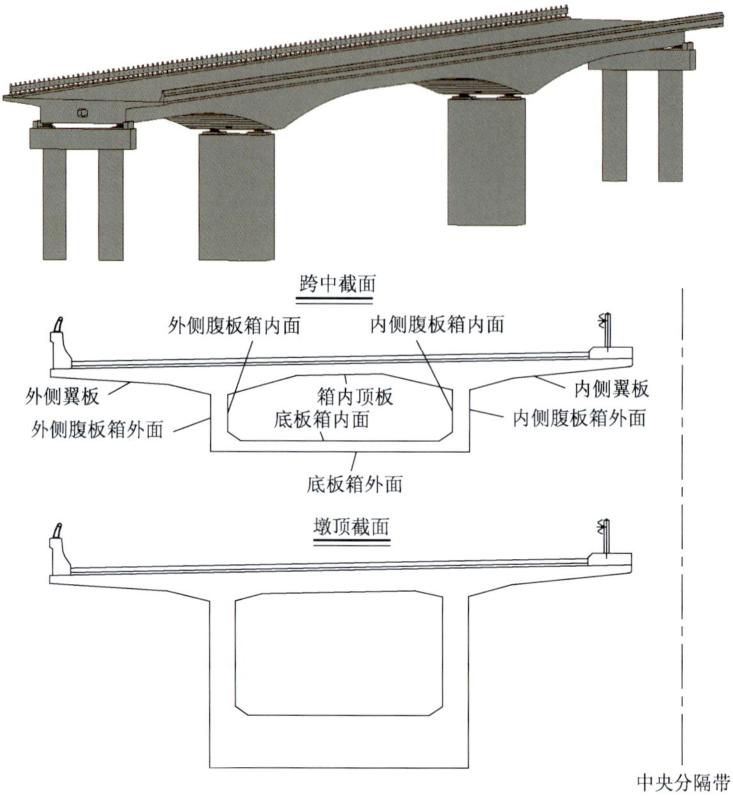


图 5.4-109　预应力混凝土变截面箱梁桥横断面构造示意图

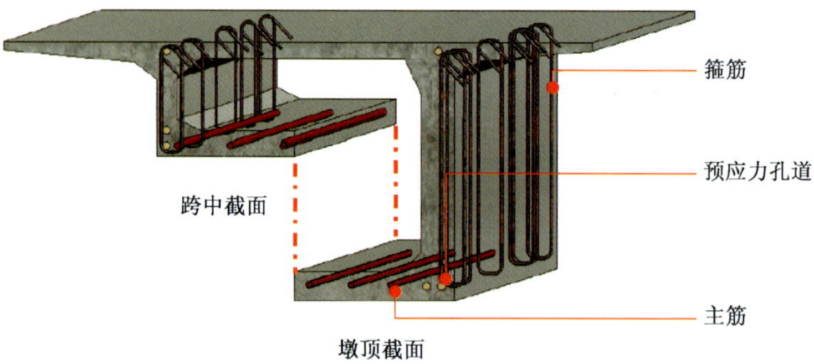


图 5.4-110　预应力混凝土变截面箱梁构造图

产生底板纵向裂缝的可能原因如下：

(1)连续梁施工节段浇筑时间间隔较长，由于日照和环境温度，会导致较大的收缩变形，从而出现了纵向的收缩裂缝；

(2)桥面板车辆荷载的作用下，底板中部会产生一定的拉应力；

(3)纵向预应力由于泊松效应引起横向拉应力、预应力束张拉不对称和混凝土局部质量缺陷也会引起箱梁底板纵向裂缝。

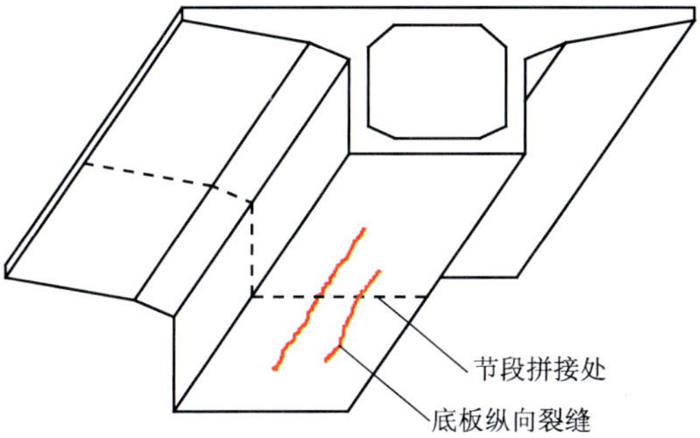


图5.4-111 底板纵向裂缝示意图

图5.4-112 底板纵向裂缝

2）底板横向裂缝

底板横向裂缝（图5.4-113、图5.4-114）主要出现在相邻节段之间的接缝附近，在外荷载反复作用下裂缝有可能扩大。

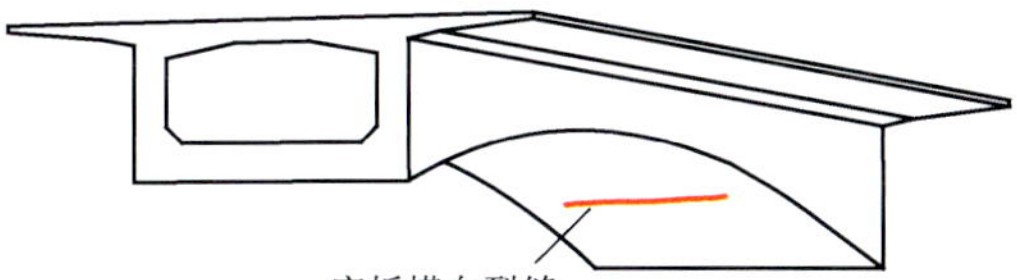


图5.4-113 底板横向裂缝示意图

图5.4-114 底板横向裂缝（保护层薄）

产生底板横向裂缝的可能原因如下：

（1）收缩徐变等造成的预应力损失和超载车辆作用，造成弯曲应力超过混凝土抗拉限值；

（2）预应力孔道不直，在预应力钢束的径向力作用下，引起底板横向裂缝。

5.4.10.2 腹板

1）腹板斜向裂缝（倒八字形）

该类裂缝主要分布在1/4～3/4跨，一般从腹板厚度变化的过渡段开始向跨中范围出现，由箱梁下边缘向上斜向延伸，呈“倒八字”形，如图5.4-115、图5.4-116所示。“倒八字”形斜向裂缝为受力裂缝，影响桥梁结构安全，应引起重视。斜向裂缝定义规则详见图5.4-14。

产生腹板斜向裂缝（倒八字形）的可能原因如下：

（1）与腹板厚度偏薄、超载、竖向预应力损失等原因有关，结构受力后导致混凝土主拉应力超标，使混凝土产生开裂；

（2）部分纵向预应力束超张拉、部分预应力束欠张拉、钢束偏位和桥面超载等都可能导致主拉应力增加，产生斜向裂缝；

(3)预应力束张拉不对称、钢束限位措施不牢固或者混凝土局部缺陷导致应力集中。

a) b)

图5.4-115 腹板“倒八字”形斜向裂缝

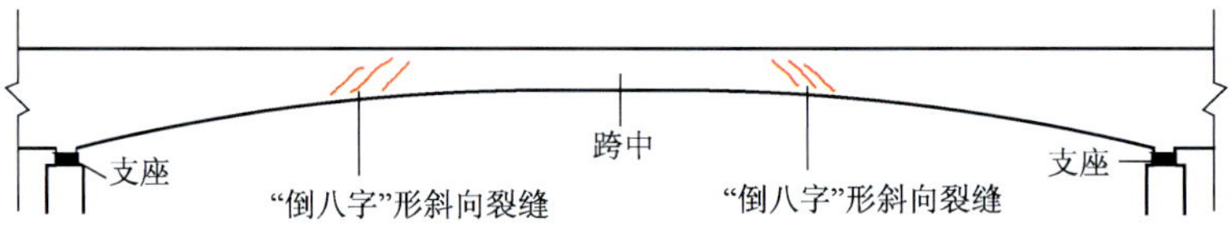


图5.4-116 腹板“倒八字”形斜向裂缝示意图

2)腹板斜向裂缝(正八字形)

此类斜裂缝主要分布在主墩附近腹板,在桥墩两边对称发生,位于预应力管道位置,与钢束走向基本一致,呈“正八字”形,如图5.4-117、图5.4-118所示。斜向裂缝定义规则详见图5.4-14。

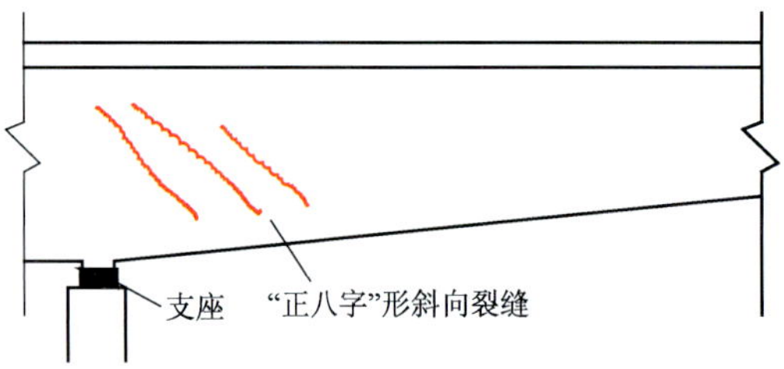


图5.4-117 “正八字”形斜向裂缝示意图

图5.4-118 腹板“正八字”形斜向裂缝

产生腹板斜向裂缝(正八字形)的可能原因如下:

(1)箱梁截面高度和腹板厚度尺寸偏小,抗裂性能差;

(2)预应力混凝土箱梁底板中钢束锚固的齿板与顶板中钢束锚固齿板之间的水平方向错开距离不够;

(3)箱梁纵向预应力钢束的波纹管走形、孔道漏浆等施工问题,造成预应力钢束有效应力达不到设计要求,产生混凝土裂缝。

3)腹板竖向裂缝

腹板竖向裂缝(图5.4-119、图5.4-120)一般分布在腹板厚度变化的过渡段和跨中合龙段附近。

图5.4-119 腹板竖向裂缝

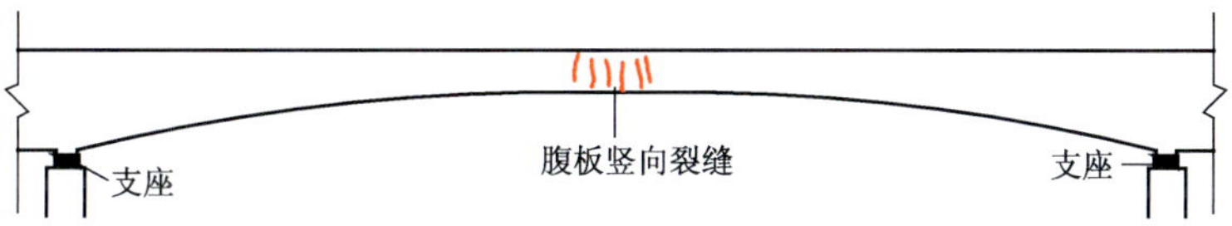


图5.4-120 腹板竖向裂缝示意图

产生腹板竖向裂缝的可能原因如下:

(1)混凝土浇筑质量差,局部应力集中;

(2)施工时的温差、混凝土收缩徐变。

5.4.10.3 顶板

顶板纵向裂缝(图5.4-121、图5.4-122)一般宽度不大,有两种表现形式:一种在箱梁的跨中和墩顶区段,纵向延伸较长,如图5.4-123中①所示;另一种起始于节段接缝处,延伸不超过另一节段接缝,缝长较短,如图5.4-123中②所示。

产生顶板纵向裂缝的可能原因如下:

(1)箱梁内外温差作用,如日照梯度温度和热沥青摊铺梯度温度。

(2)箱梁顶板宽度较大,当轴重超过规范时,在车辆轮载作用力下产生的裂缝。在大跨径桥梁中,车辆荷载特别是超重车轴荷载的作用,对横向的影响比纵向更大,这是因为纵向弯矩中,自重占绝大部分;而横向弯矩,主要受活载的影响,轴重超过规范时,容易出现顶板下缘的纵向裂缝。

(3)顶板横向弯矩过大,未设置横向预应力。

图 5.4-121　顶板纵向裂缝

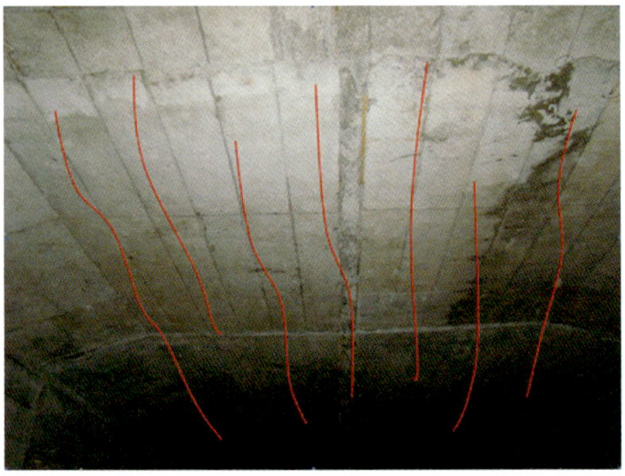

图 5.4-122　顶板纵向裂缝

5.4.10.4　翼缘板

翼缘板纵向裂缝(图 5.4-124)多分布于翼板根部附近,纵桥向靠近跨中位置处较多。

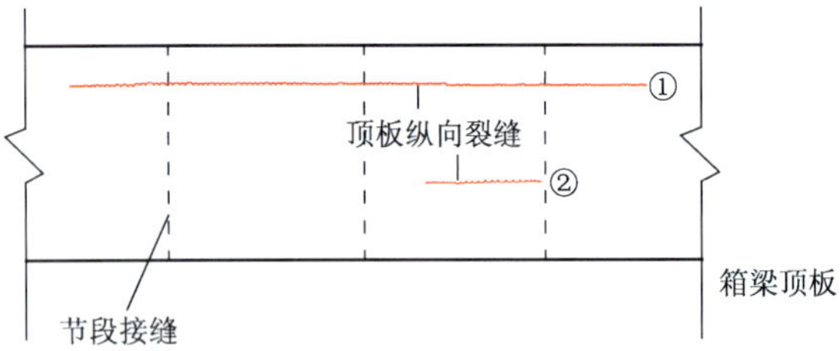


图 5.4-123　顶板纵向裂缝示意图

图 5.4-124　翼缘板纵向裂缝

产生翼缘板纵向裂缝的可能原因如下:

(1)施工未按设计要求进行,横向受力钢筋定位不准确或布置不足;

(2)施工过程中箱梁分层浇筑,温度应力、材料收缩造成此类裂缝的产生。

5.4.10.5　其他

跨中下挠往往与横向裂缝与斜向受力裂缝一起发生,相互促进恶化,主跨跨中合龙段尤其明显,如图 5.4-125 所示。超载作用下病害可能继续发展,应引起警觉。

产生跨中下挠的可能原因如下:

(1)收缩徐变影响桥梁长期变形;

(2)裂缝病害导致主梁刚度减弱,引起主跨的下挠,同样主梁下挠也会加剧箱梁开裂,两者相互耦合形成恶性循环;

(3)施工跑模及桥面线形控制不严,导致合龙时存在高差需增大调平层厚度调顺,引起混凝土超方,增大桥梁自重,减少了跨中应力储备,引起开裂,刚度随之减弱,加剧下挠;

(4)施工预应力张拉不足或部分预应力损失。

a)立面

b)桥面

图5.4-125 变截面连续箱梁桥面下挠示意图

# 5.5 钢结构桥梁

钢结构桥是指主要承重结构采用钢材的桥梁，常见结构如钢板梁桥、钢桁架桥、钢箱梁桥等，具有强度高，跨越能力强等特点。与混凝土桥相比，钢结构桥可减小梁高和自重。与钢筋混凝土和预应力混凝土桥梁相比，江苏省高速公路钢桥数量并不多，但呈增长趋势，近年来在新建及改扩建工程中应用较多。

下面介绍江苏交控钢结构桥梁常见的几种上部承重结构及其典型病害，并分析其可能的病害原因。

## 5.5.1 钢结构桥梁共性病害

1）疲劳

疲劳是指由未超过钢材等金属材料强度极限的重复作用（主要为受拉作用）在结构构件上形成裂纹以及裂纹扩展，并导致结构构件损伤与破坏。

（1）由于结构构造考虑不当产生的疲劳裂缝。

（2）在杆件相互连接部位产生挠度与位移错动产生的疲劳裂缝。

（3）梁跨周围发生变化，由于不利条件影响而产生的疲劳裂缝。

（4）腐蚀引起板材表面变形而产生的疲劳裂缝。

（5）制造与加工不当造成的疲劳裂缝。

（6）焊接缺陷引起的疲劳裂缝。

产生疲劳的可能原因如下：

(1)焊缝位置存在焊接残余应力和残余变形；

(2)钢箱梁受力部位发生腐蚀；

(3)结构构造不合理产生的应力集中；

(4)车辆超载导致主梁结构的实际循环应力特征超过设计值。

2)涂层劣化

涂层劣化类型包括褪色、变色、粉化、起泡、裂纹、脱落、锈蚀等。

(1)褪色是指涂膜中有彩色颜料的色彩减退，本来的颜色逐渐消失的状态。可能原因为紫外线的影响，硫化氢雾气影响。

(2)变色是指涂膜的颜色已变化成其他颜色，可能原因为紫外线、酷热、酸、碱、污染物质的影响。

(3)粉化是构成涂膜表面的颜料组分风化，黏结力丧失，涂膜表面产生白粉化，逐渐消耗膜厚。可能原因为紫外线、酷热、风雨等影响。

(4)起泡是指涂膜下面的水分或浸透的水分膨胀，当膨胀大于涂膜的附着力和凝聚力时，涂膜就会像气球一样形成鼓起状态，如图5.5-1所示。通常发生在涂层附着力较弱的部分。

可能原因如下：

①施工不当导致涂层之间或涂层与钢材之间渗入气体或液体；

②涂层内的锈胀也会引起涂层的起泡。

(5)裂纹是指涂膜出现不连续的外观变化，有细浅的裂纹、较宽的龟裂、穿透涂层的深裂。可能原因是涂膜干燥不充分，应力变化导致涂层收缩开裂。

(6)脱落是指涂膜的附着性下降，钢板底子或涂膜各涂层之间形成脱离状态，通常易发生在结构的下侧或盐分附着的部位(图5.5-2)。

图5.5-1　涂层起泡

图5.5-2　涂层脱落

产生涂层劣化的可能原因如下：

①涂层的附着性能较差；

②底材表面处理方法不当；

③底材或涂层表面不洁(焊接部位周围存在碱性物质或者油污等)；

④涂层的固化时间不足等。

(7)锈蚀(图5.5-3)是涂层劣化中最严重的一种破坏类型，是指涂膜出现针孔锈斑、点状锈、泡状锈或片状锈的现象。主要原因是潮湿环境下的钢材表面易建立许多微电池，发生电化学反应，形成疏松易剥落的红棕色的铁锈氢氧化铁，破坏表面的涂装层，形成锈蚀现象。

所用钢材锈蚀后，会造成应力截面减小、表面缺陷增多，承载力及冲击韧性降低，甚至造成脆性断裂。

(8)点蚀属于局部性锈蚀，是在钢板表面形成较小的孔隙，如图5.5-4所示，通常认为是由于涂层不完整、不均匀造成的，由于底材表面粗糙度过大而导致涂层过薄时，施工几天后可能就会出现点蚀。

图5.5-3 涂层锈蚀

图5.5-4 点蚀

3)连接退化

运营中钢桥由于铆钉、螺栓等出现松动或者锈蚀会使得钢桥连接发生退化，此类病害一般出现在：

(1)铆合和螺合板束较厚处，即长铆钉或长螺栓处；

(2)已经维修或更换过铆钉和螺栓的连接处；

(3)纵横梁及横梁与主梁连接处；

(4)承受反复应力的连接；

(5)与混凝土桥面板连接的纵横梁上翼缘；

(6)易于积水污、积灰尘和隐蔽角落，平、纵连接点。

可能原因如下：

(1)螺栓初始安装不正确，安装存在偏差或紧固力矩不足；

(2)连接板件之间锈蚀引起板层膨胀力；

(3)连接板件发生异常振动；

(4)高强度螺栓被氢离子侵入产生脆化。

4)裂纹

由于钢材质量、结构应力、疲劳等因素的影响，钢桥在施工或者运营过程中会出现裂纹，可能会造成结构有效截面减小、应力集中、锈蚀加速等病害。

5)焊缝开裂

焊缝开裂(图5.5-5)是焊接件中常见的一种缺陷，可能原因是选材不当或焊接工艺不规范。

### 5.5.2 钢板梁桥

钢板梁桥(图5.5-6)是一种同时承受弯曲和剪力的结构,主要由主梁、横向联结系、纵向联结系和桥面板组成。其中,主梁主要承重作用,上、下翼板和腹板构成工字形,上、下翼板主要承受弯曲,腹板主要承受剪力。简支钢板梁桥的经济跨径一般在40m以下,连续钢板梁桥的经济跨径可以达到60m。

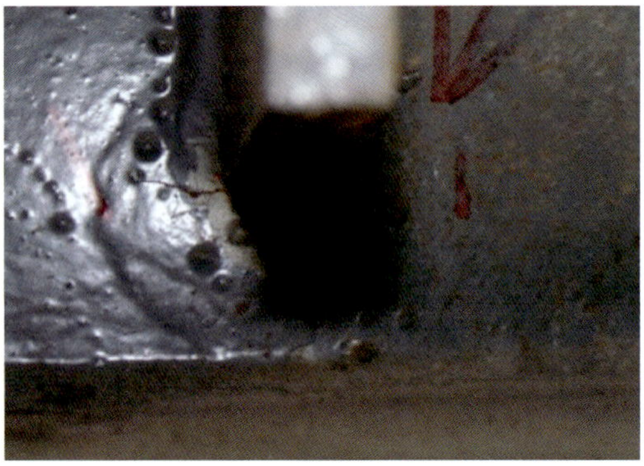

图5.5-5 焊缝开裂

图5.5-6 钢板梁桥

桥面板网状裂缝(图5.5-7、图5.5-8)是常见的一种裂缝形式,可能随着时间的推移,裂缝出现自闭合的情况。

图5.5-7 桥面板网状裂缝示意图

图5.5-8 桥面板网状裂缝

### 5.5.3 钢桁架桥

钢桁梁的基础构件是杆和板梁,主桁、上下平联、桥门架及中间横联均由杆组成;桥面系由纵、横梁组成。杆的交会处以及杆与梁、梁与梁的交会处,则以节点板及连接板连接。江苏省高速公路目前钢桁架桥(图5.5-9、图5.5-10)数量较少,主要分布于沪宁高速公路无锡段,分别为新兴塘大桥、北兴塘大桥、锡澄运河大桥。

螺栓断裂、松动、缺失。此类病害使紧固件失去预载能力,存在安全隐患。

(1)螺栓断裂(图5.5-11)可能原因是疲劳和氢气脆断的耦合作用;

(2)螺栓松动可能原因是建设期欠拧;

(3)螺栓缺失(图5.5-12)可能原因是重载交通及大流量交通导致桥梁振动幅度大,节点处的螺栓容易脱落。

图5.5-9 钢桁架桥

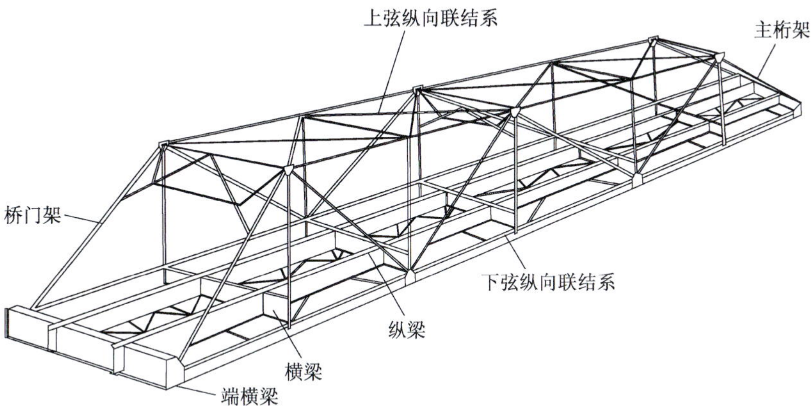


图5.5-10 钢桁架桥构造示意图

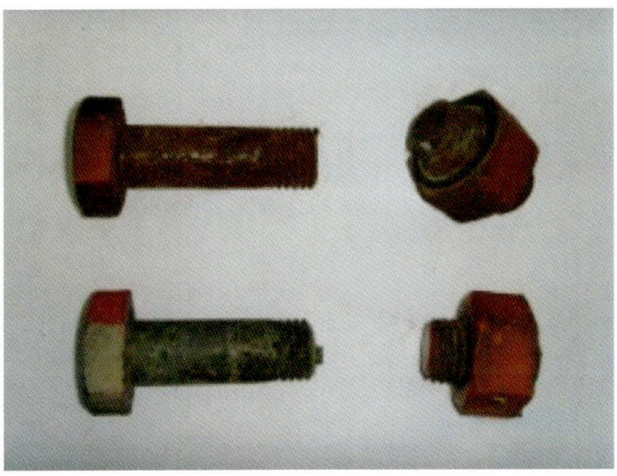

图5.5-11 螺栓断裂

图5.5-12 高强度螺栓缺失

### 5.5.4 钢箱梁桥

钢箱梁桥(图5.5-13)一般用于跨度较大、桥面较宽或偏载要求较大抗扭刚度时,是板梁进一步加大梁高和翼缘宽度构成的闭合截面形式;由顶板、底板、腹板、横隔板、纵隔板及加劲肋等通过全焊接的方式连接而成。其中顶板为由盖板和纵向加劲肋构成的正交异性桥面板。

钢箱梁桥病害主要为涂层劣化,钢材腐蚀、疲劳损伤,以及施工拼装过程中造成的结构性损伤等。

1)螺栓缺失、松动

螺栓在安装时,施加的预紧力不足,在经过一段时间的使用后,螺栓会出现松动、缺失等病害(图5.5-14、图5.5-15)。

图5.5-13 钢箱梁桥

图5.5-14 螺栓缺失

图5.5-15 螺栓锈蚀

2)钢箱梁锈蚀、锈斑

由于设计中考虑不周,某些桥梁在施工过程中及成桥后的降雨过程中均会发生箱梁积水问题。在封闭的钢箱梁内,雨水很难排出,只能靠自然蒸发消耗。雨水的短期沉积不会对结构性能产生影响，但长期的雨水浸泡会引发钢板快速锈蚀（图5.5-16、图5.5-17），严重威胁结构安全。

图5.5-16 钢箱梁底板横梁锈斑

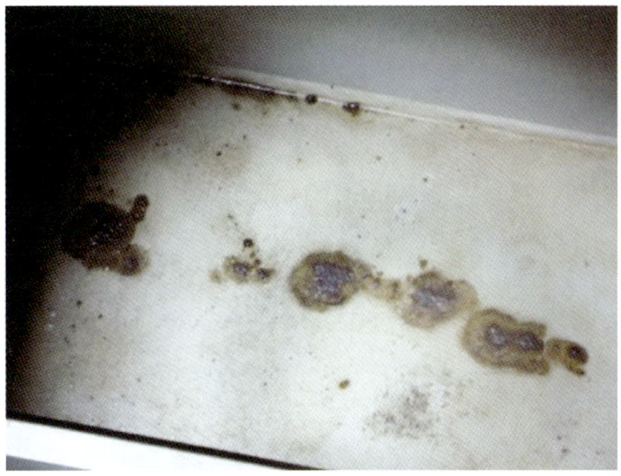

图5.5-17 钢箱梁锈斑

3）构件变形

钢箱梁构件变形主要包括整体永久性下挠和局部变形两类。整体永久性下挠的现象较少出现，但局部变形的现象偶尔会发生。

可能原因是局部应力过大、结构存在初始缺陷或施工运营过程中的损伤。

钢箱梁加劲肋局部变形如图5.5-18所示。

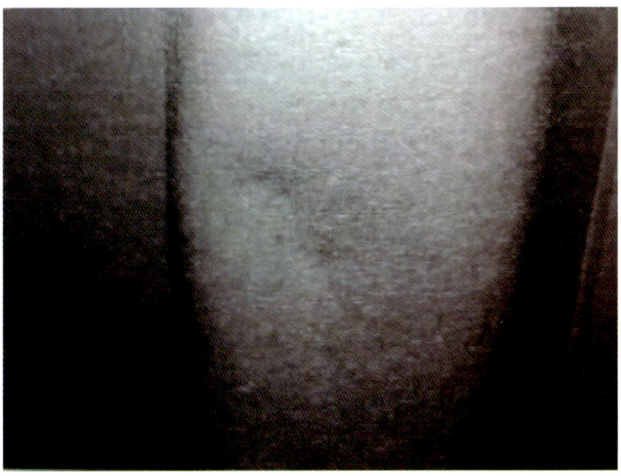

图5.5-18 钢箱梁加劲肋局部变形

## 5.6 系杆拱桥

系杆拱桥（图5.6-1、图5.6-2）一般由拱肋、系杆、吊杆、横撑、横梁、行车道板等组成，是一种外部静定、内部超静定，无推力或少推力的可以自平衡的拱桥体系，兼有拱桥的较大跨越能力和梁桥对地基适应能力强的两大特点。江苏交控目前有系杆拱桥33座。

图 5.6-1　系杆拱桥

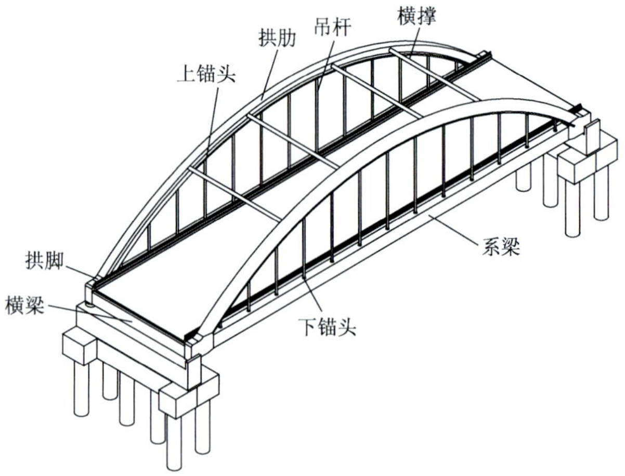


图 5.6-2　系杆拱桥构造示意图

## 5.6.1　拱肋

拱肋是系杆拱桥的主要承重构件，主要承受轴向压力，按结构形式分为钢管混凝土拱肋（图 5.6-3）和钢筋混凝土（图 5.6-4）。

图 5.6-3　钢管混凝土拱肋

图 5.6-4　钢筋混凝土拱肋

下面介绍拱肋常见的几类病害，并分析其可能的病害原因。

1）钢管混凝土拱肋局部脱空

钢管混凝土拱肋局部脱空是指管内混凝土与钢管存在局部脱空，或拱肋局部存在空洞、管内混凝土不密实（图 5.6-5）。

产生钢管混凝土拱肋局部脱空的可能原因如下：

（1）钢管预制时，内部有加劲肋等构造，注浆时相应位置有气泡，难以达到密实，空洞较大时对拱肋承载能力有影响。

（2）混凝土收缩引起钢管和混凝土之间出现缝隙。

2）拱肋竖板外凸

拱肋竖板外凸示意如图 5.6-6 所示。

图 5.6-5　钢管混凝土拱肋局部脱空

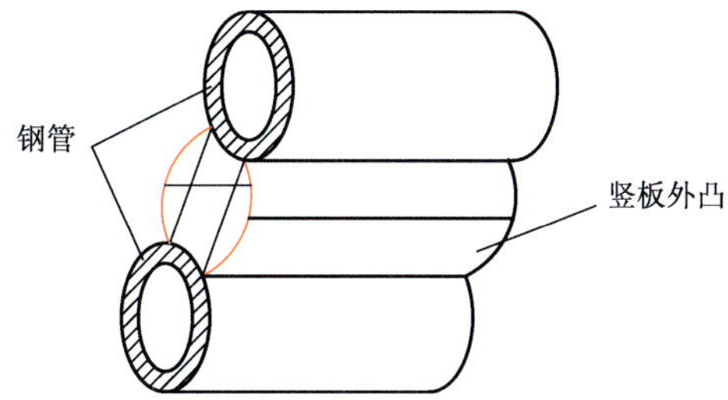


图 5.6-6　拱肋竖板外凸示意图

产生拱肋竖板外凸的可能原因如下：

(1)由于管壁厚度不够,钢管弯管时引起褶皱。

(2)由施工吊装引起。施工吊装时杆件的支撑受力情况,往往和最后设计的状况不一样。

(3)钢管混凝土拱肋承载力不够,引起钢管压弯屈曲。

3)拱脚裂缝

拱脚裂缝如图 5.6-7 ~ 图 5.6-9 所示。

图 5.6-7　拱脚侧面纵向裂缝

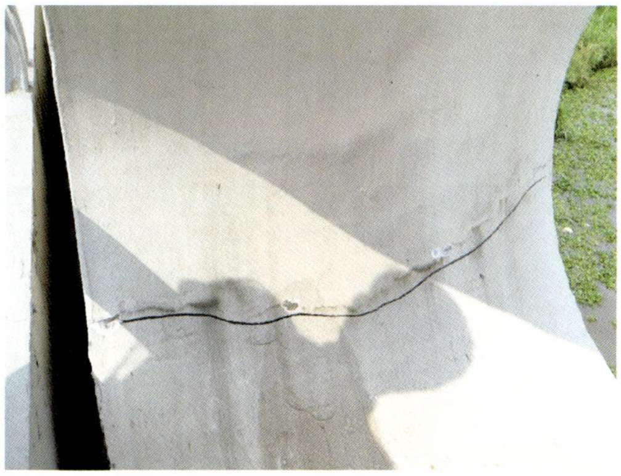

图 5.6-8　拱脚横向裂缝

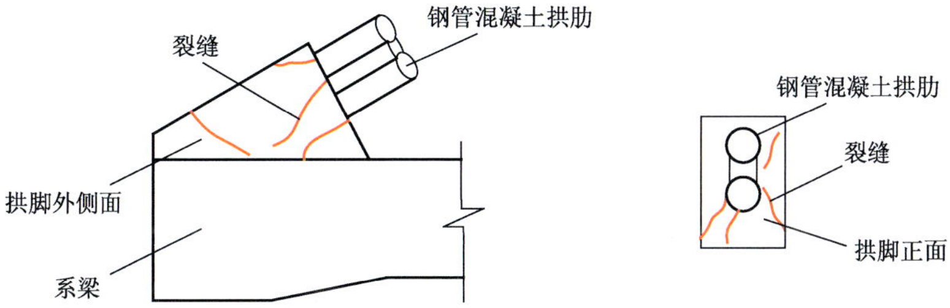


图 5.6-9　拱脚裂缝开裂示意图

产生拱脚裂缝的可能原因如下：

(1)拱脚位置受力复杂，钢筋密布，导致钢筋保护层控制及混凝土振捣均较为困难，混凝土浇筑完成后存在一定程度的收缩，表面出现不规则裂缝。

(2)钢管混凝土拱桥，拱脚处为钢管拱肋和混凝土拱脚交界处。由于混凝土与钢管的导热系数不同，导致两种材料在日照作用下，温度有所不同，钢管的膨胀量比混凝土大，导致拱脚处混凝土易产生开裂现象。

### 5.6.2 系杆(系梁)

在系杆拱桥中，拱脚传来的水平推力和桥面传来的车辆荷载均由系杆承担，具有拉弯构件的受力特征，故也被称作系梁，是系杆拱桥的关键构件之一。系杆的材料主要有拉索系杆、钢系杆、有黏结预应力混凝土系杆、无黏结预应力混凝土系杆。

拉索系杆、拉索系杆锚头分别如图 5.6-10、图 5.6-11 所示。

图 5.6-10　拉索系杆

图 5.6-11　拉索系杆锚头

系梁裂缝包括系梁顶、底面横向裂缝，侧面竖向裂缝，侧面与横梁连接处附近斜向裂缝等(图 5.6-12 ~ 图 5.6-15)。

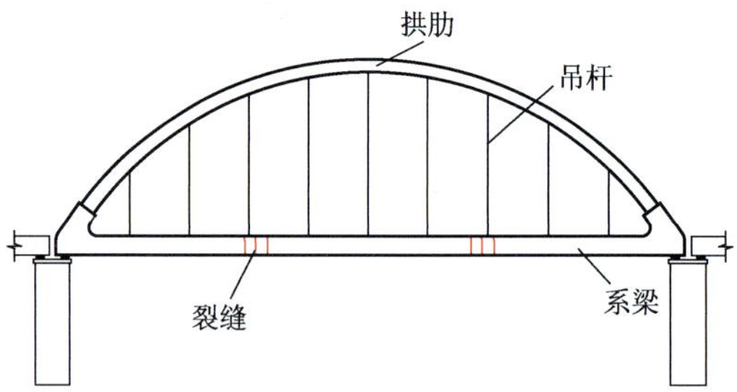


图 5.6-12　吊杆附近系梁裂缝示意图 1

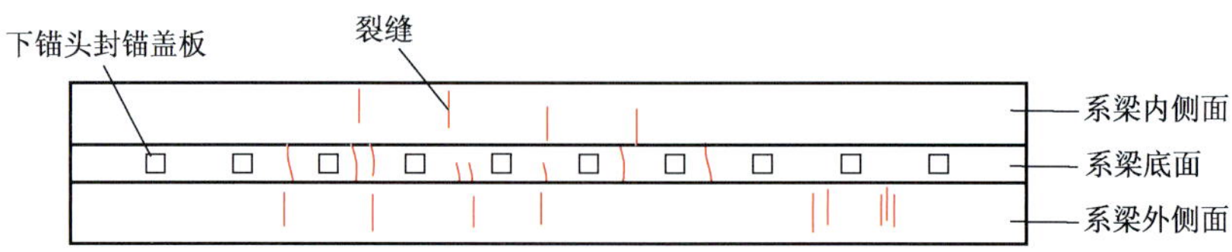


图 5.6-13　吊杆附近系梁裂缝示意图 2

图5.6-14 系梁纵向裂缝

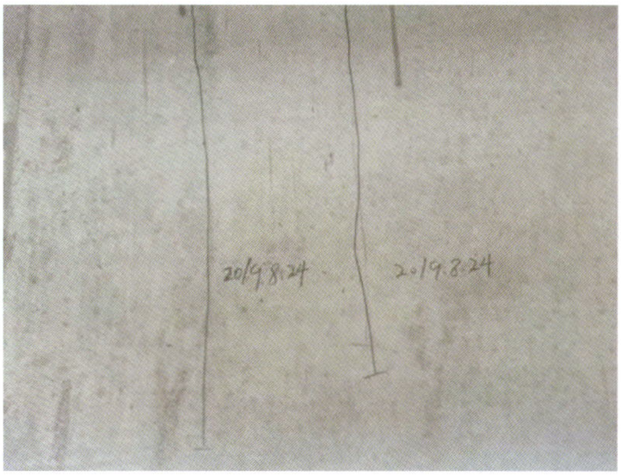


图5.6-15 系梁竖向裂缝

产生系梁裂缝的可能原因如下：

(1)与汽车荷载、温度荷载等作用下结构空间扭转有关；

(2)钢筋混凝土系梁因梁端纵梁约束，受温度收缩和荷载影响易产生裂缝。

### 5.6.3 吊杆

吊杆是连接拱肋与桥面的传力构件，起到将桥面上的荷载传递给拱肋的作用。吊杆一般是细长构件，设计时通常将其作为轴向受力构件考虑，使之具有柔性而不承受弯矩，只承受拉力。

吊杆主要有两种形式：柔性吊杆(图5.6-16)、刚性吊杆(图5.6-17)。

图5.6-16 柔性吊杆

图5.6-17 刚性吊杆

#### 5.6.3.1 锚头

吊杆锚具形式主要有3种：P型挤压锚、夹片锚、镦头锚。江苏交控多采用P型挤压锚(图5.6-18)和镦头锚(图5.6-19)。

图 5.6-18　P 型挤压锚

图 5.6-19　镦头锚

1)防水罩内部积水、橡胶垫老化、密封材料老化、失效

相关图片如图 5.6-20 ~ 图 5.6-23 所示。

图 5.6-20　积水

图 5.6-21　防水盖锈蚀,黄油失效

图 5.6-22　内部黄油老化失效

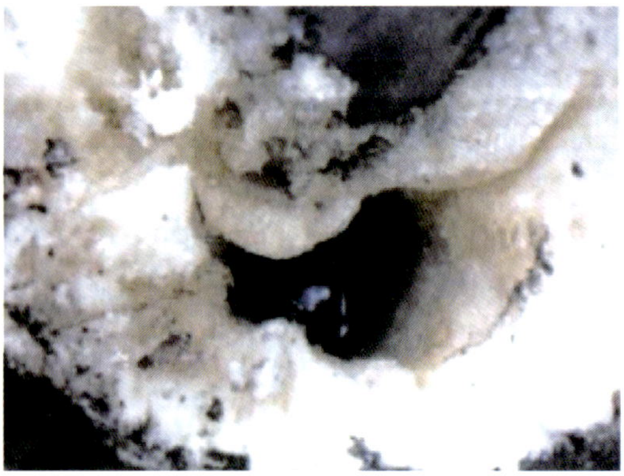

图 5.6-23　发泡材料失效

2)上锚头积水、锈蚀

上锚头外露钢绞线锈蚀如图 5.6-24 所示。

图5.6-24 上锚头外露钢绞线锈蚀

产生上锚头积水、锈蚀的可能原因如下：上锚头如采用混凝土密封的，混凝土产生收缩裂缝后，雨水渗入锚头及钢丝部分，造成积水和锈蚀。

3）下锚头积水、锈蚀

相关图片如图5.6-25～图5.6-28所示。

图5.6-25 下锚头锚仓积水

图5.6-26 钢丝墩头锈蚀

图5.6-27 下锚头锈蚀

图5.6-28 下锚头渗水

产生下锚头积水、锈蚀的可能原因如下：

(1)吊杆与桥面系梁(横梁)接触位置防水盖在振动作用下发生移位(图5.6-29)或破损，造成雨水进入下导管，进而渗入下锚头造成积水、锈蚀。

(2)护轮带处积水从侧面进入下锚头。

(3)下锚头处钢护筒中如有积水(图5.6-30)，会渗入下锚头，导致下锚头处积水、锈蚀。

图5.6-29 防水盖顶起

图5.6-30 钢护筒积水

4)P型挤压锚钢绞线回缩(图5.6-31)

产生P型挤压锚钢绞线回缩的可能原因：早期挤压锚锚头部分未经有效防护，在积水情况下锚固性能退化，钢绞线发生回缩。

5.6.3.2 索体

索体一般采用钢绞线或高强钢丝制作，刚性吊杆一般在钢束表面外套钢管，内部注浆，柔性吊杆外套PE护套进行防护。

1)刚性吊杆内潮湿、渗水(图5.6-32)

产生刚性吊杆内潮湿、渗水的可能原因是钢管局部锈蚀贯穿、上锚头积水深入刚性吊杆内部。

图5.6-31 P型挤压锚钢绞线回缩

图5.6-32 刚性吊杆钢管锈蚀、内部渗水

2)刚性吊杆注浆不密实

产生刚性吊杆不密实的可能原因是施工注浆压力不足,长吊杆上半段及上导管内注浆不密实。

3)刚性吊杆钢丝锈蚀、断丝

产生刚性吊杆钢丝锈蚀、断丝可能原因:施工期注浆不密实,造成长吊杆上半段及上导管内空洞,钢丝暴露在空气中锈蚀,未经注浆的钢丝疲劳性能较差,在运营荷载和环境腐蚀交变作用下发生断裂。

刚性吊杆未注浆及钢束断丝如图5.6-33所示。

图5.6-33 刚性吊杆未注浆及钢束断丝

4)柔性吊杆PE破损

PE破损是指PE护套老化、局部损伤、钢丝外露等现象(图5.6-34、图5.6-35),这对拉索结构的耐久性有较大影响。

产生柔性吊杆PE破损的可能原因如下:

(1)PE材料在环境荷载下发生老化,且PE护套承受一定的拉力荷载,长期作用下发生老化;

(2)施工期吊杆运输安装过程中对PE护套的损伤;

(3)运营期吊杆表面PE受剐擦、撞击、火烧等影响,易产生局部破损。

图5.6-34 吊杆PE损伤

图5.6-35 PE护套划痕

5)吊杆扭曲变形

产生吊杆扭曲变形的可能原因如下:

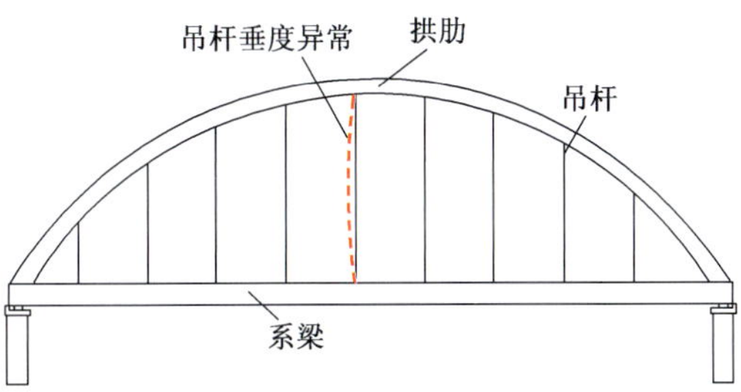


图5.6-36 系杆拱吊杆索力松弛示意图

(1)施工精度和拱肋位移所致。

(2)拱肋在活载作用下产生振动从而引起吊杆产生多阶频率振动,形成扭曲现象。

(3)桥梁整体刚度偏小。

系杆拱吊杆索力松弛如图5.6-36所示。

#### 5.6.3.3 其他

减振设施损坏,包括减振块或密封圈破损、

掉落、下滑等。

减振圈偏位、缺失分别如图 5.6-37、图 5.6-38 所示。

图 5.6-37　减振圈偏位

图 5.6-38　减振圈缺失

### 5.6.4　横向连接系

当拱肋横向稳定性不足时,需设置横向联结体系,即横撑和端横梁。横撑(图 5.6-39)设置于拱肋之间,可以提高拱肋的横向稳定性,同时改变纵向失稳波形。横撑的形式主要有一字形、K 字形和米字形。

端横梁(图 5.6-40)也属于横向联结系的一部分,且同时承受行车道板传递的荷载。端横梁将两片拱肋与系杆系统联结成一体,使之不产生横桥向的相对位移,同时约束顺桥向的拱肋位移。

图 5.6-39　横撑

图 5.6-40　端横梁

横撑、风撑等横向联结件与拱肋节点焊接处脱开(图 5.6-41)、松动或滑动错裂。

### 5.6.5　横梁和行车道板

横梁的作用是将行车道板的荷载传递给吊杆。桥面系的行车道板支承在横梁上(图 5.6-42)。由于横梁设置的间距不大,所以行车道板一般采用板高较低的简支或连续钢筋混凝土板。

图5.6-41 焊接处脱开

图5.6-42 横梁及行车道板

横梁裂缝包括横梁底面纵向裂缝、侧面水平裂缝、侧面竖向裂缝等。

产生横梁裂缝的可能原因：横梁完成工期较短，未经养护就投入使用及横梁侧面防裂钢筋间距较大。

横梁水平裂缝、桥面板横向裂缝分别如图5.6-43所示。

图5.6-43 横梁侧面水平裂缝

## 5.7 支座

支座是连接桥梁上部结构和下部结构的重要构件，关系重大，一旦出现病害，将影响到上下部结构的使用寿命和交通安全。江苏交控应用广泛的支座主要有以下3种：板式橡胶支座、球冠支座和盆式橡胶支座。

### 5.7.1 板式橡胶支座

板式橡胶支座是用若干层橡胶片和薄钢板为刚性加劲物组合而成，各层橡胶与钢板之间经涂胶接剂加压硫化牢固黏结成一体(图 5.7-1)。它具有构造简单、加工制造容易、用钢量少、成本低廉、安装方便等优点,在江苏交控内应用广泛。

a)　　　　b)

图 5.7-1　板式橡胶支座内部构造图

板式橡胶支座按构造按形状划分为圆形支座、矩形支座(图 5.7-2、图 5.7-3)。

图 5.7-2　圆形支座

图 5.7-3　矩形支座

板式橡胶支座按是否提供水平位移划分为普通板式橡胶支座、聚四氟乙烯滑板支座(图 5.7-4、图 5.7-5)。

图 5.7-4　普通板式橡胶支座

图 5.7-5　聚四氟乙烯滑板支座

下面介绍板式橡胶支座常见的几类病害,并分析其可能的病害原因。

1)偏位

支座偏位(图5.7-6)是支座安装上存在的普遍问题,分为纵向偏位和横向偏位(图5.7-7),偏位将导致支座不均匀受力,从而导致桥梁梁体局部内力过大,造成局部破坏。

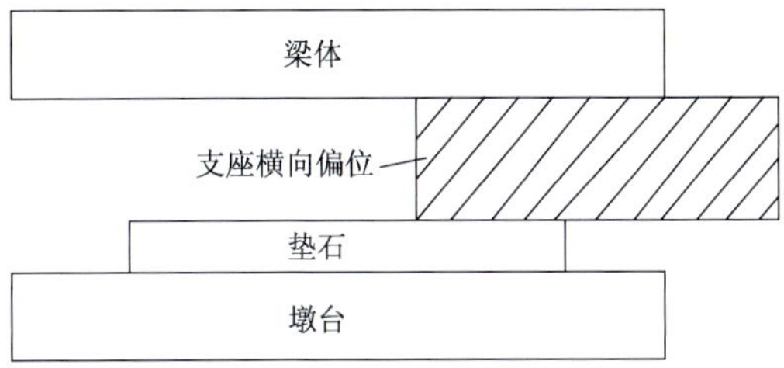


图5.7-6 支座偏位示意图

图5.7-7 支座横向偏位

支座偏位的可能原因如下:

(1)施工时安装梁板过程中,在局部调整梁板位置时带动了支座,造成支座偏离原位置;

(2)施工时支座安放位置不准确或后期振动荷载作用下引起支座移位;

(3)桥梁上下部结构间异常错动,导致支座偏位;

(4)支座在温度变化和其他因素作用下,出现偏移。

2)缺失

某一支座的缺失(图5.7-8、图5.7-9)将造成其他支座受力过大,也可能会使上部构造受力不均,对结构稳定性造成影响,发现此类病害应及时增设支座。

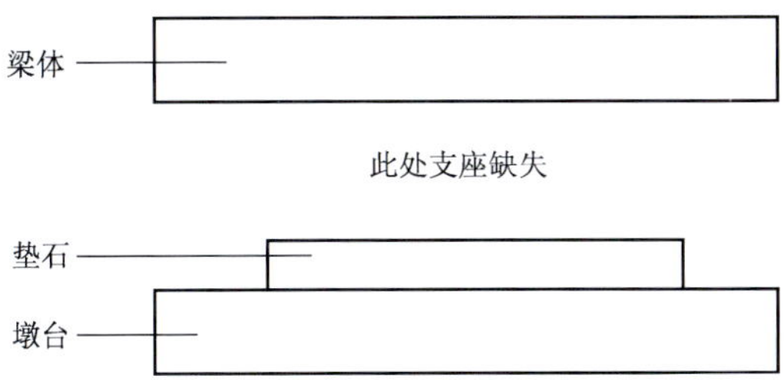


图5.7-8 支座缺失示意图

图5.7-9 支座缺失

支座缺失的可能原因:施工时未安装或安装不当在运营期间脱落,一般在空心板梁桥等多片梁的结构形式中因支座脱空产生此病害。

3)表面裂纹

一般板式橡胶支座经过一定的使用年限后,会出现表面的龟裂裂纹,也会出现水平裂缝,但裂纹的缝宽及深度均不大。此类病害按开裂形状分为环向开裂(图 5.7-10、图 5.7-11)、斜向开裂(图 5.7-12、图 5.7-13)、不规则开裂及老化裂纹等 4 种形式。

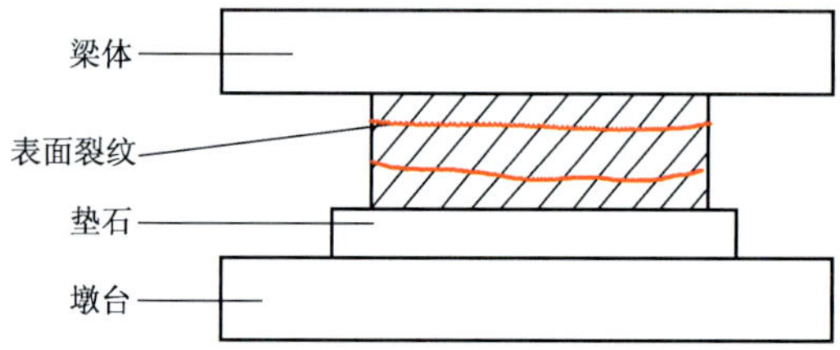


图 5.7-10 支座环向开裂示意图

图 5.7-11 支座环向开裂

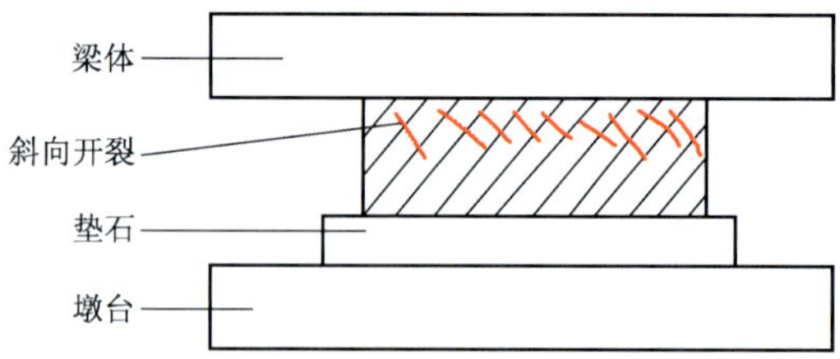


图 5.7-12 支座斜向开裂示意图

图 5.7-13 支座斜向开裂

产生表面裂纹的可能原因如下:

(1)在竖向力作用下,板式橡胶支座内薄钢板之间的橡胶体会产生压缩变形,而橡胶体会侧向膨胀外凸,橡胶有相应的拉伸变形而产生应力老化,因而出现表面裂纹或开裂现象;

(2)橡胶支座本身质量差也会导致这种病害。

4)压缩变形

支座压缩变形可分为竖向压缩变形和偏压,竖向压缩变形表现为支座出现比较均匀的外鼓现象,如图 5.7-14 所示,属于正常的支座变形;当支座出现偏压时,支座会出现转角变形、不均匀外鼓,如图 5.7-15 所示,严重时会造成内部钢板外露等现象。

产生压缩变形的可能原因如下:

(1)橡胶与支座内加劲钢板之间黏结不良,竖向力作用下发生钢板与橡胶脱离,进而引起板式橡胶支座侧表面不均匀鼓凸;

(2)承压不均,局部受力过大。

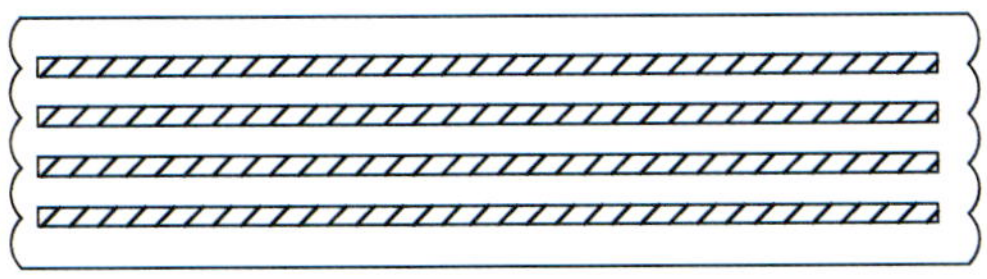

图5.7-14　支座均匀鼓凸示意图

注:支座均匀鼓凸是指两侧面或一个侧面上下之间出现均匀鼓凸现象。

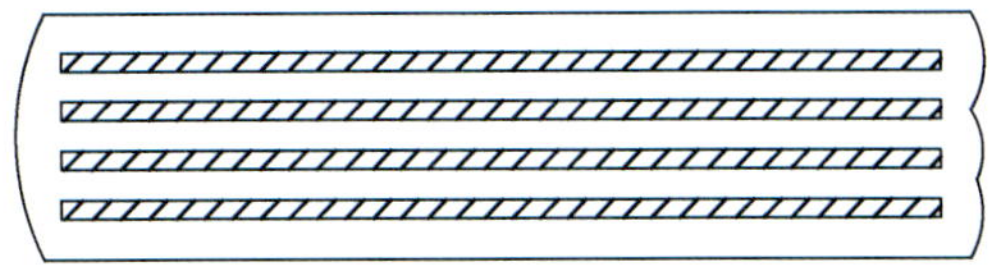

图5.7-15　支座不均匀鼓凸示意图

注:支座不均匀鼓凸是指两侧面或一个侧面上下之间出现不均匀鼓凸现象。

5)脱空

支座脱空(图5.7-16)是指板式橡胶支座与梁体底面或墩顶支承垫石顶面之间出现间隙,可分为局部脱空和全脱空;缝隙大于相应边长的25%时,称为部分脱空,缝隙等于全边长时称为全脱空(图5.7-17)。某个支座的脱空将造成其他支座受力过大,影响支座的耐久性,也会使上部构造受力不均,对结构产生不利影响。

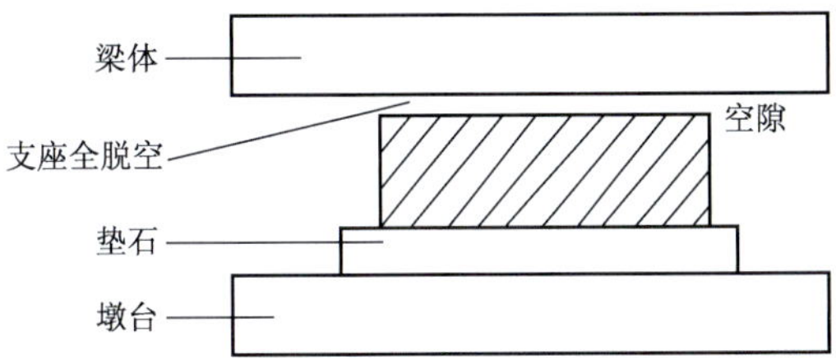


图5.7-16　支座脱空示意图

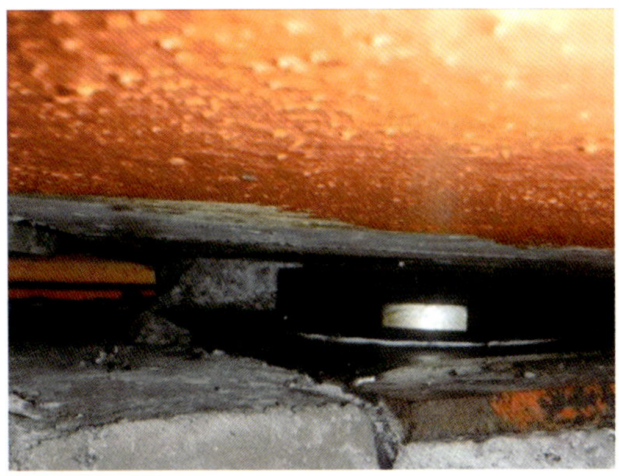

图5.7-17　支座全脱空

产生脱空的可能原因如下:

(1)施工过程控制不严格,或者梁板安装后未及时整体化,没有及时施工桥面铺装,造成反拱太大,使支座脱空;

(2)在橡胶支座安装时,因梁相应部位底面不平或预埋钢板变位,造成梁安放后与支座顶面就有缝隙。

6)老化破损

支座老化破损(图5.7-18)是指支座表面老化,橡胶外鼓并局部剥离,失去弹性,丧失承载力,严重时支座内钢板外露、分层剪断(图5.7-19)、撕裂。

产生老化破损的可能原因如下:

(1)简支梁支座位置桥面易渗水,造成支座使用环境潮湿,橡胶为高分子材料,湿热作业导致橡胶支座老化;

(2)施工时即造成支座偏压、剪切变形等,造成支座受力很大,加之超载车辆对其的影响也会加速橡胶的老化;

(3)橡胶支座质量参差不齐,一些劣质橡胶支座可能采用回收橡胶制作,造成其使用寿命较短。

图 5.7-18　支座老化破损

图 5.7-19　支座分层剪断(钢板外露)

7)剪切变形超限

支座剪切变形超限是指板式橡胶支座正常使用过程中剪切变形超过设计规范允许限值。当支座剪切超限,一方面容易出现卷边现象;另一方面支座承压面积减小,支座使用应力增加,容易引起其他次生病害。

剪切变形(图 5.7-20、图 5.7-21)按变形方向可分为纵向剪切变形、横向剪切变形及斜向剪切变形三类,这类病害多出现在台顶及过渡墩顶,支座类型多为滑板支座。

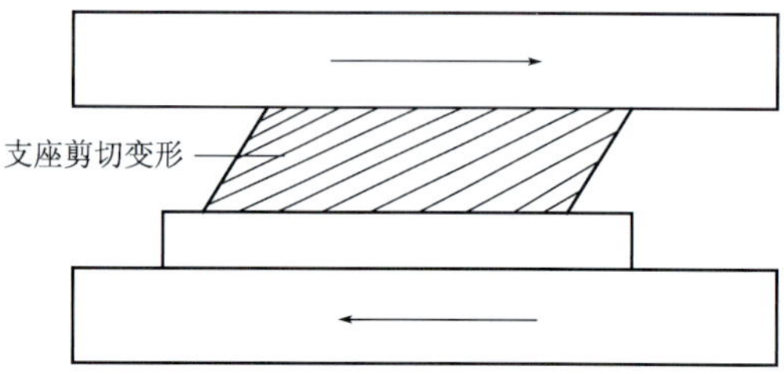


图 5.7-20　支座剪切变形示意图

图 5.7-21　支座剪切变形

产生剪切变形超限的可能原因如下:

(1)落梁时不够稳定,支座存在较大的初始剪切变形;

(2)热胀冷缩引起桥梁伸缩,带动支座剪切变形;

(3)桥梁纵坡设计过大,导致纵向剪切变形过大;

(4)支座活动面钢板锈蚀或储油槽内硅油未及时更换,活动支座无法滑动,导致支座剪切变形。

8)支座卡死

此类病害主要是指支座被混凝土包裹(图 5.7-22),产生的原因是施工阶段模板刚度不够,浇筑混凝土时振捣变形、坍塌,多余混凝土堆积使支座不能正常滑动(图5.7-23)。

图5.7-22 支座混凝土包裹

图5.7-23 支座混凝土堵塞,无法滑动

9)支座处沙筒未拆

沙筒作为临时支座,一般应用于简支变连续梁桥施工过程中的体系转换。支座处沙筒未拆产生的原因是现场施工人员的遗漏,部分沙筒在支座安装就位后未拆除(图5.7-24),容易导致局部应力过大。

10)支座嵌入梁体

支座嵌入梁体(图5.7-25)表现为支座上部嵌入梁端湿接头内部,造成支座顶面控制高程与原设计不符,易造成相邻墩顶支座偏压或脱空。

图5.7-24 支座处沙筒未拆

图5.7-25 支座嵌入梁体

11)支座倒置

支座倒置病害(支座聚四氟乙烯滑板未与不锈钢垫板接触,或支座未设置不锈钢垫板,见图5.7-26),多出现于两侧台顶或过渡墩顶,对梁体正常滑动存在一定的影响,会导致支座剪切变形病害。

12)其他

除上述病害外,还存在以下病害:

(1)支座垫石由于强度不足、自身收缩易导致开裂、破损(图5.7-27)等,使支座局部受力,变形过大而提前损坏；

（2）部分垫石表面平整度差，垫石放样定位偏差、尺寸过小（图5.7-28）等；

（3）同排支座型号不一，一般较为少见且在检查中不易发现；

（4）支座周边木模未拆（图5.7-29），可能影响支座正常受力工作；

图5.7-26　台顶支座倒置

图5.7-27　支座垫石开裂、破损

图5.7-28　支座垫石过小

图5.7-29　支座木模未拆

图5.7-30　支座附近积水

（5）支座周边排水不畅、潮湿积水（图5.7-30），容易引起支座橡胶腐蚀溃烂，支座上垫钢板在空气和水的影响下造成电化学锈蚀；

（6）废水、废气等污染导致支座腐蚀严重。

### 5.7.2　球冠支座

对于球冠支座，由于其对厂家生产能力和橡胶原材料质量要求较高，而且由于球冠原因，安装后易存在局部偏压、脱空等现象，目前在江苏交控内已淘汰,不再采用该类型支座。

### 5.7.3 盆式橡胶支座

盆式橡胶支座由钢构件与橡胶组合而成,其中设置在钢盆中的承压橡胶板满足承压和转动的功能,由聚四氟乙烯滑板和焊接在上座板上的不锈钢板滑动,满足支座位移需要。盆式橡胶支座具有承载能力大,水平位移量大、转动灵活等优点,在江苏交控内应用广泛。

盆式橡胶支座按工作特性划分为固定支座、双向活动支座、单向活动支座(图5.7-31~图5.7-36)。

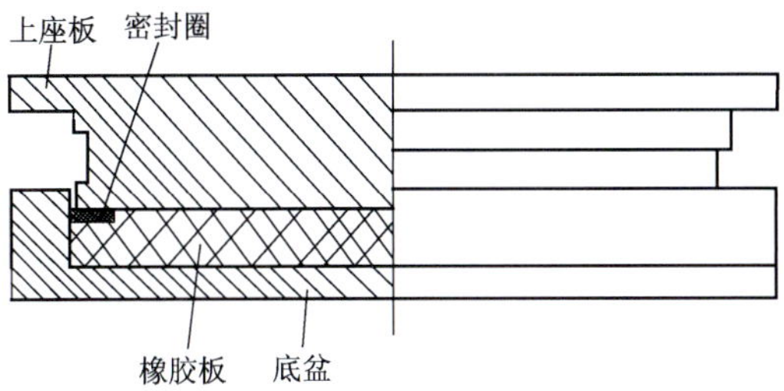


图5.7-31 固定支座结构示意图

图5.7-32 固定支座

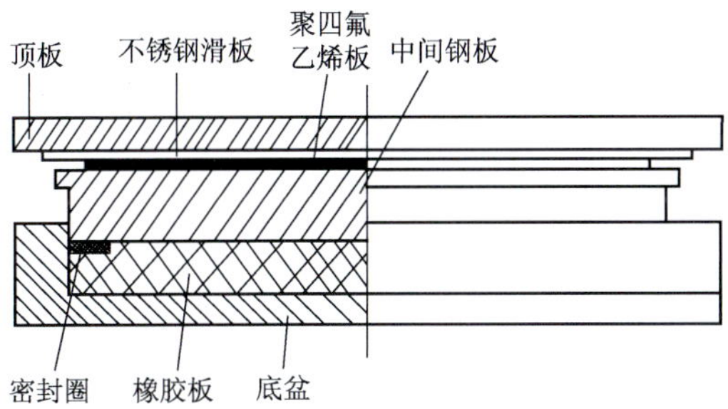


图5.7-33 双向活动支座结构示意图

图5.7-34 双向活动支座

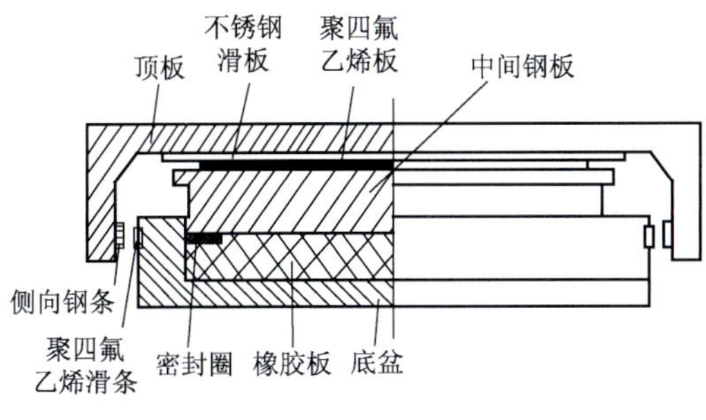


图5.7-35 单向活动支座结构示意图

图5.7-36 单向活动支座

下面介绍盆式橡胶支座常见的几类病害,并分析其可能的病害原因。

图 5.7-37　支座转角超限

1)转角超限

转角超限是指盆式支座转角超过相应荷载作用下最大的预期设计转角,即偏压,如图 5.7-37所示。

产生转角超限的可能原因如下:

(1)支座安装时未均匀受力,导致橡胶偏压使钢芯倾斜;

(2)施工过程中,未严格按设计图纸的纵坡和横坡、正斜交角度准确计算并设置梁底楔形块,同时未考虑预应力预制梁张拉起拱对楔形块的影响,致使支座产生偏压;

(3)匝道弯梁桥在超载重车的影响下,会加重支座偏压程度。

2)位移超限

位移超限是指盆式支座的聚四氟乙烯板滑出不锈钢板面范围,如图 5.7-38 所示。过大的位移会导致相邻主梁间距变小,在热胀作用下易使主梁间顶死(图 5.7-39),影响桥梁结构安全。

图 5.7-38　支座滑移过大

图 5.7-39　钢盆翘曲

产生位移超限的可能原因:支座安装时位置不准确,没有根据支座安装时的温度和设计要求的温度设置预偏值。

3)聚四氟乙烯板挤出

支座聚四氟乙烯板挤出(图 5.7-40)是指聚四氟乙烯板脱离中间钢板,从其原位置挤出,主要为聚四氟乙烯板和不锈钢滑板之间平面滑动产生磨损。聚四氟乙烯板磨耗将直接影响盆式支座的使用寿命,尤其是较大位移的盆式橡胶支座。

聚四氟乙烯板挤出的可能原因如下:

(1)聚四氟乙烯板与上座板上的不锈钢板之间摩擦增大,梁体在长期荷载下纵向水平位移反复,造成挤出钢盆;

(2)支座安装时限位螺栓未固定,施工碰撞致使聚四氟乙烯板脱落。

4)临时连接件未拆

此类病害是指盆式支座的上支座板与下支座板之间的连接杆在桥梁竣工营运后仍未拆除(图5.7-41),导致活动支座不能自由滑动,丧失使用功能。

**注:**盆式支座出厂前,生产厂家将支座调平,并紧固上、下支座的连接杆,以防止支座在运输安装过程中改变位置,现场施工安装好支座后应拆除连接杆。

图5.7-40　支座聚四氟乙烯板挤出

图5.7-41　临时连接件未拆

产生临时连接件未拆的原因:施工过程中的疏忽。

5)限位导轨断裂

支座限位导轨断裂(图5.7-42、图5.7-43)出现于单向滑动支座,支座限位导轨脱焊、断裂将导致限位功能失效,影响支座的正常使用。

**注:**只允许在一个方向移动的盆式橡胶支座需设置导向装置,以限制其移动方向。

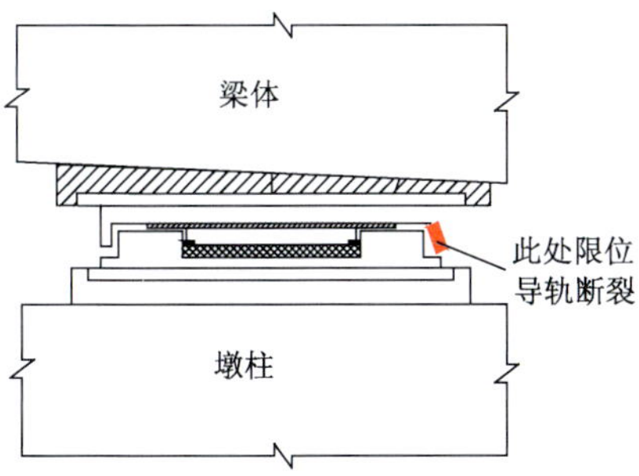


图5.7-42　支座限位导轨断裂示意图

图5.7-43　支座限位导轨断裂

产生支座限位导轨断裂的可能原因如下:

(1)单向滑动支座横纵向装反,挤压断裂;

(2)梁体发生横向移位,导致限位导轨脱焊、断裂。

6)位置放置错误

位置放置错误(图5.7-44、图5.7-45)是指盆式支座的固定支座和活动支座安装位置错误,施工安装与设计图不符,单向支座纵横向放置颠倒,甚至部分单向支座、双向支座和多向支座间相互放置混乱,影响梁体的自由伸缩,大跨径连续梁桥会造成支座处应力集中,带来安全隐患。

图5.7-44 单向滑动支座装反

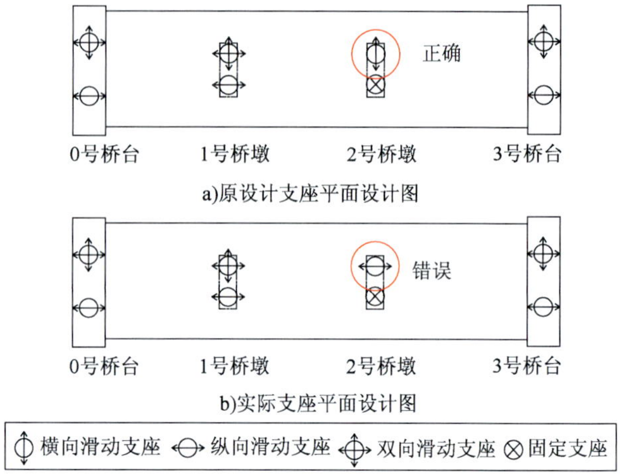


图5.7-45 支座位置放置错误示意图

位置放置错误的主要原因:施工阶段的疏忽,没有严格按设计图纸施工。

7)上座板变形

支座上座板变形是指上钢板在外部荷载作用下发生翘曲、断裂,如图5.7-46、图5.7-47所示。

图5.7-46 上座板变形

图5.7-47 上座板变形、断裂

上座板变形的可能原因如下:

(1)支座安装后未及时割除连接板和拧紧螺栓,上座板温差收缩弯曲;

(2)支座上垫石浇筑后未形成强度即采取卸除模板等固定措施,局部漏浆也会导致上座板变形。

8)安装倒置

支座安装倒置是指支座安装面上下颠倒,如图5.7-48所示。可能原因为施工阶段的疏忽,没有严格按设计图纸施工。

9)钢盆锈蚀

钢盆锈蚀是指支座钢盆的外表保护漆脱落,钢件锈蚀的现象(图5.7-49)。进一步锈蚀会影响支座支撑能力。

图5.7-48　支座安装倒置

图5.7-49　支座钢盆锈蚀

钢盆锈蚀的可能原因:钢板防腐油漆在外界环境长期作用下出现老化、脱落,从而导致钢板与大气直接接触,使钢板锈蚀。

10)橡胶老化

支座橡胶老化是指橡胶体逐渐失去原有的弹性,使其传递梁体伸缩位移和转角功能发生退化。

橡胶老化的可能原因如下:

(1)橡胶为高分子材料,湿热作业导致橡胶支座老化;

(2)施工时即造成支座偏压,初始受力很大,加之超载车辆对其的影响也会加速橡胶的老化;

(3)支座质量参差不齐,一些劣质支座可能采用回收橡胶制作,造成其使用寿命较短。

11)中间钢板破损

支座中间钢板局部破损(图5.7-50),可能是支座运输或施工的过程中的意外碰撞所致。

图5.7-50　支座中间钢板局部破损

12)钢组件损坏

盆式橡胶支座钢组件损坏是指固定螺栓弯曲断裂、上承压板或下座板弯曲变形、钢盆开裂等(图5.7-51、图5.7-52)。其中钢盆开裂会减弱对其内橡胶板的约束,将导致支座压缩变形过大。

图 5.7-51　支座锚固定螺栓顶死

图 5.7-52　支座钢盆开裂

13）垫石等附属构件病害

支座垫石等附属构件病害有支座垫石开裂、歪斜不平整、垫石尺寸不规范、垫石混凝土松散、垫石模板未拆除等。相关图片如图 5.7-53 ~ 图 5.7-56 所示。

图 5.7-53　支座垫石开裂

图 5.7-54　柱顶支座无垫石，柱顶混凝土破损

图 5.7-55　上垫石混凝土松散，不密实

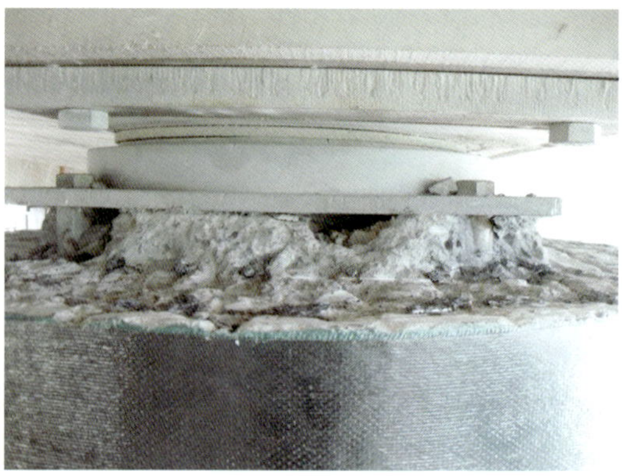

图 5.7-56　下垫石混凝土空鼓

# 5.8 下部结构

桥梁的下部结构受力复制，既与上部结构形式有关，又与地质条件密切相关。其中桥墩、桥台、墩台基础部件为主要部件，常见的病害有盖梁开裂、立柱开裂、基础冲刷以及耐久性病害等。下面介绍系统内桥梁常见的几种下部结构及其典型病害，并分析其可能的病害原因。

## 5.8.1 墩台共性病害

1）墩台受水侵害

部分墩台、盖梁表面有水侵蚀痕迹（图5.8-1、图5.8-2），墩台长期遭受雨水侵蚀，会造成墩台混凝土胀裂露筋，影响墩台的使用功能。

图5.8-1 台帽渗水

图5.8-2 盖梁表面水迹

墩台受水侵害的可能原因如下：

（1）伸缩缝内止水橡胶条老化、破损或排水系统不畅，桥面水流直接通过伸缩缝流向墩台表面；

（2）桥台渗水可能与台背排水不良有关。

2）墩台顶面垃圾

部分墩台顶面混凝土垃圾堆积（图5.8-3、图5.8-4），可能原因为桥面施工时，切割伸缩缝掉落的水稳料及沥青未及时清理。

图5.8-3 台顶沥青混凝土堆积

图5.8-4 墩顶混凝土堆积

3)其他

详见5.4.1混凝土结构共性病害。

## 5.8.2 翼墙、耳墙

翼墙是指桥台前墙两侧设置的挡土墙,是为保证桥台两侧路基边坡稳定并起引导河流的作用而设置的一种挡土结构物(图5.8-5)。有直墙式(垂直于端墙)或八字墙式(敞开斜置)两种。

耳墙(图5.8-6)是指埋置式桥台或桩柱式桥台中与台帽连接成一体的梁块梯形钢筋混凝土板,主要用于局部挡土并承受水平方向的土压力与活载压力,防止土体下沉变形导致桥头跳车现象。

图5.8-5 翼墙

图5.8-6 耳墙

耳墙开裂:耳墙开裂多出现于棱角部位,缝宽一般较大,如图5.8-7、图5.8-8所示。

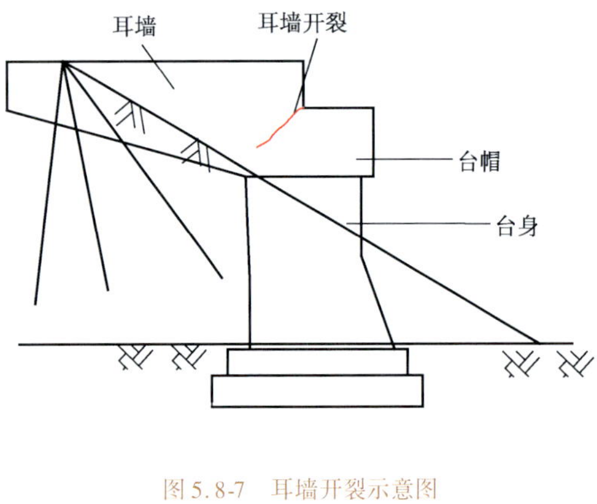


图5.8-7 耳墙开裂示意图

图5.8-8 耳墙开裂

耳墙开裂的可能原因如下:

(1)桥下台背回填质量不高,行车作用使台背下沉,土压力作用到耳墙上,导致耳墙开裂;

(2)路面施工时,压路机挤压所致。

### 5.8.3 锥坡、护坡

锥坡(图5.8-9)是指为保护路堤边坡不受冲刷,平衡车辆对桥台处路基的冲击力,在桥涵与路基相接处修筑的锥形护坡。其主要由坡体和坡面组成。

护坡是指桥台前面为防止土体滑落而构筑的土体及其表面的石砌防护体。

1)护坡开裂

护坡开裂是指护坡表面错层,如图5.8-10、图5.8-11所示,进一步发展将影响护坡整体稳定。

图5.8-9 锥坡、护坡

图5.8-10 护坡开裂

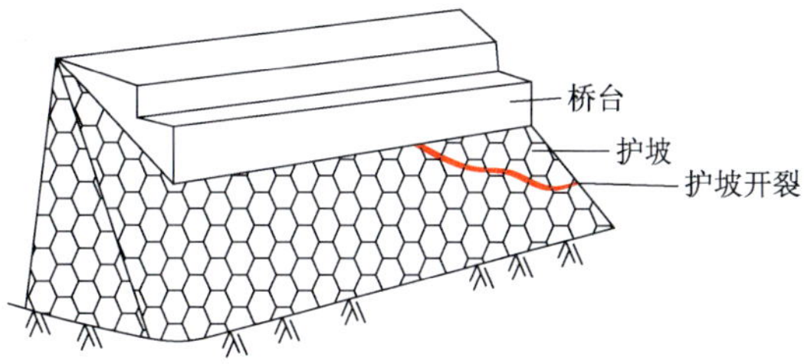



图5.8-11 护坡开裂示意图

护坡开裂的可能原因如下:

(1)施工质量差,压实不足,容易产生差异沉降,导致土层松动;

(2)填料选择不当,土类填料浸水后易软化变形,加速地基变形,引起锥坡、护坡沉降开裂;

(3)片石勾缝不实,雨水或水流冲刷导致填土流失,导致锥坡塌陷;

(4)护坡未按设计要求设置泄水孔和反滤层。

2)护坡塌陷

护坡塌陷是指护坡向下陷落,形成塌陷坑(洞),如图5.8-12、图5.8-13所示。

护坡塌陷的可能原因如下:

(1)台前填土一般处于施工末期,被迫赶工等容易造成台前填料的压实不足,产生差异沉降,导致锥坡、护坡局部坍塌;

(2)土类填料浸水后易产生软化导致变形,若填料选择不当,会加速地基变形,引起锥坡、护坡局部坍塌。

3)坡脚冲刷、填土掏空

部分桥梁下穿河道,当河道水位上涨,水流受到坡脚阻挡,导致水流结构发生变化,造成冲刷,如图 5.8-14 所示,冲刷是导致填土掏空的主要原因。

护坡坡脚冲蚀如图 5.8-15 所示。

图 5.8-12　护坡坍塌

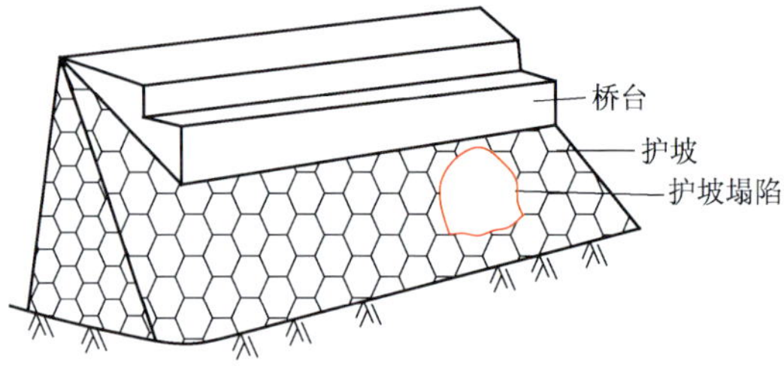


图 5.8-13　台前护坡坍塌示意图

图 5.8-14　坡脚冲刷掏空

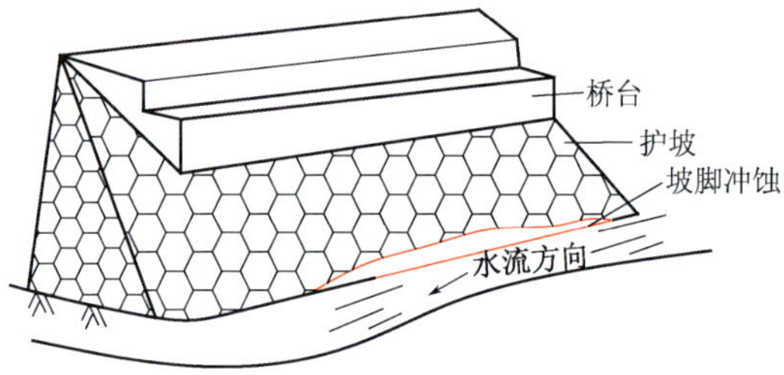


图 5.8-15　护坡坡脚冲蚀示意图

坡脚冲刷、填土掏空的可能原因如下:

(1)水流对锥坡表面或基础的冲击作用,长时间的冲刷会导致表面破损、移位、松动,导致填土流失;

(2)春夏季节植物生产,会对锥坡表面造成破坏;

(3)冻害使锥坡砌体产生冻胀裂缝,严重时会使锥坡基础发生变形或移位。

4)其他

除上述病害外,还存在以下病害:

(1)护坡下沉(图 5.8-16),可能原因为填方不密实,土基压实不足;

(2)锥坡破损(图 5.8-17),主要原因是人为破坏。

## 5.8.4　重力式桥台

桥台设置在桥梁两端,支承桥梁上部结构,衔接两岸路堤的构造物,具有抵挡台后的填土压力、稳定桥头路基、使桥头线路和桥上线路可靠而平稳连接的作用。

图 5.8-16 护坡下沉

图 5.8-17 锥坡破损严重

桥台主要形式有重力式桥台、轻型桥台、框架式桥台等。

重力式桥台多用圬工砌体或片石混凝土砌筑,台身厚实,靠自身重量来平衡外力保持稳定。按截面形式可分为 U 形桥台、耳墙式桥台、埋置式桥台等。江苏交控内一般采用 U 形桥台和埋置式桥台。

U 形桥台由台身、台帽、基础与两侧的翼墙组成,在平面上成 U 字形。两侧的翼墙垂直于桥台,并与桥台相连,与台身共同承受土压力,外侧则设锥形护坡,如图 5.8-18、图 5.8-19 所示,适用于填土高度在 4 ~ 10m,引道宽度与桥面宽度相差不大的桥梁。

图 5.8-18 U 形桥台

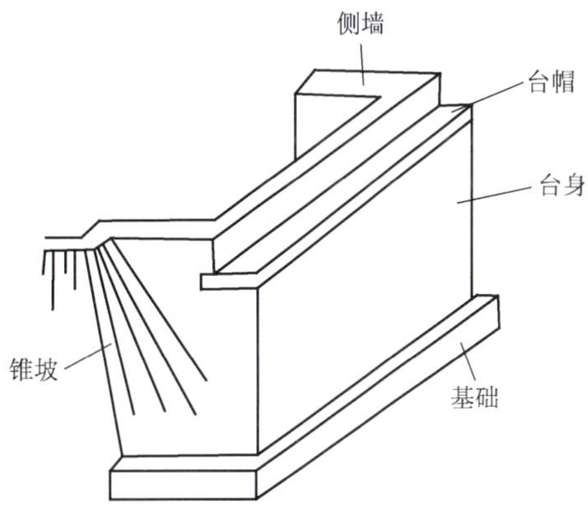


图 5.8-19 U 形桥台示意图

埋置式桥台是将台身埋在锥形护坡中,利用台前锥坡产生的土压力来抵消台后的主动土压力,只露出台帽在外以安置支座及上部构造,如图 5.8-20、图 5.8-21 所示,适用于桥头路堤较高、跨度较大的桥梁。

下面介绍重力式桥台常见的几类病害,并分析其可能的病害原因。

5.8.4.1 前墙

1) 竖向裂缝

前墙竖向裂缝(图 5.8-22 ~ 图 5.8-24)一般出现在台身中部,主要有 3 类:一是裂缝未延伸至上下边缘,多为中间宽,上下窄,为收缩裂缝;二是裂缝由上至下开裂,一般是横向两端的下沉量比中间大；三是裂缝由下往上延伸，主要是因为裂缝所处位置有局部沉降。

图 5.8-20　埋置式桥台

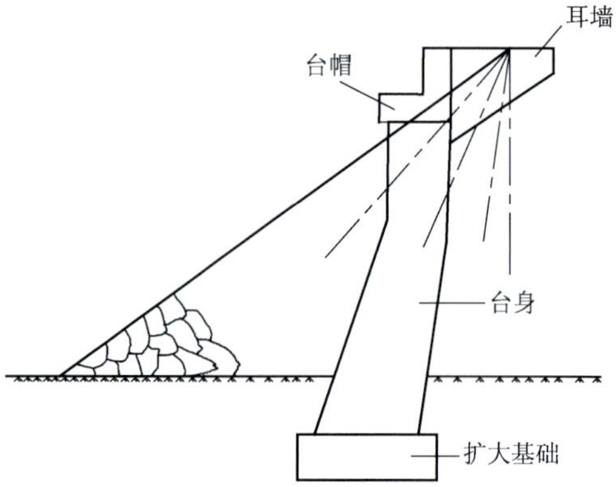


图 5.8-21　埋置式桥台示意图

图 5.8-22　前墙竖向裂缝

图 5.8-23　前墙竖向裂缝

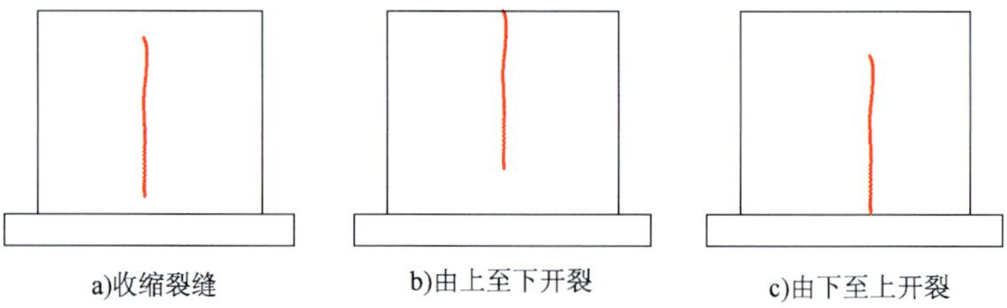


图 5.8-24　前墙竖向裂缝示意图

产生竖向裂缝的可能原因如下：

(1)浇筑时产生的干缩裂缝。

(2)台身体积较大，混凝土浇筑过程中，水泥水化过程中发出大量的热量，聚集在台身内部不易散发，当外界温度较低时，表面受到内部温度较高的混凝土的约束，使台身表面混凝土产生较大拉应力，加之混凝土早起强度不高而产生混凝土温度收缩裂缝。

(3)未充分考虑桥台基础的横向不均匀沉降，桥宽越大，桥台前墙对不均匀沉降越敏感。

2）横向裂缝

前墙横向裂缝（图5.8-25）一般在墙面中间位置，缝宽较细。

a) b)

图5.8-25 前墙横向裂缝

产生横向裂缝的可能原因如下：

（1）桥台分层浇筑的层间接缝；

（2）土压力产生水平荷载作用，导致台身弯曲开裂。

5.8.4.2 侧墙

1）斜向裂缝

侧墙斜向裂缝多出现于棱角部位，缝宽较大，如图5.8-26所示。

产生斜向裂缝的可能原因如下：

（1）台后地基不均匀沉降；

（2）台后路面开裂下沉，桥台跳车产生较大的冲击作用；

（3）台后填料进水，导致台后土压力增大，土压力作用。

2）侧墙外倾

侧墙外倾是指两侧墙向外倾斜，往往同时产生桥台侧墙与前墙交界处的开裂，裂缝由侧墙顶面向下发展，侧墙立面出现明显错台，如图5.8-27所示，高桥台较易出现此类病害。

图5.8-26 侧墙斜向裂缝

图5.8-27 侧墙外倾

产生侧墙外倾的可能原因如下：

(1)桥台后的填土不密实，上部长期荷载作用下的土体发生沉陷，挤压侧墙；

(2)桥台排水不畅导致填土中水分过大，产生较大附加压力作用；

(3)基础不均匀沉降。

3)前墙与侧墙交界处开裂

前墙与侧墙交接处开裂(图5.8-28、图5.8-29)多由侧墙顶面向下发展，裂缝宽度普遍较大，且裂缝两侧常伴有明显错台，影响结构正常使用。

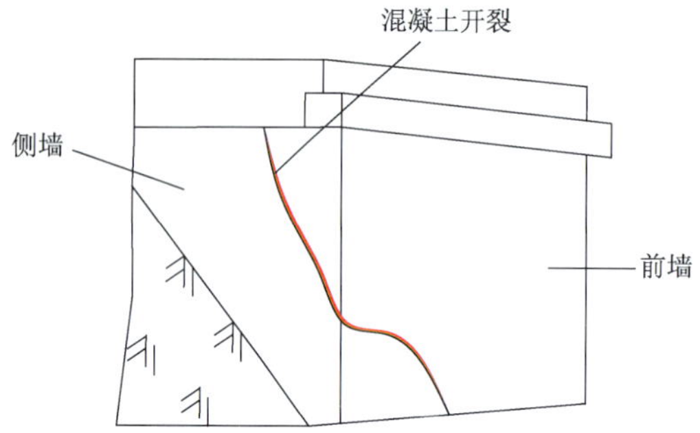


图5.8-28　侧墙与前墙交接处开裂示意图

图5.8-29　侧墙与前墙交接处开裂

产生前墙与侧墙交界处开裂的可能原因如下：

(1)台后填土产生的土压力较大，台后土压力在前墙和侧墙的交界部位会产生应力集中，如图5.8-30所示。

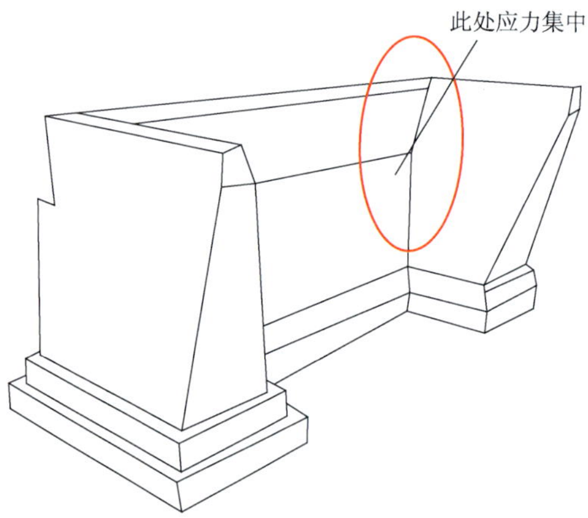


图5.8-30　侧墙与前墙交接处的应力集中区域示意图

(2)台后填料选择不当，或压实度不足，造成土体压缩，路面下沉，且未设置相应的排水设施，台内填土积水难以排出，土侧压力过大，导致桥台的前墙与侧墙交界处开裂。

(3)在台内填筑或铺筑路面时采用重型压路机碾压，从而导致施工过程中侧墙或前墙向外倾斜变形，在侧墙与前墙交界处产生裂缝。

(4)货车道位于侧墙顶面,重车反复行驶,容易导致运营过程中侧墙或前墙出现向外倾斜的趋势。

5.8.4.3 背墙

背墙开裂主要有竖向和斜向两种,缝宽较大,多出现于桥台两侧,如图5.8-31、图5.8-32所示。

图5.8-31 背墙斜缝

图5.8-32 背墙竖向开裂

背墙开裂的可能原因如下:

(1)背墙设计时常采用双排竖向钢筋,配筋率并没有考虑挤推力的影响,所以一旦出现水平挤推力,非常容易开裂,背墙越高,土压力越大;

(2)台顶碎石垃圾堆积将限制背墙顶部自由变形,加上桥头跳车作用,将加剧背墙斜竖向裂缝。

5.8.4.4 其他

桥台变位是指桥台前墙向桥孔前倾或桥台侧墙向外倾斜,桥台周边土体伴随塌陷、挤压隆起、开裂等异常变化,如图5.8-33所示,对桥梁上部结构的安全影响较大。

桥台变位的可能原因如下:

(1)台后土压力过大或基础不均匀沉降;

(2)水的作用弱化了基底土体性质,基底摩阻力减小,荷载推移作用导致桥台水平位移;

(3)台后填土受水的扰动,稳定性降低。

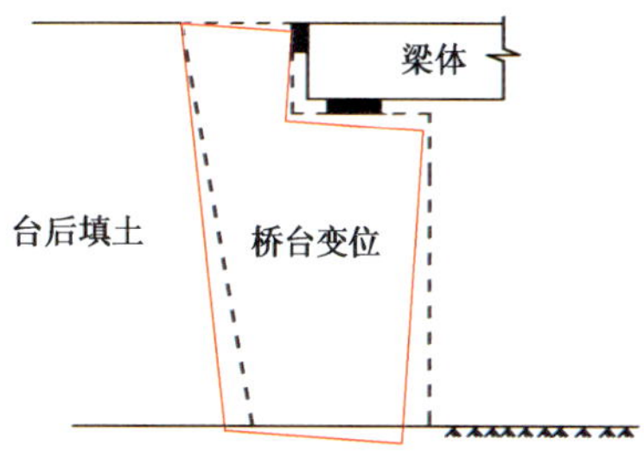


图5.8-33 桥台变位示意图

## 5.8.5 轻型桥台

轻型桥台是利用钢筋混凝土结构的抗弯能力来减少圬工体积而使桥台轻型化的一种结构形式,其优点是结构自重轻、体积轻巧、施工方便,适用于小跨径桥梁。主要可分为钢筋混凝土薄壁桥台和支撑梁轻型桥台。江苏交控内盖板式通道结构常采用钢筋混凝土薄壁桥台(图5.8-34)。

台帽竖向裂缝(图5.8-35)一般位于台身中下部,主要有两类:一类裂缝位于中部,未延至上下边缘,为收缩裂缝;另一类裂缝从下往上发展,裂缝下宽上窄,由附加应力引起,主要为裂缝所处位置有局部沉降。

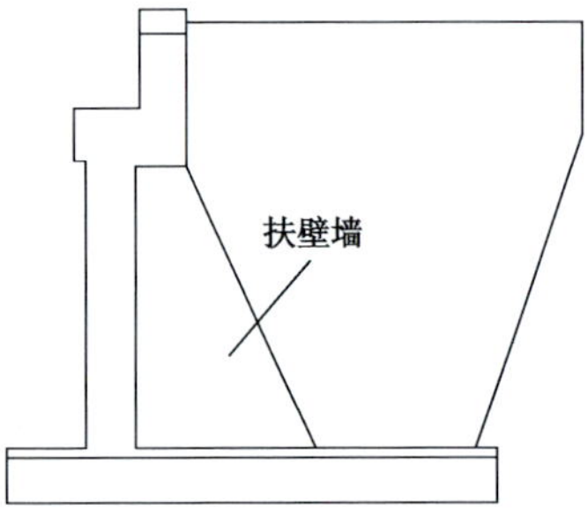


图5.8-34 钢筋混凝土薄壁桥台示意图

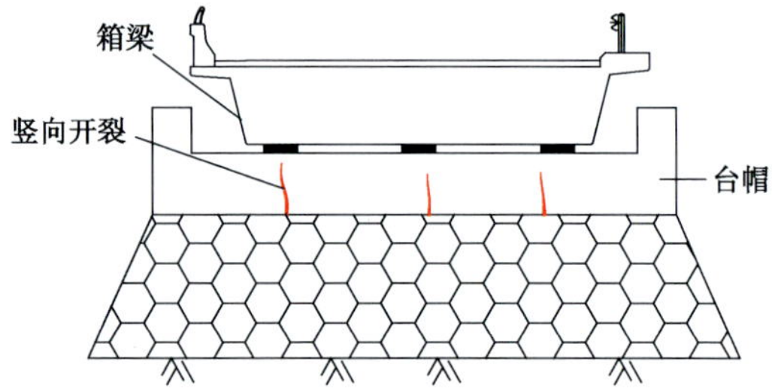


图5.8-35 台帽竖向开裂示意图

产生台帽竖向裂缝的可能原因如下:

(1)在高温干燥环境条件下施工,当拆模太晚,同时养护不到位,易引起竖向开裂。

(2)基础不均匀沉降引起台身附加力作用,导致台帽开裂。

(3)部分薄壁桥台采用木模施工,模板间设钢筋拉杆,拉杆外套竹管内撑,拉杆设置较密,成行成列,拉杆孔洞处应力集中,也是台身断面薄弱处,竖向裂缝易在此处发展。

### 5.8.6 框架式桥台

框架式桥台是一种在横桥向框架式结构的桩基础轻型桥台,其构造形式有柱式、墙式等(图5.8-36、图5.8-37)。

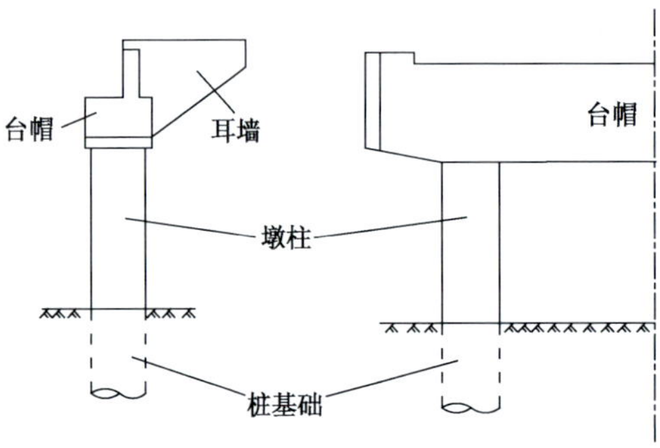


图5.8-36 双柱式桥台构造示意图

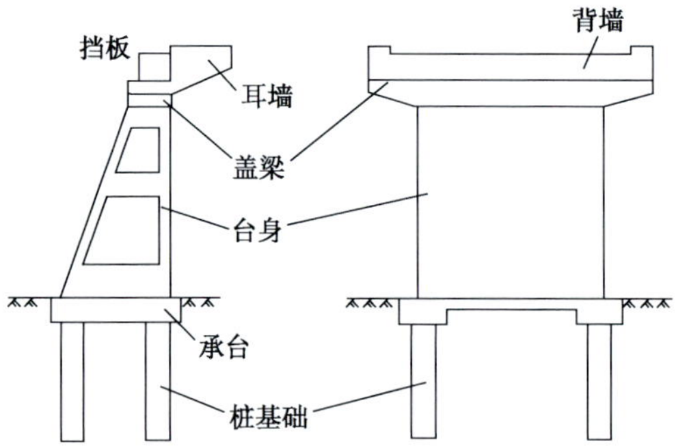


图5.8-37 墙式桥台构造示意图

桥台立柱水平裂缝:一般出现在桥台外侧,呈半环状,病害严重时会导致混凝土破碎,立柱断裂。

产生桥台立柱水平裂缝的可能原因如下:

(1)桥台台后填筑高度高于地面时,形成较大的填筑荷载,同时在车辆荷载的作用下,软土地基形成向前滑动面;

(2)桥台台后土压力直接作用于挡土墙上,挡土墙将大部分的挤推力作用在桩柱桥台上,增大了水平推力;

(3)桩柱式桥台抗水平推力能力低,当挤推力变大,导致病害。

### 5.8.7 柱式桥墩

桥墩是指跨桥梁的中间支承结构物,它除承受结构的荷重外,还承受流水压力,水面以上的风力以及可能出现的流水压力,船只或漂浮物或汽车的撞击作用。

主要形式有柱式桥墩、实体桥墩、薄壁桥墩等。

柱式桥墩(图5.8-38)是目前江苏交控使用最广泛的桥墩形式,是在钻孔桩基础上建设立柱桥墩的墩身,再在柱顶浇筑盖梁;由承台、柱式墩身和盖梁组成。它可以根据桥宽的需要以及地物地貌条件任意组合,优点是材料用量经济,施工简便,适合平原地区建桥使用。

柱式桥墩可分为独柱、双柱(图5.8-39)和多柱等形式。

图5.8-38 柱式桥墩

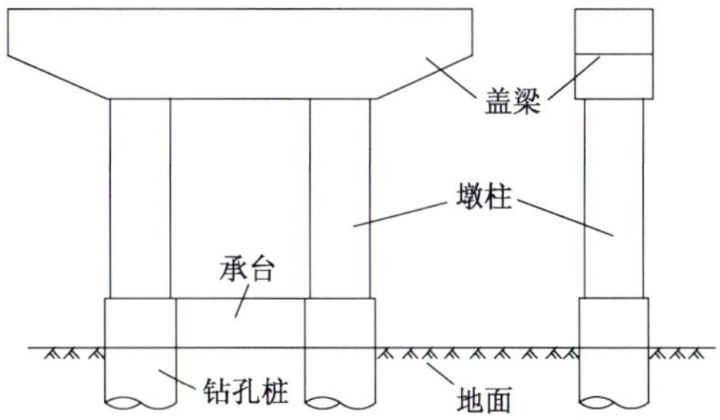


图5.8-39 双柱式桥墩示意图

1)墩柱竖向裂缝

墩柱竖向裂缝主要有以下两类:一类裂缝位于立柱中间部位,呈弯曲状,中间宽上下窄状,不与桥墩上下部连接,如图5.8-40、图5.8-41所示;另一类裂缝出现在墩柱上缘,自上而下,上宽下窄,如图5.8-42、图5.8-43所示。

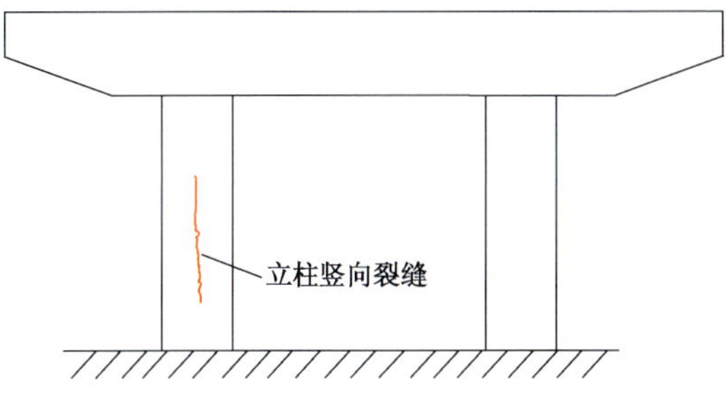


图5.8-40 墩柱竖向裂缝示意图

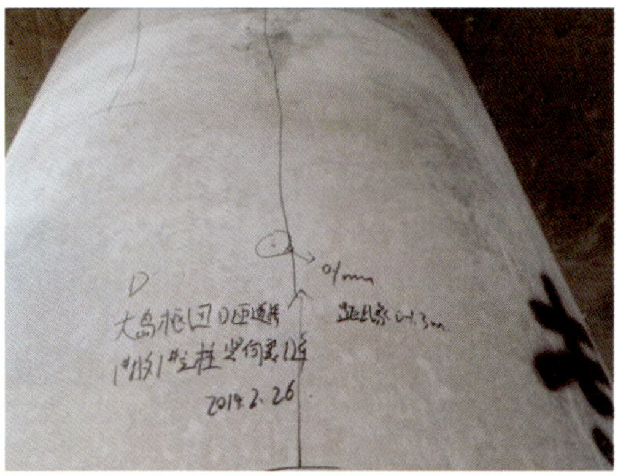

图5.8-41 墩柱竖向裂缝

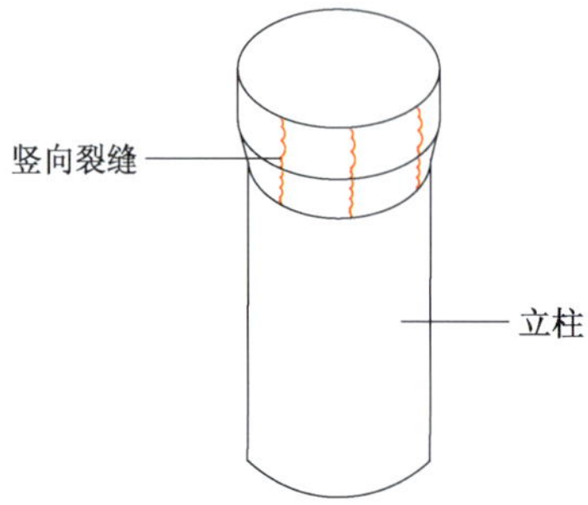


图 5.8-42　立柱顶部竖向裂缝示意图

图 5.8-43　立柱顶部裂缝

产生墩柱竖向裂缝的可能原因如下：

(1)混凝土干缩、内外温差引起的温度应力；

(2)柱顶上方只有1个盆式支座、竖向荷载较大，应力较集中，墩柱上方在竖向荷载作用下，由于泊松效应会产生较大的环向拉应力，从而形成竖向裂缝。

2)墩柱环向裂缝

墩柱水平环状裂缝(图 5.8-44、图 5.8-45)为受力裂缝，一般情况下此类裂缝宽度较大，对桥梁结构安全性影响较大。

图 5.8-44　墩柱环向裂缝

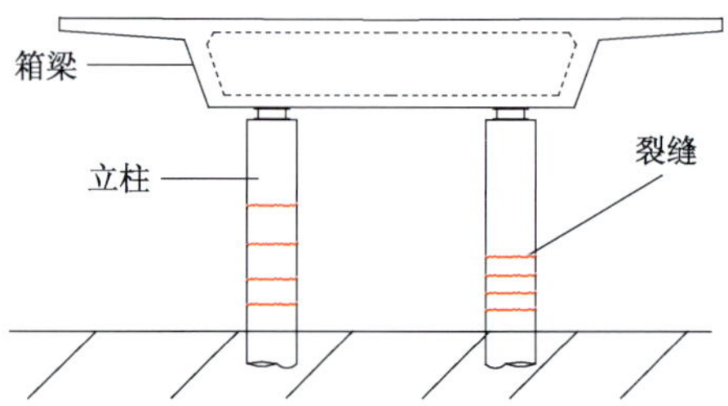


图 5.8-45　墩柱环向裂缝示意图

产生墩柱环向裂缝的可能原因如下：

(1)梁端垃圾堆积堵塞(图 5.8-46)或梁体与桥台背墙顶死(图 5.8-47)限制了梁体整联纵向滑动，从而将梁端挤压产生水平力传递至墩柱，墩柱底部产生较大附加应力，产生半环形裂缝；

(2)若立柱两侧存在不同高度的堆土等情况，立柱水平裂缝可能是受土压力挤推而开裂；

(3)墩柱两侧支座位置施工不当，造成梁体一侧的支座偏心距较大，使得一侧的墩柱下缘产生较大拉应力，从而产生环向裂缝。

图5.8-46 梁端垃圾堵塞

图5.8-47 梁体与桥台背墙顶死

## 5.8.8 盖梁

盖梁(图5.8-48、图5.8-49),又称为帽梁,是指为支承、分布和传递上部结构的荷载。在桥墩上设置钢筋混凝土的横梁,主要作用是支撑桥梁上部结构,并将全部荷载传到下部结构。

图5.8-48 盖梁

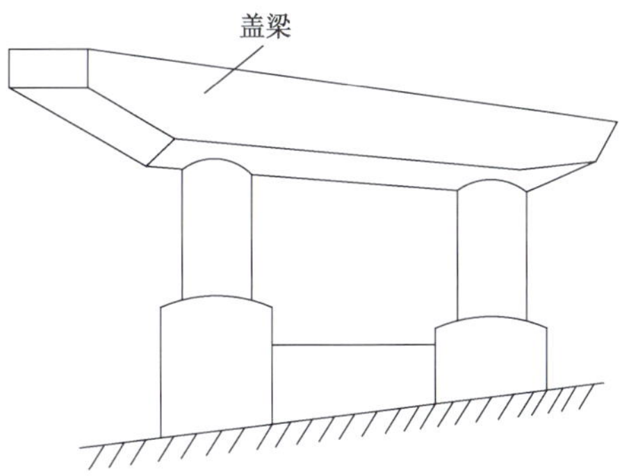



图5.8-49 盖梁构造示意图

1)盖梁竖向裂缝

盖梁竖向裂缝主要有两类:一类出现在盖梁跨中区段,由盖梁下边缘向上延伸,多数延伸至底面,是结构裂缝,表示构件承载力不足,如图5.8-50、图5.8-51所示;另一类出现在盖梁上缘,多数裂缝较短,上宽下窄,是由变形引起的,为收缩裂缝,指变形得不到满足,在构件内部产生自应力,如图5.8-52、图5.8-53所示。

产生收缩裂缝的可能原因:拆模后混凝土强度未达到要求,在自重作用下,易在顶面位置开裂,类似结构裂缝。

产生结构裂缝的可能原因:盖梁跨中正弯矩较大,从而产生较大的拉应力,加上施工质量较差,保护层设置过薄,或者设计的盖梁截面偏小,受力主筋配筋偏少,从而产生竖向裂缝。

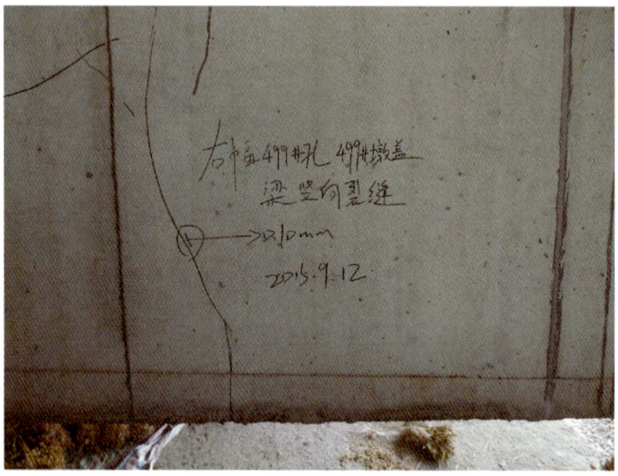


图 5.8-50　盖梁竖向裂缝 1

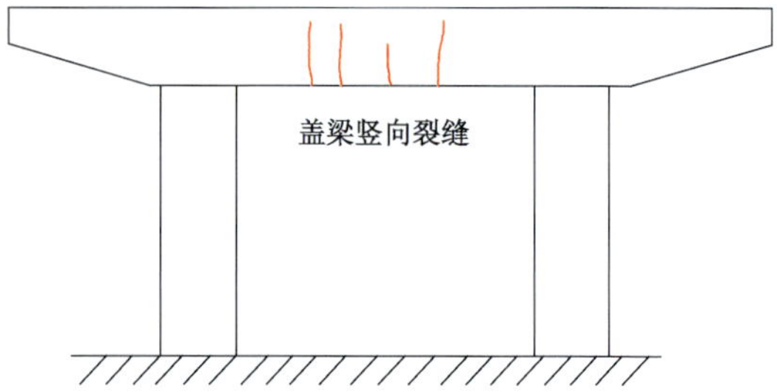


图 5.8-51　盖梁竖向裂缝示意图 1

图 5.8-52　盖梁竖向裂缝 2

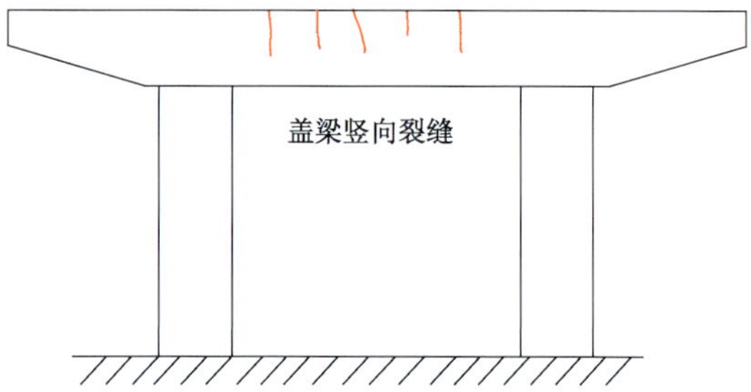


图 5.8-53　盖梁竖向裂缝示意图 2

2)高低盖梁竖向裂缝

过渡墩盖梁因两侧上部结构形式不同会设计成高低盖梁(图 5.8-54)的形式,部分桥梁高低盖梁高出的一侧因为分批浇筑的因素出现竖向裂缝(图 5.8-55)。此类裂缝仅在高出的一侧盖梁出现,长度与盖梁较高段的高度基本一致,一般裂缝宽度较小,缝长较短,至分批浇筑面即结束。

图 5.8-54　高低盖梁

图 5.8-55　高侧盖梁竖向裂缝

3) 盖梁斜向裂缝

盖梁斜向裂缝一般位于立柱两侧,沿立柱侧斜向开展,由盖梁顶面向下发展,与水平方向夹角 30°~60°,如图 5.8-56 所示,剪切裂缝常与柱顶盖梁顶部竖向裂缝连通。

产生盖梁斜向裂缝的可能原因如下:

(1) 设计未在桥墩附近盖梁截面加密箍筋,导致抗弯配筋不足,引起开裂;

(2) 负弯矩区弯起钢筋起弯位置不当、增设的直受力筋锚固长度不足;

(3) 超载引起剪力超过盖梁抗剪能力。

4) L 形盖梁角隅开裂

此类病害多出现于高低盖梁棱角部位及中线附近,如图 5.8-57 所示,裂缝位于伸缩缝下部,当伸缩缝处漏水,水将直接进入裂缝引起钢筋锈蚀。

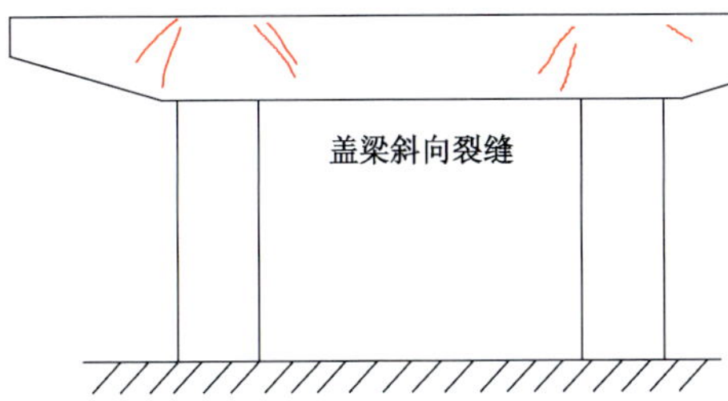


图 5.8-56　盖梁斜向裂缝示意图

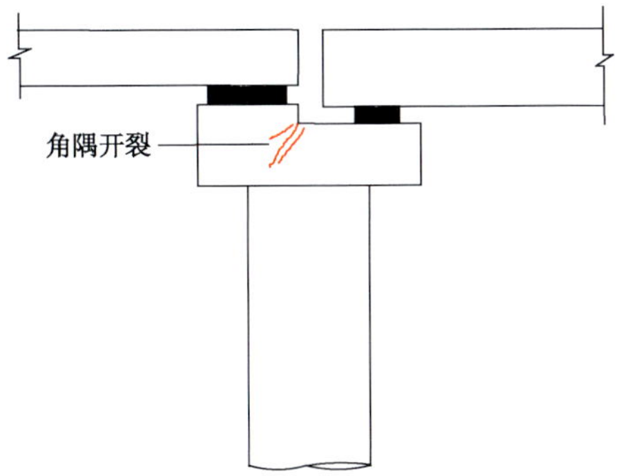


图 5.8-57　L 形盖梁角隅开裂示意图

产生 L 形盖梁角隅开裂的可能原因:梁端间隙处异物堵塞,上部结构的水平位移受到制约,产生水平力作用,截面变化处应力集中引起混凝土开裂。

## 5.8.9　系梁

系梁(图 5.8-58)位于墩柱上,是改善柱及桩受力的结构,使桩或墩的整体刚度加强。一般为条状,连接同墩号两根桩,使两根桩或柱连成共同受力的整体。

系梁裂缝一般为自下而上的竖向裂缝,多与系梁顶面纵向裂缝连通,如图 5.8-59 所示。可能原因是基础不均匀沉降导致系梁出现附加应力,产生开裂。

## 5.8.10　实体墩

实体墩主要依靠自身质量来平衡外力作用从而保持其稳定,墩身厚实,它具有坚固耐久、施工简易、取材方便、节约钢材等优点。由墩帽、墩身和基础构成,如图 5.8-60、图 5.8-61 所示。

按截面形状划分为:圆端墩、尖端墩、圆角形及圆形墩等。

图5.8-58　系梁

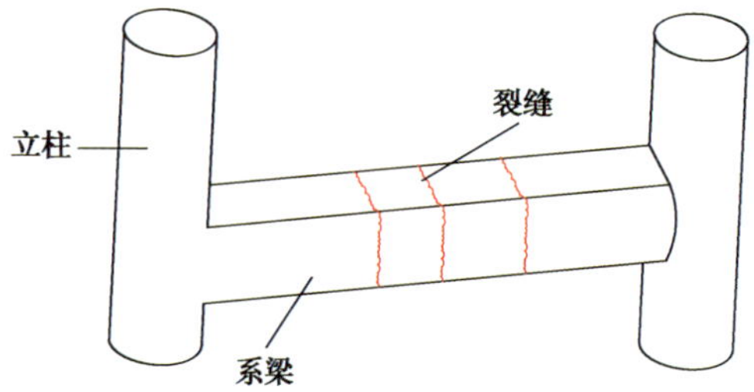


图5.8-59　系梁裂缝示意图

图5.8-60　实体墩

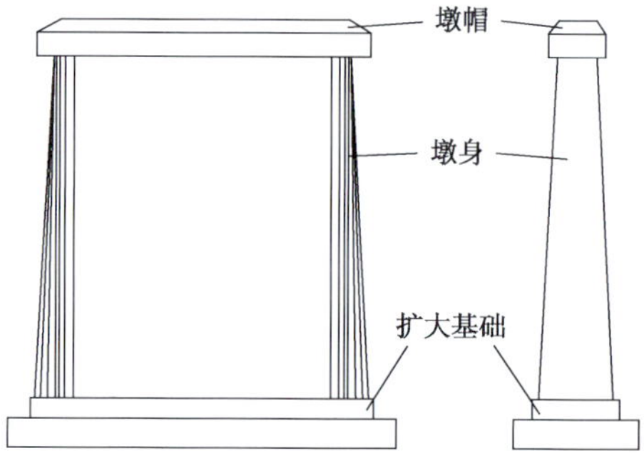


图5.8-61　实体墩示意图

5.8.10.1　墩身

1)墩身竖向裂缝

墩身竖向裂缝一般有两种表现形式:一种是从基础向上发展,裂缝下宽上窄,如图5.8-62、图5.8-63所示,此类裂缝破坏桥墩整体性。

图5.8-62　墩身竖向裂缝

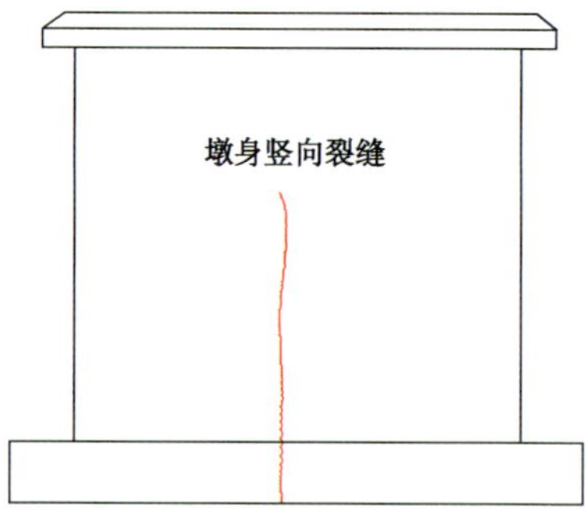


图5.8-63　墩身竖向裂缝示意图

产生此类裂缝的可能原因如下:

(1)桥墩基础横向不均匀沉降引起附加力作用,导致开裂;

(2)在高温干燥环境条件下施工,拆模太晚,同时养护不到位,易引起竖向收缩裂缝。

另一种是支座垫石上边延伸到下边的纵向贯通裂缝,在墩身上、下两侧面对称产生,裂缝上宽下窄,如图5.8-64、图5.8-65所示,裂缝长度随荷载的变化而发展。产生此类裂缝的可能原因:相邻两孔的固定支座安在同一桥墩上或活动支座不灵活,在支座下产生很大的摩阻力,在活载作用下支座支承垫石产生拉应力,从而被拉裂。

图5.8-64 墩身竖向裂缝

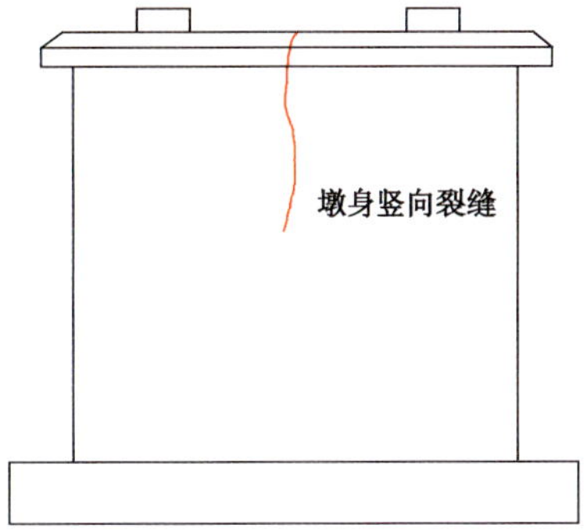


图5.8-65 墩身竖向裂缝示意图

2)墩身水平裂缝

钢筋混凝土墩身水平裂缝呈水平层状,多出现于10m以上的高墩(图5.8-66)。

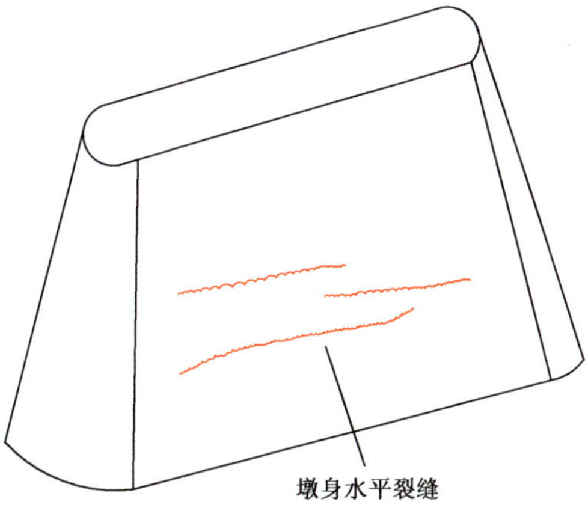


图5.8-66 墩身水平裂缝示意图

产生墩身水平裂缝的可能原因如下:

(1)混凝土浇筑不良,施工缝处理不好,混凝土抗拉强度低于设计要求;

(2)桥墩在活载作用下,边缘产生超过设计的拉应力造成水平裂缝。

3)墩身网状裂缝

墩身网状裂缝多发生在常水位以上墩身的向阳部分,裂缝呈网状,如图5.8-67、图5.8-68所示,影响混凝土外观质量。

产生墩身网状裂缝的可能原因如下:

(1)养护措施不及时,混凝土干燥收缩产生裂缝;

(2)大体积混凝土温度应力(水化热温度和外部气温的温差过大)导致混凝土表面产生

裂缝；

(3)可能为材料强度不高、砌筑质量不好。

图 5.8-67 墩身网状裂缝

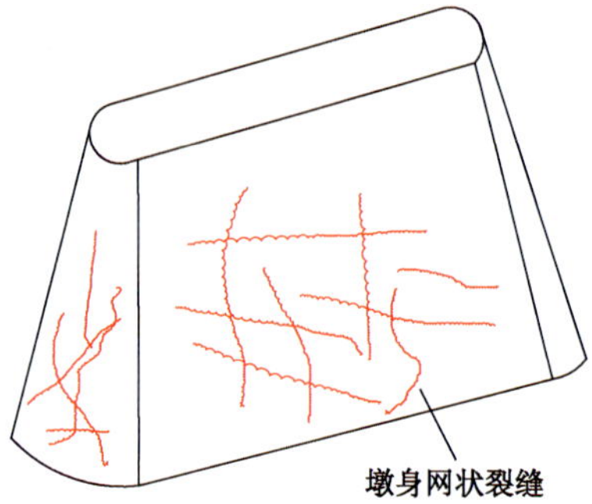


图 5.8-68 墩身网状裂缝示意图

5.8.10.2 墩帽

墩帽放射性裂缝(图 5.8-69)不论在实体墩还是薄壁墩均有可能发生。裂缝在墩帽平面上,顺桥梁中心轴线产生、发展、贯通整个墩帽,并由边缘自上而下的垂直延伸,多发生在跨度大、支承反力大的桥墩帽上。

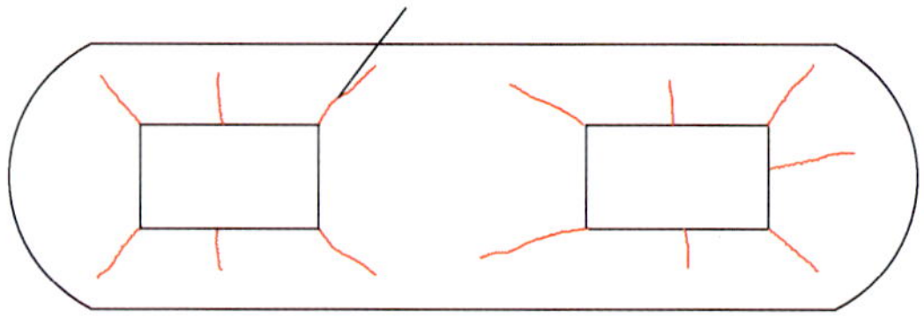


图 5.8-69 墩帽放射性裂缝示意图

产生墩帽放射性裂缝的可能原因如下：

(1)局部应力过大,作用力集中地通过支座传至桥墩,使其周围墩顶其他部位产生拉应力；

(2)支座损坏引起。

## 5.8.11 薄壁墩

薄壁墩横桥向长度基本和其他形式的墩尺寸相同,而纵桥向长度很小,外形与重力式桥墩相似,具有截面面积小、截面模量大、自重轻等特点,如图 5.8-70、图 5.8-71 所示。主要分为钢筋混凝土薄壁墩、双壁墩以及 V 形墩三类。

江苏交控内一般采用钢筋混凝土薄壁墩。

墩身竖向裂缝一般有两种表现形式:一种出现在墩顶位置,自上而下发展,如图 5.8-72 所示,通常是由于墩顶区域受拉钢筋布置不足或不合理引起,对桥梁结构安全无较大影响;另一种竖向裂缝由基础向上发展,如图 5.8-73 所示,多是由于桥墩基础出现横向不均匀沉降所引起,对桥梁结构安全影响较大。

图 5.8-70　薄壁墩

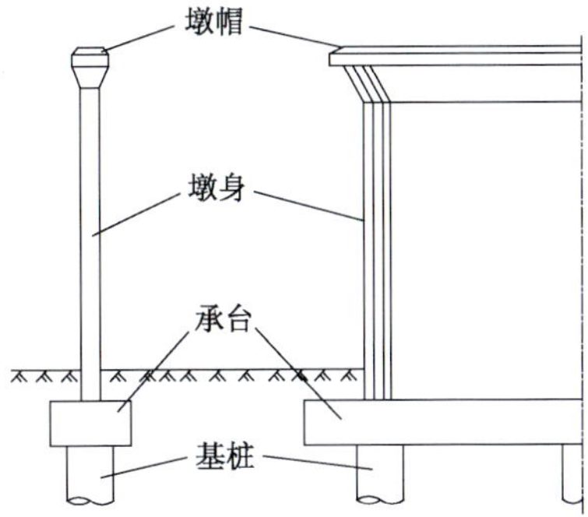


图 5.8-71　薄壁墩示意图

图 5.8-72　墩身竖向裂缝

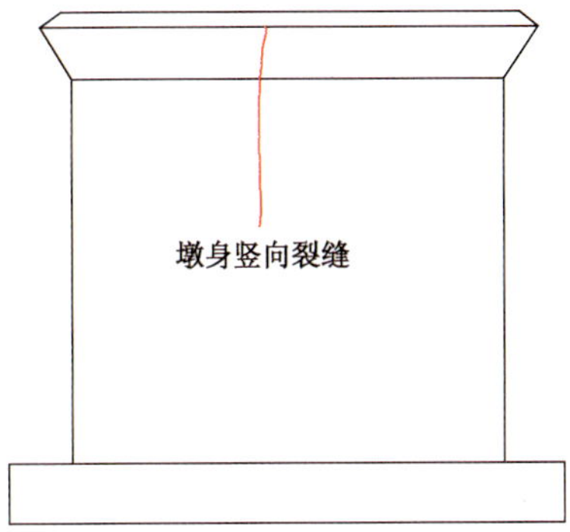


图 5.8-73　墩身竖向裂缝示意图

## 5.8.12　限位挡块

限位挡块一般为设置在盖梁上边梁外侧的土工构造物，如图 5.8-74 所示，防止主梁在横桥向发生落梁现象。

下面介绍挡块常见的几类病害，并分析其可能的病害原因。

1）挡块开裂

挡块开裂是指挡块向外侧开裂，严重时将被推翻，如图 5.8-75、图 5.8-76 所示。可能原因为梁体偏位，向外推挤挡块，使挡块向外开裂。

2）挡块与梁体间垃圾堵塞

挡块与梁体间垃圾堵塞（图 5.8-77、图 5.8-78）会影响梁体的横向滑移，造成局部应力过大。

图 5.8-74　限位挡块

图 5.8-75　挡块挤压开裂

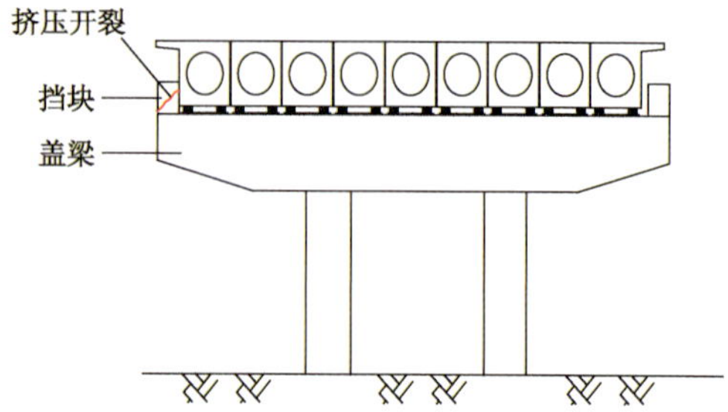


图 5.8-76　挡块挤压开裂示意图

图 5.8-77　挡块与梁体间沥青垃圾堵塞

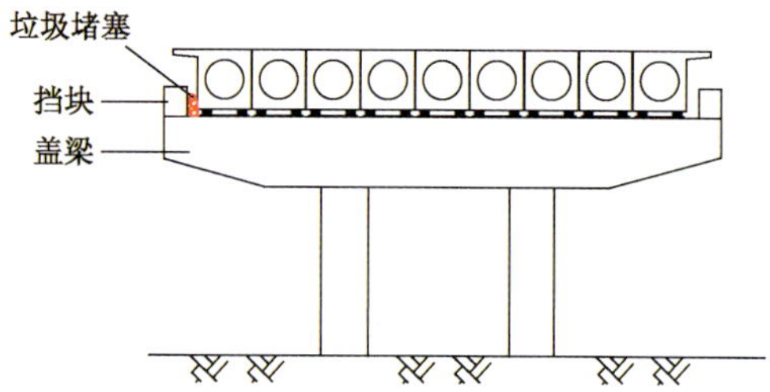


图 5.8-78　挡块与梁体垃圾堵塞示意图

3）其他

除上述病害外，挡块还存在与梁体无间隙（图 5.8-79）或间隙过小、墩（台）帽未设挡块（图 5.8-80）、混凝土表观缺损等病害。

图 5.8-79　挡块与梁体无间隙

图 5.8-80　墩帽未设挡块

## 5.8.13 墩台基础

墩台基础是桥墩、桥台与地基直接接触的部分，承受上部结构传来的全部荷载，并把它们和下部结构荷载传递给地基，它的类型与尺寸往往取决于地基条件，尤其是地基承载力，目前工程上普遍使用的是扩大基础、桩基础和深井基础。江苏交控内多采用桩基础。

桩基础由基桩和连接于桩顶的承台共同组成，可在平面上排列成一排或几排，所有的桩的顶部都由承台连成一整体。其作用是将承台以上结构物传来的外力通过承台由桩传到较深的地基持力层中。桩基础施工如图5.8-81所示。

承台是指在基桩顶部设置的联结各桩顶的钢筋混凝土平台，起承上传下的作用，承受、分布由墩身传递的荷载，如图5.8-82所示。

图5.8-81 桩基础施工

图5.8-82 承台

5.8.13.1 桩柱

1）桩柱中心偏位

过大的桩柱中心偏位（图5.8-83、图5.8-84）会产生较大的偏心受压，造成过大的不良弯矩，影响结构安全。可能原因是施工不到位。

图5.8-83 桩柱中心偏位

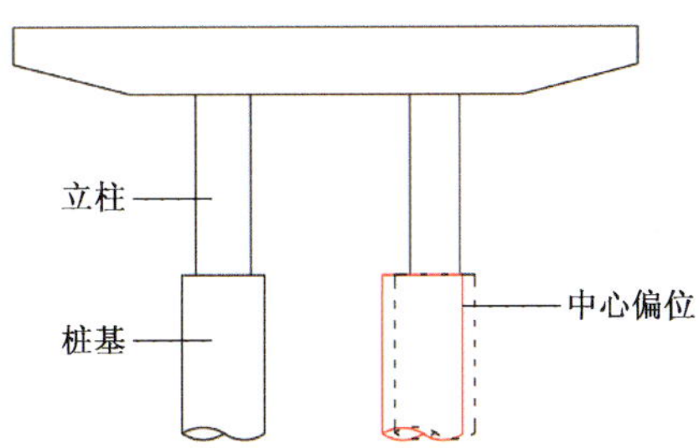


图5.8-84 桩基中心偏位示意图

2）桩柱结合部位缺陷

桩柱结合部位混凝土质量差或养护不到位，在水流作用下，冲刷掏空较为严重（图5.8-85），易造成混凝土酥松、钢筋外露等病害，还会出现桩头偏位等施工不到位所产生的病害（图5.8-86）。

图5.8-85 桥墩基础冲刷掏空

图5.8-86 桩柱结合部位混凝土缺陷

5.8.13.2 桩基

1）桩基冲刷侵蚀

桩基冲刷侵蚀是指构件在水流等外界作用下出现的砂浆表面磨损、脱损现象，多出现在干湿交接面及以下部分，如图5.8-87所示。桩基冲蚀、径缩如图5.8-88所示。

图5.8-87 桩基冲刷侵蚀

图5.8-88 桩基冲蚀、径缩

病害产生的可能原因如下：

（1）设计时没有计算或计算错误冲刷深度，导致冲刷深度超过预期；

（2）冻融循环，地下水或土壤中有害物质侵蚀；

（3）由于桩基的实际混凝土抗压强度不高、集料性能差以及混凝土表面不光滑，甚至凹凸不平，在水流的冲击下，出现混凝土表面磨损现象。

2）桩基混凝土表面生物腐蚀

出现桩基混凝土表面生物腐蚀的桥梁位于滨海盐土和内陆盐土地区，多出现在干湿交界面（图5.8-89、图5.8-90）。

5.8.13.3 基础

1）基础冲刷掏空

基础冲刷掏空是指承台下的夯实土或填筑材料被流水冲刷掏空，基础掏空严重时会导致墩台倒塌,威胁结构安全。此类病害多出现在水流较为湍急的河道中,基础前端两侧首先发生冲刷,冲刷最深处一般位于基础前中部。

图5.8-89 桩基混凝土表面生物腐蚀

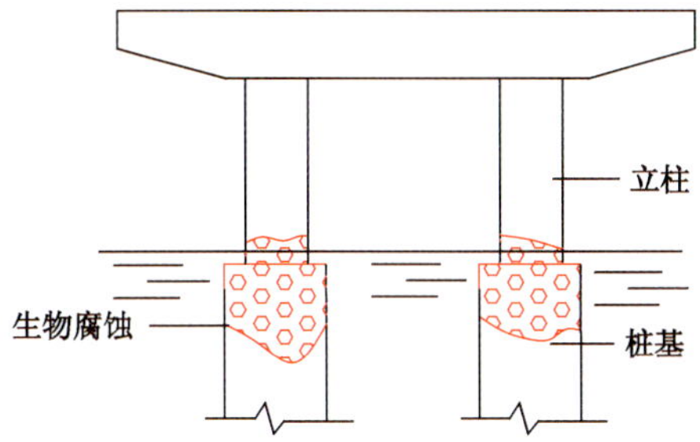


图5.8-90 桩基混凝土表面生物腐蚀示意图

墩柱基础悬空如图5.8-91、图5.8-92所示。桩基础局部冲刷是桩柱周围的水流与泥沙之间相互作用的结果,如图5.8-93所示,水流绕过桩柱时会发生局部流线弯曲和流速变化,形成复杂的紊动涡体,局部流速的增大并伴随着涡体紊动的影响,引起床面泥沙的起动和运输,进而导致床面局部冲刷的发生。

图5.8-91 墩柱基础悬空

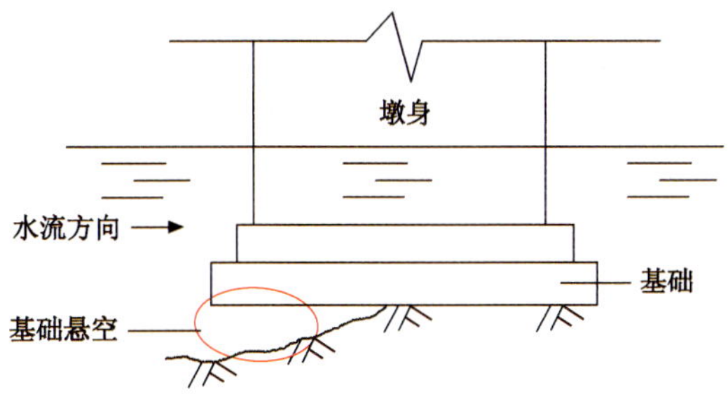


图5.8-92 基础悬空示意图

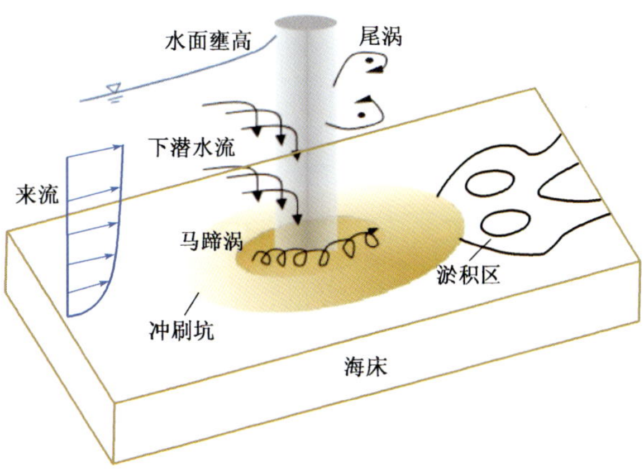


图5.8-93 桩基础局部冲刷机理示意图

基础冲刷掏空的可能原因如下：

(1)部分桥梁位于水文环境比较复杂的位置，当桥梁基础与水流有斜交时，容易造成基础掏空；

(2)基础埋置深度不够，造成冲刷深度大于基础埋置深度，导致基础掏空；

(3)桥位附近存在非法采砂现象，加重冲刷。

2)不均匀沉降

基础不均匀沉降量过大将严重改变桥梁线形和内力分布状况。除使用监测设备对其进行长期监测外，只能通过桥梁上部结构和桥面系，或墩台上某些部位上的外观现象，才能进行判断。基础不均匀沉降具体表现如下：

(1)桥面相邻的两条伸缩缝，一个出现挤压破坏现象，另一个存在拉伸现象；

(2)桥面出现不均匀凹陷；

(3)梁板两端出现明显高低差；

(4)混凝土实体墩台出现由下至上的竖向裂缝等。

基础沉降如图5.8-94、图5.8-95所示。

图5.8-94 基础沉降

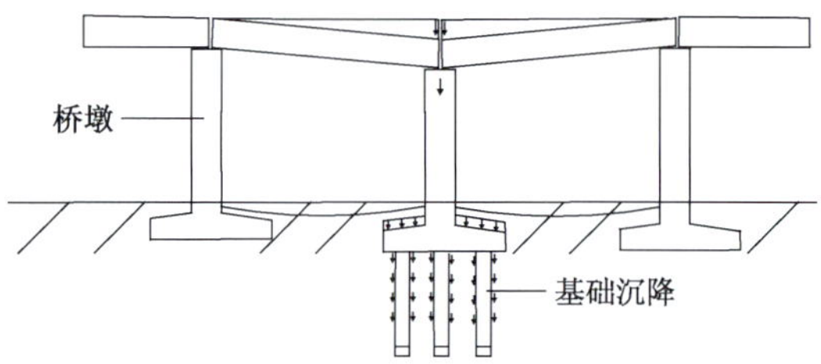


图5.8-95 基础沉降示意图

基础不均匀沉陷的可能原因如下：

(1)地质勘查精度不够，试验资料不准，盲目进行设计、施工；

(2)拼宽桥梁新旧桥沉降不一致，会导致拼宽接缝处出现破损；

(3)分幅桥梁承受的荷载不一致，在地质情况较均匀的情况下，当基础荷载差异过大时，可能引起不均匀沉降。

## 5.9 涵洞

涵洞是指为保证地面水流能够横穿公路而设置的小型构造物，属于上部受压，两侧受挤，端部外露，中间流水的半地下工程。一般由基础、洞身、洞口组成。按构造形式可分为管涵、盖板涵、拱涵、箱涵等。江苏交控一般采用圆管涵、盖板涵和箱涵。

圆管涵是指洞身为圆形的涵洞(图5.9-1)，由管身、基础、接缝及防水层构成，主要有八字墙和一字墙两种洞口形式。

盖板涵是指洞身以钢筋混凝土板作为顶盖的涵洞(图5.9-2),主要由底板、侧板、盖板三个部分组成。盖板涵与单跨简支板梁桥的结构形式基本相同,只是盖板涵的跨径较小。

图5.9-1 圆管涵

图5.9-2 盖板涵

箱涵(图5.9-3)是指洞身以钢筋混凝土箱形截面的涵洞,以盖板取代拱圈,洞身截面变成了箱形。

下面介绍涵洞常见的几类病害,并分析其产生的可能原因。

1)裂缝

部分涵节的侧墙、涵顶、底板上出现裂缝或细小裂纹,也有整个涵节贯通性的(横向或纵向)裂纹或裂缝、涵节间沉降缝的裂开和错位、涵顶结构与其两侧侧墙之间出现的水平或垂直方向上的错位裂缝、底板贯通性的纵向裂缝等破坏性较大的裂缝。

涵节裂纹如图5.9-4所示。

图5.9-3 箱涵

图5.9-4 涵节裂纹

产生涵节裂纹(缝)的可能原因如下:

(1)混凝土徐变作用;

(2)结构材料的强度未达到合格标准;

(3)沉降缝的设置不合理;

(4)重载车辆的长期碾压。

2)沉陷、错台

涵洞一端或整个沉陷,部分涵节错列变形,伴随出现错台、跳车等病害。

涵洞沉陷错台的可能原因如下:

(1)地质条件差或人工处理地基不当,导致涵洞不同节段的沉降量不同,节与节之间沉降缝被拉开,相邻涵身之间出现错台,甚至会引起涵洞上方路基沉陷,出现跳车;

(2)管节之间采用平口对接形式,虽中间缝隙用沥青麻絮填塞,但其侧向抗剪力仍很小,当涵管两侧路基土在填筑和夯实不均匀时,在行车荷载作用下,致使某些管节产生侧向位移,形成错口。

3)漏水、渗水

涵节之间施工接缝处填缝料脱落、施工接缝过宽且未封闭密实,接缝处渗水、渗砂;盖板与涵台交界处渗水;结构裂缝、沉陷、错台处渗水、漏水等现象。

洞口积水严重如图5.9-5所示。

涵洞漏水、渗水的可能原因如下:

(1)涵洞本身施工质量差、施工接缝过大、防水处理有缺陷;

(2)涵洞各节段间产生不均匀沉降,引起结构开裂、沉陷、错台;

(3)路面的雨水渗入涵上填土,填土含水率过高,而防水设施不完善,使得填土内积水从涵身渗出等。

4)排水不畅

洞内外长时间淤积、堵塞就会导致排水不畅(图5.9-6)。此类病害影响涵洞的正常使用功能,我们要加强日常养护,尤其在每次洪水之后。

图5.9-5 洞口积水严重

图5.9-6 洞口堵塞

涵洞排水不畅的可能原因如下:

(1)长期的水流冲刷,在涵洞进出水口会滋生、堆积水草等植物,淤积泥沙、石块等堵塞洞口,涵洞过水能力就会减小,大大影响涵洞的正常使用;

(2)洞身裂缝、整体或局部沉降等病害,会造成涵底高程位置降低,出水口高程相对增大,洞内长期积水,泥砂无法自行排出,也会造成排水不畅。

5)基础局部悬空

基础局部悬空是指涵洞底板铺砌或进出口基础被冲刷损坏、掏空,影响结构稳定,在日常养护工作中,应高度重视。

基础局部悬空的可能原因是水流长时间冲刷,尤其在洪水季节,水流流速较快,导致涵洞底板铺砌被冲刷损坏、进出口基础被冲刷掏空。

## 5.10 通道

主要有两类通道,分别为钢筋混凝土盖板式通道和钢筋混凝土箱式通道(图5.10-1、图5.10-2)。

图5.10-1 钢筋混凝土盖板式通道

图5.10-2 钢筋混凝土箱式通道

下面介绍通道常见的几类病害,并分析其产生的可能原因。

### 5.10.1 墙身

1)墙身竖向裂缝

墙身竖向裂缝(图5.10-3、图5.10-4)一般出现相邻沉降缝之间的跨中位置,裂缝一般下端较宽,上端相对较窄,少量裂缝为中间较宽,两端较窄。可能原因为基础不均匀沉降。

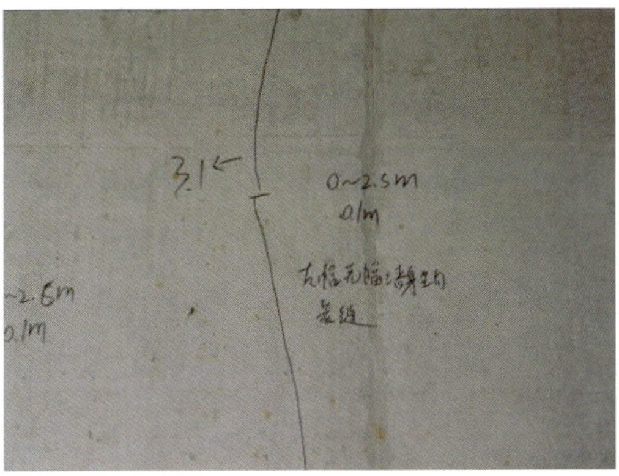

图5.10-3 墙身竖向裂缝

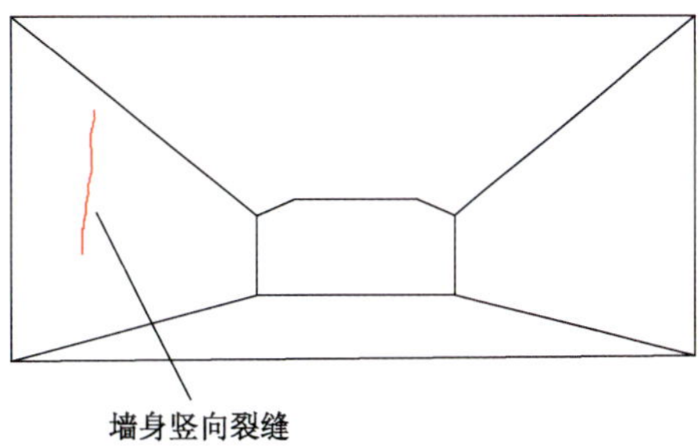


图5.10-4 墙身竖向裂缝示意图

2)墙身水平裂缝

墙身水平裂缝(图5.10-5、图5.10-6)一般在墙身中间位置,也有少量出现在墙身与顶板相接的部位,常呈间断性贯穿墙身,一般缝宽较窄。可能原因是基础不均匀沉降,或侧向土压力过大所致。

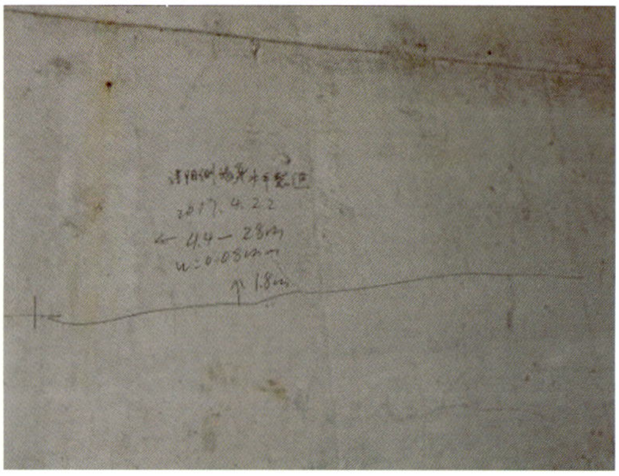

图5.10-5　墙身水平裂缝

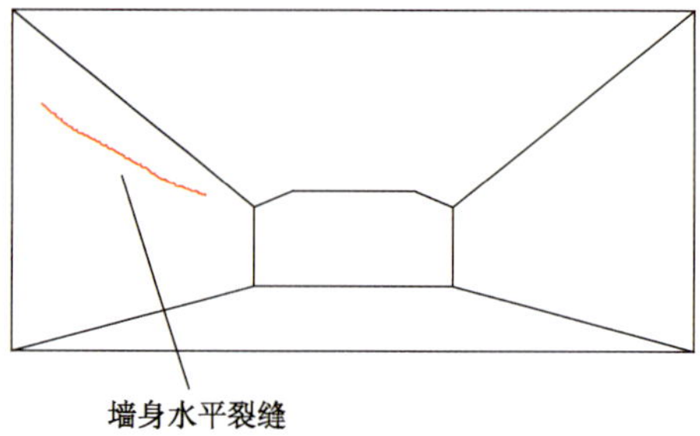


图5.10-6　墙身水平裂缝示意图

## 5.10.2　顶板

1)顶板横向裂缝

顶板横向裂缝(图5.10-7、图5.10-8)在通道中较为常见,通道顶板横向裂缝一般出现相邻沉降缝之间的跨中位置,常与墙身竖向裂缝对应出现,缝宽一般小于墙身竖向裂缝宽度。可能原因为混凝土收缩及温度力作用所致。

图5.10-7　顶板横向裂缝

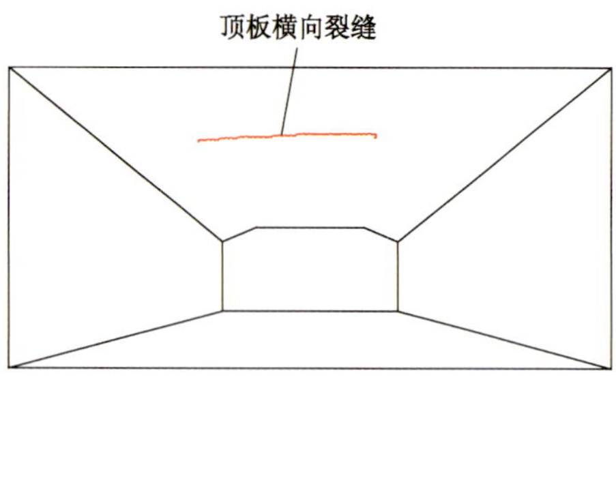


图5.10-8　顶板横向裂缝示意图

2)顶板纵向裂缝

顶板纵向裂缝(图5.10-9、图5.10-10)一般出现顶板中间位置,靠近沉降缝处,部分裂缝呈间断性,缝宽一般较窄。可能原因是顶板在车辆荷载作用下下缘受拉开裂。

图5.10-9 顶板纵向裂缝

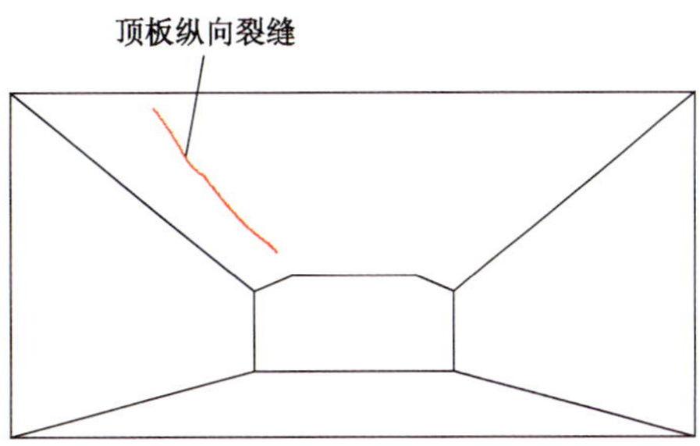


图5.10-10 顶板纵向裂缝示意图

## 5.11 加固后桥梁病害

随着桥梁服役年限的逐年增加，桥梁“老龄化”现象不断加剧，桥梁病害日益突出，系统内各家管养单位对病害桥梁进行了及时有效的维修加固处理。

桥梁耐久性病害的修复方法主要为封缝、灌缝，缺陷修复，防腐涂装等。上部结构加固方法主要有粘贴碳纤维布、预应力碳纤维板、粘贴钢板、体外预应力、增大截面等。下部结构加固方法主要为扩大基础加固（即增大截面）、粘贴钢板等。

下面介绍江苏系统内桥梁常见的几种维修加固措施及其典型病害，并分析其可能的病害原因。

### 5.11.1 封缝、灌缝

造成桥梁工程出现裂缝的原因很多，且较为复杂。常见的裂缝有受弯剪裂缝、收缩裂缝、温差裂缝。这些裂缝与构件受力、混凝土材料的特性等均有关。裂缝按其宽度分别采用表面封闭和压力注浆两种方法进行处理，分界值为0.15mm。

裂缝表面封闭（封缝）法是指对混凝土构件表面微小裂缝进行封闭的方法（图5.11-1）。

压力注浆（灌缝）法是指通过一定压力将浆液压入混凝土裂缝中的方法（图5.11-2）。

图5.11-1 封缝

图5.11-2 灌缝

1)裂缝扩展

裂缝扩展有3种表现形式,分别为裂缝宽度扩展(图5.11-3)、裂缝长度扩展(图5.11-4)、裂缝宽度和长度均扩展。可能原因为裂缝的持续发展,应对扩展受力裂缝应加强观测,视情况采取加固补强措施。

①裂缝宽度扩展:结构胶在封缝位置处崩裂。

②裂缝长度扩展:裂缝沿原封缝位置向两端发展。

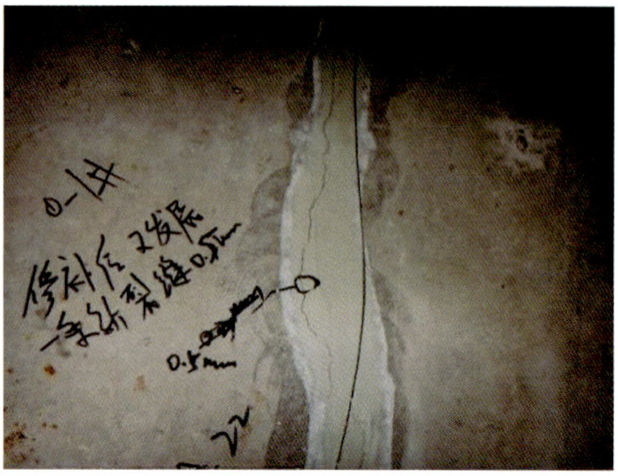

图5.11-3　裂缝宽度扩展

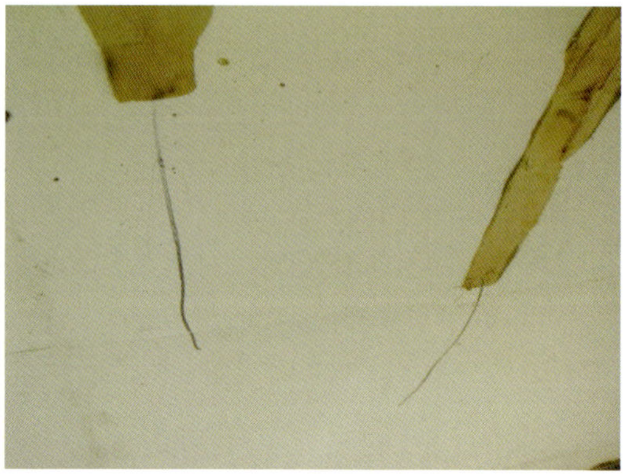

图5.11-4　裂缝长度扩展

2)封缝脱落

封缝脱落是指胶体与混凝土构件局部分离、脱落,部分胶体脆化,如图5.11-5所示。此类病害主要与结构胶老化,环氧失效有关。

## 5.11.2　碳纤维粘贴

碳纤维粘贴加固法,是利用树脂类粘接剂将复合材料粘贴到结构构件的表面(图5.11-6),形成复合材料体,通过复合材料与构件的协同工作,来提高结构构件的承载力和延性的一种加固技术方法。

图5.11-5　封缝脱落

图5.11-6　碳纤维粘贴

1)防腐脱落

碳纤维一般在粘贴完毕后进行表面防护。防腐脱落是指表面防护层局部脱落,如图5.11-7

所示，影响美观。此类病害多与材料及施工质量有关，病害出现无明显规律性。

2）空鼓

碳纤维空鼓分布比较分散，多呈气泡大小，如图5.11-8所示，大部分是刷胶不均匀，导致空气没有完全被排出引起的。

图5.11-7　防腐涂装脱落

图5.11-8　空鼓

3）剥离

剥离区分为老化剥离和剐擦剥离，前者是指碳纤维布材料本身在自然环境下的老化，如图5.11-9所示，呈丝状；后者是指跨路孔碳纤维在超高车辆等外力剐擦导致的剥离失效，如图5.11-10所示，一般出现在跨路桥孔。

图5.11-9　碳纤维布老化剥离

图5.11-10　碳纤维布剐擦剥离

## 5.11.3　预应力碳纤维板

预应力碳纤维板（图5.11-11）加固技术是一种主动加固的方法，是体外预应力加固方法的延伸，与体外预应力有相似之处，但不完全相同。该项技术可使碳纤维板在承担结构传递的荷载应力之前就已经处于较高的应力水平，预先发挥一定的强度，使其高强性能得到充分利用。

a)　　　　　　　　　　b)

图 5.11-11　预应力碳纤维板

1)锚固松弛

锚固松弛是指碳纤维板张拉端或锚固端滑移、内缩。此类病害影响加固体系本身安全,进一步带来次生病害,严重时会影响桥梁结构安全,需引起足够重视。

2)板材损坏

预应力碳纤维板在正常使用阶段不应出现此类病害,板材损坏主要为破坏性试验,具体表现形式有:板材被拉爆(图 5.11-12)、板材局部断裂(图 5.11-13)。

图 5.11-12　板材被拉爆

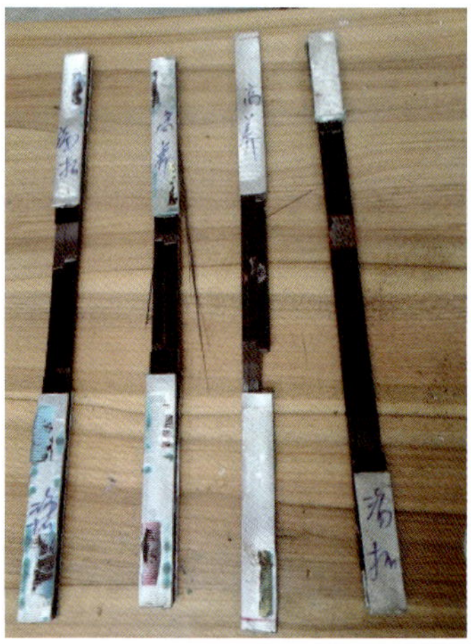

图 5.11-13　板材局部断裂

## 5.11.4　钢板粘贴

钢板粘贴加固法是采用高性能的环氧类粘接剂将钢板粘贴在混凝土构件表面,使钢板与混凝土形成统一整体,利用钢板良好的抗拉强度,达到增强构件承载能力及刚度的目的。

钢板粘贴如图 5.11-14 所示。

1)空鼓

空鼓(图5.11-15)是指钢板与混凝土面未黏结,通过小锤敲击检测,声音空响处即空鼓。此类病害多发生在墩柱包钢或面积较大、厚度较厚的钢板,可能原因为施工控制不当。

图5.11-14　钢板粘贴

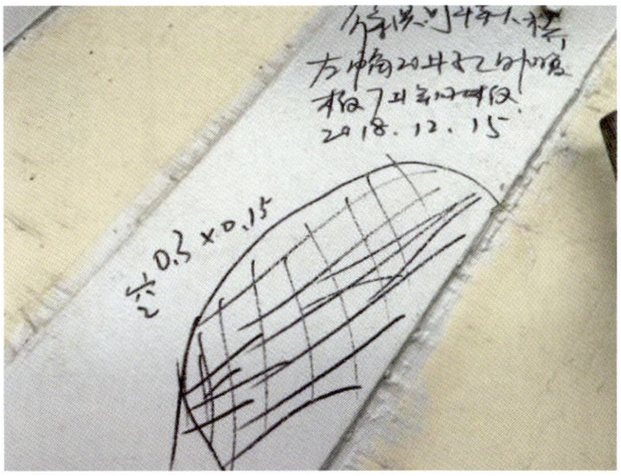


图5.11-15　空鼓

2)剥离

剥离是指钢板大面积脱离混凝土面,目视可见明显间隙,如图5.11-16所示,进一步发展为整块钢板掉落,如图5.11-17所示,存在重大安全隐患,需引起足够重视。此类病害多与施工质量有关,病害出现位置无明显规律。

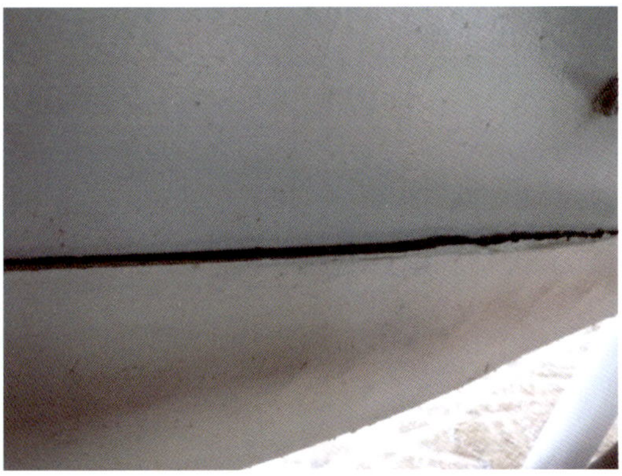

图5.11-16　钢板剥离

图5.11-17　钢板脱落

3)锈蚀

锈蚀(图5.11-18)是钢结构的共性病害,影响整体美观,潮湿环境下的钢板较易锈蚀。

### 5.11.5　混凝土表面缺陷修补

表面缺陷主要是指混凝土出现的蜂窝麻面、松散、孔洞、破碎、剥落等缺陷部位以及钢筋外露区域等。及时对其进行加固修补(图5.11-19),可阻止缺陷对桥梁结构的危害,避免发生更严重的破坏,延长桥梁的服务时间。

图 5.11-18　锈蚀

图 5.11-19　缺陷修补

1)网裂

网状裂缝缝宽较细,主要为收缩裂缝,如图 5.11-20 所示,无明显分布规律,可能原因为施工质量不良或原材料不佳。

2)空鼓

空鼓(图 5.11-21)是新旧混凝土结合面未黏结的一种表现方式,通过小锤敲击检测,声音空响处即空鼓。此类病害多出现在上部结构采用水泥砂浆修补的部位,全跨均有可能分布。可能原因为施工过程中的动荷载影响。

图 5.11-20　网裂

图 5.11-21　空鼓

### 5.11.6　体外预应力

体外预应力加固法是通过在梁体外增设预应力索(包括钢绞线、高强度钢丝束和精轧螺纹钢筋),对原有结构构件进行主动加固的方法。其作用原理是通过预应力手段,改变原结构的内力分布,调整原结构应力水平,从而达到提高结构承载能力、改善结构抗裂和耐久性的目的。

体外预应力加固如图 5.11-22 所示。

图 5.11-22　体外预应力加固

1)锚固松弛

此类病害影响加固体系本身安全,表现为混凝土锚固块局部破坏、钢锚固块局部变形过大、预应力线形下垂,进一步影响桥梁结构安全,需引起足够重视。

2)PE 受损、钢绞线锈蚀

此类病害前期表现为外包 PE 受损(图 5.11-23),钢绞线外露,空气的腐蚀造成钢绞线锈蚀(图 5.11-24),严重影响结构安全。

图 5.11-23 外包 PE 受损

图 5.11-24 钢绞线锈蚀

3)防腐失效

此类病害主要是指内室黄油硬化变质或缺失,如图 5.11-25 所示。无法隔绝的外界水汽等,容易引起墩头钢丝锈蚀。

4)焊缝开裂

此类病害(图 5.11-26)主要是施工工艺缺陷,影响钢结构的安全使用,进一步影响体外预应力加固体系的有效性。

图 5.11-25 防腐失效

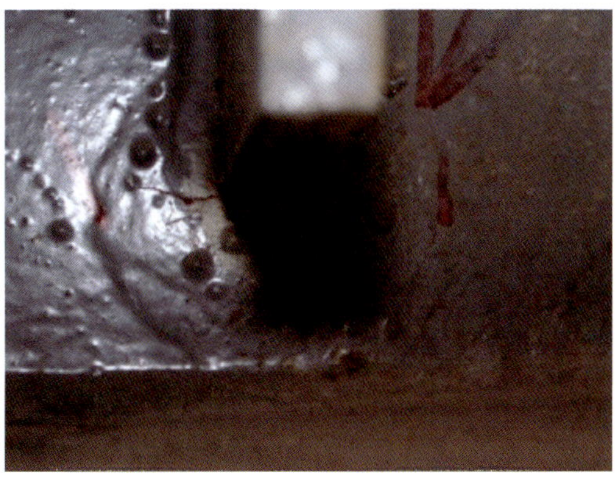

图 5.11-26 焊缝开裂

## 5.11.7 增大截面

增大截面加固(图 5.11-27)是在原受力构件的上浇一层新的混凝土并增设相应的钢筋,浇筑层混凝土处在受力区时,增加了构件的有效高度,从而提高了构件的抗弯、抗剪等承载力,增加了构件的刚度,提高最大承载能力。

a)

b)

图 5.11-27　增大截面加固

1)结合面开裂

结合面开裂(图 5.11-28)是指新旧混凝土结合面未黏结,界面脱层,如图 5.11-29 所示。此类病害多为施工控制不当引起,可能未按设计文件进行凿毛,导致新旧混凝土的黏结力不足,引起新旧混凝土的开裂脱空。一般集中出现在某座桥梁某个工程项目上。

图 5.11-28　结合面开裂

图 5.11-29　芯样脱层

2)空鼓

空鼓是新旧混凝土结合面未黏结的一种表现方式,通过小锤敲击检测,声音空响处即空鼓。

增加截面空鼓且网裂如图 5.11-30 所示。

### 5.11.8　混凝土防腐涂装

混凝土防腐涂装(图 5.11-31)能抵挡暴露环境中腐蚀因子的侵蚀,阻止水和其他物质等通过微小通道或孔洞进入混凝土内部,避免发生化学腐蚀作用,起到保护桥梁的作用。

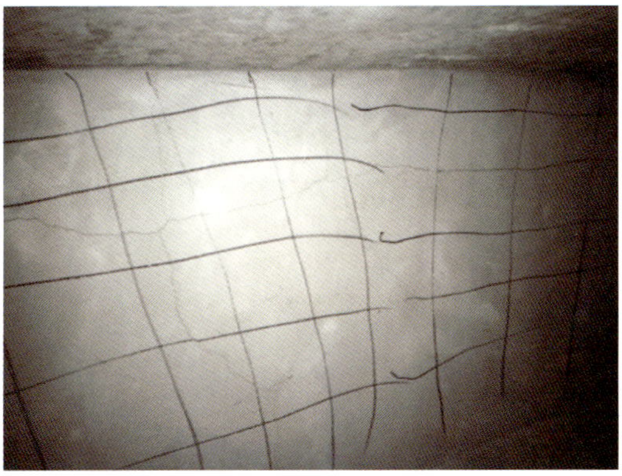

图5.11-30　增加截面空鼓且网裂

图5.11-31　混凝土防腐涂装

1)起皮

此类病害多为施工质量不达标所致,对桥梁结构安全无直接影响,但却破坏了桥梁的美观,进一步发展为剥落,如图5.11-32所示。

2)剥落

此类病害的出现将导致涂装层无法隔绝潮湿的空气,容易引起混凝土内的钢筋锈蚀,如图5.11-33所示。

图5.11-32　起皮

图5.11-33　剥落

## 5.11.9　钢构件焊缝

维修加固用钢结构常用焊缝连接(图5.11-34),其构造简单,结构刚性大、整体性好,适用面广。

1)焊缝不完整

此类病害由施工工艺缺陷引起,容易造成焊接强度降低。病害出现无明显规律,如图5.11-35所示。

2)脱焊

此类病害主要指焊接不牢,在行车荷载的作用下,钢构件间分离,使钢构件失去其本身的作用,病害出现无明显规律。如图 5.11-36 所示。

图 5.11-34　钢结构焊缝

图 5.11-35　焊缝不完整

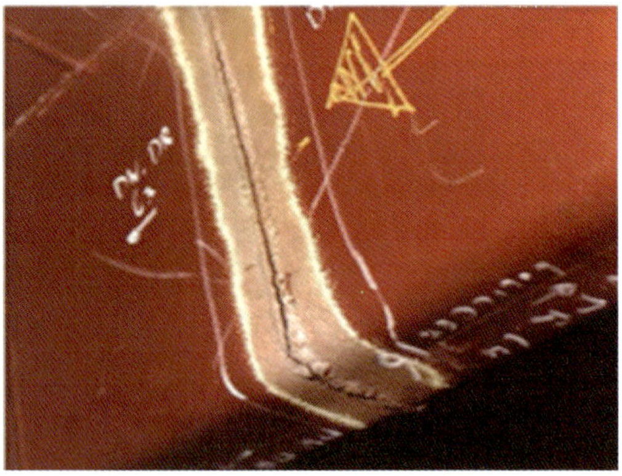

图 5.11-36　脱焊

Chapter
Six

# 第 6 章

# 缆索承重结构桥梁

根据缆索系统的布置形式，缆索承重结构桥梁主要有悬索桥和斜拉桥。

## 6.1 悬索桥

### 6.1.1 组成

悬索桥（图 6.1-1）主要由缆索系统、索塔、锚碇和加劲梁组成，还有主索鞍、散索鞍、索夹等局部构造。它的主要承重结构是悬挂在主塔顶的主缆，加劲梁通过竖向或倾斜的吊索悬吊在主缆上，主梁承受局部纵桥向弯矩和横桥向弯矩。

悬索桥的基本组成如图 6.1-2 所示。

6.1.1.1 缆索系统

缆索系统包括锚固于锚碇并支撑于索塔的主缆和直接将加劲梁悬吊于主缆的吊索（图 6.1-3）。

（1）主缆

主缆是悬索桥主要承重构件，整个桥梁的恒载和活载均靠两根主缆悬吊起来，如图 6.1-4 所示。主缆由抗拉强度高、疲劳性能好、弹性模量大、截面密度大的高强度平行钢丝束股组成。

图 6.1-1　悬索桥

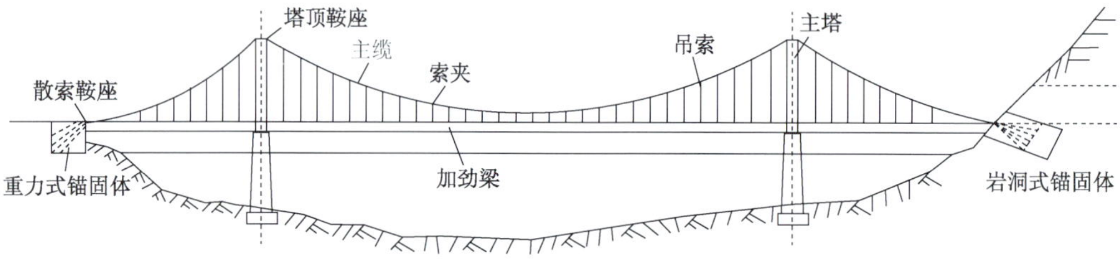


图 6.1-2　悬索桥的基本组成

图 6.1-3　缆索系统(主缆和吊索)

图 6.1-4　主缆

(2)吊索

吊索将加劲梁恒载和活载传递到主缆,起支承桥梁作用。吊索上端通过索夹固定于主缆,吊索与索夹连接,对于钢丝绳吊索多采用骑吊式。另外,钢丝绳和平行钢丝吊索亦采用销连接。吊杆下端一般采用锚头和拉杆系统与加劲梁相连。

耳板销轴式连接吊索如图 6.1-5 所示。

(3)索夹

主缆和吊索的连接一般采用刚性索夹把主缆箍紧,使主缆在受拉时,产生收缩变形也不致滑动。索夹的下端伸出铸件吊耳,通过销栓把吊索与吊耳相连(图 6.1-6)。

图 6.1-5 耳板销轴式连接吊索

a)

b)

图 6.1-6 索夹

6.1.1.2 索塔

索塔除承受自身重量及塔本体上风、温度、地震作用外,还要承担缆、加劲梁等悬索桥体系传给它的恒载、活载。

根据索塔外形的不同,索塔在横向的结构形式可分为门形框架式、桁架式、混合形式,纵向结构形式可分为单柱式、A 形、倒 Y 形(图 6.1-7)。小跨径单缆悬索桥中,还可以采用独柱式和倒 V 形或菱形索塔。

索塔横向门形框架式布置如图 6.1-8 所示。

6.1.1.3 锚碇系统

1)锚碇

锚碇是主缆的锚固体,与索塔一样是支承主缆的重要部分,它将主缆的拉力传递给地基。按受力形式的不同可分为重力式锚碇、隧道式锚碇和岩锚等。

(1)重力式锚碇(图 6.1-9、图 6.1-10)依靠自身巨大的重力抵抗主缆拉力。重力式锚碇由基础、锚体及锚固系统组成。

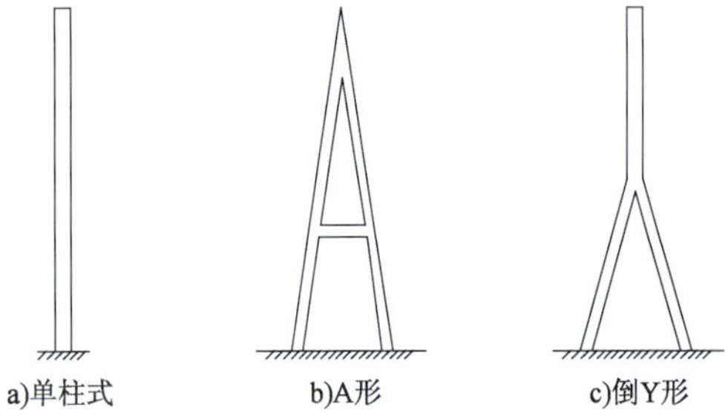


图 6.1-7　索塔纵向布置

图 6.1-8　索塔横向门形框架式布置

图 6.1-9　重力式锚碇

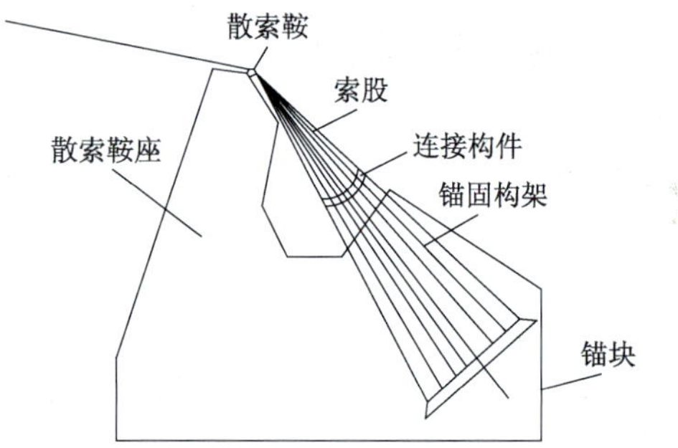


图 6.1-10　重力式锚碇示意图

(2)隧道式锚碇(图 6.1-11、图 6.1-12)是将主缆索股通过锚固系统集中在一个隧洞内锚固,隧洞内浇筑混凝土形成锚塞体。隧道式锚碇主要构造有锚塞体、散索鞍支墩、隧洞支护构造、前锚室、后锚室等。隧道式锚碇只适合在基岩坚实完整的地区,一般采用重力式锚碇。

图 6.1-11　隧道式锚碇

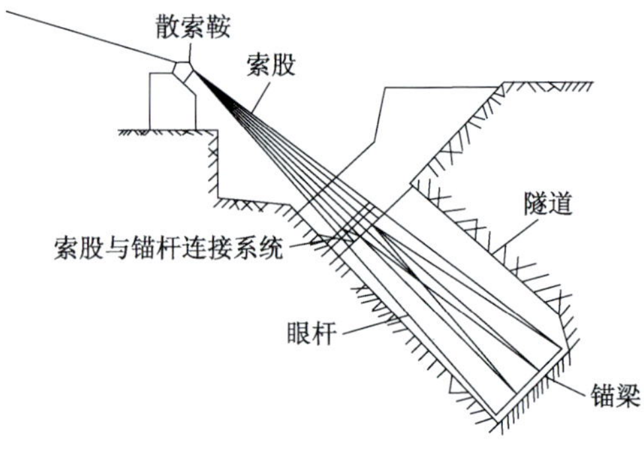


图 6.1-12　隧道式锚碇示意图

(3)岩锚是通过锚固钢绞线或锚杆直接锚固于岩体,将荷载传递至基岩,如图 6.1-13 所示。岩锚与隧道锚的主要区别在于:隧道锚是将主缆索股通过锚固系统集中在一个隧洞内锚固,隧洞内浇筑混凝土形成锚塞体;而岩锚则将锚固系统的预应力筋分散设置在单个岩孔中锚固,不需要浇筑混凝土锚塞体,高质量的岩体替代了锚塞体,从而大量节省混凝土锚体材料。

2)锚固系统

锚固系统是主缆索股与锚碇的连接构造,也是主缆的传力系统,主缆索股锚固系统按使用材料、结构构造和传力机理,可分为型钢锚固系统和预应力锚固系统两种类型。

主缆索股锚固如图6.1-14所示。

图6.1-13　岩锚

图6.1-14　主缆索股锚固

(1)型钢锚固系统

型钢锚固系统(图6.1-15)一般由锚杆、锚梁及锚支架3部分组成。锚架包括锚杆、前锚梁、拉杆、后锚梁等,是主要的传力构件。锚支架是安放锚杆、锚梁,并使之精确定位的支撑构件。

(2)预应力锚固系统

预应力锚固系统(图6.1-16)一般由预应力束、锚具、预埋管道和防护帽组成。锚具由锚头、夹片、锚下垫板、螺旋筋及密封圈等组成。预应力锚固系统根据材料不同,可分为预应力钢绞线锚固系统和预应力粗钢筋锚固系统。

图6.1-15　型钢锚固系统

图6.1-16　预应力锚固系统

6.1.1.4　加劲梁

悬索桥主要靠主缆承重,主缆在竖向活动荷载之下的柔性明显,需要靠增加主梁的刚度来增加桥的刚性,因此悬索桥的梁称为加劲梁。加劲梁主要有两种结构形式:桁架梁、钢箱梁(图6.1-17)。它是悬索桥直接承受车道活载,并经由吊索传递给主缆的构件(图6.1-18)。

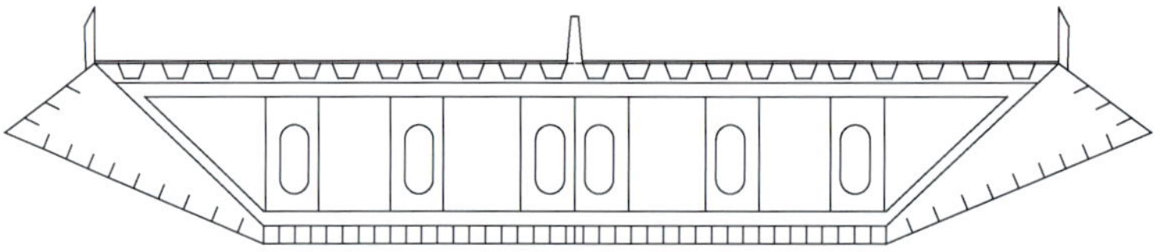

图6.1-17　钢箱梁截面

图6.1-18　悬索桥加劲梁

6.1.1.5　鞍座

鞍座主要包括塔顶鞍座和散索鞍座。

1)塔顶鞍座

塔顶鞍座位于主缆和塔顶之间,直接支承主缆,并将主缆的荷载传布到塔及桥台,如图6.1-19所示。鞍座为全钢焊接结构,鞍座和塔顶用螺栓连接,鞍座上设有索槽以安装主缆。

2)散索鞍座

散索鞍座安置在锚碇前端,主缆在此转折、分散后进入锚碇的锚室,如图6.1-20所示。散索鞍座由辊轴来作支承或做成摆柱构件,以适应主缆的长度变化。

## 6.1.2　结构特点

悬索桥的刚度是结构抵抗活载变形的能力。悬索桥抵抗活载变形的能力,是靠大缆张紧和桥跨结构巨大的恒载而形成的线形平衡稳定的状态,不因较小的短段活载而有显著变化,这便是缆的重力和桥跨结构重力形成的刚度,称之为重力刚度。

悬索桥的桥面通过长短不同的吊索悬吊在主缆上,使桥面具有一定的平直度。和拱桥不同的是,作为承重结构的拱肋是刚性的,而作为承重结构的主缆则是柔性的。为了避免在车辆行驶过程中随着悬索共同变形，悬索桥一般设有加劲梁。悬索桥的主缆一般支承在两个塔柱上，塔顶设有鞍形支座，主缆的端部通过锚碇固定在地基中。

图6.1-19　塔顶鞍座

图6.1-20　散索鞍座

### 6.1.3　分类

根据主缆锚固体系的不同，悬索桥分为以下两种：

1）地锚式悬索桥

地锚式悬索桥是把锚固梁（或锚固支架）放于悬索桥结构外山体或庞大的桥台中，如图6.1-21所示。其主缆的拉力由桥梁端部的锚碇传递给地基，因此在锚碇处要求地基具有较大的承载力，最好是有良好的岩层作地基持力层。

2）自锚式悬索桥

自锚式悬索桥（图6.1-22）主缆水平拉力直接传递给加劲梁，水平分力使加劲梁产生巨大的轴向压力，因此自锚式悬索桥的跨度不宜过大。否则，为了抵抗巨大的主缆水平分力，加劲梁的截面必须增大，造成不合理与不经济。

图6.1-21　地锚式悬索桥

图6.1-22　自锚式悬索桥

### 6.1.4　主缆的防护

主缆是主要的受力构件，也是不可更换的构件。由于它暴露在自然环境下，因此主缆防护的好坏将直接关系到悬索桥的寿命。一般在主缆安装完成后，彻底清洗钢丝表面，然后手工涂抹防锈腻子,使它嵌入钢丝缝隙中,再用缠丝机将退火镀锌细钢丝缠绕(图6.1-23),最后涂几层漆。在施工期间,也可以在镀锌钢丝外涂一道底漆或环氧树脂来保护钢丝。

### 6.1.5 吊杆的减振

长吊杆在低风速下将产生自激振动(涡振),特别是双肢吊杆位于下风方向的索会产生尾流振动。当吊杆长度超20m时,可将两肢吊杆用夹具(减振器)连接(图6.1-24),起到抑制振动的作用。

图6.1-23 主缆缠丝

图6.1-24 两肢吊杆用夹具(减振器)连接

## 6.2 斜拉桥

### 6.2.1 组成

斜拉桥,主要由索塔、主梁和斜拉索等组成,如图6.2-1、图6.2-2所示。斜拉桥将主梁用斜拉索直接锚固在索塔上,形成由承压的塔、受拉的索和承弯的梁组合起来的一种结构体系。

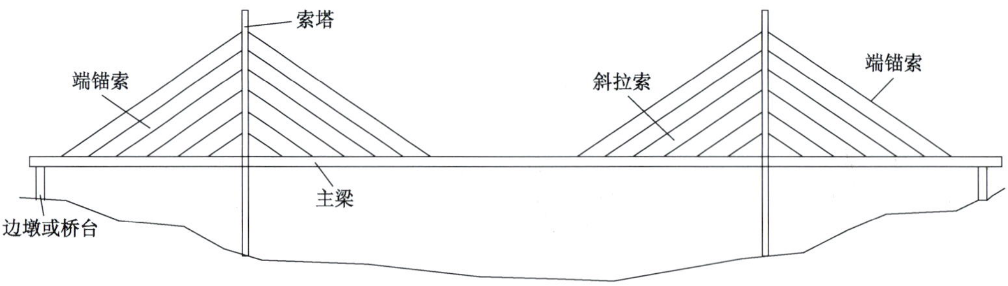


图6.2-1 斜拉桥的基本组成

#### 6.2.1.1 索塔

索塔是斜拉桥的主要受力构件,除自重引起的轴力外,还要承受斜拉索传递来的轴向水平分力,因此索塔同时承受巨大的轴力和较大的弯矩,属于压弯构件。

图 6.2-2 斜拉桥

从材料上看,斜拉桥索塔可以分为钢筋混凝土塔、钢塔和钢-混凝土混合塔等。

从纵桥向上看,塔柱主要有单柱形、A 形及倒 Y 形 3 种。

(1)单柱形索塔构造简单,外形轻盈美观,施工方便,是常用的塔型。

(2)A 形索塔和倒 Y 形索塔在顺桥向索塔刚度大,有利于抵抗索塔两侧拉索的不平衡拉力,能承受较大的顺桥向弯矩,并具有良好的抗震能力,但是施工较复杂。

从横桥向上看,根据结构布置要求及美观考虑,塔柱的形式多样,有单柱形、双柱形、门形、H 形、A 形、倒 V 形、倒 Y 形、菱形等。索塔部分形成如图 6.2-3 所示。

a)单柱形

b)A形

c)倒Y形

d)H形

图 6.2-3 索塔部分形式

(1)柱式塔柱构造简单,但承受横向水平荷载的能力较差。

(2)单柱形索塔用于单索面,双柱形索塔用于双索面。门形索塔、H形索塔在两塔柱之间设有横梁,抵抗横向水平荷载的能力较强,一般用于双索面斜拉桥。

(3)A形索塔、倒Y形索塔、菱形索塔横向刚度大,因两塔柱在索塔上部交会,故不可能发生塔顶反向的水平位移,增强了斜拉桥的整体抗扭刚度,适用于单、双索面,但构造复杂,施工难度较大,多用于大跨径斜拉桥。

#### 6.2.1.2 主梁

主梁是斜拉桥跨越一个空间,直接承受车道活载,并把梁的自重及活载传给主塔和墩、台的构件。当跨度在450m及其以下时,多采用预应力钢筋混凝土梁或钢和混凝土结合梁建造;当跨度在500m以上时,多用钢箱梁、混合梁或钢桁架梁。

#### 6.2.1.3 斜拉索

斜拉索(图6.2-4)是将主梁自重及活载传给索塔的受拉构件,除了必须具有高强度性能外,还须具备抗疲劳性能、耐久性和良好的抗腐蚀性。每一根斜拉索包括索体和两端的锚具两部分,索体承受拉力,锚具将索力传给主梁或索塔。

图6.2-4 斜拉索

1)拉索

目前的索体均为钢索,钢索由高强度钢筋、钢丝或钢绞线按一定的规律编成钢束制成。拉索按材料和制作方式的不同,可分为以下几种形式:

(1)封闭式钢缆

封闭式钢缆是以一根较细的单股钢绞缆为缆心,逐层绞裹断面为梯形的钢丝,接近外层时,绞裹断面为Z形的钢丝,相邻各层的捻向相反,最后得到一根粗大的钢缆。这种钢索制造工艺复杂,应用较少。

(2)平行钢筋索

平行钢筋索由若干根高强钢筋平行组成。所有钢筋在金属管道内由聚乙烯定位板固定其位置,索力调整后,在套管内采用柔性防护。

(3)平行钢丝索

平行钢丝索通过若干根钢丝平行并拢、扎紧而成。按照钢丝的集束方式又可分为平行钢丝股索、平行钢丝索、半平行钢丝索。平行钢丝索一般配用冷铸墩头锚。

(4)钢绞线索

钢绞线索由多股钢绞线平行或经轻度扭绞组成,其标准强度达1860MPa,因此用钢绞线制作的钢索可以进一步减轻钢索的重量。

(5)单股钢绞缆

单股钢绞缆以一根钢丝为缆心,逐层增加钢丝,同一层的钢丝直径相同,但逐层钢丝的扭绞方向相反,以抵抗张拉时的扭矩,最后形成一根单股钢绞缆。

2)锚具

斜拉索的索力必须通过两端的锚头,把桥跨结构的荷载传递到索塔上。常用的拉索锚具有热铸锚、墩头锚、冷铸墩头锚及夹片群锚等。前面几种是拉锚式锚具,事先安装在钢索两端,用千斤顶张拉并引伸锚杆,张拉到位后固定锚杆和锚圈的相对位置,锚头有张拉端和非张拉端之分。装配夹片式群锚的拉索,张拉时千斤顶直接拉钢索,张拉到位后锚具才发挥作用,因此又称为拉丝式锚具。

斜拉桥锚具如图6.2-5所示。

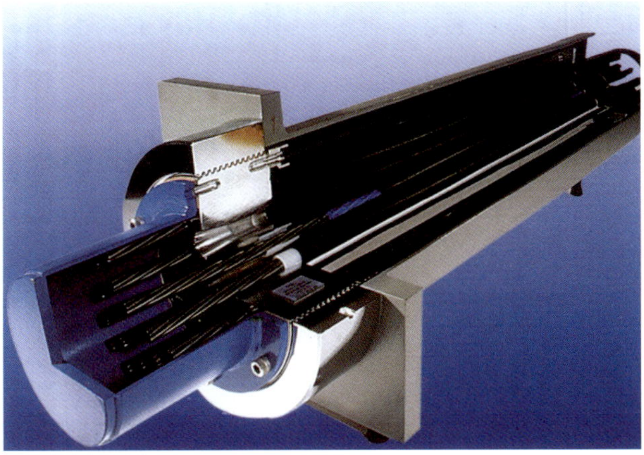

图6.2-5 斜拉桥锚具

## 6.2.2 结构特点

斜拉桥最主要的结构特点是主梁由锚固在索塔上的斜拉索作为弹性支承,主梁作为多点弹性支承的连续梁,索将梁的自重和活载传给索塔,因而降低了主梁跨中正弯矩,增加了主梁的跨越能力。

## 6.2.3 分类

### 6.2.3.1 按结合方式不同划分

按照塔、梁、墩相互结合方式,斜拉桥的结构体系可划分为漂浮体系、半漂浮体系、塔梁固结体系和塔梁墩固结体系。

1)漂浮体系

漂浮体系(图6.2-6)的特点是塔墩固结,塔梁分离。主梁除两端有支承外,其余全部用拉索悬吊,属于一种在纵向可稍做浮动的多跨弹性支承连续梁。主要优点是主跨满载时,塔柱处的主梁截面无负弯矩峰值;温度、收缩、徐变次内力均较小;受力较均匀;地震时全梁可以纵向长周期摆动,起到减振作用。目前,大量斜拉桥均采用漂浮体系。这种体

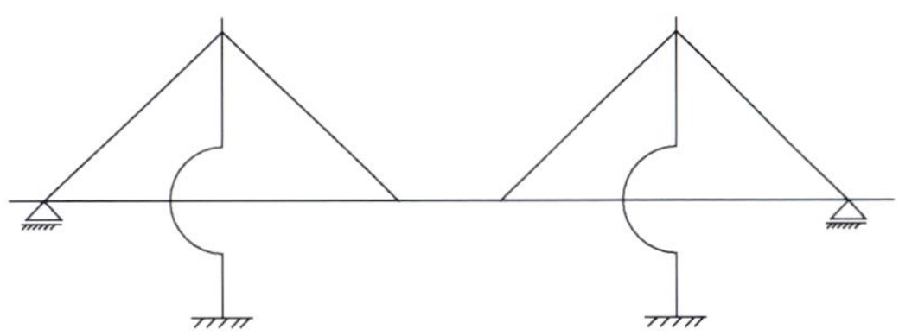

图6.2-6 漂浮体系

系的缺点是，当采用悬臂施工时，塔柱处主梁需临时固结，以抵抗施工过程中的不平衡弯矩和纵向剪力。从塔柱中心悬吊下来的拉索（一般称为“零号索”）施工复杂。

2）半漂浮体系

半漂浮体系（图6.2-7）的特点是塔墩固结，主梁在塔墩上设置纵向活动的竖向支承，成为具有多点弹性支承的三跨连续梁。这种体系若采用一般支座来处理则无明显优点，因为当两跨满载时，塔柱处主梁有负弯矩尖锋，温度、收缩、徐变次内力较大。若在墩顶设置一种可以调节高度的支座或弹簧支承，并在成桥时调整支座反力，以消除大部分收缩、徐变等的不利影响，这样就可以与漂浮体系相媲美，并且在经济性和减小纵向方面将会有一定的优势。

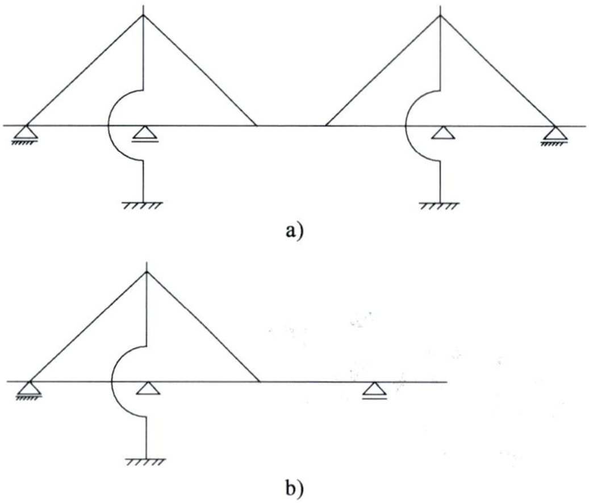

图6.2-7　半漂浮体系

3）塔梁固结体系

塔梁固结体系（图6.2-8）的特点是将塔梁固结并支承在墩上，斜拉索变为弹性支承。主梁的内力与挠度直接同主梁与索塔的弯曲刚度比值有关。这种体系的主梁一般只在一个塔柱处设置固定支座，其余均为纵向可以活动的支座。这种体系的优点是，显著减小主梁中央段承受的轴向拉力，索塔和主梁的温度次内力极小。缺点是中孔满载时，主梁在墩顶处转角位移导致塔柱倾斜，使塔顶产生较大的水平位移，从而显著增大主梁跨中挠度和边跨负弯矩；另外上部结构重量和活载反力都需由支座传给桥墩，需要设置吨位很大的支座。

4）塔梁墩固结体系

塔梁墩固结体系（图6.2-9）的特点是塔梁墩相互固结，形成跨度内具有多点弹性支承的刚构。这种体系的优点是既免除了大型支座，又能满足悬臂施工的稳定要求；结构的整体刚度比较好，主梁挠度小。缺点是主梁固结处负弯矩大，使固结处附近截面需要加大；再则，为消除温度应力，应用于双塔斜拉桥中时要求墩身具有一定的柔性，常用于高墩的场合，以避免出现过大的附加内力。

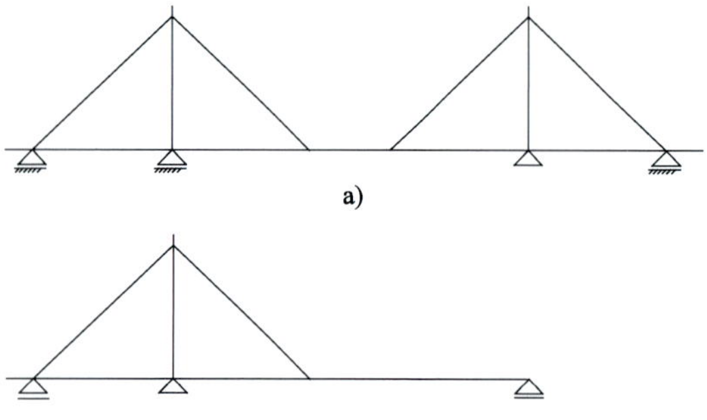

图6.2-8　塔梁墩固结体系

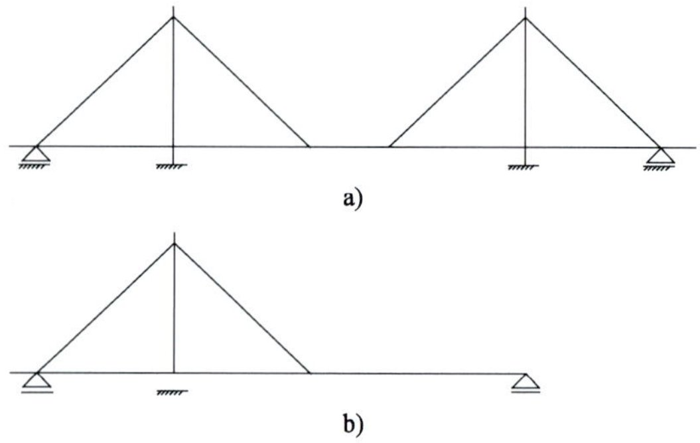

图6.2-9　塔梁墩固结体系

#### 6.2.3.2 按锚固方式不同划分

根据斜拉索的锚固方式可以将斜拉桥分为3种不同体系。

1)自锚式

自锚式斜拉桥的拉索全部锚固在主梁与塔柱之间,竖向荷载通过塔柱传递到桥墩及基础中,拉索的水平分力由主梁的轴力来平衡。绝大多数桥梁均采用自锚体系。

2)地锚式

地锚式斜拉桥的斜拉索一端固定在主梁上,另一端锚固在山岩上或通过塔顶改变方向后锚固在河岸的地锚中。

3)部分地锚式

在双塔三跨式或独塔两跨式斜拉桥中,部分边跨相对于主跨很小时,可以将边跨部分拉索锚固在主梁上,而部分拉索布置成地锚式。

### 6.2.4 拉索的防护

斜拉索的防腐是提高拉索使用寿命的关键。拉索的防护可分为钢丝防护和拉索防护两个方面。

1)钢丝防护

钢丝的防护可以采用镀锌、镀防锈脂、涂防锈底漆、镀环氧层等方法。钢绞线的防护可以采用镀锌、镀环氧层等方法。

2)拉索防护

对于封闭式钢缆,由于截面紧密,封闭性较好,孔隙率很小,可以只对各组成索的钢丝镀锌,并对钢缆表面施加涂料进行防护。但对于由钢丝索组成的拉索,由于孔隙率大,封闭性差,必须进行钢丝和拉索两部分防护。

### 6.2.5 拉索的布置

#### 6.2.5.1 拉索在空间的布置形式

拉索索面在空间通常布置成单索面(图6.2-10)和双索面,而双索面又分为竖直双索面(图6.2-11)和倾斜双索面(图6.2-12)。

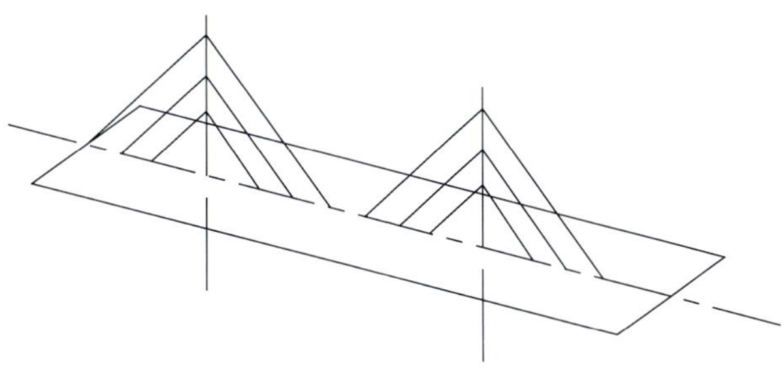

图6.2-10 单索面

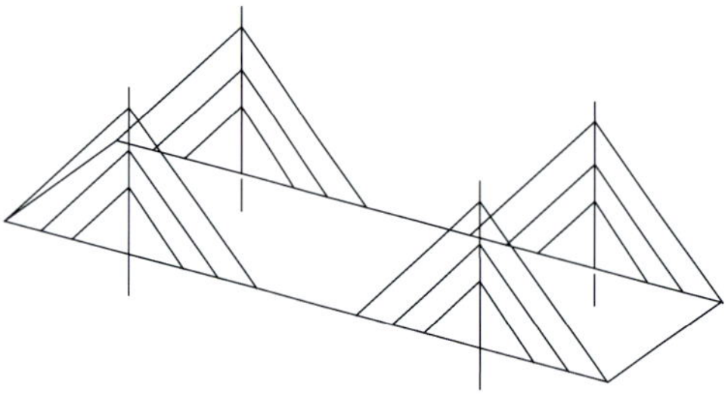

图 6.2-11 竖直双索面

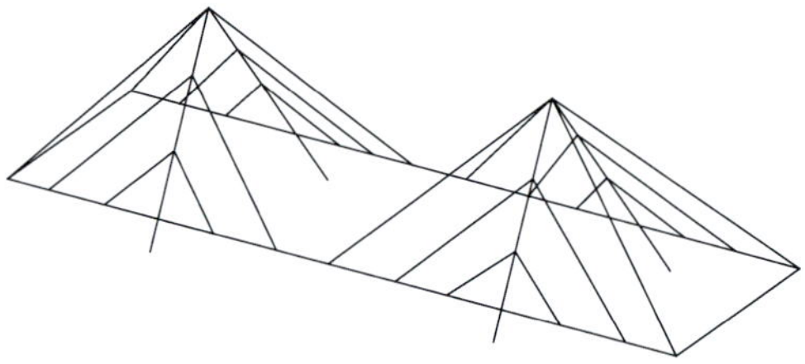

图 6.2-12 倾斜双索面

采用单索面时,斜拉索对抗扭不起作用,因此主梁应采用抗扭刚度较大的截面。单索面斜拉桥不能用于大跨度斜拉桥。

采用双索面时,斜拉索空间索力可以协助主梁抵抗不对称荷载产生的扭矩,使抗扭刚度非常小的边主梁甚至板式主梁截面成为可能。

6.2.5.2 拉索在索面内的布置形式

斜拉索在索面内的布置形式主要有三种基本类型:辐射形、竖琴形和扇形。

1)辐射形(图 6.2-13)

斜拉索沿主梁均匀分布,在索塔上集中于塔顶一点。由于斜拉索与水平面的平均交角较大,故拉索的垂直分力对主梁的支承效果也大。缺点是塔顶锚固点构造过于复杂。

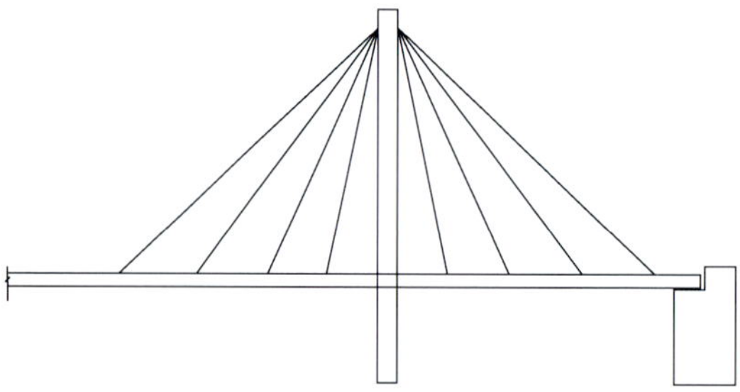

图 6.2-13 辐射形

2)竖琴形(图 6.2-14)

斜拉索平行分布,外形美观,可简化斜拉索与索塔的连接构造,塔上锚固点分散,对索塔受力有利。但梁承受较大的轴向压力,塔产生弯矩,钢索用量也较多。

3)扇形(图 6.2-15)

斜拉索不相互平行,兼有辐射形与竖琴形的优点,故获得广泛应用,现今桥梁多采用这种分布方式。

## 6.2.6 拉索的减振

斜拉索是一根细长的柔索,是斜拉桥中最容易产生振动的构件。目前采用的防止或抑制拉索振动的方法主要有 3 种:气动控制措施、附加阻尼设施、辅助索措施等。

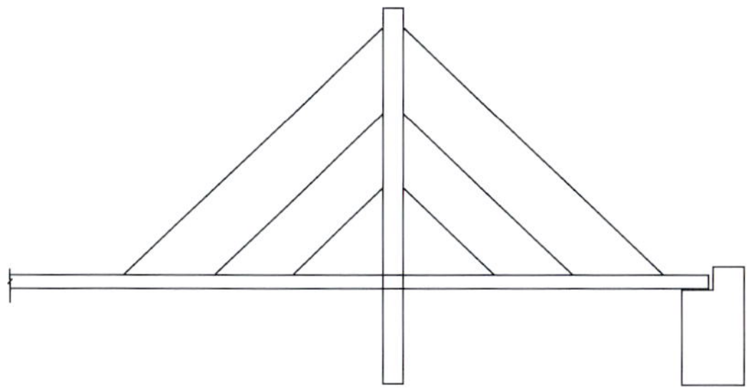

图 6.2-14 竖琴形

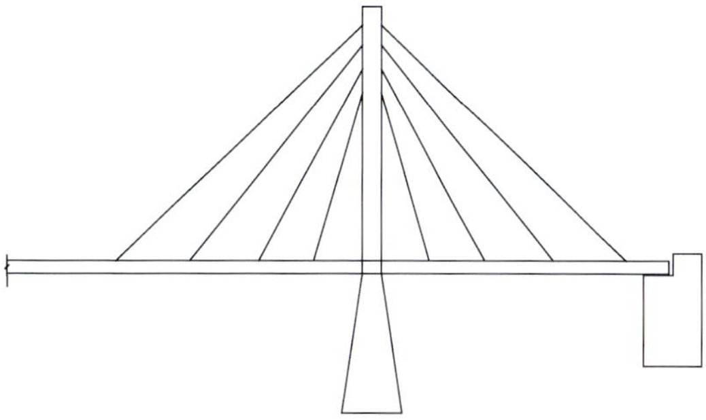

图 6.2-15 扇形

#### 6.2.6.1 气动控制措施

将拉索的光滑表面做成带有螺旋凸纹、条形凸纹、V 形凹纹或圆形凸点的非光滑表面。其优点是提高了拉索表面的粗糙度,使气流经过拉索时在表面边界层形成湍流,从而避免涡激共振的产生;拉索表面的凹凸纹能阻碍下雨时拉索上、下缘迎风面雨水线的形成,从而防止雨振的产生。

#### 6.2.6.2 附加阻尼设施

通过安装阻尼装置,提高拉索的阻尼比,从而抑制拉索的振动。它对涡激共振、尾流驰振、雨振以及由支座激励引起的拉索共振和参数振动都能起到较好的抑制作用。根据与拉索的相互关系,可分为安放在套筒内的内置式阻尼器和附着于拉索之上的外置式阻尼器。这种方法较经济且简单有效,从而得到广泛应用。

斜拉桥阻尼器如图 6.2-16 所示。

图 6.2-16 斜拉桥阻尼器

#### 6.2.6.3 辅助索措施

采用辅助索将若干拉索相互连接起来,或用连接器将并列布置的两根拉索连接,提高索的振动频率。由于每根索的振动频率、相位、幅值不同,辅助索使各拉索之间的运动相互制约,同时限制了单索的大幅振动。

Chapter Seven

# 第 7 章

# 桥梁日常巡查

## 7.1 日常巡查概述

日常巡查是各类型桥涵检查中最基础、最关键的工作。根据以往经验，严重危害到桥梁结构性安全的病害，很多是在日常巡查中，通过可视范围内的某些异常结构变位发现的，例如桥梁桩基偏位导致的桥面沉陷、梁端抵死导致的桥面隆起等，因此日常巡查最主要的目的是及时发现桥梁结构安全隐患并按程序上报。

日常巡查工作要求巡查人员具有防微杜渐的桥梁安全意识，具有基本的桥梁构造知识，具有透过表象识别安全隐患的结构诊断能力和经验。为了进一步提高日常巡查工作的质量和效率，需在以下方面进行加强：

(1)强化桥梁结构基础知识，提高准确识别结构危险状态的能力；

(2)进一步掌握异常现象出现的原因及可能带来的严重后果；

(3)重新明确日常巡查的工作要点，弱化耐久性问题，强化安全性问题。

为实现以上目的，本章把日常巡查可能会遇到的严重异常现象、原因及机理做了介绍，对巡查须重点关注的病害进行了梳理，并附案例，有助于日常巡查人员增长知识和经验，确保在日常巡查时能及时发现隐患并上报，保障桥涵结构安全。

# 7.2 巡查流程及要求

## 7.2.1 巡查流程

日常巡查流程如图7.2-1所示,包括工作准备、现场巡查、资料归档3个阶段的工作。

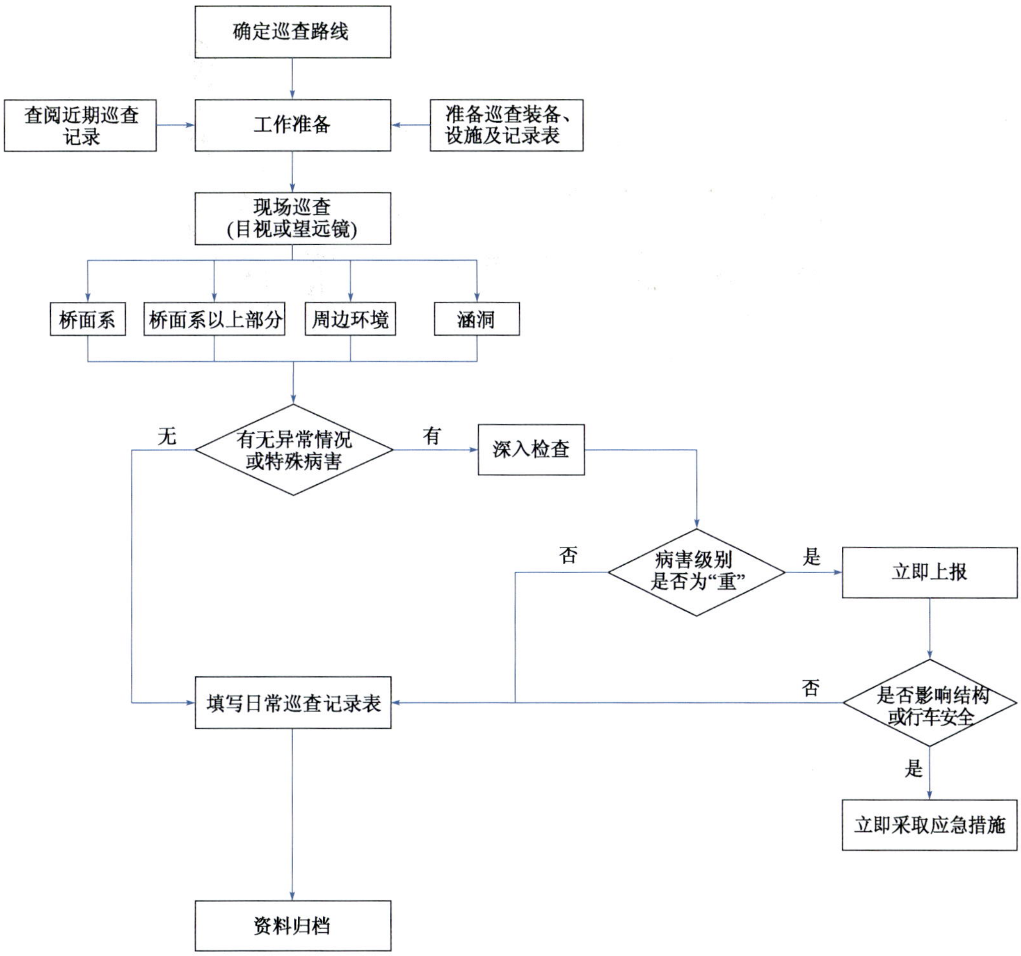


图7.2-1 日常巡查流程图

1)工作准备

日常巡查的工作准备包括查阅近期巡查资料、确定巡查路线、准备巡查装备、设施及记录表等检查前的准备工作。

2)现场巡查

巡查人员应以乘车目视检查为主,结合听觉(有无异响)、嗅觉(有无刺激性气味)及行车感受(是否颠簸、有无起伏)等方式,检查桥面铺装、伸缩缝、栏杆护栏、标线、桥头搭板等桥面系结构及索塔、拉索、拱、吊杆等桥面系以上结构有无异常变位情况,同时关注可视范围内桥梁周边环境变化，尤其是上跨桥梁有无影响桥梁结构或行车安全的状况。日常巡查要点如图7.2-2所示。

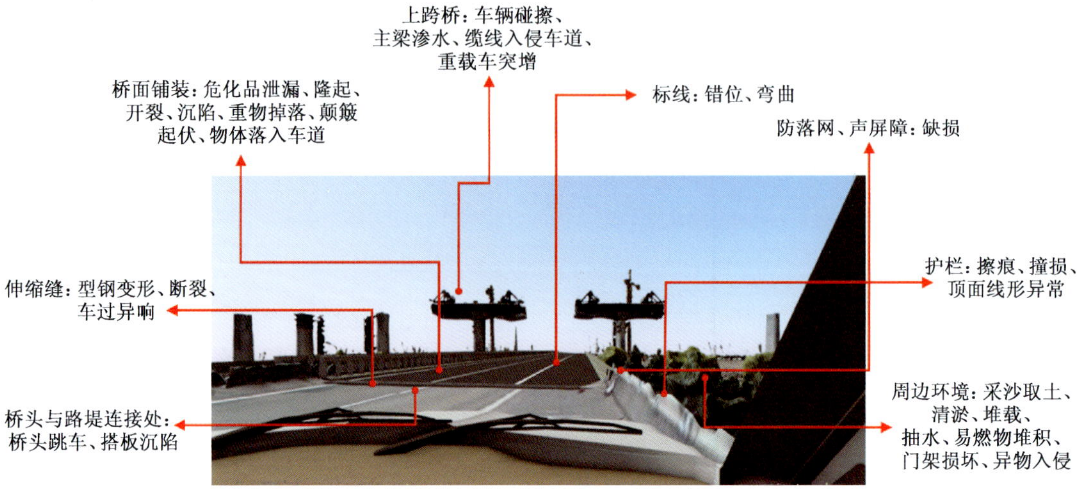


图7.2-2　日常巡查要点

当检查人员在巡查过程中发现表7.2-1中所列出的表观病害或异常现象，须立即停车进行相应深入检查，现场确认异常所在桥孔的大体位置，如墩顶、1/4跨或跨中，某一侧的拱肋（外侧或内侧、左侧或右侧），并参照《高速公路日常养护巡查与检查作业规程》（Q/SJKG YBC1—2017）和《高速公路日常养护病害分类、分级与编码》（Q/SJKG YBA1—2017）的相关要求现场填写"高速公路日常养护巡查记录表"，同时拍摄病害照片。若现场检查人员判断病害或异常现象危及行车或桥梁结构安全，应当即上报管养单位，并采取应急处理措施，例如，对桥面进行临时性的交通管制等。

3）资料归档

现场巡查结束后，检查人员应根据日常养护巡查记录表的检查内容，及时将桥梁检查情况录入电子表格或养护系统中，并定期将电子文档和打印后的日常巡查记录表统一交由桥梁主管工程师归档。

## 7.2.2　巡查要求

### 7.2.2.1　工具及设备要求

检查人员除携带记录笔、日常巡查记录表及照相机外，还应配备安全帽、反光背心等安全防护设备和望远镜、钢卷尺等简单辅助检查设备。日常巡查人员推荐装备如图7.2-3所示。

巡查车辆尾部或侧面应标识"养护巡查"字样，车顶应配备黄色闪光灯，尾箱内应配备导向闪光箭头、锥形交通路标、标志标牌等交通安全设施。日常巡查车辆及相关设施如图7.2-4所示。

图7.2-3 日常巡查人员推荐装备

图7.2-4 日常巡查车辆及相关设施

7.2.2.2 人员、行车要求

日常巡查一般要求至少一名专职巡查人员。巡查过程中，巡查人员所乘坐检查车应以合适的车速在指定的车道上行驶。巡查速度应在保障安全的基础上尽量低速行驶，以方便目视检查。关于行驶车道的设定，若巡查路段为双向四车道或双向六车道，建议以约30km/h的速度在桥梁的紧急停车道上行驶，如图7.2-5a）所示；若巡查路段为双向八车道或更宽，考虑道路内侧巡检需要，应以不低于车道最低要求的速度在最外侧行车道上行驶，如图7.2-5b）所示。

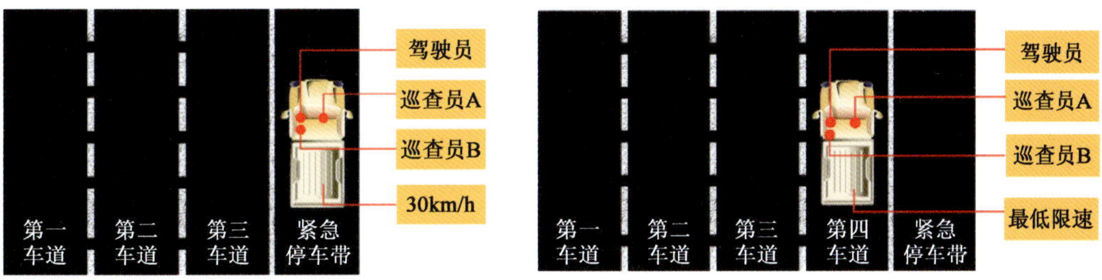


a) b)

图7.2-5 巡查车速及车道

7.2.2.3 巡查重点关注病害及病害级别分类

日常巡查重点关注病害、病害级别分类，分别见表7.2-1、表7.2-2。

## 7.3 检查成果表述

日常巡查中各类型病害的养护巡查记录示例见表7.3-1～表7.3-4。

日常巡查重点关注病害及其深入检查

表 7.2-1

| 分类 | a）桥面系 | | | | |
|---|---|---|---|---|---|
| 序号 | 位置 | 表观病害/异常现象 | 潜在隐患 | 深入检查 | 备注 |
| 1 | 护栏、栏杆 | 撞击痕迹 | 上下部结构错位、落梁 | ①目视车辆撞击处两端伸缩缝位置车道标线、外侧护栏间有无明显错位；<br>②目视或使用望远镜检查相应位置上、下部结构间有无明显错位、墩（台）顶支座有无较大剪切变形或明显滑移；<br>③目视或使用望远镜检查相应位置桥墩表面是否存在新增环向裂缝 | 斜弯桥更需重视此病害 |
| 2 | 护栏、栏杆 | 栏杆顶面线形异常 | 主梁受损、下部结构变位等 | ①目视桥面线形有无明显异常；<br>②目视或使用望远镜检查栏杆顶面线形异常位置处翼缘板外沿或对应主梁底面顺桥向线形是否异常；<br>③目视或使用望远镜检查主梁有无异常变位或损坏、梁体有无新增结构裂缝；<br>④目视或使用望远镜检查线形异常位置下方及相邻桥墩有无明显倾斜、下沉、周边土沉陷等异常现象；<br>⑤目视或使用望远镜查看线形异常位置下方及相邻桥墩附近有无采砂取土、航道清淤、抽水或重物堆载等施工作业情况 | |
| 3 | 桥面铺装 | 液体危化品泄漏 | 火灾、构件腐蚀、水源污染 | ①识别危化品种类，查看其在桥面有无蔓延趋势，判断其对桥梁结构有无侵害腐蚀，是否会引起火灾事故；<br>②目视液体是否沿桥面横坡或纵坡流至伸缩缝或墩台支座；<br>③判断液体是否已流入或可能流入桥下水体中 | |
| 4 | 桥面铺装 | 重物掉落 | 主梁受损 | ①目视桥面结构物受损情况；<br>②目视或使用望远镜检查桥面受撞击位置下方主梁有无明显受损现象或主梁底面顺桥向线形是否异常 | |
| 5 | 桥面铺装 | 异常颠簸或起伏 | 支座脱空、下部结构变位 | ①目视桥面线形有无明显异常；<br>②目视或使用望远镜检查墩（台）定支座有无脱空现象；<br>③目视或使用望远镜检查桥面异常处下方及相邻桥墩有无明显倾斜、下沉、周边土沉陷等异常现象；<br>④目视或使用望远镜查看桥面异常处下方及相邻桥墩附近有无采砂取土、航道清淤、抽水或重物堆载等施工作业情况 | |

续上表

| 分类 | a）桥面系 | | | | |
|---|---|---|---|---|---|
| 序号 | 位置 | 表观病害/异常现象 | 潜在隐患 | 深入检查 | 备注 |
| 6 | 桥面铺装 | 沉陷（不均匀沉降） | 主梁受损、下部结构变位 | ①目视桥面线形有无明显异常；<br>②目视或使用望远镜检查桥面沉陷处下方主梁是否出现损坏或异常变位；<br>③目视或使用望远镜检查桥面缺损处下方及相邻桥墩有无明显倾斜、下沉、周边土沉陷等异常现象；<br>④目视或使用望远镜查看桥面缺损处下方及相邻桥墩附近有无采砂取土、航道清淤、抽水或重物堆载等施工作业情况 | |
| 7 | | 桥面隆起 | 影响行车安全 | ①目视隆起处桥面铺装层有无明显缺损；<br>②目视隆起处两侧伸缩缝有无异常伸缩量或橡胶条损坏等明显缺陷；<br>③目视或使用望远镜检查隆起处两侧梁端位置有无垃圾堵塞 | |
| 8 | | 桥面纵向开裂 | 上下部结构变位、影响行车安全 | ①目视或使用望远镜检查主梁有无损坏或异常变位，尤其注意空心板梁桥铰缝、组合箱梁湿接缝有无明显渗水或错台现象；<br>②目视或使用望远镜检查新旧桥梁拼接处有无明显混凝土损坏脱落、渗水或错台现象；<br>③目视或使用望远镜检查拼宽桥梁拼宽部分桥墩有无明显下沉、周边土沉陷等异常现象 | |
| 9 | | 物体落入行车道 | 影响结构及行车安全 | ①查找掉落物体来源，对其他类似结构位置进行相应排查；<br>②目视或使用望远镜检查掉落物体的结构是否存在安全隐患 | |
| 10 | 伸缩缝 | 型钢断裂 | 型钢翘起、变形，影响行车安全 | ①目视伸缩缝整体，检查断裂型钢是否存在翘起、变形或其他影响行车安全的病害；<br>②目视或使用望远镜检查伸缩缝橡胶条是否损坏，下方是否存在漏水现象 | |
| 11 | | 车过异响 | 型钢锚固构件松动、脱焊等 | ①目视伸缩缝整体，检查是否存在其他影响行车安全的病害；<br>②目视伸缩缝型钢锚固构件有无松动、脱焊等现象；两端锚固混凝土有无破碎、明显开裂等病害；<br>③目视或使用望远镜检查伸缩缝下支座是否存在异常脱空、偏压、滑移等问题 | |

续上表

| 分类 | a）桥面系 | | | | |
|---|---|---|---|---|---|
| 序号 | 位置 | 表观病害/异常现象 | 潜在隐患 | 深入检查 | 备注 |
| 12 | 标线 | 标线错位 | 上下部结构错位、下部结构变位等 | ①目视标线错位所在桥面两端联（台）顶位置伸缩缝处外侧护栏有无明显错位；<br>②目视或使用望远镜检查标线错位处上、下部结构间有无明显错位、墩（台）顶支座有无较大剪切变形或明显滑移。<br>③目视或使用望远镜检查标线错位处下方及相邻桥墩有无明显倾斜、下沉、周边土沉陷等异常现象；<br>④目视或使用望远镜检查对应位置桥墩表面有无新增环向裂缝；<br>⑤目视或使用望远镜查看标线错位处下方及相邻桥墩附近有无采砂取土、航道清淤、抽水或重物堆载等施工作业情况 | |
| 13 | 标线 | 标线弯曲 | 主梁受损、下部结构变位 | ①目视标线弯曲所在桥面两端联（台）顶位置伸缩缝处外侧护栏顶面有无明显高差；<br>②目视桥面线形有无明显异常；<br>③目视或使用望远镜检查标线弯曲处桥梁翼缘板外沿及对应主梁底面顺桥向线形是否异常；<br>④目视或使用望远镜检查标线错位处下方墩（台）顶支座有无脱空或明显滑移；<br>⑤目视或使用望远镜检查标线弯曲处下方及相邻桥墩有无明显倾斜、下沉、周边土沉陷等异常现象；<br>⑥目视或使用望远镜查看标线弯曲处下方及相邻桥墩附近有无采砂取土、航道清淤、抽水或重物堆载等施工作业情况 | |
| 14 | 防落网、声屏障 | 防落网、声屏障缺损 | 影响道路行车安全 | ①目视或使用望远镜检查防落网、声屏障上缺损构件是否脱落至桥下或桥面；<br>②目视检查防落网、声屏障上相关构件是否存在脱落、断裂隐患 | |
| 15 | 桥头与路堤连接部 | 跳车、搭板下沉 | 影响行车安全，路基塌方 | ①目视检查桥台与路堤间有无明显错台；<br>②目视检查伸缩缝有无明显凹凸不平或其锚固混凝土有无明显损坏；<br>③目视检查桥头引道处路面铺装层有无明显网状开裂或异常沉陷；<br>④目视查看桥台附近有无采砂取土、航道清淤、抽水或重物堆载等施工作业情况 | |

续上表

| 分类 | b）桥面系以上 | | | | |
|---|---|---|---|---|---|
| 序号 | 位置 | 表观病害/异常现象 | 潜在隐患 | 深入检查 | 备注 |
| 1 | 钢桁架 | 异常变形 | 结构倒塌 | ①目视桥面线形有无明显异常；<br>②目视或使用望远镜检查其他钢构件有无异常变形、局部损伤；<br>③目视或使用望远镜检查螺栓（铆钉）有无脱落或断裂，节点板有无滑动、错裂等异常现象；<br>④当重车过时结构有无异常振动或声响 | |
| 2 | 主拱圈 | 异常变形 | 结构倒塌 | ①目视桥面线形有无明显异常；<br>②目视拱脚有无明显变形或出现异常位移；<br>③目视或使用望远镜检查吊杆与拱圈及系梁连接处是否存在异常；<br>④目视或使用望远镜检查相应位置主梁是否受损或出现异常裂缝 | |
| 3 | 吊杆（吊索、斜拉索） | 异常晃动、声响 | 吊杆（吊索、斜拉索）失效、桥面线形异常 | ①目视桥面线形有无明显异常；<br>②目视或使用望远镜检查吊杆垂度或索体线形是否异常；<br>③目视或使用望远镜检查吊杆与拱圈及系梁连接位置，或索体与锚头连接处是否存在异常 | |
| 4 | | 吊杆垂度异常、扭曲变形或索体线形异常 | 索力损失、结构倒塌 | ①目视桥面线形有无明显异常；<br>②目视或使用望远镜检查拱圈或索塔是否存在异常变形或倾斜；<br>③目视或使用望远镜检查相应位置主梁是否受损或出现异常裂缝 | |
| 5 | | PE 护套或钢护套破损 | 钢绞线受损、结构倒塌 | ①目视桥面线形有无明显异常；<br>②目视或使用望远镜检查吊杆垂度或索体线形是否异常；<br>③目视或使用望远镜检查相应位置主梁是否受损或出现异常裂缝 | |
| 6 | | 减震块、防水圈、阻尼器脱落或失效 | 吊杆、斜拉索等失效 | ①目视或使用望远镜检查同类型附属结构物是否脱落或失效；<br>②目视桥面线形是否存在明显异常；<br>③目视或使用望远镜检查吊杆垂度或索体线形是否异常 | |

续上表

| 分类 | c)周边环境 | | | | |
| --- | --- | --- | --- | --- | --- |
| 序号 | 位置 | 表观病害/异常现象 | 潜在隐患 | 深入检查 | 备注 |
| 1 | 桥下、桥台周边（在桥面巡查时目所能及的位置） | 旱季水位下降，河流断流，河塘清淤抽水，非法采砂 | 桩基失稳 | ①目视桥面线形有无明显异常；<br>②目视或使用望远镜查看相应桥墩是否存在明显倾斜、下沉，周边土有无明显沉陷；<br>③目视或使用望远镜查看相应墩（台）顶支座有无脱空、滑移或偏位；<br>④目视或使用望远镜查看桥墩表面是否存在新增环向裂缝或异常损坏 | |
| 2 | | 重物堆载 | 桥墩倾斜、受损 | ①目视桥面线形有无明显异常；<br>②目视桥面外侧护栏有无明显错位；<br>③梁体有无横向位移或与挡块是否存在挤压或间隙异常；<br>④目视或使用望远镜查看相应桥墩是否存在明显倾斜、下沉，周边土有无明显沉陷；<br>⑤目视或使用望远镜检查对应位置桥墩表面是否存在新增环向裂缝或异常损坏 | |
| 3 | | 易燃物堆积、桥孔内的违章棚户等 | 影响结构耐久性，火灾损伤结构 | ①目视桥下有无烟熏火烧痕迹；<br>②目视同桥其他桥孔有无易燃物堆积 | |
| 4 | | 限高门架撞损 | 门架倒塌，影响行车安全 | 目视检查门架受损情况，判断有无倒塌、倾覆风险 | |
| 5 | 上跨桥/匝道桥 | 重载车辆突增或停留 | 桥面受损、梁体滑移、结构受损 | ①目视桥面线形有无明显异常、桥面铺装层有无明显损伤；<br>②目视检查车道标线、外侧护栏在伸缩缝处有无明显错位；<br>③目视或使用望远镜检查梁底线形是否存在明显异常；伸缩缝位置两侧梁体是否存在横桥向错位；<br>④目视或使用望远镜检查对应位置上下部结构间有无明显错位、墩（台）顶支座有无较大剪切变形或明显滑移；<br>⑤目视或使用望远镜检查主梁是否出现大量新增裂缝；<br>⑥目视或使用望远镜检查对应位置桥墩表面是否存在新增环向裂缝 | 独柱墩桥梁，尤其是斜弯桥，当发现此病害后需要立即进行深入检查 |

续上表

| 分类 | c）周边环境 | | | | |
|---|---|---|---|---|---|
| 序号 | 位置 | 表观病害/异常现象 | 潜在隐患 | 深入检查 | 备注 |
| 6 | 上跨桥/匝道桥 | 上跨高速公路净空被侵占，如电缆线等 | 影响行车安全 | ①确定电缆线是否位于行车道上，是否安全隐患；<br>②确定电缆线种类，是否与高压电相连 | |
| 7 | | 梁底擦痕 | 主梁受损 | ①目视或使用望远镜检查主梁有无钢绞线或主筋外露、损伤；<br>②目视限高标志是否完好或位于往来车辆易观察位置 | |
| 8 | | 梁底渗水或水迹 | 预应力筋或主筋锈蚀 | ①目视检查桥梁排水设施（如泄水管、滴水檐等）是否完好或处于正常工作状态；<br>②目视或使用望远镜检查其余桥孔有无类似现象；<br>③目视或使用望远镜检查梁底水迹或渗水位置有无新增裂缝、混凝土表面有无明显泛黄等钢筋锈胀痕迹；<br>④目视检查对应位置桥面铺装层有无明显破坏 | |
| 9 | | 泄水管损坏 | 影响行车安全和结构耐久性 | ①目视检查损坏泄水管是否存在断裂、掉落隐患；<br>②目视检查泄水管损坏位置桥梁构件表面是否存在雨水侵蚀或明显水迹 | |
| 10 | | 上跨桥路中墩及两侧护栏擦痕、撞损 | 结构倒塌、桥墩偏位 | ①目视桥墩有无明显偏位、倾斜或新增环向裂缝；<br>②目视或使用望远镜检查墩顶支座有无较大剪切变形或明显滑移、上下部结构间有无明显错位；<br>③跨路孔梁底及桥面线形有无明显异常 | |
| 11 | 桥梁外侧 | 异物入侵车道 | 影响行车安全 | ①检查桥下树木栽种或广告牌放置位置是否距桥梁过近；<br>②目视检查异物有无掉落至桥面的安全隐患 | |
| 分类 | d）台风、汛期 | | | | |
| 序号 | 位置 | 表观病害/异常现象 | 潜在隐患 | 深入检查 | 备注 |
| 1 | 附属构件 | 附属设施脱落、水位接近上部结构 | 构件脱落造成事故，水流破坏上下部结构 | ①根据高速公路日常巡查频次要求，增加日常巡查检查频次；<br>②台风后检查桥梁附属构件是否发生松动脱落；<br>③汛期加强检查跨河孔水位检查，目视或使用望远镜查看是否存在漂流物撞击下部结构，水流损伤上部结构 | |

表 7.2-2

日常巡查重点关注病害级别分类

| 分类 | a）桥面系 | | | | | |
|---|---|---|---|---|---|---|
| 序号 | 位置 | 病害类型 | 病害级别 | 病害特征 | 分级指标 | 记录方法 |
| 1 | 护栏（栏杆） | 栏杆线形异常 | 重 | 在跨中或墩顶位置，桥面栏杆线形出现下挠 | — | 按长度（m）记录 |
| 2 | | 护栏（栏杆）撞损、擦痕 | 轻 | 相邻护栏及伸缩缝处标线无明显错位 | — | 按（处）记录 |
| | | | 重 | 相邻护栏及伸缩缝处标线出现明显错位 | — | |
| 3 | 桥面铺装 | 污染（液体、危化品泄漏等） | 重 | 液油、危化品在桥面泄漏、流淌 | — | 按面积（$m^2$）记录 |
| 4 | | 外力损伤（重物掉落等） | 重 | 运载重物的车辆因意外或事故，造成所载重物掉落桥面，对桥梁造成损伤 | — | 按面积（$m^2$）记录 |
| 5 | | 异常颠簸或起伏 | 轻 | 行车无明显颠簸感 | — | 按面积（$m^2$）记录 |
| | | | 重 | 行车有明显颠簸感 | — | |
| 6 | | 沉陷 | 轻 | 深度浅，行车无明显颠簸感 | 10mm≤深度≤25mm | 按面积（$m^2$）记录 |
| | | | 重 | 深度深，行车有明显颠簸感 | 深度＞25mm | |
| 7 | | 隆起 | 轻 | 高度小，行车无明显颠簸感 | 10mm≤高度≤25mm | 按面积（$m^2$）记录 |
| | | | 重 | 高度大，行车有明显颠簸感 | 高度＞25mm | |
| 8 | | 纵向开裂 | 轻 | 缝细，开裂长度不超过病害所在桥孔的 1/4 跨径 | 缝宽≤3mm | 按长度（m）记录 |
| | | | 重 | 缝宽，开裂长度不超过病害所在桥孔的 1/4 跨径 | 缝宽＞3mm | |
| 9 | 伸缩缝 | 型钢断裂 | 重 | 伸缩缝型钢焊接处或其他部位出现断裂甚至翘起 | — | 按长度（mm）记录 |
| 10 | | 异响 | 轻 | 在车辆通过伸缩缝时，能听到伸缩缝部件互相撞击的声音，声响较为清脆 | — | 按（处）记录 |
| | | | 重 | 在车辆通过伸缩缝时，能听到伸缩缝部件互相撞击的声音，声响较为沉闷，如散架一般 | — | |
| 11 | 标线 | 标线横向错位 | 重 | 桥面伸缩缝处标线错位，对应护栏出现也相应错位 | — | 按（处）记录 |
| 12 | | 标线竖向弯曲 | 重 | 桥面标线出现竖向弯曲，对应桥面栏杆出现相应下挠 | — | 按长度（m）记录 |

续上表

| 分类 | a）桥面系 | | | | | |
|---|---|---|---|---|---|---|
| 序号 | 位置 | 病害类型 | 病害级别 | 病害特征 | 分级指标 | 记录方法 |
| 13 | 防落网 | 防落网片缺损 | 轻 | 防落网片存在轻微损坏 | 面积≤0.10% | 按数量（片）记录 |
| | | | 重 | 防落网片存在明显损坏或出现网片缺失 | 面积＞0.10% | |
| 14 | | 防落网立柱缺损 | 重 | 防落网立柱出现缺损 | — | 按数量（根）记录 |
| 15 | 其他设施 | 声屏障屏体缺损 | 轻 | 声屏障屏体存在轻微损坏 | 面积≤0.10% | 按（块）记录 |
| | | | 重 | 声屏障屏体存在明显损坏或出现屏体缺失 | 面积＞0.10% | |
| 16 | | 声屏障立柱缺损 | 重 | 声屏障立柱出现缺损 | — | 按数量（根）记录 |

| 分类 | b）桥面系以上 | | | | | | | |
|---|---|---|---|---|---|---|---|---|
| 序号 | 病害部位 | | | 病害类别 | 病害级别 | 病害特征 | 分级指标 | 记录方法 |
| | 分部结构 | 桥型 | 位置 | | | | | |
| 1 | 上部结构 | 系杆拱 | 拱肋 | 构件变形 | 重 | 沿顺桥向或横桥向出现异常变形 | — | 按面积（$m^2$）记录 |
| 2 | | | | 异常位移（沉降、下挠） | 重 | 在拱顶位置出现目视可见下挠 | — | 按长度（cm）记录 |
| 3 | | | 吊杆 | 异常晃动 | 重 | 行车条件下吊杆有明显振动或摇晃 | — | 按（根）记录 |
| 4 | | | | 异常声响 | 重 | 行车条件下吊杆发出异常声音 | — | 按（根）记录 |
| 5 | | | | 垂度异常、扭曲变形 | 重 | 吊杆出现不正常弯曲、扭转变形 | — | 按（根）记录 |
| 6 | | | | 防护套损坏 | 轻 | 防护套出现轻微损坏 | 面积≤10% | 按（处）记录 |
| | | | | | 重 | 防护套出现较严重损坏 | 面积＞10% | |
| 7 | | | | 防护层破坏 | 轻 | 防护层存在轻微破损、划痕 | 面积≤10% | 按（处）记录 |
| | | | | | 重 | 防护层存在明显缺损，甚至可见内部钢丝 | 面积＞10% | |
| 8 | | | | 减振圈缺损 | 重 | 吊杆上减震圈掉落或缺失 | — | 按（处）记录 |
| 9 | | 斜拉桥 | 斜拉索 | 密封圈缺损 | 重 | 吊杆上密封圈掉落或缺失 | — | 按（处）记录 |
| 10 | | | | 异常晃动 | 重 | 行车条件下斜拉索有明显振动或摇晃 | — | 按（根）记录 |
| 11 | | | | 异常声响 | 重 | 行车条件下斜拉索发出异常声音 | — | 按（根）记录 |

续上表

| 分类 | b）桥面系以上 | | | | | | | |
|---|---|---|---|---|---|---|---|---|
| 序号 | 病害部位 | | | 病害类别 | 病害级别 | 病害特征 | 分级指标 | 记录方法 |
| | 分部结构 | 桥型 | 位置 | | | | | |
| 12 | 上部结构 | 斜拉桥 | 斜拉索 | 线形异常 | 重 | 斜拉索出现不正常弯曲或下挠 | — | 按（根）记录 |
| 13 | | | | 防护层破损 | 轻 | 防护层存在轻微破损、划痕 | 面积≤10% | 按（处）记录 |
| | | | | | 重 | 防护层存在明显缺损，甚至内部钢丝可见 | 面积＞10% | |
| 14 | | | | 减振设施损坏、失效 | 重 | 斜拉索上的减震装置损坏或功能失效 | — | 按（处）记录 |
| 15 | | 悬索桥 | 吊索 | 异常晃动 | 重 | 行车条件下吊索有明显振动或摇晃 | — | 按（根）记录 |
| 16 | | | | 异常声响 | 重 | 行车条件下吊索发出异常声音 | — | 按（根）记录 |
| 17 | | | | 垂度异常、扭曲变形 | 重 | 吊索出现不正常弯曲、扭转变形 | — | 按（根）记录 |
| 18 | | | | 防护层破损 | 轻 | 防护层存在轻微破损、划痕 | 面积≤5% | 按（处）记录 |
| | | | | | 重 | 防护层存在明显缺损，甚至内部钢丝可见 | 面积＞5% | |
| 19 | | | | 减震措施损坏失效 | 重 | 吊索上的减振装置损坏或功能失效 | — | 按（处）记录 |
| 20 | | 钢结构桥 | — | （钢）构件变形 | 重 | 构件出现异常变形，行车时能感受到振动或摇晃，或伴有异常声音 | — | 按（处）记录 |
| 21 | | | | （钢）结构异常位移（沉降、下挠） | 重 | 结构出现目视可见位移或偏离原有位置 | — | 按长度（cm）记录 |

| 分类 | c）周边环境 | | | | | |
|---|---|---|---|---|---|---|
| 序号 | 位置 | 病害名称 | 病害级别 | 病害特征 | 分级指标 | 记录方法 |
| 1 | 桥下、桥台周边（在桥面巡查时目所能及的位置） | 采砂取土（抽水）、航道清淤或桥下堆载等施工作业 | 重 | 在桥梁保护区范围内进行各类扰动地基土，打破桩柱的受力平衡，导致桩柱受损甚至失稳的施工作业 | — | 按（处）记录 |
| 2 | | 易燃物堆积 | 重 | 在桥下或桥墩附近存在易燃物堆积，可能引起火灾损坏桥梁安全 | — | 按（处）记录 |
| 3 | | 门架损坏 | 重 | 门架损坏无法限制超高车辆通行 | — | 按（处）记录 |

续上表

| 分类 | c）周边环境 | | | | | |
|---|---|---|---|---|---|---|
| 序号 | 位置 | 病害名称 | 病害级别 | 病害特征 | 分级指标 | 记录方法 |
| 4 | 上跨桥、匝道桥 | 超载车辆突增或停留 | 重 | 有巡查过程中发现有重载车辆通过或在桥上停留，可能造成桥梁损坏，影响桥梁结构安全 | — | 实际缺损情况记录 |
| 5 | | 主线行车净空被侵占 | 重 | 上跨桥上垂下的电缆线、防护栅栏等设施压缩主线行车净空 | — | 按（处）记录 |
| 6 | | 梁底擦痕 | 轻 | 轻微剐擦，在桥梁底部靠近边梁部位有少量轻微的剐擦痕迹 | 面积≤10% | 按（处）记录 |
| | | | 重 | 严重剐擦，贯穿整个桥梁底部有较多的剐擦痕迹或在梁体倒角处出现撞损痕迹 | 面积＞10% | |
| 7 | | 梁底渗水或水迹 | 轻 | 梁底表面或透气孔附近出现轻微渗水或水迹 | — | 按（处）记录 |
| | | | 重 | 梁底表面或透气孔附近出现明显渗水或水迹，梁体内钢筋出现锈胀现象 | — | |
| 8 | | | 轻 | 中央分隔带内路中墩两侧护栏存在撞损痕迹 | — | 按（处）记录 |
| | | 墩柱或护栏撞损 | 重 | 中央分隔带内路中墩表面存在车辆碰擦或撞损痕迹 | — | |
| 9 | 桥梁外侧 | 异物入侵车道 | 重 | 绿化植物的枝条侵入桥面净空，或遮挡交通标志 | — | 按（处）记录 |
| 分类 | d）台风、汛期 | | | | | |
| 序号 | 位置 | 病害名称 | 病害级别 | 病害特征 | 分级指标 | 记录方法 |
| 1 | 附属构件 | 附属设施脱落、水位接近上部结构 | 重 | 台风、汛期等极端天气条件下，出现构件脱落、水流破坏上下部结构等现象 | — | 按（处）记录 |

**高速公路日常养护巡查记录示例(一)** 表 7.3-1

<table>
<tr><td colspan="2">检查类别</td><td colspan="2">☑日常巡查 □夜间巡查 □特殊巡查</td><td>检查日期</td><td colspan="3">20180405</td><td>天气</td><td>阴</td><td>表格编号</td><td colspan="2">001</td></tr>
<tr><td colspan="2">路线编码</td><td colspan="2">G1234</td><td>路线名称</td><td colspan="3">××高速公路</td><td rowspan="2">巡查里程</td><td colspan="4">上行:K 100+000 ~ K 200+000;主线里程: 100km</td></tr>
<tr><td colspan="2">管理单位</td><td colspan="2">××高速公路管理有限公司</td><td>检查单位</td><td colspan="3">××路桥有限公司</td><td colspan="4">下行:K 100+000 ~ K 200+000;主线里程: 100km</td></tr>
<tr><td rowspan="2">序号</td><td rowspan="2">方向</td><td rowspan="2">桩号</td><td rowspan="2">病害位置</td><td rowspan="2">是否桥梁(打√)</td><td rowspan="2">病害类型</td><td colspan="2">病害级别</td><td rowspan="2">病害数量</td><td rowspan="2">单位</td><td rowspan="2">照片编号</td><td rowspan="2">保养措施(A/B/C)</td><td rowspan="2">备注</td></tr>
<tr><td>轻</td><td>重</td></tr>
<tr><td>1</td><td>上行</td><td>K102+100</td><td>外侧防撞墙</td><td>√</td><td>防撞墙混凝土损坏</td><td>√</td><td></td><td>2</td><td>处</td><td></td><td>B</td><td></td></tr>
<tr><td>2</td><td>上行</td><td>K102+300</td><td>二车道铺装层</td><td>√</td><td>污染</td><td></td><td>√</td><td>3</td><td>$m^2$</td><td>20180405-01</td><td>A</td><td></td></tr>
<tr><td>3</td><td>上行</td><td>K110+670</td><td>三车道和停靠带跨中</td><td>√</td><td>沉陷</td><td></td><td>√</td><td>4</td><td>$m^2$</td><td></td><td>A</td><td></td></tr>
<tr><td>4</td><td>上行</td><td>K110+700</td><td>二、三车道铺装层墩顶</td><td>√</td><td>隆起</td><td>√</td><td></td><td>2</td><td>$m^2$</td><td></td><td>C</td><td></td></tr>
<tr><td>5</td><td>上行</td><td>K122+800</td><td>二车道伸缩缝</td><td>√</td><td>型钢断裂</td><td></td><td>√</td><td>60</td><td>mm</td><td>20180405-02</td><td>A</td><td></td></tr>
<tr><td>6</td><td>上行</td><td>K127+400</td><td>二、三车道伸缩缝</td><td>√</td><td>异响</td><td>√</td><td></td><td>1</td><td>处</td><td></td><td>C</td><td></td></tr>
<tr><td>7</td><td>上行</td><td>K134+840</td><td>一~二车道及紧急停靠带标线跨中</td><td>√</td><td>竖向弯曲</td><td></td><td>√</td><td>1</td><td>处</td><td></td><td>A</td><td>护栏顶面线形异常</td></tr>
<tr><td>8</td><td>上行</td><td>K140+500</td><td>外侧防落网</td><td>√</td><td>防落网片缺损</td><td>√</td><td></td><td>1</td><td>片</td><td></td><td>B</td><td></td></tr>
<tr><td>9</td><td>下行</td><td>K146+670</td><td>外侧声屏障</td><td>√</td><td>声屏障屏体缺损</td><td>√</td><td></td><td>2</td><td>块</td><td></td><td>B</td><td></td></tr>
<tr><td>10</td><td>上行</td><td>K149+500</td><td>二车道及紧急停靠带</td><td>√</td><td>桥头跳车</td><td>√</td><td></td><td>6</td><td>m</td><td></td><td>C</td><td></td></tr>
<tr><td>11</td><td>上行</td><td>K155+900</td><td>外侧拱肋跨中吊杆</td><td>√</td><td>异常晃动</td><td></td><td>√</td><td>1</td><td>处</td><td></td><td>A</td><td></td></tr>
<tr><td>12</td><td>上行</td><td>K156+100</td><td>外侧拱肋跨中吊杆</td><td>√</td><td>减振措施损坏失效</td><td></td><td>√</td><td>3</td><td>处</td><td></td><td>A</td><td></td></tr>
<tr><td colspan="3">备注说明</td><td colspan="10">保养措施:A. 立即处理;B. 等待集中处理;C. 继续观察</td></tr>
<tr><td colspan="3">检查人</td><td colspan="3">×××</td><td colspan="3">复核人</td><td colspan="4">×××</td></tr>
</table>

高速公路日常养护巡查记录示例(二)

表 7.3-2

<table>
<tr><td colspan="2">检查类别</td><td colspan="2">☑日常巡查 □夜间巡查 □特殊巡查</td><td>检查日期</td><td colspan="3">20180405</td><td>天气</td><td>阴</td><td>表格编号</td><td colspan="2">002</td></tr>
<tr><td colspan="2">路线编码</td><td colspan="2">G1234</td><td>路线名称</td><td colspan="3">××高速公路</td><td rowspan="2">巡查里程</td><td colspan="4">上行:K 100 +000 ~ K 200 +000;主线里程: 100km</td></tr>
<tr><td colspan="2">管理单位</td><td colspan="2">××高速公路管理有限公司</td><td>检查单位</td><td colspan="3">××路桥有限公司</td><td colspan="4">下行:K 100 +000 ~ K 200 +000;主线里程: 100km</td></tr>
<tr><td rowspan="2">序号</td><td rowspan="2">方向</td><td rowspan="2">桩号</td><td rowspan="2">病害位置</td><td rowspan="2">是否桥梁(打√)</td><td rowspan="2">病害类型</td><td colspan="2">病害级别</td><td rowspan="2">病害数量</td><td rowspan="2">单位</td><td rowspan="2">照片编号</td><td rowspan="2">保养措施(A/B/C)</td><td rowspan="2">备注</td></tr>
<tr><td>轻</td><td>重</td></tr>
<tr><td>1</td><td>上行</td><td>K186 +210</td><td>—</td><td>√</td><td>门架损坏</td><td></td><td>√</td><td>1</td><td>处</td><td>20180405-03</td><td>A</td><td></td></tr>
<tr><td>2</td><td>上行</td><td>K186 +290</td><td>护栏外侧</td><td>√</td><td>树木入侵车道</td><td>√</td><td></td><td>1</td><td>处</td><td></td><td>B</td><td></td></tr>
<tr><td>3</td><td>上行</td><td>K197 +210</td><td>北侧索塔跨中斜拉索</td><td>√</td><td>减振措施损坏失效</td><td></td><td>√</td><td>2</td><td>处</td><td></td><td>A</td><td></td></tr>
<tr><td>4</td><td>无</td><td>K200 +000</td><td>二车道铺装层墩顶</td><td>√</td><td>龟裂</td><td></td><td>√</td><td>2</td><td>$m^2$</td><td></td><td>A</td><td>重载车通过后</td></tr>
<tr><td>5</td><td>无</td><td>K200 +000</td><td>西侧跨路孔入口处</td><td>√</td><td>下垂电线影响正常通行</td><td>√</td><td></td><td>1</td><td>处</td><td></td><td>B</td><td></td></tr>
<tr><td>6</td><td>无</td><td>K200 +000</td><td>东侧跨路孔入口处梁底</td><td>√</td><td>划痕</td><td>√</td><td></td><td>2</td><td>处</td><td></td><td>B</td><td></td></tr>
<tr><td>7</td><td>下行</td><td>K197 +300</td><td>外侧防撞护栏跨中顶面</td><td>√</td><td>防撞护栏线形不顺</td><td></td><td>√</td><td>8</td><td>m</td><td></td><td>A</td><td>桥面线形异常</td></tr>
<tr><td>8</td><td>下行</td><td>K197 +340</td><td>二车道铺装层跨中</td><td>√</td><td>外力损伤</td><td></td><td>√</td><td>4</td><td>$m^2$</td><td></td><td>A</td><td></td></tr>
<tr><td>9</td><td>下行</td><td>K186 +140</td><td>二车道铺装层</td><td>√</td><td>波浪拥包</td><td></td><td>√</td><td>8</td><td>$m^2$</td><td>20180405-04</td><td>A</td><td></td></tr>
<tr><td>10</td><td>下行</td><td>K186 +370</td><td>一车道铺装层</td><td>√</td><td>纵向裂缝</td><td>√</td><td></td><td>10</td><td>m</td><td></td><td>B</td><td></td></tr>
<tr><td>11</td><td>下行</td><td>K173 +050</td><td>一~三车道标线</td><td>√</td><td>横向错位</td><td></td><td>√</td><td>3</td><td>处</td><td></td><td>A</td><td></td></tr>
<tr><td>12</td><td>下行</td><td>K146 +580</td><td>二车道桥头搭板</td><td>√</td><td>搭板下沉、开裂</td><td></td><td>√</td><td>3</td><td>m</td><td></td><td>A</td><td></td></tr>
<tr><td colspan="3">备注说明</td><td colspan="10">保养措施:A. 立即处理;B. 等待集中处理;C. 继续观察</td></tr>
<tr><td colspan="3">检查人</td><td colspan="3">×××</td><td colspan="3">复核人</td><td colspan="4">×××</td></tr>
</table>

表 7.3-3

## 高速公路日常养护巡查记录示例(三)

| 检查类别 | ☑日常巡查 □夜间巡查 □特殊巡查 | | | 检查日期 | 20180405 | | | 天气 | 阴 | | 表格编号 | 003 |
|---|---|---|---|---|---|---|---|---|---|---|---|---|
| 路线编码 | G1234 | | | 路线名称 | ××高速公路 | | | 巡查里程 | 上行：K 100 + 000 ~ K 200 + 000；主线里程：100km | | | |
| 管理单位 | ××高速公路管理有限公司 | | | 检查单位 | ××路桥有限公司 | | | | 下行：K 100 + 000 ~ K 200 + 000；主线里程：100km | | | |
| 序号 | 方向 | 桩号 | 病害位置 | 是否桥梁（打√） | 病害类型 | 病害级别 | | 病害数量 | 单位 | 照片编号 | 保养措施（A/B/C） | 备注 |
| | | | | | | 轻 | 重 | | | | | |
| 1 | 下行 | K140 + 465 | 跨中外侧拱肋 | √ | 异常位移（沉降、下挠） | | √ | 20 | cm | | A | |
| 2 | 下行 | K135 + 050 | 跨中外侧斜杆 | √ | 构件变形 | | √ | 1 | 处 | | A | |
| 3 | 下行 | K122 + 700 | 内侧索塔中跨拉索 | √ | 垂度异常 | | √ | 2 | 处 | | A | |
| 4 | 下行 | K110 + 350 | 外侧拱肋吊杆 | √ | 防护套破坏 | | √ | 2 | 处 | | A | |
| 5 | 下行 | K102 + 320 | 外侧墩柱附近 | √ | 异物堆载 | | √ | 2 | 处 | | A | |
| 6 | 下行 | K102 + 220 | 孔外侧 | √ | 易燃物堆积 | √ | | 1 | 处 | | B | |
| 7 | 下行 | K101 + 010 | 三车道铺装层 | | 沉陷 | | √ | 2 | $m^2$ | | A | |
| 8 | 无 | K100 + 000 | 箱梁底板跨中 | √ | 渗水 | √ | | 2 | 处 | 20180405-05 | B | |
| 9 | 无 | K100 + 000 | 中分带中立柱 | √ | 划痕 | | √ | 2 | 处 | 20180405-06 | A | |
| 10 | | | | | | | | | | | | |
| 11 | | | | | | | | | | | | |
| 12 | | | | | | | | | | | | |
| 备注说明 | | | 保养措施：A. 立即处理；B. 等待集中处理；C. 继续观察 | | | | | | | | | |
| 检查人 | | | ××× | | | 复核人 | | ××× | | | | |

高速公路日常养护巡查记录示例(四)　　表7.3-4

<table>
<tr><td colspan="3">管理单位</td><td colspan="3">××高速公路管理有限公司</td><td colspan="3">表格编号</td><td colspan="3">004</td></tr>
<tr><td colspan="3">路线编码</td><td colspan="3">G1234</td><td colspan="3">路线名称</td><td colspan="3">××高速公路</td></tr>
<tr><td colspan="6"></td><td colspan="6"></td></tr>
<tr><td colspan="3">照片编号:<br>20180405-01</td><td colspan="3">照片名称:<br>桥面铺装层污染</td><td colspan="3">照片编号:<br>20180405-02</td><td colspan="3">照片名称:<br>伸缩缝型钢断裂</td></tr>
<tr><td colspan="6"></td><td colspan="6"></td></tr>
<tr><td colspan="3">照片编号:<br>20180405-03</td><td colspan="3">照片名称:<br>孔外侧门架损坏</td><td colspan="3">照片编号:<br>20180405-04</td><td colspan="3">照片名称:<br>桥面铺装层波浪拥包</td></tr>
<tr><td colspan="6"></td><td colspan="6"></td></tr>
<tr><td colspan="3">照片编号:<br>20180405-05</td><td colspan="3">照片名称:<br>箱梁底板渗水</td><td colspan="3">照片编号:<br>20180405-06</td><td colspan="3">照片名称:<br>立柱划痕</td></tr>
<tr><td colspan="3">检查人</td><td colspan="2">×××</td><td colspan="2">复核人</td><td colspan="2">×××</td><td colspan="2">检查日期</td><td>20180405</td></tr>
</table>

当检查人员在巡查过程中发现表7.2-1中所列出的表观病害或异常现象,须立即停车进行相应深入检查,并参照江苏交通控股有限公司企业标准《高速公路日常养护巡查与检查作

业规程》(Q/SJKG YBC1—2017)和《高速公路日常养护病害分类、分级与编码》(Q/SJKG YBA1—2017)的相关要求现场填写《高速公路日常养护巡查记录表》,记录人原可参照表7.3-1～表7.3-4中的日常巡查中各类型病害的养护巡查记录示例,填写日常巡查记录,同时拍摄病害照片。若现场检查人员判断病害或异常现象危及行车或桥梁结构安全,应当即上报管养单位,并采取应急处理措施,例如:对桥面进行临时性的交通管制等。

## 7.4 巡查内容及方法

### 7.4.1 桥面系

#### 7.4.1.1 护栏、栏杆

(1)撞损、擦痕

日常巡查中应目视检查护栏表面有无车辆撞击导致的擦痕、撞损等痕迹,如图7.4-1所示。车辆撞击护栏相当于在护栏上施加了横桥向冲击力,不仅导致护栏表面破损,也有可能引起桥梁上、下部结构错位,增加落梁风险,如图7.4-2所示。因此若发现护栏撞损病害,应对伸缩缝、上下部结构位置、支座位置等进行排查,对于匝道桥或其他斜弯桥更应该重视此现象。

图7.4-1 护栏撞损病害图

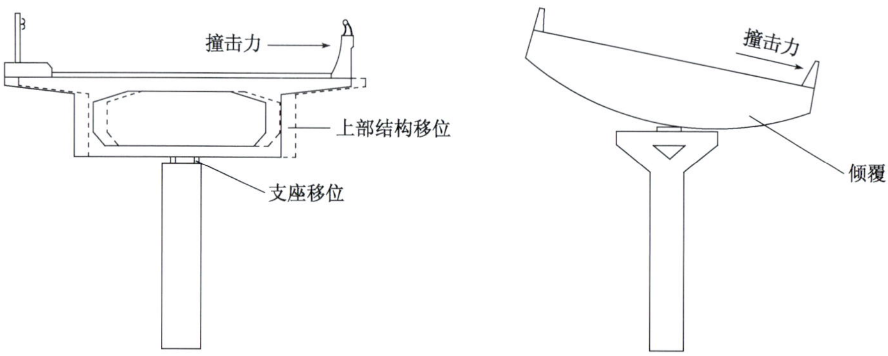


图7.4-2 独柱墩桥护栏被撞导致移位或倾覆示意图

**记录要点**：当发现上述病害后，应进行深入检查，现场确认病害大致桩号和损伤数量。护栏、栏杆撞损、擦痕的记录实例可见表7.3-1中序号1。

(2)栏杆线形不平顺

日常巡查中应目视检查桥面外侧栏杆或护栏顶面线形是否存在异常，如图7.4-3所示。栏杆或护栏顶面线形异常可能由主梁下挠(见案例01)、受损，下部结构变位等影响结构安全的病害导致。因此若在巡查时发现该异常现象，应对桥面线形、主梁外观、下部结构位置等进行排查，对于变截面连续箱梁桥更应重视此现象。

图7.4-3 栏杆或护栏顶面线形异常示意图

**记录要点**：当发现上述病害后，应进行深入检查，现场确认病害大致桩号、所在桥孔的大体位置(纵桥向方向如：墩顶、1/4跨或跨中)及线形异常长度。栏杆线形不平顺的记录实例可见表7.3-2中序号7。

**[案例01]** 2017年4月，某高速公路桥梁在检查过程中发现左、右幅桥面外侧栏杆(护栏扶手)出现局部下挠(图7.4-4)的现象，经桥面线形测量对比后发现，主桥跨中与设计线形高差约−60mm，梁体出现较明显的下挠现象。

图7.4-4 桥面外侧栏杆局部下挠

7.4.1.2 桥面铺装

(1)液体危化品泄漏

运载危险化学品的车辆发生事故时，所载危化品可能发生泄漏(图7.4-5)，有害液体在桥面流淌,可能沿着桥面横坡或纵坡流至伸缩缝或墩台支座处,甚至流入桥下水体中(图 7.4-6),同时危化品所到之处很有可能造成火灾(见案例 02)、结构腐蚀、水源污染等,也有可能降低路面抗滑性能,引起车辆事故。因此日常巡查时若发现桥面有不明液体或不明刺激性气味时应引起重视,应立即按规定程序上报。

图 7.4-5 危化品泄漏图

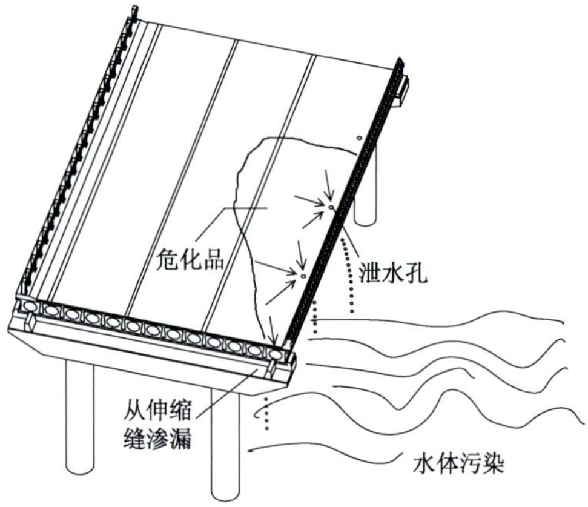


图 7.4-6 液体流动路径示意图

**记录要点:**当发现上述病害后,应进行深入检查,现场确认病害大致桩号、所在桥孔的大体位置(横桥向方向,如一车道、二车道、紧急停靠带等)和覆盖面积,并立即上报管养单位,同时需尽快了解危化品种类,判断其危害,检查其是否沿桥面排水设施或伸缩缝流淌至桥下,是否渗入孔下车道或河流中。桥面发生液体危化品泄漏的记录实例可见表 7.3-1 中序号 2。

[**案例 02**] 2012 年 6 月,1 辆满载化学品的货车在行驶在某高速公路桥梁时发生泄漏,引发火灾,装运的化学品发生猛烈燃烧,燃烧物经泄水孔及伸缩缝流入过渡墩墩顶,在墩顶持续燃烧,对燃烧处桥墩、盖梁、支座和部分梁体造成严重损伤(图 7.4-7)。

图 7.4-7 泄漏化学品燃烧,损坏桥梁

(2)重物掉落

货车行驶过程中由于车祸、货物固定不牢等原因导致的重物掉落,如图 7.4-8 所示,相当于在桥面施加了竖向冲击力,若重物较轻冲击力较小则仅会使桥面铺装层受损,若重物较重冲击力较大则有可能导致主梁受损,如图 7.4-9 所示。重物掉落冲击桥面导致桥梁受损见案例 03。

图7.4-8　重物掉落桥面

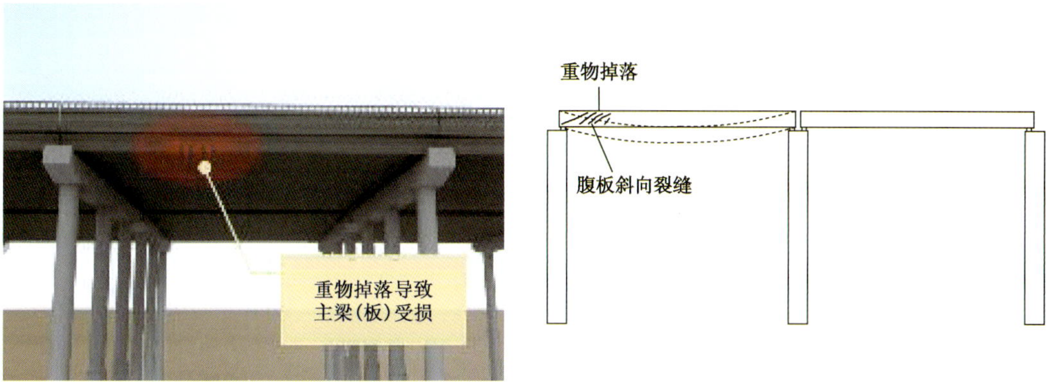


图7.4-9　主梁受损示意图

**记录要点**:当发现上述病害后,应进行深入检查,现场确认病害大致桩号、所在桥孔的大体位置(纵桥向方向,如墩顶、1/4 跨或跨中;横桥向方向,如一车道、二车道、紧急停靠带等)及损伤面积。桥面重物掉落的记录实例可见表 7.3-2 中序号 8。

[**案例 03**]　2013 年 6 月 8 日凌晨,某高速公路桥梁上一货车运输重物时车上钢卷掉落于桥面(图 7.4-10),在地上弹起后撞击护栏,再反弹并冲击至桥面,造成桥面铺装层及该孔边梁上部结构不同程度的损坏。事故发生后立即封闭的相应车道进行抢险处理。

图7.4-10　重物掉落桥面

(3)异常颠簸或起伏

图 7.4-11　路面颠簸

在日常巡查时除了要通过眼睛观察寻找所有异常现象，还要特别注意车辆通过桥梁的行车感受，是否有异常的颠簸(图 7.4-11)或者起伏。颠簸或者起伏可能是支座脱空或缺失导致主梁与盖梁直接接触所致，也可能是由于桥面不均匀沉降，这些都是对桥梁结构状态影响比较大的隐患。

**记录要点：**当发现上述病害后，应进行深入检查，现场确认病害大致桩号、所在桥孔的大体位置(横桥向如：一车道、二车道、紧急停靠带等)和损伤面积。桥面异常颠簸或起伏的记录实例可见表 7.3-2 中序号 9。

(4)沉陷

桥面沉陷在日常巡查中常通过路面标线的竖向弯曲或栏杆的异常下挠间接发现，出现这种现象应高度重视。桥面的沉陷通常是由于主梁下挠、下部结构沉降(见案例 04)、倾斜所致(图 7.4-12、图 7.4-13)，将会严重危及桥梁的结构安全，当发现后需立即对相关结构进行检查，变截面连续箱梁桥在巡查过程中尤其需要注意。

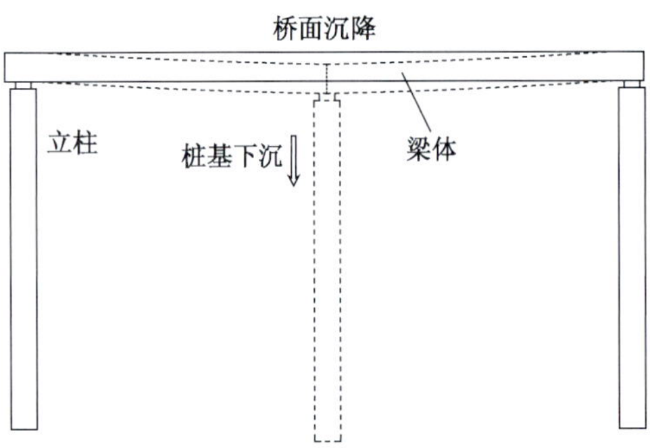


图 7.4-12　桩基下沉对桥面影响示意图

图 7.4-13　桥面沉陷

**记录要点：**当发现上述病害后，应进行深入检查，现场确认病害大致桩号、所在桥孔的大体位置(纵桥向方向，如墩顶、1/4 跨或跨中；横桥向方向，如一车道、二车道、紧急停靠带等)和沉陷面积。桥面沉陷的记录实例可见表 7.3-1 中序号 3。

**[案例 04]**　2009 年 2 月，检查发现某高速公路桥梁自西向东方向 2 号墩内侧桥面严重下沉，2 号墩对应的 2-6 号桩基周边土沉陷(图 7.4-14)，有明显的沉降现象，实际测量沉降量达到 13cm。

(5)隆起

桥面隆起易见于简支空心板梁桥的桥面连续处，一般是环境温度过高引起的桥梁过度热胀所致，如图 7.4-15 所示。桥面隆起病害见案例 05。

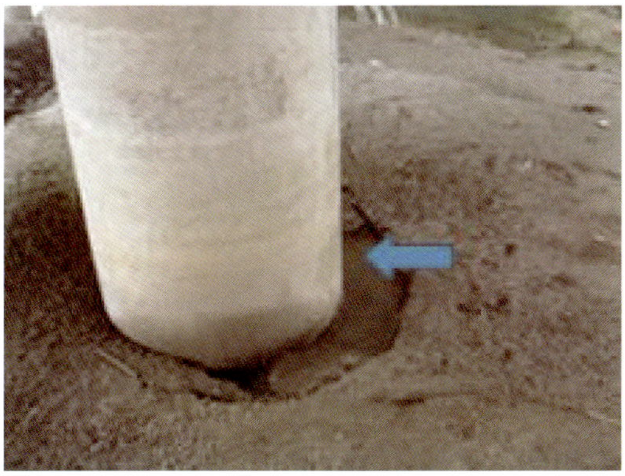

图 7.4-14 墩柱周边土沉陷

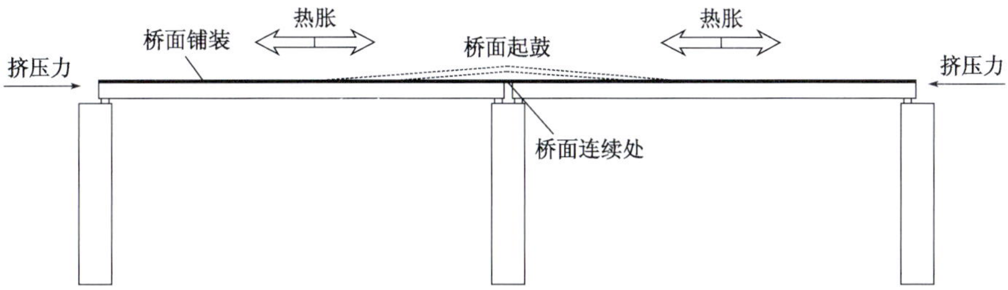


图 7.4-15 梁端挤压导致墩顶桥面连续处隆起

**记录要点**：当发现上述病害后，应进行深入检查，现场确认病害大致桩号、所在桥孔的大体位置（纵桥向方向，如墩顶、1/4 跨或跨中；横桥向方向，如一车道、二车道、紧急停靠带等）和隆起面积。桥面隆起的记录实例可见表 7.3-1 中序号 4。

**［案例 05］** 某高速公路桥梁靠近中央分隔带位置桥面连续处在高温下起鼓（图 7.4-16）。主要原因：①梁间垃圾堵塞，在温度持续升高的情况下，梁体伸长量无法得到释放，梁端间互相挤压；②桥面起鼓位置梁端间距较大为 8cm，与原设计图纸控制的 4cm 不符，此处桥面连续较其他位置刚度小是最薄弱位置，应力集中，产生起鼓现象。

图 7.4-16 桥面隆起

(6)纵向开裂

日常巡查时对于横向装配式结构,如空心板梁桥和组合箱梁桥,应注意其桥面是否存在纵向裂缝,尤其是扩建桥梁的湿接缝。日常巡查时应关注由于空心板混凝土铰缝损坏及超载严重,导致的桥梁桥面铰缝处开裂,形成单板受力,若不及时发现修复,可能会导致梁体下挠、桥面塌陷(见案例06)。对于拓宽改造的桥梁应关注拼接桥面位置是否产生纵向裂缝(图7.4-17),此处新旧桥梁相接处受力较为复杂,设计施工不当时容易出现病害。

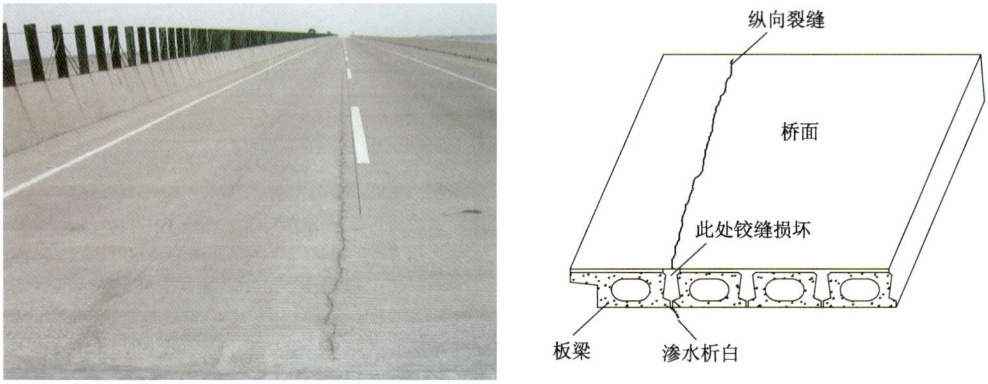



图7.4-17　桥面纵向开裂

**记录要点**:当发现上述病害后,应进行深入检查,现场确认病害大致桩号、所在桥孔的大体位置(横桥向方向如:一车道、二车道、紧急停靠带等)和纵向开裂长度。桥面纵向开裂的记录实例可见表7.3-2中序号10。

[**案例06**]　2011年7月,某高架桥引桥空心板梁坍塌(图7.4-18),初步判断为施工质量和超载车违规通行两种因素共同作用所致,事故发生前桥面已出现明显纵向开裂,但未引起养护人员重视,已致形成空心板单板受力,最后导致梁体被超载货车压断。

图7.4-18　单板受力引发的桥梁坍塌

7.4.1.3　伸缩缝

(1)型钢断裂

伸缩缝装置型钢断裂后,一方面难以阻挡雨水侵蚀伸缩缝内部及桥梁墩台,另一方面容易翘起,影响行车安全,如图 7.4-19 所示。伸缩缝型钢断裂见案例 07。

**记录要点**:当发现上述病害后,应进行深入检查,现场确认病害大致桩号、所在桥孔的大体位置(横桥向方向,如一车道、二车道、紧急停靠带等)和型钢断裂长度。伸缩缝型钢断裂的记录实例可见表 7.3-1 中序号 5。

**[案例 07]** 2016 年 5 月,某高速公路桥梁由于过往重型车辆对 D160 伸缩缝反复碾压造成型钢断裂,导致局部翘起,造成一辆小客车托底油箱漏油,两辆车追尾的交通事故(图 7.4-20)。

图 7.4-19 伸缩装置型钢断裂

图 7.4-20 型钢断裂引发安全事故

(2)异常声响

在车辆通过时可听伸缩缝处声音,如伸缩缝型钢断裂、压紧支座或承压支座缺失,则声音有明显变化,严重的会发出金属间碰撞摩擦音,例如图 7.4-21 所示,由于承压支座缺失导致支撑梁与位移箱撞击(图 7.4-21)。

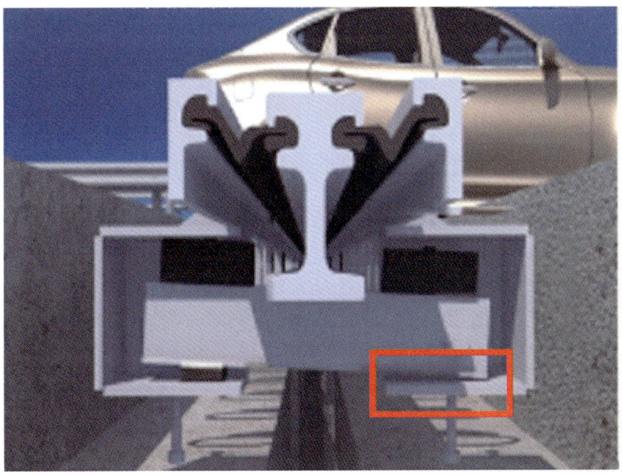

图 7.4-21 支撑梁与位移箱撞击

**记录要点**：当发现上述病害后，应进行深入检查，现场确认病害大致桩号、所在桥孔的大体位置（横桥向方向如：一车道、二车道、紧急停靠带等）和异响点数量。伸缩缝异常声响的记录实例可见表7.3-1中序号6条。

7.4.1.4 标线

（1）标线错位

在巡查过程中还应注意桥面标线是否存在横向错位现象，尤其在路桥交接处及墩顶伸缩缝位置，如图7.4-22所示。该现象可能因墩柱沉降或其他外力作用（如车辆撞击）造成梁体发生横向移位所致，可能引起桥梁上下部结构错位，增加落梁风险。当发现此状况后，应对伸缩缝、上下部结构位置、支座位置等进行排查，对于匝道桥或其他斜弯桥更应该重视此现象。

**记录要点**：当发现上述病害后，应进行深入检查，现场确认病害大致桩号、所在桥孔的大体位置（横桥向方向，如：一车道、二车道、紧急停靠带等）和错位标线数量。标线错位的记录实例可见表7.3-2中序号11。

（2）标线弯曲

在巡查过程中若发现桥面标线出现竖向弯曲，应同时关注对应位置护栏顶面线形是否存在异常，如图7.4-23所示。该现象可能由主梁下挠变形所致，也可能由下部结构不均匀沉降、倾斜等所造成。当发现此情况后，应对桥面线形、主梁外观、下部结构位置等进行排查，对于变截面连续箱梁桥更应重视此现象。

图7.4-22 墩顶伸缩缝位置标线错位

图7.4-23 桥面标线弯曲示意图

**记录要点**：当发现上述病害后，应进行深入检查，现场确认病害大致桩号、所在桥孔的大体位置（纵桥向方向，如墩顶、1/4跨或跨中；横桥向方向，如一车道、二车道、紧急停靠带等）和弯曲标线数量。标线弯曲的记录实例可见表7.3-1中序号7。

7.4.1.5 防落网、声屏障

防落网主要用于高速公路桥梁跨公路孔或跨铁路孔，其作用是阻止桥上抛物，影响桥下往来车辆通行安全，避免造成交通事故。在日常巡查中，尤其是上跨桥和匝道桥，可通过目视检查防落网是否存在立柱断裂、网片缺失或破损（图7.4-24、图7.4-25）等明显病害。

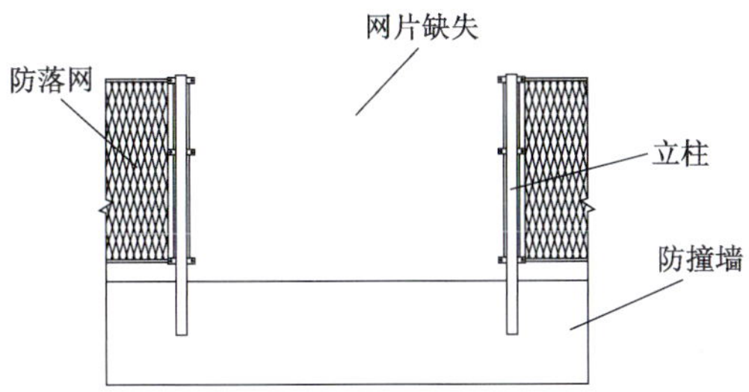


图 7.4-24　防落网网片缺失示意图

图 7.4-25　防落网网片缺失

声屏障为设置在公路侧旁的墙式构造物，其主要作用是为公路车辆噪声源进行隔声降噪，减轻行车噪声对附近居民的影响，改善其居住环境。在日常巡查中，可通过目视检查柱结构及吸(隔)声板有无明显变形或失稳现象、吸(隔)声板有无掉落或缺损(图 7.4-26、图 7.4-27)。

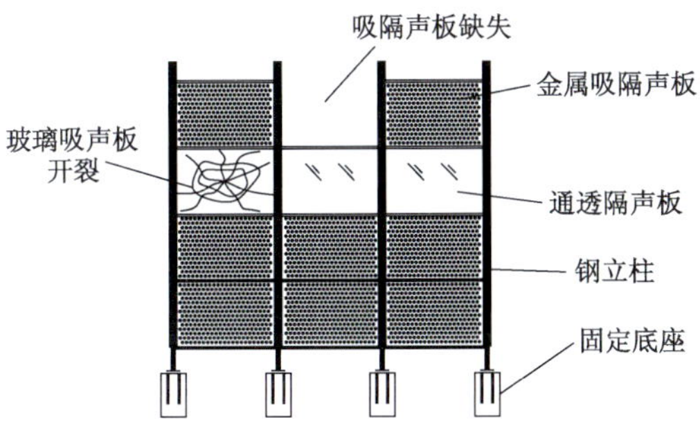


图 7.4-26　声屏障吸(隔)声板缺损示意图

图 7.4-27　声屏障吸(隔)声板缺损

**记录要点：**当发现上述病害后，应进行深入检查，现场确认病害大致桩号和防落网、声屏障损坏数量。防落网、声屏障缺损的记录实例可见表 7.3-1 中序号 8、9。

#### 7.4.1.6　桥头与路堤连接部

(1)桥头跳车

在目前的高速公路养护管理中，桥头跳车属于较为常见的桥面系病害，表现为车辆通过桥头位置时产生跳跃、颠簸等异常现象，主要原因为台背路面出现沉降，造成桥头与路堤连接部错台(图 7.4-28)。桥头跳车会影响高速公路的行车速度、舒适性和安全性，同时还加剧桥梁、路面及车辆的损坏速度。

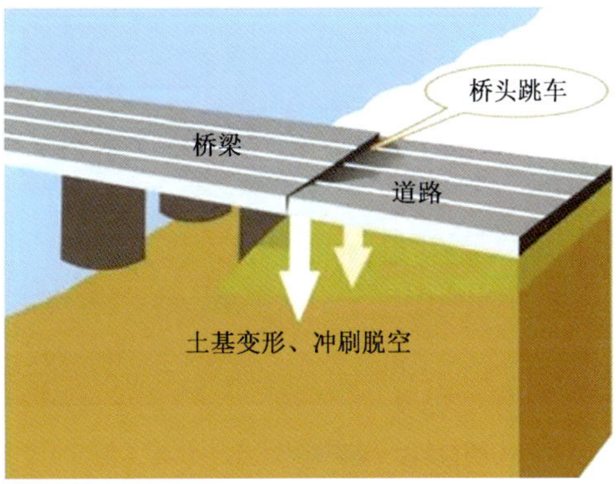


图 7.4-28　桥头与路堤连接部错台

**记录要点：**当发现上述病害后，应进行深入检查,现场确认病害大致桩号、所在桥孔的大体位置(横桥向方向,如一车道、二车道、紧急停靠带等)和跳车位置横桥向长度。桥头跳车的记录实例可见表7.3-1中序号10。

(2)搭板下沉

桥头搭板下沉、(图7.4-29、图7.4-30)开裂是国内外高等级公路中普遍存在的病害,不但影响乘车舒适性,还会加速桥梁、路面及车辆的损坏。桥头搭板下土基变形、冲刷脱空等是造成搭板下沉的主要原因,当脱空情况进一步加重时,搭板甚至会出现断裂现象,严重时会引起车辆失控翻车、追尾等交通事故,威胁人民生命财产安全,对公路的使用功能和通行能力造成较大影响。

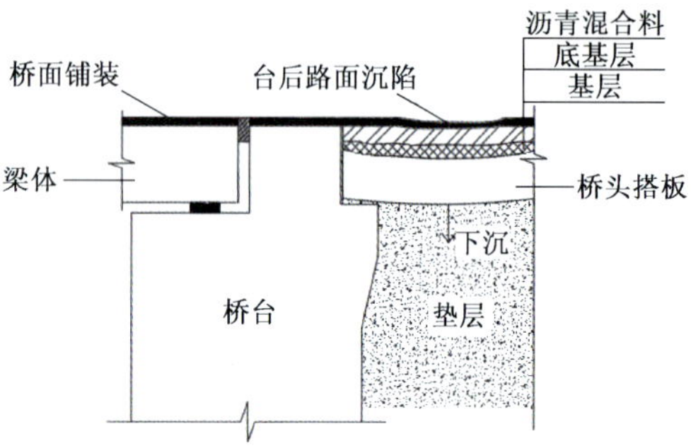


图7.4-29　桥头搭板下沉示意图

图7.4-30　桥头搭板下沉病害图

**记录要点:**当发现上述病害后,应进行深入检查,现场确认病害大致桩号、所在桥孔的大体位置(横桥向方向,如一车道、二车道、紧急停靠带等)和搭板横桥向长度。搭板下沉的记录实例可见表7.3-2中序号12。

## 7.4.2　桥面系以上部分

### 7.4.2.1　钢桁架桥

钢桁架桥梁在日常巡查中需要重点关注钢构件是否存在屈曲变形(图7.4-31、图7.4-32)、异常位移和局部损伤,若发现上述现象需引起高度重视,并及时采取维修加固措施,防止引起桥梁倒塌等安全事故,见案例08。

图7.4-31　竖杆屈曲变形(1)

图7.4-32　斜杆屈曲变形(2)

**记录要点：**当发现上述病害后，应进行深入检查，现场确认病害大致桩号、所在桥孔的大体位置（横桥向方向，如内、外侧上弦杆、下弦杆、竖杆、斜杆等；纵桥向方向，如墩顶、1/4 跨或跨中）和构件变形位置数量。构件变形的记录实例可见表 7.3-3 中序号 2。

［**案例 08**］ 2007 年 8 月，美国某洲际公路上钢桁架拱桥突然垮塌（图 7.4-33），经调查发现事故是由于设计缺陷、车流量增加等诸多原因导致桥梁某处节点板损坏，引起结构整体失稳，其垮塌前钢构件已出现严重变形。

图 7.4-33 钢桁架拱桥垮塌

7.4.2.2 拱桥主拱圈

拱桥主拱圈的形态是日常巡查所需要重视的内容，主拱圈一旦出现明显变形或异常变位（图 7.4-34），都均为重大的结构安全隐患，需要引起高度重视。

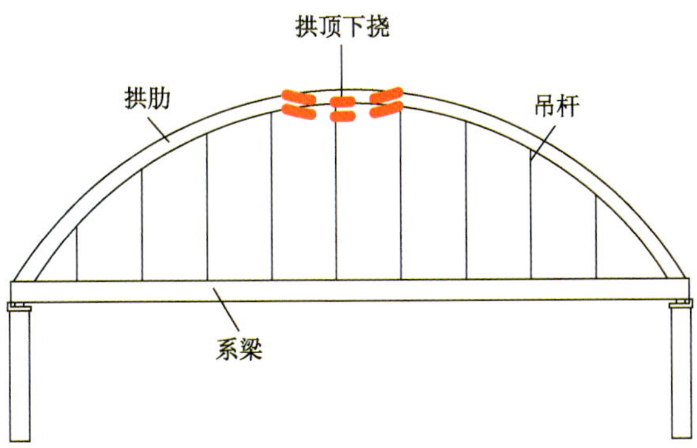


图 7.4-34 系杆拱桥拱顶下挠示意图

**记录要点：**当发现上述病害后，应进行深入检查，现场确认病害大致桩号、所在桥孔的大体位置（横桥向方向，如内、外侧拱肋，左、右侧拱肋等；纵桥向方向，如墩顶、1/4 跨或跨中）和异常位移（沉降、下挠）距离。构件异常位移（沉降、下挠）的记录实例可见表 7.3-3 中序号 1。

7.4.2.3 吊杆（吊索、斜拉索）

（1）异常晃动或异响

在日常巡查中，一旦发现拱桥、斜拉桥、悬索桥等缆索承重结构的吊杆（吊索、斜拉索）出现肉眼可见的异常晃动或存在异常声响，则表明吊杆（吊索、斜拉索）的受力状态可能存在异常（内力可能大幅度减小甚至失效）。随后可能出现吊杆（吊索、斜拉索）断裂（图 7.4-35）、脱落，甚至桥梁垮塌（见案例 09），该现象表明桥梁结构可能存在巨大的安全隐患，需重点关注。

图 7.4-35　系杆拱吊杆断裂

**记录要点**：当发现上述病害后，应进行深入检查，现场确认病害大致桩号、所在桥孔的大体位置（横桥向方向，如内、外侧拱肋，左、右侧拱肋等；纵桥向方向，如墩顶、1/4 跨或跨中）和存在异常晃动或异响的吊杆数量。吊杆异常晃动的记录实例可见表 7.3-1 中序号 11。

［**案例 09**］　某高速公路桥梁在进行桥梁日常巡查中发现西幅跨中短吊索存在异响，并且频率很高，类似于用硬物触擦木梳短齿部位所发出声响，后经无损检测确定为吊杆长时间的承载和磨损，其内层轴套磨损（图 7.4-36）所致。

图 7.4-36　吊杆轴套磨损

（2）吊杆（吊索）垂度异常、扭曲变形或斜拉索线形异常

除振动特性外，吊杆（吊索）垂度、扭曲变形或斜拉索线形也是判断吊杆（吊索、斜拉索）受力状态的重要指标。在巡查过程中若发现吊杆（吊索）垂度异常（图 7.4-37）、扭曲变形或斜拉索线形异常，表明其受力也可能处于非正常状态（内力可能大幅度减小甚至失效，即索力松

弛，见图7.4-38、图7.4-39），桥梁结构可能存在巨大的安全隐患，需重点关注。

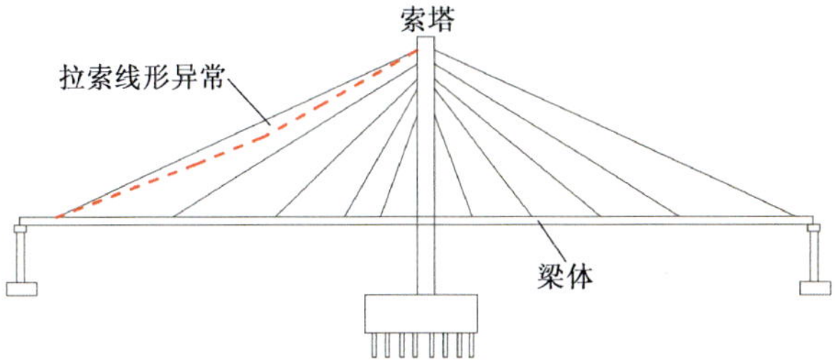


图7.4-37 斜拉桥斜拉索垂度增加示意图

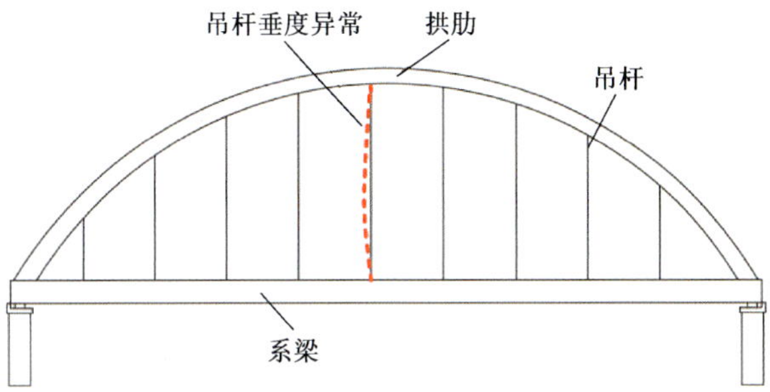


图7.4-38 系杆拱吊杆索力松弛示意图

图7.4-39 系杆拱吊杆索力松弛、垂度异常

**记录要点：**当发现上述病害后，应进行深入检查，现场确认病害大致桩号、所在桥孔的大体位置（横桥向方向，如内、外侧/南北侧/东西侧拱肋、索塔等；纵桥向方向，如边跨拉索或中跨拉索）和存在垂度异常、扭曲变形的吊杆（吊索）或线形异常的斜拉索数量。吊杆垂度异常的记录实例可见表7.3-3中序号3。

（3）PE护套或钢管套破损

吊杆（吊索、斜拉索）表面保护层受撞击、火烧等影响时，易产生局部破损（图7.4-40）、钢丝外露等现象，雨水或水汽容易沿损伤位置进入内部，可能会导致钢丝锈蚀断裂，对拉索结构的安全性有较大影响。PE护套或钢管套破损见案例10、案例11。

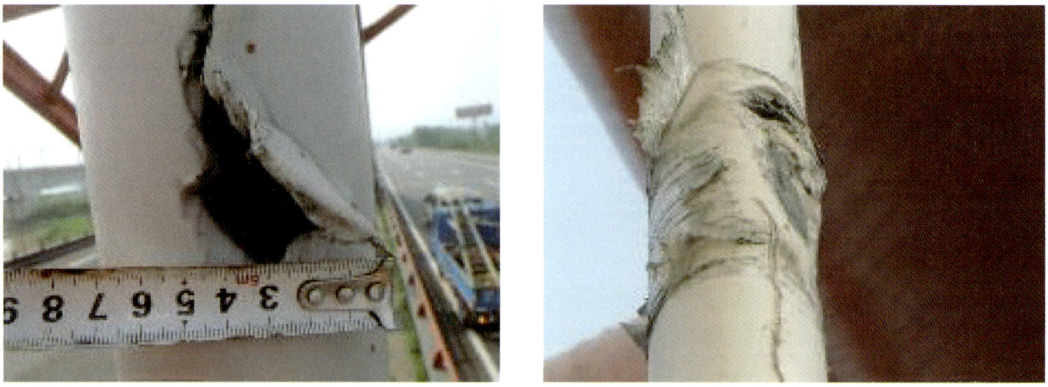

图 7.4-40　吊杆 PE 护套破损照片

**记录要点**:当发现上述病害后,应进行深入检查,现场确认病害大致桩号、所在桥孔的大体位置(横桥向方向,如内、外侧/南北侧/东西侧拱肋、索塔等;纵桥向方向,如边跨拉索或中跨拉索)和存在 PE 护套或钢管套破损的吊杆或拉索的数量。吊杆防护套破坏的记录实例可见表 7.3-3 中序号 4。

[**案例 10**]　某高速公路桥梁 4 根斜拉索 PE 护套发生火损,拉索内部钢丝外露,PE 护套火损范围为从桥面处防水罩开始往上 0.55 ~2.2m 范围不等,再往上 PE 局部区域表面有黑色的 PE 软化后未燃烧充分的残留物体,有 1 根斜拉索 PE 表面局部轻微焦化(图 7.4-41)。

图 7.4-41　斜拉索 PE 护套火损照片

[**案例 11**]　2017 年 3 月 4 日,某高速公路悬索桥西幅发生一起车祸并引发火灾,导致吊索近桥面端的 PE 护套受火损伤,吊索平行钢丝外露,PE 护套火损且有烟熏痕迹(图 7.4-42),经现场检查未见钢丝断裂等情况。

(4)减振块、防水圈、阻尼器脱落或失效

检查人员在巡查过程中还需注意吊杆、斜拉索等上的减振装置[如减振块(图 7.4-43)、阻尼器等]、防腐装置(如防水圈等)等,因大风、长期振动或安装不到位等原因,从原有位置脱落或失效,从而影响桥梁结构安全或行车安全。

图7.4-42 悬索桥吊索PE保护层火损照片

图7.4-43 系杆拱吊杆减振块

**记录要点:**当发现上述病害后,应进行深入检查,现场确认病害大致桩号、所在桥孔的大体位置(横桥向方向,如内、外侧/南北侧/东西侧拱肋、索塔等;纵桥向方向,如边跨拉索或中跨拉索)和存在脱落或失效的减振块、防水圈、阻尼器数量。减振设施损坏失效的记录实例可见表7.3-1中序号12。

## 7.4.3 周边环境

### 7.4.3.1 采砂取土(抽水)、航道清淤或桥下堆载等施工作业

在桥梁进行日常巡查时,应在可视范围内留意查看桥梁安全保护区内是否有采砂取土、航道清淤或桥下堆载等现象,若附近出现施工工地,则应加强巡视。河道采砂、航道清淤或桥下堆载等施工作业都属于扰动地基土的情形,可能带来的危害如图7.4-44、图7.4-45所示。在下部结构附近堆载重物(图7.4-46)或者挖砂卸载,导致桩柱与地基土的受力平衡被打破,桩柱两边受到不平衡土压力(图7.4-47),进而导致桩柱受损,甚至失稳。采砂取土危害见案例12,桥下堆载危害见案例13。

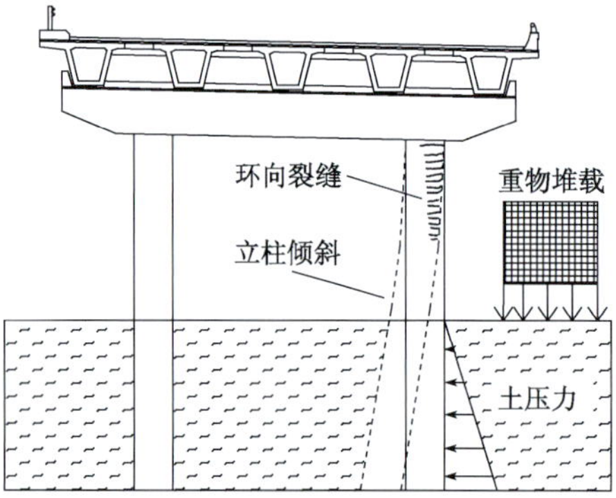


图 7.4-44　重物堆载示意图

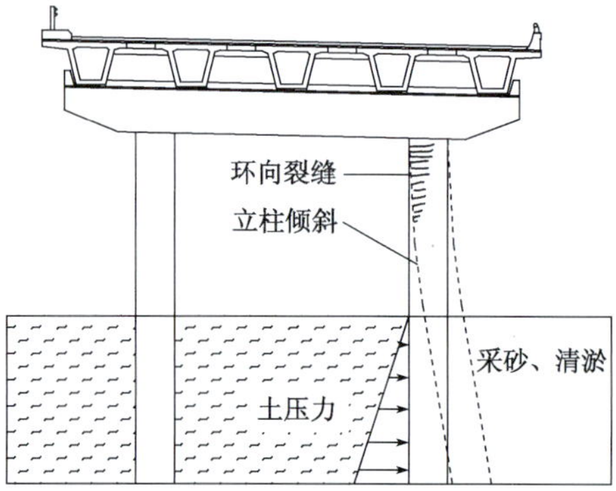


图 7.4-45　采砂、清淤卸载示意图

图 7.4-46　桥下堆建筑垃圾

图 7.4-47　被掩埋立柱表面环缝

注:《公路安全保护条例》第二十条:“禁止在公路桥梁跨越的河道上下游的下列范围内采砂:(一)特大型公路桥梁跨越的河道上游 500 米,下游 3000 米;(二)大型公路桥梁跨越的河道上游 500 米,下游 2000 米;(三)中小型公路桥梁跨越的河道上游 500 米,下游 1000 米。”

**记录要点**:当发现上述病害后,应进行深入检查,现场确认存在桥下施工作业的桥孔的大致主线桩号、所在桥孔的大体位置(如孔外侧、外侧墩柱附近等)和存在采砂取土(抽水)、航道清淤或桥下堆载等施工作业的数量。桥下异物堆载的记录实例可见表 7.3-3 中序号 5。

[**案例 12**]　2004 年 9 月成都某公路桥梁由于桥下河道内采砂严重,造成河床变窄,水流速度加剧,使桥墩出现明显倾斜,最后垮塌(图 7.4-48、图 7.4-49)。

图 7.4-48　桥墩倾斜

图 7.4-49　桥面垮塌

**[案例13]** 2013年11月,福州某高架桥桥下桥墩附近堆积大量渣土(图7.4-50),部分已高达桥面,对桥墩产生明显挤压,桥面外侧防撞护墙已出现了2cm错位(图7.4-51)。

图7.4-50 桥下渣土堆载

图7.4-51 桥面防撞护墙错位

7.4.3.2 易燃物堆积

桥下易燃物堆积,如柴草(尤其冬季靠近农村的桥孔内)、塑料薄膜、烟火等易燃易爆品,桥孔内的违章棚户等都应引起重视及时上报,容易造成火灾,存在安全隐患。常见易燃物种类及单位发热量、燃点温度如表7.4-1所示。对低燃点易燃物及高单位发热量的易燃物应特别注重日常排查。

常见易燃物种类 表7.4-1

<table>
<tr><th>序号</th><th colspan="2">名 称</th><th>发热量(MJ/kg)</th><th>燃点温度(℃)</th><th>备 注</th></tr>
<tr><td>1</td><td colspan="2">纸及制品</td><td>17</td><td>130</td><td></td></tr>
<tr><td>2</td><td colspan="2">棉布</td><td>19</td><td>200</td><td></td></tr>
<tr><td>3</td><td colspan="2">棉花</td><td>18</td><td>150</td><td></td></tr>
<tr><td>4</td><td colspan="2">木材</td><td>19</td><td>240~270</td><td></td></tr>
<tr><td>5</td><td colspan="2">合成板</td><td>18</td><td>—</td><td></td></tr>
<tr><td>6</td><td colspan="2">柴草、谷物</td><td>17</td><td>—</td><td>特别关注</td></tr>
<tr><td>7</td><td colspan="2">羊毛</td><td>23</td><td>—</td><td></td></tr>
<tr><td>8</td><td colspan="2">软木</td><td>29</td><td>—</td><td></td></tr>
<tr><td>9</td><td colspan="2">泡沫塑料(塑料薄膜、发泡板等)</td><td>25</td><td>—</td><td>特别关注</td></tr>
<tr><td>10</td><td colspan="2">泡沫橡胶</td><td>37</td><td>130</td><td>特别关注</td></tr>
<tr><td>11</td><td colspan="2">油毛毡</td><td>20</td><td>—</td><td></td></tr>
<tr><td>12</td><td colspan="2">汽油</td><td>44</td><td>—</td><td></td></tr>
<tr><td>13</td><td colspan="2">柴油</td><td>41</td><td>80</td><td></td></tr>
<tr><td>14</td><td rowspan="4">化学品</td><td>聚乙烯</td><td>44</td><td>342</td><td rowspan="4">特别关注</td></tr>
<tr><td>15</td><td>聚氯乙烯</td><td>17</td><td>454</td></tr>
<tr><td>16</td><td>聚四氟乙烯</td><td>—</td><td>550</td></tr>
<tr><td>17</td><td>乙烯丙烯共聚</td><td>—</td><td>454</td></tr>
</table>

**记录要点**：当发现上述病害后，应进行深入检查，现场确认易燃物堆积的大致主线桩号、所在桥孔的大体位置（如孔外侧、外侧墩柱附近等）和存在易燃物堆积的数量。易燃物堆积的记录实例可见表7.3-3中序号6。

图7.4-52 限高门架撞损变形

7.4.3.3 限高门架受损

限高门架位于跨路孔外侧，主要用于保护公路跨线桥梁上、下部结构免受地方超高、超宽车辆或其他意外的撞击危害，但其本身也会受到破坏，形成一定的安全隐患，对地方道路上的往来车辆及行人造成威胁。日常巡查中应注意桥梁受撞风险，当发现防撞限高门架出现倒塌、变形（图7.4-52）等情况应及时上报。

**记录要点**：当发现上述病害后，应进行深入检查，判断门架是否存在安全隐患，有无倒塌、倾覆风险。现场确认受损限高门架的大致主线桩号和限高门架损伤位置数量。限高门架受损的记录实例可见表7.3-2中序号1。

7.4.3.4 上跨桥梁

（1）重载车辆突增或停留

上跨桥梁设计荷载等级普遍小于主线桥梁，又多与地方道路连接，对超载的车辆限制和监管较为薄弱。当大量超载车辆短时间内陆续通过桥梁或停留在桥上时，可能会使桥面损坏，导致桥梁断裂等（图7.4-53）。

对于独柱墩桥梁，尤其是墩顶仅设置一个支座的独柱墩桥梁，当重车通过时可能还会引发梁体滑移，甚至桥梁倾覆（图7.4-54）、坍塌，见案例14。

图7.4-53 超载车辆突增导致桥梁垮塌

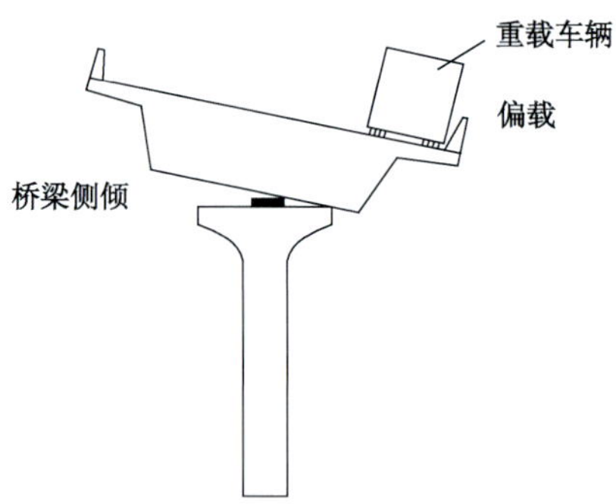


图7.4-54 独柱墩桥梁偏载侧倾示意图

［**案例14**］ 2019年10月10日18:00，江苏省无锡市312国道上海方向K135处锡港路上跨桥出现桥面倾覆。事故原因为一辆托运钢卷的货车违规超载，实载近200t，在通过该路段时靠外侧偏载行驶，引起桥梁倾覆失稳，最后导致桥梁的倾覆（图7.4-55）。该侧翻桥采用花瓶式独柱墩（图7.4-56），桥墩上设有1个支座，从设计结构上对车辆载重偏载的适应能力较低，

容易引起安全事故。

图7.4-55 独柱墩桥梁偏载侧倾示意图

图7.4-56 312国道锡港路上跨桥柱墩

近年来独柱墩桥梁因重车偏载引起的桥梁倾覆、倒塌的事故屡见不鲜，如表7.4-2所示。

部分独柱墩桥梁事故汇总 表7.4-2

| 序号 | 时间 | 桥名 | 桥梁结构形式 | 破坏形式 | 事故原因 |
|---|---|---|---|---|---|
| 1 | 2007.10.23 | 包头市民族东路高架桥 | 单跨钢梁 | 桥梁倾覆 | 重车偏载 |
| 2 | 2009.7.15 | 津晋高速公路港塘收费站外匝道桥 | 混凝土连续箱梁 | 桥梁倾覆 | 重车偏载 |
| 3 | 2010.2.21 | 上虞春晖立交匝道 | 混凝土连续箱梁 | 桥梁坍塌（图7.4-57） | 多辆重车结队通行 |
| 4 | 2012.8.24 | 哈尔滨阳明滩大桥 | 钢-混凝土连续叠合梁 | 桥梁倾覆（图7.4-58） | 重车偏载 |
| 5 | 2015.6.19 | 广东河源粤赣高速公路城南互通立交匝道桥 | 混凝土连续箱梁 | 桥墩折断、落梁 | 多辆重车结队偏载 |

图7.4-57 上虞春晖互通立交匝道坍塌

图7.4-58 哈尔滨阳明滩大桥倾覆

**记录要点：**当发现上述异常后，应进行深入检查，现场确认受损上跨桥梁桥孔的大致主线桩号、所在桥孔的大体位置(横桥向方向,如一车道、二车道、紧急停靠带等;纵桥向方向,如墩顶、1/4 跨或跨中)和损伤类型、损伤数量。上跨桥重载车辆突增或停留造成的桥面损伤龟裂的记录实例可见表 7.3-2 中序号 4。

(2)主线行车净空被侵占

日常巡查时应关注高速公路行车净空是否被侵占,上跨桥梁垂下的电缆线、防护栅栏等设施可能压缩主线行车净空,影响行车安全,如图 7.4-59 所示。

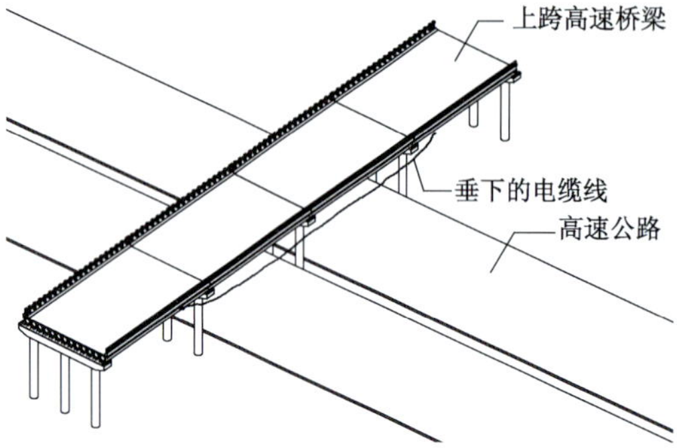

图 7.4-59　侵占净空示意图

**记录要点**:当发现上述异常后,应进行深入检查,现场确认被侵占的上跨桥梁桥孔的大致主线桩号、大体侵占位置(如:东/西/南/北侧跨路孔入口处)、侵占物类型和侵占物数量。上跨桥下垂电线影响正常通行的记录实例可见表 7.3-2 中序号 5。

(3)梁底擦痕

上跨桥梁常见梁底剐擦病害大部分为轻微擦痕,不影响上跨桥梁结构安全及主线行车安全,但当上跨桥梁净空严重不足或存在施工缺陷时,梁底可能在车辆剐擦时出现严重损伤(图 7.4-60),见案例 15。

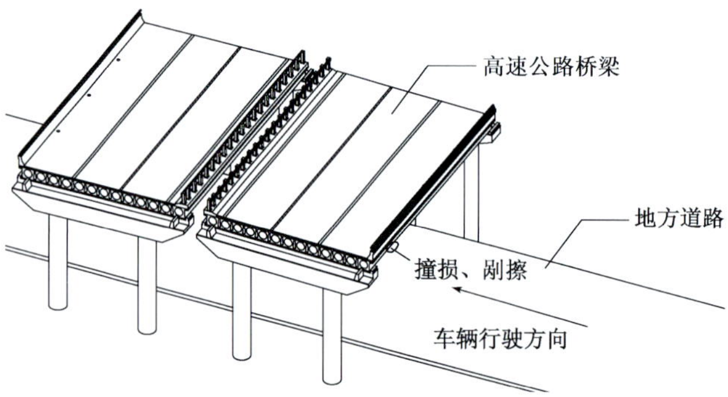

图 7.4-60　梁体撞损示意图

**记录要点**:当发现上述病害后,应进行深入检查,现场确认存在梁底擦痕的桥孔的大致主线桩号、擦痕的大体位置(如东/西/南/北侧跨路孔入口处)和擦痕数量。上跨桥梁底擦痕的记录实例可见表 7.3-2 中序号 6。

[**案例 15**]　2015 年 9 月在巡查过程中发现某高速公路上跨桥箱梁底部存在较多混凝土剥落形成的空洞露筋现象,后经详细检查发现梁底大面积混凝土脱落、露筋(图 7.4-61),最深处可见钢绞线波纹管。

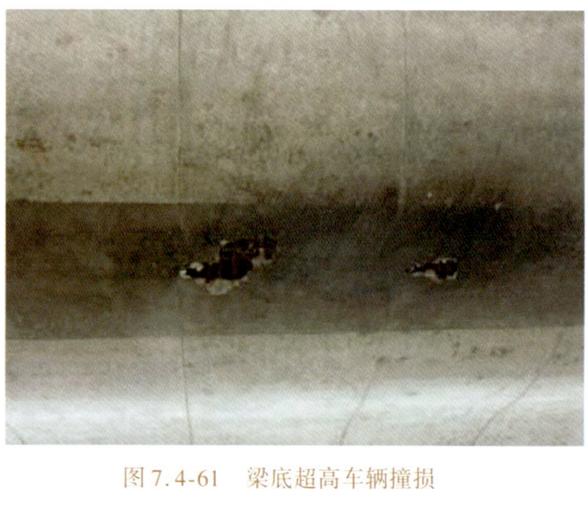
图 7.4-61　梁底超高车辆撞损

(4)梁底渗水或水迹

在对上跨桥或匝道桥的日常巡查中,有时还会发现上部结构主梁表面或透气孔附近出现渗水或水迹,其多数与桥梁排水设施(如滴水檐、泄水管等)损坏、失效有关,但也可能为梁体内部水流渗出,对桥梁结构耐久性存在一定影响。

梁底纵向裂缝渗水、析白,梁底水迹、底板钢筋锈胀分别如图7.4-62、图7.4-63所示。

图7.4-62　梁底纵向裂缝渗水、析白

图7.4-63　梁底水迹、底板钢筋锈胀

**记录要点:**当发现上述病害后,应进行深入检查,现场确认存在梁底擦痕的桥孔的大致主线桩号、所在桥孔的大体位置(如墩顶、1/4跨或跨中)和渗水位置数量。上跨桥梁底渗水的记录实例可见表7.3-3中序号8。

(5)墩柱或护栏撞损

上跨桥(匝道桥)跨路孔墩柱多位于中央分隔带内,墩柱两侧每日往来车辆较多,易出现车辆刮擦、撞击波形护栏甚至墩柱的现象,如图7.4-64所示。上跨桥路中墩撞损见案例16。

**记录要点:**当发现上述病害后,进行深入检查,现场确认存在墩柱或护栏撞损的大致主线桩号、墩柱或护栏的大体位置(如中分带内,中分带内/外侧等)和构件撞损、划痕位置数量。上跨桥立柱划痕的记录实例可见表7.3-3中序号9。

图7.4-64　跨路孔墩柱及护栏损伤示意图

**[案例16]**　2019年5月某高速公路一辆集装箱车侧翻撞击上跨桥路中墩(图7.4-65),导致墩柱多处开裂(图7.4-66),影响该高速公路路段车辆正常通行。

7.4.3.5　异物入侵车道

因地方人员在高速公路两侧栽种树木时,未与桥梁保持一定距离或树木在桥梁建成前就已栽种,致使部分桥梁外侧树木生长一段时间后距桥梁过近,甚至少数枝干延伸至桥面行车道内,造成异物入侵车道(图7.4-67)。此种现象不但会遮挡交通标志(图7.4-68),还会影响行车安全。特别在大风天气,易造成树木折断落入行车道上,形成潜在的安全隐患。日常巡查中应注意桥梁外侧树木与桥梁的距离，当发现树木与桥梁过近，或枝干以侵入桥面车道内等情况应及时上报。

图 7.4-65　车辆撞击上跨桥路中墩

图 7.4-66　上跨桥路中墩表面开裂

图 7.4-67　桥孔外侧树木入侵车道

图 7.4-68　高速公路绿植遮挡标志牌

注：《高速公路绿化设计规范》（DB61/T 1056—2016）7.1.4 条规定：路侧绿化的布置应与路基防护工程、交通安全设施、环境保护等设施的布置相协调，绿化种植不得影响路基边坡防护工程的稳定性，绿化植物的枝条不得侵入道路净空界限内，不得遮挡交通标志。

**记录要点：**当发现上述病害后，进行深入检查，现场确认入侵车道异物的大致主线桩号和入侵车道的数量。异物入侵车道的记录实例可见表 7.3-2 中序号 2。

### 7.4.4　台风、汛期等特殊情况

针对极端天气除加强巡查频次外，还应对部分结构进行重点排查，譬如台风前后日常巡查应着重排查桥梁附属构件是否发生松动脱落，防止构件脱落造成事故（图 7.4-69、图 7.4-70）。汛期或者雨季的巡查应关注通航水位是否超限，通航孔过水是否受阻。

**记录要点：**当发现上述病害后，进行深入检查，现场确认存在松动脱落的桥梁附属构件的大致主线桩号、所在桥孔的大体位置（横桥向方向，如内、外侧/南北侧/东西侧拱肋、索塔等；纵桥向方向，如边跨拉索或中跨拉索）和松动脱落数量。减振设施损坏失效的记录实例可见

表7.3-2中序号3。

图7.4-69 斜拉桥在台风中减振器断裂

图7.4-70 标牌底座螺栓缺失

### 7.4.5 涵洞的巡查

涵洞作用:在公路工程建设中,为了使公路顺利通过水渠不妨碍交通,设于路基下修筑于路面以下的排水孔道(过水通道),通过这种结构可以让水从公路的下面流过。高速公路中常见的形式为圆管涵、箱涵。日常巡查时应重点关注涵洞下沉导致的对应位置是否铺装开裂(图7.4-71),洞口附近填土是否有渗水、冲刷、空洞,填土是否稳定。

图7.4-71 涵洞下沉引起的铺装破损

**记录要点:**当发现上述病害后,进行深入检查,现场确认存在异常、缺损的涵洞的大致主线桩号、所在涵洞的大体位置(横桥向方向,如一车道、二车道、紧急停靠带等)和缺损类型、数量。涵洞顶板铺装层沉陷的记录实例可见表7.3-3中序号7。

Chapter Eight

# 第 8 章

# 桥梁经常检查

## 8.1　经常检查目的及意义

经常检查最主要的目的是通过对桥涵结构及其附属构造物的技术状况进行的检查,为编制小修保养工作计划提供依据,以此预防或减缓结构病害的发生,使桥梁经常保持完好状态。检查中发现不影响结构安全的病害时,可采取继续观察或集中处理的养护措施;当发现主要构件出现严重病害或安全隐患时,应按程序及时上报。

与日常巡查相比,经常检查的检查深度较深,检查范围较广泛,除同样需对桥面系和周边环境进行检查外,还应检查桥面以下重要部件是否存在的明显缺损。经常检查相比定期检查在检查程度和检查范围上有所不足,但检查频率较高;每月一次的经常检查,更有利于在短时间内及时发现典型病害,使重度缺损状况和安全隐患得到及时处理,防止构件进一步劣化。

经常检查工作要求检查人员具有一定的桥梁专业知识和病害分析能力,具备足够的工作经验,能够灵活运用相关专业知识,对影响桥涵结构安全的病害能够做到及时上报。但仍需在以下方面加强:

(1)检查人员需掌握不同结构形式桥梁典型病害的出现规律,在检查过程中做到不遗漏关键部位的病害;

(2)加强检查人员对影响结构安全病害的敏感性,当在检查过程中发现此类病害时,应将

其作为重点关注的对象,采取相应的处理措施;

(3)需建立统一的经常检查工作流程,如病害标记方式统一、病害记录表格统一、病害记录方式统一等。

为实现以上目标,本册对经常检查过程中常见的典型病害进行了归纳总结,对病害出现规律进行了整理,同时提供了统一的"桥梁经常检查记录表",为病害记录方式提供了典型示例。以此帮助检查人员提高检查效率和检查质量,确保在经常检查时能够更加全面、更加细致,避免遗漏影响桥梁结构安全的病害或隐患,保障桥涵结构安全。

## 8.2 检查过程、要求、方法及病害记录

### 8.2.1 检查过程

经常检查流程包括工作准备、现场检查、成果提交三个阶段的工作,具体流程如图8.2-1所示。

(1)工作准备

①经常检查计划:在进行经常检查前,桥梁主管工程师需参考上次经常检查情况,对辖区的桥梁制定相应的经常检查计划,尤其应将最近一次定期检查中桥梁技术状况评定为三、四、五类的桥梁(按《04规范》评定)、已存在重点病害的桥梁、采取维修加固措施的桥梁、上一次检查中桥梁主管工程师建议加强关注的桥梁等,作为检查过程中的重点关注对象,并在经常检查计划中做出合理安排。

②收集基本数据,查阅近期报告:检查人员在检查前,应收集并阅读待查桥梁的竣工图纸,掌握桥梁各构件的编号信息,阅读最近一期的定期检查报告和最近一次的经常检查记录表。

③准备检查器材、记录表:配置检查车一辆,出发前检查人员应核查相关检查设备、小型登高设备、安全装备、简单急救用品、记录工具、经常检查记录表(纸质)、病害标记工具(如红色油漆等),是否已准备齐全。

(2)现场检查

①检查人员到达现场后,首先再次确认桥梁各构件编号,并对照最近一期的定期检查报告及经常检查记录,确定桥梁原有重点病害位置。在检查过程中注意跟踪检查。

②对桥面系、上部结构、下部结构、附属构造物和周边环境进行目视检查并辅以简单工具。当检查过程中发现极高风险病害和高风险病害,需使用病害标记工具做好相应标记并拍照留影。

③根据现场检查结果,检查人员第一时间将检查项目的缺损位置、缺损状况、照片编号及保养措施意见填入经常检查记录表中。

④当发现桥梁重要部件(如墩台与基础、上部承重结构、支座)存在极高风险和高风险病害时,检查人员需立即上报。若检查过程中发现桥梁遭受突发自然灾害(地震、洪水、泥石流、冰雪等)、意外撞击(船舶、车辆)和火灾等损伤,检查人员也应立即上报,同时采取应急处理措施。

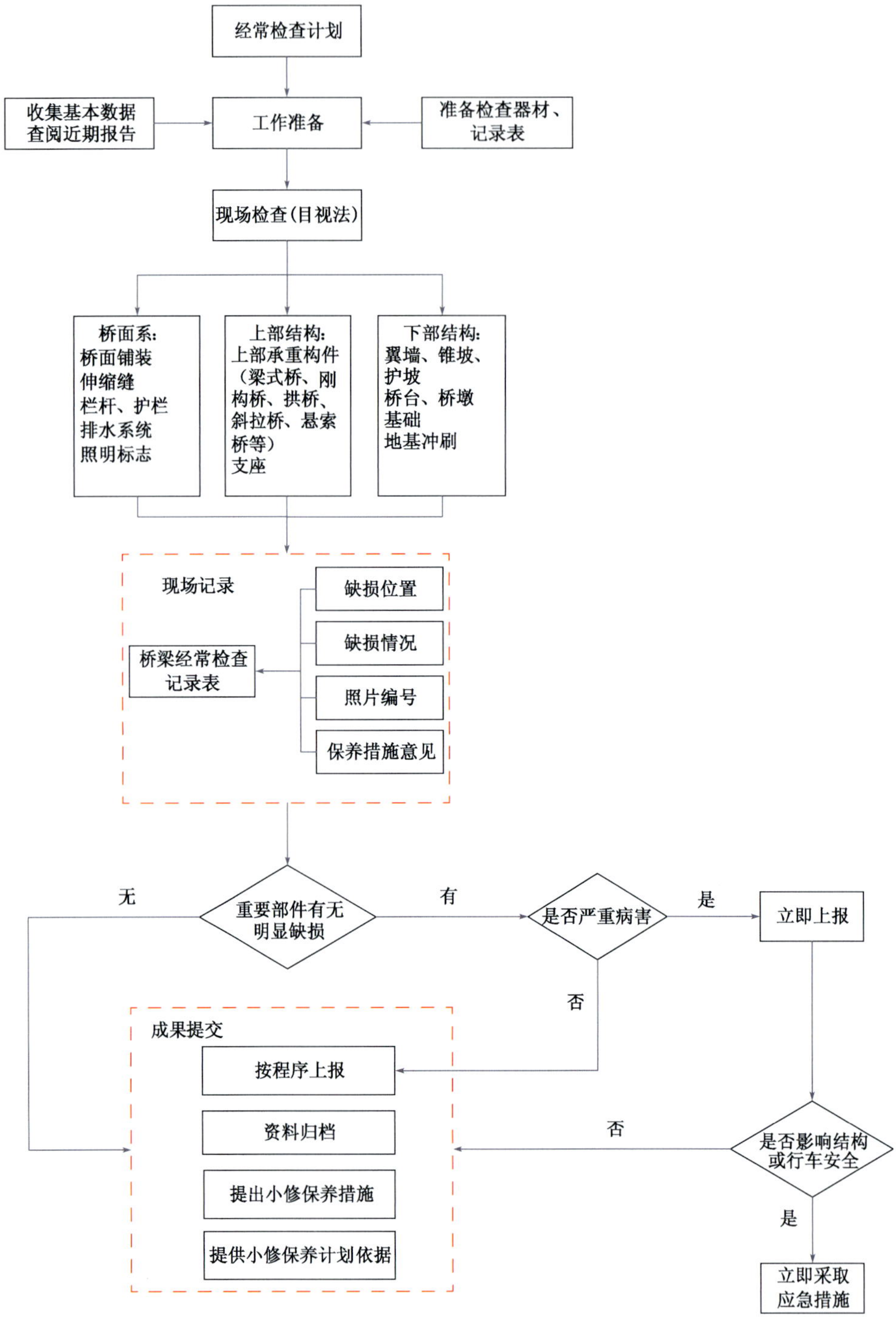


图 8.2-1　经常检查流程图

(3)成果提交

①检查人员在检查过程中,发现重要部件若存在明显缺损的,每日结束检查后,需按程序上报。

②检查完成后，检查人员应根据经常检查记录表的检查内容，及时将桥梁检查情况录入电子表格或养护系统中，并将电子文档和打印后的经常检查记录表，按一桥一档的形式，统一交由桥梁主管工程师归档。

③检查人员需对本月桥梁经常检查情况汇总整理，并对检查结果进行初步分析，同时与上一次桥梁经常检查情况进行对比。最后根据上述结果向桥梁主管工程师按月出具桥梁经常检查情况总报告，报告中还应包含检查人员对缺损范围及养护工作量的估计和相应的小修保养措施。桥梁主管工程师根据检查人员提供的资料，编制辖区内的桥梁养护（小修保养）计划，并提出下一阶段的经常检查计划。

## 8.2.2 检查要求

经常检查对现场检查记录有一定的要求。

1）拍摄照片要求

当检查中发现需要上报的病害时，应至少拍摄一张照片。

2）现场记录要求

记录的内容应准确、完整、表述清楚，字迹清晰、工整，并记录照片编号，以便录入电子版时查询、对照。

## 8.2.3 检查方法及检查工具

### 8.2.3.1 检查方法

采用人工目测方法为主，也可辅以简单工具进行测量。经常检查过程中各构件/部位对应的现场检查方法如表8.2-1所示。

现场检查方法 表8.2-1

| 构件/部位 | 检查人员到达位置与检查方法 |
|---|---|
| 翼墙（侧墙、耳墙） | 检查人员步行到达桥台翼墙（侧墙、耳墙）处，目视检查构件状况 |
| 锥坡、护坡 | 检查人员步行到达锥坡、护坡处，目视检查构件状况，同时应检查桥梁翼缘板外沿顺桥向线形是否存在异常 |
| 桥台 | 检查人员步行到达桥台，贴近桥台，目视检查构件状况 |
| 桥墩及基础 | 若桥墩不在水中，检查人员可步行至桥墩处，目视或使用爬梯贴近桥墩及基础，检查构件状况；<br>若桥墩位于水中，检查人员可步行至最靠近墩柱的河岸边，目测或使用望远镜检查构件状况；<br>若逢水位较低的枯水季或上游关闸蓄水，应特别注意检查外露桥墩及基础的构件状况 |
| 地基冲刷 | 检查人员步行到达河岸，目视或使用望远镜检查墩台基础周围地基冲刷状况；<br>若逢水位较低的枯水季或上游关闸蓄水，应特别注意检查外露河床的冲刷状况 |
| 支座 | 检查人员步行到达桥台或桥墩位置，目视或使用手电筒、头灯对支座进行检查；<br>若桥孔净高在0.5~2.0m，检查人员可直接对支座进行检查；<br>若桥孔净高在2.0~5.0m，检查人员可借助爬梯对墩（台）顶支座进行检查 |
| 上部结构 | 若桥孔净空较低，检查人员可以通过目视或使用简单工具进行检查；<br>若桥孔净空较高、跨河或跨大车流量道路，可通过望远镜进行简单检查，尤其注意箱梁底板是否存在异常变形、下挠，以及碰擦撞损 |

续上表

| 构件/部位 | 检查人员到达位置与检查方法 |
| --- | --- |
| 桥与路连接处 | 检查人员步行至桥头与路连接处的硬路肩处，目视检查并估计桥头高差情况，并观察行经此处的车辆跳车情况 |
| 伸缩缝 | 检查人员在紧急停靠带内面向来车方向步行至伸缩缝处，目视检查伸缩缝的工作状况。如发现严重异常现象，需靠近病害部位进行检查确认 |
| 桥面铺装 | 检查人员在紧急停靠带内面向来车方向步行，通过目视检查桥面铺装的病害情况。检查桥面是否有杂物堆积、油迹或其他化学物污染。特别注意有无钢筋、螺栓等容易损坏桥面铺装的硬物。对于桥墩正上方的桥面铺装，应特别注意检查其是否存在开裂等病害 |
| 人行道、缘石 | 检查人员在紧急停靠带内面向来车方向步行，通过目视检查人行道或缘石的病害情况。对于无人行道的桥梁，则无须检查 |
| 栏杆、护栏、防撞墙 | 检查人员在紧急停靠带内面向来车方向步行，通过目视检查栏杆（金属扶手）和护栏（波形护栏或防撞墙）的病害情况，尤其应注意桥面外侧防撞墙顶面线形是否存在异常 |
| 标志、标线、孔下标志牌 | 检查人员在紧急停靠带内面向来车方向步行，通过目视检查标志、标线的病害情况，尤其注意桥面标线整体是否存在异常错位或弯曲；<br>若桥孔下有道路或航道穿越，也应注意检查相应的限高标志、限宽标志或通航标志等是否存在缺陷 |
| 排水设施 | 检查人员在紧急停靠带内面向来车方向步行，目视检查各排水孔和引水槽有无堵塞或缺陷，桥面有无积水；<br>桥下步检时也应注意从桥面伸出的泄水管、引水管是否存在相应缺损 |
| 照明系统 | 检查人员在紧急停靠带内面向来车方向步行，目视检查桥面照明系统是否存在病害。若条件许可，可提前短时间内打开桥上的照明系统，方便检查人员进行检查 |
| 结构部分检查 | 对于梁体结构检查，由于受客观条件和人员设备的限制，检查部位只限于人员目视所及的部位 |
| 在检查中发现桥梁遭受突发自然灾害（地震、洪水、泥石流、冰雪等）、遭受意外撞击（船舶、车辆）和火灾等，检查人员应立即按程序上报 | |

#### 8.2.3.2 检查工具

进场检查应配备的基本检查工具：钢卷尺、钢直尺等简易测量设备，照相机、望远镜、手电、小型登高设备等辅助设施。具体如下：

（1）简易测量设备：测距仪、钢卷尺、皮尺、钢直尺等（图8.2-2）。

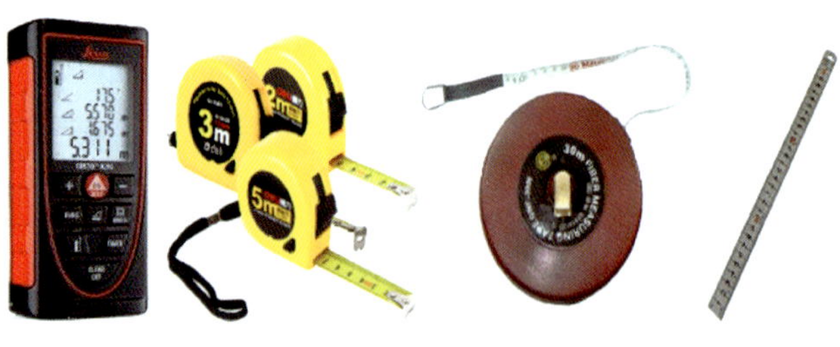

图8.2-2 简易测量工具

用途：用于测量结构物宽度、长度及结构病害的范围。

(2)照相机(图8.2-3)。

用途:记录每处结构病害图像,便于病害查询及直观描述。

(3)望远镜(图8.2-4)。

图8.2-3　照相机

图8.2-4　望远镜

用途:在无法使用其他辅助工具时,观测高处或远处结构物;对存在重点病害的跨路孔或跨河孔的桥梁部位,可使用天文望远镜进行观测。

(4)照明设备:手电筒、头灯,如图8.2-5所示。

图8.2-5　照明设备

用途:当光线不足时,用于提供足够的光源。

(5)标记工具:油漆笔,如图8.2-6所示。

(6)小型登高设备:爬梯,如图8.2-7所示。用途:方便检查人员对不易达到的较高桥梁结构位置进行检查。

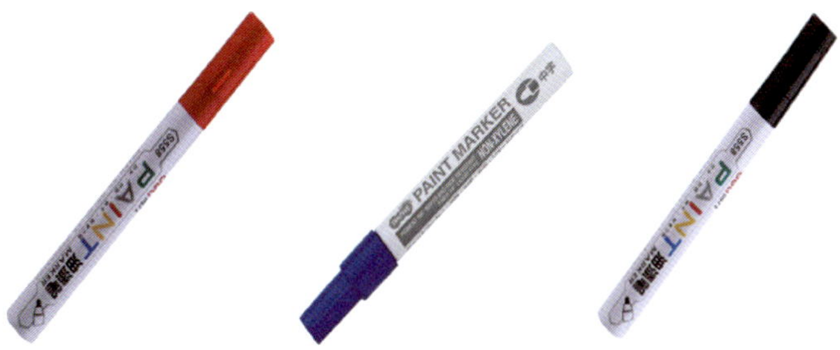


图8.2-6　油漆笔

图8.2-7　爬梯

### 8.2.4 检查内容及病害记录方法、标记方法

8.2.4.1 检查内容

经常检查主要是指对桥面系、上部结构及下部结构的技术状况进行常规巡视检查。其具体检查内容与桥梁结构形式有关,检查对象主要包括翼墙、耳墙、桥台、锥坡(护坡)、步行能接触的桥墩(如旱地上)及基础、目测(或借助望远镜)能观测到的梁体结构、吊杆及锚头(如有)、泄水孔、防撞墙(护栏)、桥梁照明等。

8.2.4.2 病害记录方法

经常检查过程中,需估测病害的关键信息,根据实际需要,使用设备对其进行确认,同时参照《高速公路日常养护巡查与检查作业规程》(Q/SJKG YBC1—2017)和《高速公路日常养护病害分类、分级与编码》(Q/SJKG YBA1—2017)现场填写《桥梁经常性检查记录表》,并拍摄病害照片。

经常检查记录示例,见8.3节。

8.2.4.3 混凝土结构重要裂缝标记方法

当经常检查过程中发现混凝土结构出现重要裂缝,应对这些裂缝进行现场标记,并需下次检查中进行跟踪观测,具体步骤如下:

①目测裂缝:确定裂缝所在部位、界面及大致走向,以便勾画。

②用笔勾画:检查人员手持油漆笔,在距裂缝边缘5~10mm位置不间断的画出平行于裂缝走向的长线条,两者长度基本相等,并在线条两端垂直于裂缝走向各标记一道3~5cm的短线条,表示裂缝始末位置。若后续跟踪检查过程中发现裂缝两端有超过原标记的现象,则证明裂缝已发展。此时可用不同颜色的油漆笔,继续标记。

③标记日期:在标记线条中部,水平方向标记此次现场检查的时间,时间格式为××××.××.××,如2017.07.10。重点结构裂缝标记如图8.2-8所示。

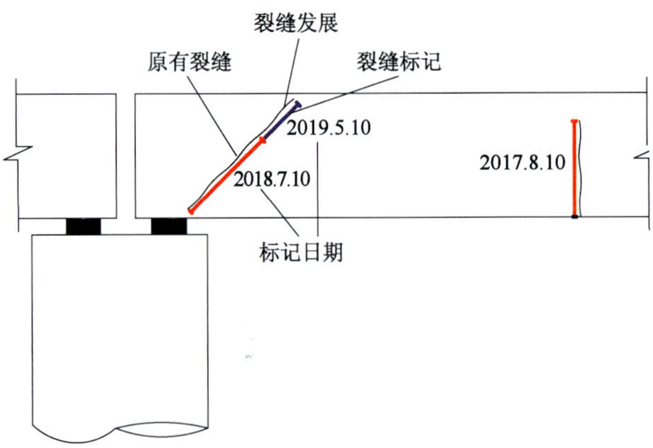


图8.2-8 重点结构裂缝标记示意图

④伴随病害检查:检查裂缝处是否伴随有水、白浆或其他颜色黏液(铁锈色、姜黄色等)渗出。

## 8.3 记录示例

经常检查记录示例见表8.3-1。

经常检查记录示例 表8.3-1

| 序号 | 构件 | 缺损类型 | 缺损位置 | 缺损状况 | 保养措施 |
|---|---|---|---|---|---|
| 1 | 上行3号台顶伸缩缝 | 堵塞、卡死 | — | 泥土堵塞长约3.0m | B |
| 2 | 上行3号孔桥面铺装层 | 剥落露筋 | 跨中位置 | 3处混凝土剥落露筋，累计破损面积$0.8\times0.6m^2$，露筋0.5m | B |
| 3 | 上行1号孔1号板底板 | 裂缝 | 跨中 | 3条横向裂缝，总长约3.0m，最宽0.10mm | A |
| 4 | 上行2号孔4号板底板 | 异常下挠 | 跨中 | 最大下挠约5.0cm | A |
| 5 | 上行1号孔1号板底板 | 裂缝 | 跨中 | 2条横向裂缝，总长约1.2m，最宽0.10mm | A |
| 6 | 上行3号孔1号板腹板 | 露筋 | 端部 | 3处露筋，累计长度0.5m | A |
| 7 | 上行2号孔4号板底板 | 渗水 | 跨中 | 2处渗水 | A |
| 8 | 上行1号孔1号板 | 垃圾堵塞 | 端部 | 1处垃圾堵塞 | A |
| 9 | 下行1号孔15号铰缝 | 勾缝脱落 | 端部 | 1处勾缝脱落 | B |
| 10 | 上行1号孔1号板底板 | 裂缝 | 跨中 | 3条纵向裂缝，总长约15.0m，最宽0.12mm | B |
| 11 | 上行3号孔1号梁腹板 | 裂缝 | 跨中 | 3条U形裂缝，总长12.0m，最宽约0.10mm | A |
| 12 | 下行1号孔2号湿接缝 | 渗水 | 1/4跨 | 1处渗水 | A |
| 13 | 上行1号孔1号墩顶2号湿接头底面 | 空洞 | — | 1处空洞，面积$0.3\times0.3m^2$，最深10cm | B |
| 14 | 下行2号孔1号梁外侧腹板 | 裂缝 | 1/4跨 | 2条竖向裂缝，总长2.2m，最宽0.16mm | A |
| 15 | 下行1号孔1号梁与2号梁之间中横隔板 | 钢板外露 | — | 连接钢板外露面积$0.2m^2$ | B |
| 16 | 上行2号孔2号梁 | 异常下挠 | 底板跨中 | 最大下挠约4.0cm | A |
| 17 | 下行2号孔3号梁与4号梁之间中隔梁 | 连接钢板失效 | — | 连接钢板失效面积约$0.02m^2$ | A |
| 18 | 3号墩顶1号支座 | 剪切变形 | — | 横向剪切变形 | A |
| 19 | 3号孔箱梁 | 异常位移 | — | 向外侧横向滑移约0.12m | A |
| 20 | 下行2号孔箱梁箱室内底板 | 裂缝 | 跨中 | 2条横向裂缝，总长5.0m，最宽0.08mm | A |
| 21 | 上行3号孔箱梁箱室内底板 | 积水 | — | 2处积水 | B |
| 22 | 下行2号孔箱室内外侧腹板 | 裂缝 | 1/4跨 | 2条斜向裂缝，总长约2.0m，宽0.12mm | A |
| 23 | 上行3号孔箱室内齿板 | 锚头裸露 | 锚头 | 3处锚头裸露，钢绞线外露 | B |

续上表

| 序号 | 构　　件 | 缺损类型 | 缺损位置 | 缺 损 状 况 | 保养措施 |
|---|---|---|---|---|---|
| 24 | 上行主桁 | 焊缝开裂 | 跨中 | 1 处焊缝开裂，长约 0.3m，宽 0.2mm | A |
| 25 | 下行平纵联 | 螺栓损失 | — | 2 个螺栓损失 | A |
| 26 | 上行 8 号孔 1 号纵梁底面 | 裂缝 | 跨中 | 5 条横向裂缝，累计长度 3.5m，最宽 0.10mm | A |
| 27 | 下行 8 号孔外侧拱肋 5 号吊杆 | 防护套损坏 | — | 1 处防护套损坏 | A |
| 28 | 下行 5 号孔中跨外侧 5 号斜拉索下锚头 | 锚头渗水 | — | 锚头渗水 | A |
| 29 | 上行 4 号孔边跨外侧 16 号斜拉索外置减振器 | 减振设施损坏失效 | — | 减振器与拉索连接未紧固到位 | A |
| 30 | 10 号孔东侧主缆 | 缠丝外露 | 跨中 | 3 处缠丝外露 | A |
| 31 | 10 号孔西侧主缆 4 号吊索索夹 | 滑移 | — | 滑移长度 15cm | A |
| 32 | 上行 2 号墩 01 号支座 | 缺失 | — | 缺失 | A |
| 33 | 上行 2 号墩 06 号支座 | 脱空 | — | 全脱空 | A |
| 34 | 下行 1 号墩 02 号支座 | 方向错装 | — | 方向错装 | A |
| 35 | 下行 0 号台 01 号支座 | 聚四氟乙烯板挤出 | — | 聚四氟乙烯板挤出，挤出长度 5cm | A |
| 36 | 0 号台左侧耳墙 | 翼墙断裂 | — | 2 处翼墙断裂开裂 | A |
| 37 | 下行 3 号台外侧翼墙 | 鼓肚 | — | 1 处鼓肚，面积约 0.4$m^2$ | A |
| 38 | 下行 0 号台护坡 | 凹陷 | — | 1 处塌陷，面积约 1.5$m^2$ | A |
| 39 | 上行 5 号台外侧锥坡 | 铺砌面缺损 | — | 6 处浆块砌石缺失，面积约 1.8$m^2$ | B |
| 40 | 下行 0 号台台帽 | 易燃物堆积 | — | 2 处柴草堆积 | B |
| 41 | 上行 12 号台外侧墙 | 裂缝 | 与前墙交接处 | 2 条裂缝，总长 5.0m，最宽 0.5mm | A |
| 42 | 上行 3 号台台帽 | 渗水 | — | 3 处渗水 | B |
| 43 | 下行 0 号台台帽 | 拼宽缝错位 | — | 1 处拼宽缝错位，长度 3cm | A |
| 44 | 上行 16 号墩 3 号柱 | 倾斜 | — | 倾斜 | A |
| 45 | 4 号墩 1 号柱 | 裂缝 | 底部 | 5 条环向裂缝，总长约 6.0m，最宽约0.16mm | A |
| 46 | 上行 10 号墩身 | 裂缝 | 顶部 | 3 条竖向裂缝，总长 3.3m，最宽 0.2mm | B |
| 47 | 下行 12 号墩身 | 不均匀沉降 | 底部 | 不均匀沉降，最大高度约 0.1m | A |
| 48 | 下行 2 号墩盖梁 | 裂缝 | 北侧面 | 5 条竖向裂缝，总长3.5m，最宽约0.22mm | B |
| 49 | 上行 3 号墩盖梁 | 垃圾堵塞 | 顶面 | 3 处垃圾堵塞 | B |
| 50 | 下行 3 号台外侧挡块 | 开裂 | 北侧面 | 2 处混凝土开裂 | B |
| 51 | 上行 0 号台内侧挡块 | 抵死 | — | 与梁体抵死 | A |
| 52 | 下行 2 号墩 1 号柱桩基 | 冲刷掏空 | 3 点方向 | 2 处混凝土冲刷掏空，累计面积 0.03$m^2$，最深 5cm，4 处露筋，累计露筋长度 0.3m | A |

续上表

| 序号 | 构　　件 | 缺损类型 | 缺损位置 | 缺损状况 | 保养措施 |
|---|---|---|---|---|---|
| 53 | 上行5号墩2号柱桩基 | 中心偏位 | — | 横向桥中心偏位,约0.15m | A |
| 54 | 3号孔下河道 | 堵塞 | — | 2处淤泥堵塞 | B |
| 55 | 上行4号墩1号柱 | 擦伤 | 北侧面 | 1处船只擦伤,面积约4.0m$^2$ | B |
| 56 | 下行3号孔1号梁底板 | 撞损 | 跨中 | 2处车辆撞损,累计撞损面积0.2m$^2$,最大深度8cm,2根钢绞线撞断,累计露筋长度0.4m | A |
| 57 | 下行3号孔1号梁底板 | 火损 | 跨中 | 1处混凝土火损剥落,面积约2.0m$^2$,剥落深度4cm | A |
| 58 | 3号墩1号立柱 | 桥下堆载 | — | 周边有3处建筑垃圾堆填 | A |
| 59 | 上行1号孔1号梁底板 | 修补后裂缝扩展 | 跨中 | 2处封缝宽度扩展,最宽约0.20mm | B |
| 60 | 下行3号孔2号墩盖梁 | 封缝胶脱落 | 北侧面 | 4处裂缝封缝胶脱落,累计长约2.0m | B |
| 61 | 上行2号孔4号板底 | 碳纤维布防腐涂装脱落 | 跨中 | 10处脱落,累计面积约2.0m$^2$ | B |
| 62 | 上行2号孔1号板底 | 碳纤维布剥离 | 墩顶 | 2处剐擦剥离,累计剥离长约5.0m | A |
| 63 | 上行2号孔1号梁底板 | 预应力碳纤维板锚固端滑移 | 墩顶 | 向跨中滑移约0.2m | A |
| 64 | 下行4号孔3号梁底板 | 预应力碳纤维板板材损坏 | 跨中 | 2处预应力碳纤维板板材损坏 | A |
| 65 | 下行3号孔外腹板 | 粘贴钢板剥离 | 跨中 | 3处钢板剥离 | A |
| 66 | 上行2号孔底板 | 钢板防腐涂装脱落 | — | 2处防腐涂装脱落,累计面积约6.5m$^2$ | B |
| 67 | 下行3号孔1号梁外腹板 | 体外预应力钢束锚固松弛 | 1/4跨 | 1处钢束异常变形 | A |
| 68 | 上行12号孔3号梁内腹板 | 体外预应力钢绞线外露 | 跨中 | 2处钢绞线外露,累计长度0.3m | A |
| 69 | 下行3号孔1号梁箱室内外腹板 | 结合面开裂 | — | 3处网状开裂,累计面积约12.0m$^2$ | A |
| 70 | 上行8号孔外侧拱肋 | 混凝土防腐涂装剥落 | 跨中 | 4处防腐涂装剥落,累计面积约10.0m$^2$ | B |

注:1. 本表中已略去照片编号列,其位于“缺损状况”列与“保养措施”列之间。照片编号应由8位“检查日期”和2位“顺序号”组成,其中检查日期按照“年月日”8位阿拉伯数字的格式填写,例如:“20171201”,顺序号为照片的依次顺序,从“01”开始依次顺延。照片编号示例为:“20171201-01”“20170803-12”。

2. 填写具体的处理措施中的A表示立即处理、B表示等待集中处理、C表示继续观察。

## 8.4 桥面系

经常检查中桥面系的检查内容包含日常巡查的全部内容，此外还需对桥面系中以下部分进行检查：

①混凝土桥面是否有剥离、渗漏，钢筋是否露筋(图 8.4-1)、锈蚀，接缝料是否老化(图 8.4-2)等。

图 8.4-1 水泥混凝土桥面剥落露筋

图 8.4-2 水泥混凝土桥面接缝老化损坏

②排水设施是否良好，有无堵塞(图 8.4-3)或破损；泄水孔流水对梁体有无明显侵蚀(图 8.4-4)。

图 8.4-3 桥面泄水口堵塞

图 8.4-4 泄水孔流水侵蚀

③伸缩缝有无明显凹凸不平(图 8.4-5)、型钢变形(图 8.4-6)或焊接处是否开裂，锚固构件是否松动等。

④人行道、缘石、栏杆、扶手、防撞护栏和引道护栏(柱)有无撞坏、断裂、松动、错位、剥落等；

⑤交通信号、标志、标线、照明设施(含中分带管箱及托架)是否完好。

中分带管箱损坏线路外露、桥面灯杆弯曲变形分别见图 8.4-7、图 8.4-8。

图 8.4-5　伸缩缝凹凸不平

图 8.4-6　伸缩缝型钢变形

图 8.4-7　中分带管箱损坏线路外露

图 8.4-8　桥面灯杆弯曲变形

⑥防落网和声屏障是否存在紧固件（如螺栓螺母、铆钉等）缺失（图 8.4-9）或未紧固到位，构件焊缝开裂（图 8.4-10）或脱开的现象。

图 8.4-9　声屏障底座固定螺栓螺母缺失

图 8.4-10　声屏障底座固定件焊缝开裂

⑦原构件修补后是否再次出现缺损。

⑧其他显而易见的损坏或病害。

**记录要点：**当伸缩缝、桥铭牌等具有明确定位的桥面系构件存在缺损、异常时，不需记录缺损位置。除上述构件外,其余如桥面铺装层、栏杆护栏、防落网、声屏障等桥面系构件,在记录缺损、异常时,可记录缺损的大体位置,如墩顶、跨中、1/4 跨等。若发现伸缩缝堵塞、卡死,缺损状况应记录堵塞、卡死长度,记录示例见表 8.3-1 中序号 1;发现桥面铺装层剥落露筋,缺损状况应记录混凝土剥落长度、宽度及露筋长度,记录示例见表 8.3-1 中序号 2。

## 8.5 混凝土及预应力混凝土梁桥

目前较为常见的梁桥有板梁桥、组合箱梁桥、T 梁桥、整体式箱梁桥等,这些类型的桥梁被广泛应用于江苏省高速公路桥梁中。经常检查需针对不同的桥梁结构类型有侧重点地进行检查,对结构性裂缝使用工具做好标记,方便日后跟踪对比发展情况。

### 8.5.1 板梁桥

板梁桥分为先张预应力混凝土空心板、后张预应力混凝土空心板、钢筋混凝土空心板和钢筋混凝土现浇板。其重点检查区域为跨中区域、1/4 跨区域及端部支点区域等。

#### 8.5.1.1 先张预应力混凝土空心板

**检查要点:**

①底板有无纵向裂缝(图 8.5-1),缝宽是否 >0.20mm(参考《04 规范》)。

②腹板有无竖向裂缝(图 8.5-2),尤其注意梁体跨中区域。

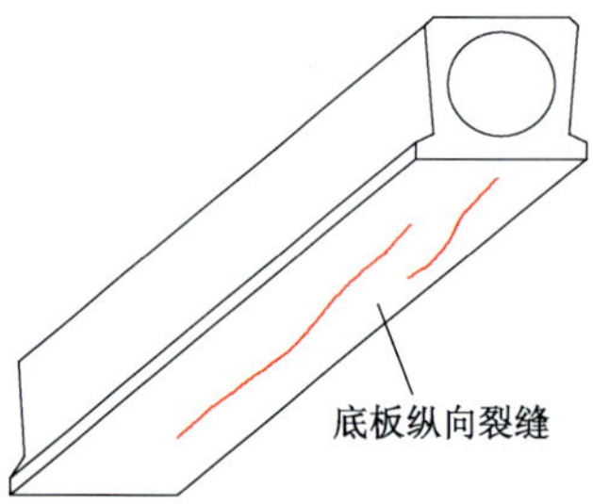


图 8.5-1 底板纵向裂缝示意图

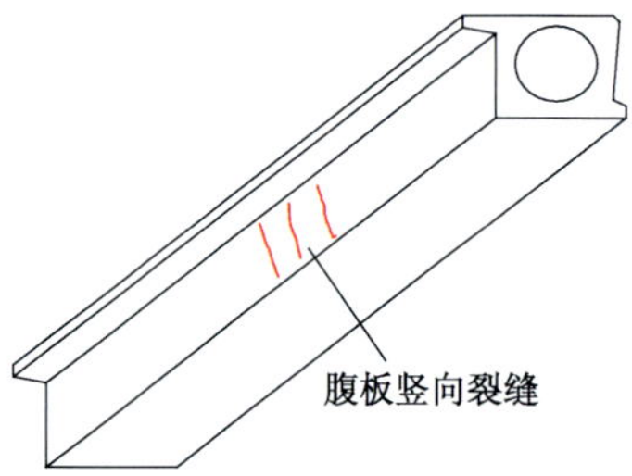


图 8.5-2 腹板竖向裂缝示意图

③梁端腹板有无斜向裂缝(图 8.5-3),尤其注意梁端至 1/4 跨。

④底板有无横向裂缝(图 8.5-4),尤其注意梁体跨中区域及墩顶附近,并确认是否与腹板竖向或斜向裂缝连通,梁体是否存在全截面开裂。

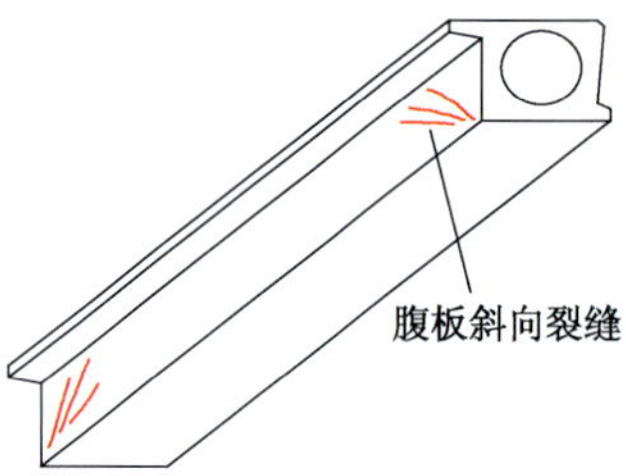


图 8.5-3 腹板斜向裂缝示意图

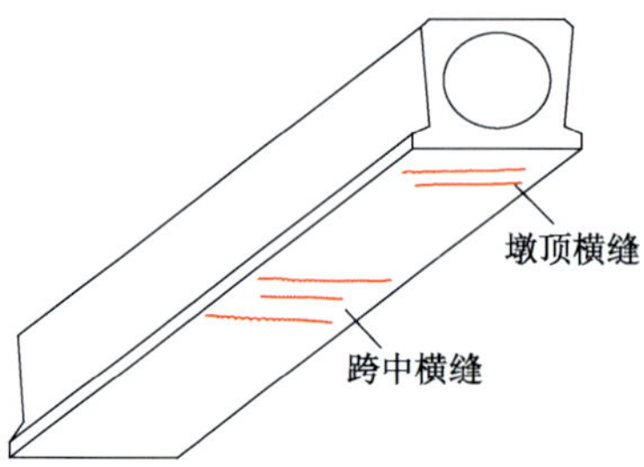


图 8.5-4 底板横向裂缝示意图

⑤桥面重车通过时，跨中有无明显下挠（图8.5-5）。

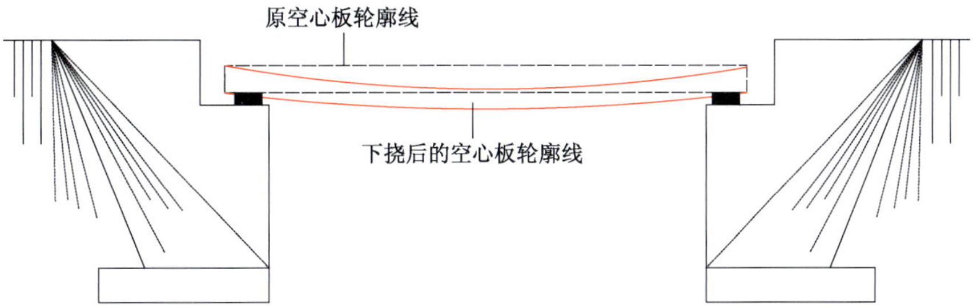


图8.5-5 板梁跨中下挠示意图

⑥梁底有无渗水（图8.5-6）、析白。

图8.5-6 梁底裂缝处渗水

⑦端部有无垃圾堵塞影响梁体正常伸缩（图8.5-7），注意与桥面伸缩缝间距检查相对应。

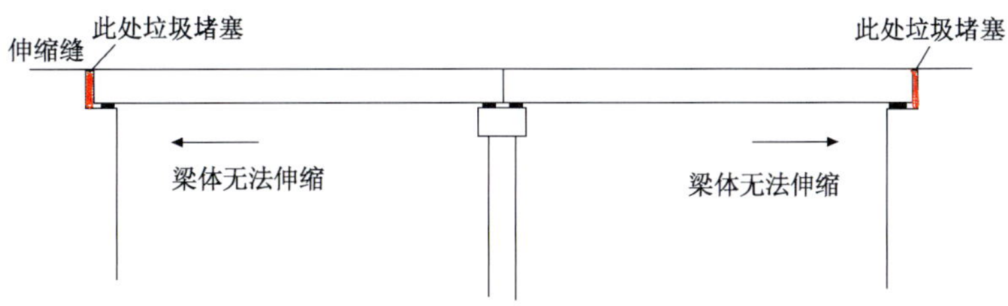


图8.5-7 端部垃圾堵塞影响梁体伸缩示意图（伸缩图）

⑧板底有无勾缝脱落，相邻板是否出现严重错台（非设计构造及施工安装原因，见图8.5-8）；铰缝有无析白（图8.5-9）或在雨天检查时有无大量渗水；桥面铺装在铰缝对应位置有无纵向裂缝（图8.5-10）。当出现上述病害时需排查板梁是否存在单板受力的隐患（图8.5-11）。

⑨梁体在墩（台）顶位置搁置长度 $a$ 是否满足《公路桥梁抗震设计细则》（JTG/T 2231-01—2020）11.2.1中 $a \geqslant 50 + 0.1L + 0.8H + 0.5L_k$（cm）[$L$ 为一联上部结构总长度（m）；$H$ 为支承一联上部结构桥墩的平均高度（m），桥台的高度取值0；$L_k$ 为一联上部结构的最大单

孔跨径(m)],且不小于60cm,有无落梁隐患。

图8.5-8 板间错台

图8.5-9 铰缝析白

图8.5-10 桥面纵向裂缝

图8.5-11 单板受力导致事故

⑩梁端封锚混凝土是否剥落,预应力钢绞线是否锈蚀,锚头有无外露、锈蚀或破损现象。

**记录要点**:当先张预应力空心板和铰缝存在缺损、异常时,可记录缺损的大体位置,如端部、1/4跨、跨中等。若发现空心板存在裂缝病害,缺损状况应记录裂缝数量、走向、累计长度及最大缝宽,记录示例见表8.3-1中序号3;发现板底出现异常下挠,缺损状况应记录最大下挠高度,记录示例见表8.3-1中序号4。

8.5.1.2 后张预应力混凝土空心板

后张预应力混凝土空心板部分病害情况与先张预应力混凝土空心板类似,病害示意图可参考先张预应力混凝土空心板。

**检查要点**:

①底板有无纵向裂缝,缝宽是否>0.20mm(参考《04规范》)。

②腹板有无竖向裂缝,尤其注意梁体跨中区域。

③梁端腹板有无斜向裂缝,尤其注意梁端至1/4跨。

④底板有无横向裂缝,尤其注意梁体跨中区域及墩顶附近,并确认是否与腹板竖向或斜向裂缝连通,梁体是否存在全截面开裂。

⑤梁端封锚混凝土有无开裂、剥落,预应力钢绞线是否锈蚀,锚头有无外露、锈蚀或破损现象,尤其注意梁底支座是否移动至封锚混凝土下端。支座移位导致封锚混凝土开裂如图8.5-12所示。

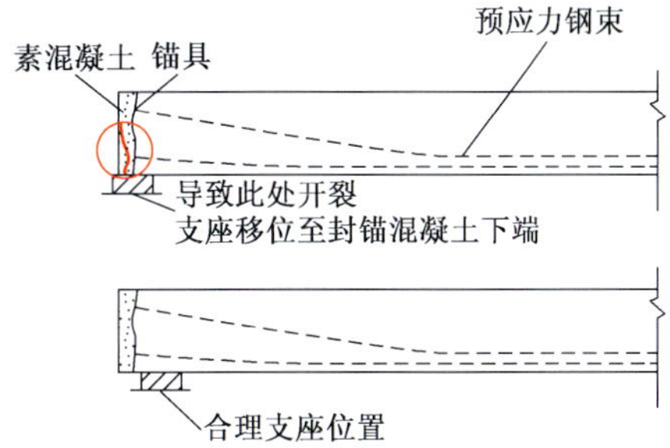


图8.5-12 支座移位导致封锚混凝土开裂

⑥当桥面有重型车辆通行时,跨中有无明显错台。

⑦梁底有无渗水、析白。

⑧端部有无垃圾堵塞,影响梁体正常伸缩,注意与伸缩缝间距检查相对应。

⑨板底有无勾缝脱落,相邻板是否出现严重错台(非设计构造及施工安装原因);铰缝有无析白或在雨天检查时有无大量渗水;桥面铺装在铰缝对应位置是否出现纵向裂缝。当出现上述病害时需排查板梁是否存在单板受力的隐患。

⑩梁体在墩(台)顶位置搁置长度 $a$ 是否满足《公路桥梁抗震设计细则》(JTG/T 2231-01—2020)11.2.1中 $a \geqslant 50 + 0.1L + 0.8H + 0.5L_k$(cm)[$L$ 为一联上部结构总长度(m);$H$ 为支承一联上部结构桥墩的平均高度(m),桥台的高度取值0;$L_k$ 为一联上部结构的最大单孔跨径(m)],且不小于60cm,有无落梁隐患。

**记录要点:**当后张预应力空心板和铰缝存在缺损、异常时,可记录缺损的大体位置,如端部、1/4跨、跨中等。若发现空心板存在裂缝病害,缺损状况应记录裂缝数量、走向、累计长度及最大缝宽,记录示例见表8.3-1中序号5;发现梁体出现露筋,缺损状况应记录露筋数量和长度,记录示例见表8.3-1中序号6;发现梁体渗水,缺损状况应记录渗水数量,记录示例见表8.3-1中序号7。

8.5.1.3 钢筋混凝土空心板

钢筋混凝土空心板部分病害情况与先张预应力混凝土空心板类似,病害示意图可参考先张预应力混凝土空心板。

**检查要点:**

①桥面重车通行时,梁体跨中有无明显错台。

②梁底有无渗水、析白。

③端部有无垃圾堵塞,影响梁体正常移动,注意与伸缩缝间距检查相对应;

④腹板主筋附近竖向裂缝宽度是否 >0.25mm(参考《04规范》),腹板斜向裂缝宽度是否 >0.30mm(参考《04规范》)。

⑤板底有无勾缝脱落,相邻板是否出现严重错台(非设计构造及施工安装原因);铰缝有无析白或在雨天检查时有无大量渗水;桥面铺装在铰缝对应位置是否出现纵向开裂。当出现上述病害时需排查板梁是否存在单板受力的隐患。

⑥梁体在墩(台)顶位置搁置长度 $a$ 是否满足《公路桥梁抗震设计细则》(JTG/T 2231-01—2020)11.2.1中 $a \geqslant 50 + 0.1L + 0.8H + 0.5L_k$(cm)[$L$ 为一联上部结构总长度(m);$H$ 为支承一联上部结构桥墩的平均高度(m),桥台的高度取值0;$L_k$ 为一联上部结构的最大单孔跨径(m)],且不小于60cm,有无落梁隐患。

**记录要点:**当钢筋混凝土空心板和铰缝存在缺损、异常时,可记录缺损的大体位置,如端部、1/4 跨、跨中等。若发现梁体端部垃圾堵塞，缺损状况应记录堵塞垃圾数量，记录示例见表 8.3-1 中序号 8；发现铰缝勾缝脱落，缺损状况应记录勾缝脱落数量，记录示例见表 8.3-1 中序号 9。

8.5.1.4　钢筋混凝土整体现浇板

**检查要点：**

①底板有无横向裂缝（图 8.5-13、图 8.5-14）。

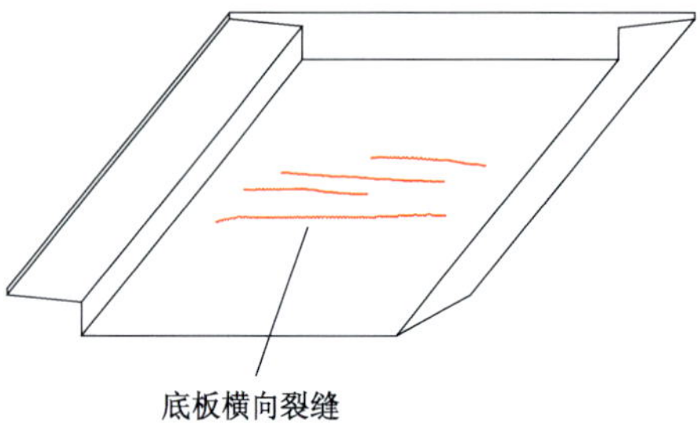


图 8.5-13　底板横向裂缝示意图

图 8.5-14　底板横向裂缝

②底板有无纵向裂缝（图 8.5-15、图 8.5-16）。

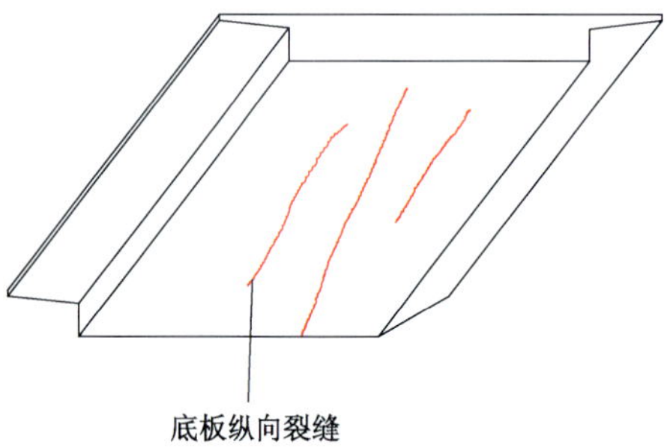


图 8.5-15　底板纵向裂缝示意图

图 8.5-16　底板纵向裂缝

③腹板主筋附近竖向裂缝宽度是否 > 0.25mm（参考《04 规范》），腹板斜向裂缝宽度是否 > 0.30mm（参考《04 规范》）。

**记录要点：**当钢筋混凝土整体现浇板存在缺损、异常时，可记录缺损的大体位置，如端部、1/4 跨、跨中等。若发现梁板存在裂缝病害，缺损状况应记录裂缝数量、走向、累计长度及最大缝宽，记录示例见表 8.3-1 中序号 10。

## 8.5.2　组合箱梁桥

组合箱梁桥，重点检查区域为跨中区域、1/4 跨区域、端部湿接头位置等。

**检查要点：**

①腹板有无竖向裂缝(图8.5-17、图8.5-18)，尤其注意跨中区域。

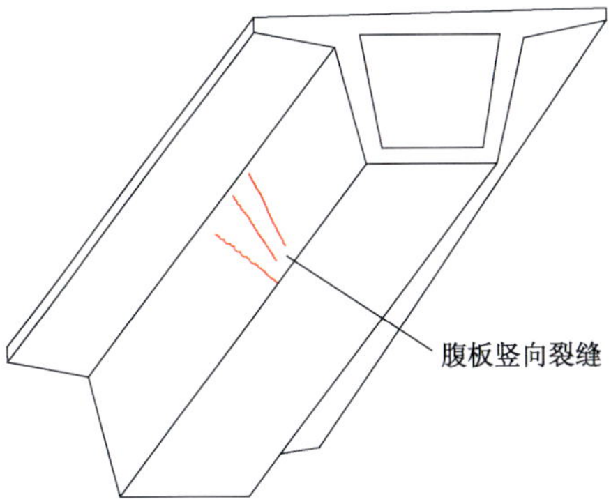


图8.5-17 腹板竖向裂缝示意图

图8.5-18 腹板竖向裂缝

②腹板有无斜向裂缝(图8.5-19)，特别是梁支点至1/4跨径范围内。

③底板有无横向裂缝(图8.5-20)，尤其注意跨中区域，并确认是否与腹板竖向或斜向裂缝连通形成L形或U形裂缝(图8.5-21)，梁体是否存在全截面开裂。

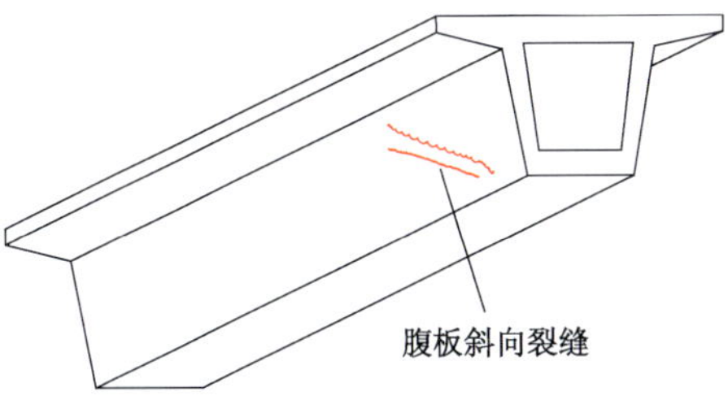


图8.5-19 腹板斜向裂缝示意图

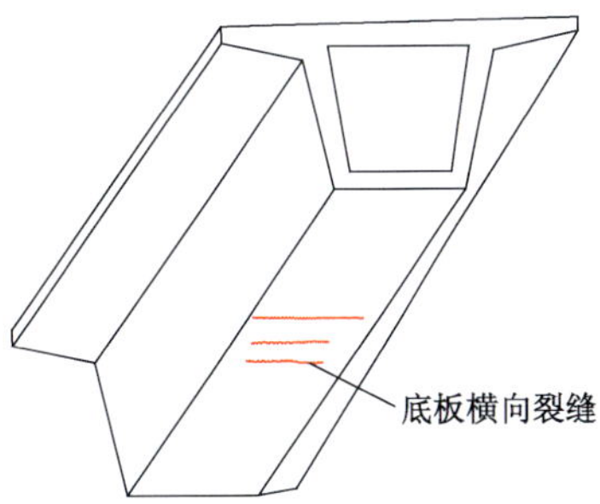


图8.5-20 底板横向裂缝示意图

④底板有无纵向裂缝(图8.5-22)，缝宽是否 >0.20mm(参考《04规范》)。

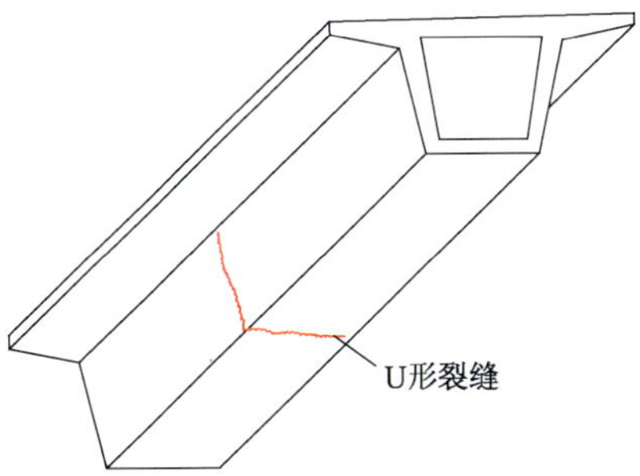


图8.5-21 U形裂缝示意图

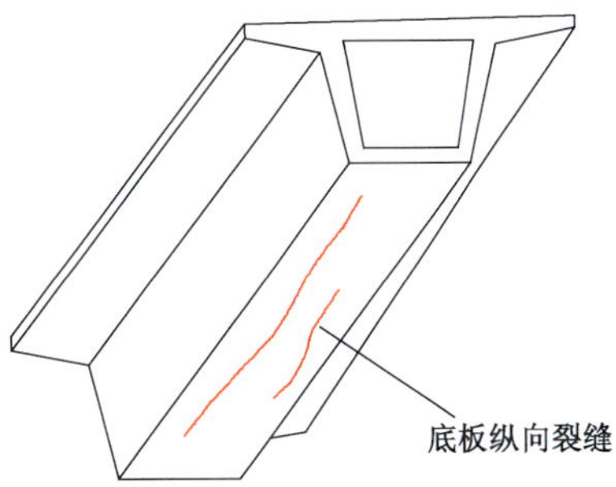


图8.5-22 底板纵向裂缝示意图

⑤湿接缝有无纵向裂缝或横向裂缝，是否存在渗水、析白(图8.5-23～图8.5-26)。

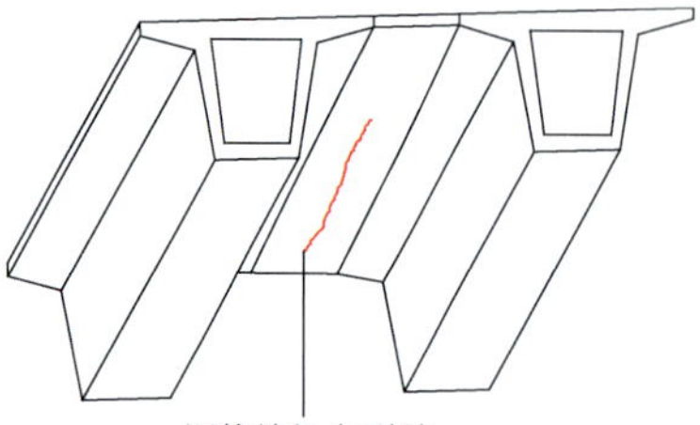


图 8.5-23 湿接缝纵向裂缝示意图

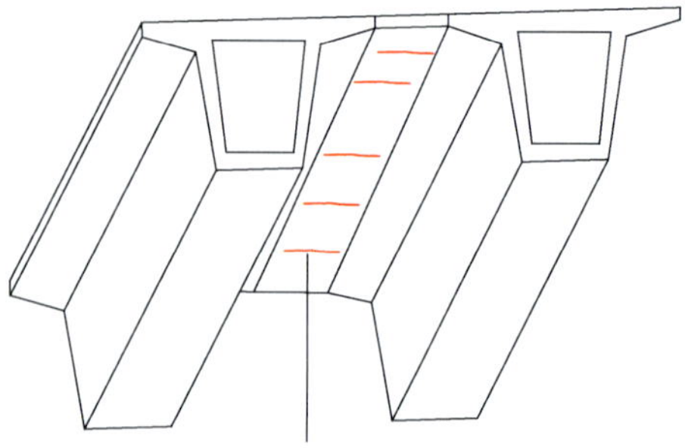


图 8.5-24 湿接缝横向裂缝示意图

图 8.5-25 湿接缝横向裂缝

图 8.5-26 组合箱梁间湿接缝渗水、析白

⑥湿接头有无开裂、破损(图 8.5-27、图 8.5-28)。

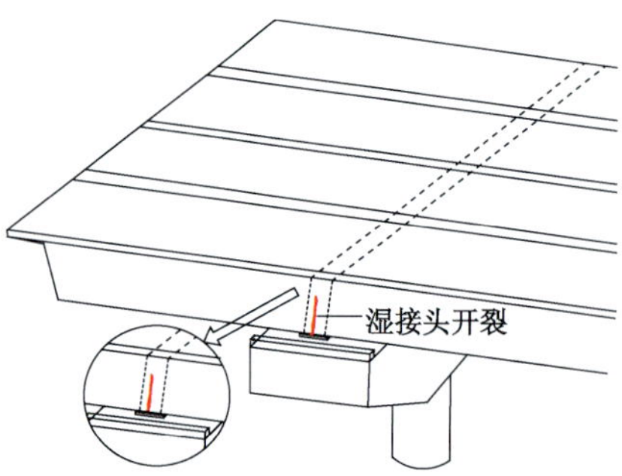


图 8.5-27 湿接头开裂示意图

图 8.5-28 湿接头空洞

⑦梁底有无渗水、析白或明显水迹。

⑧梁端堵头板是否损坏、失效;梁端封锚混凝土是否剥落,预应力钢绞线是否锈蚀,锚头有无外露(图 8.5-29)、锈蚀或破损现象。

⑨端部有无垃圾堵塞(图 8.5-30)影响梁体正常伸缩。

a)

b)

图 8.5-29　梁端锚具外露

图 8.5-30　梁端垃圾堵塞，横隔板破损

**记录要点：**当湿接头、堵头板、横隔梁、中隔梁等具有明确定位的构件存在缺损、异常时，不需记录缺损位置。除上述构件外，当发现组合箱梁梁体和湿接缝存在缺损、异常时，可记录缺损的大体位置，如墩顶、跨中、1/4 跨等。若发现梁体存在裂缝病害，缺损状况应记录裂缝数量、走向、累计长度及最大缝宽，记录示例见表 8.3-1 中序号 11；发现湿接缝渗水，缺损状况应记录渗水数量，记录示例见表 8.3-1 中序号 12；发现湿接头底面空洞，缺损状况应记录空洞数量、累计面积（长度、宽度）及最大深度，记录示例见表 8.3-1 中序号 13。

### 8.5.3　T 梁桥

T 梁桥分为预应力混凝土 T 梁和钢筋混凝土 T 梁。重点检查区域为跨中区域、1/4 跨区域、中隔板连接位置等。

8.5.3.1　预应力混凝土 T 梁桥

**检查要点：**

①腹板有无斜向裂缝（图 8.5-31），特别是梁支点至 1/4 跨径范围内。

②腹板有无竖向裂缝（图 8.5-32），尤其注意 T 梁跨中区域。

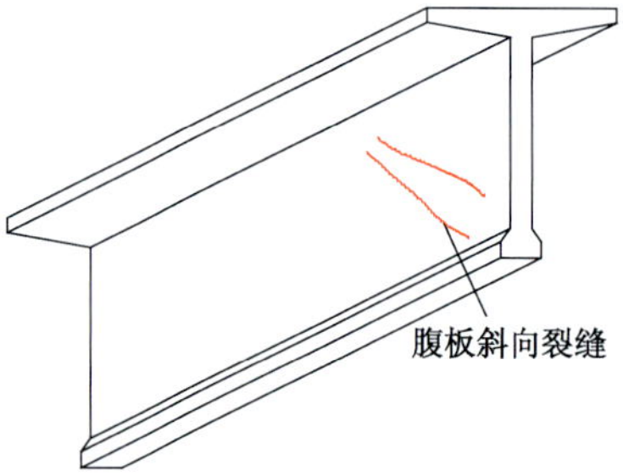


图 8.5-31　腹板斜向裂缝示意图

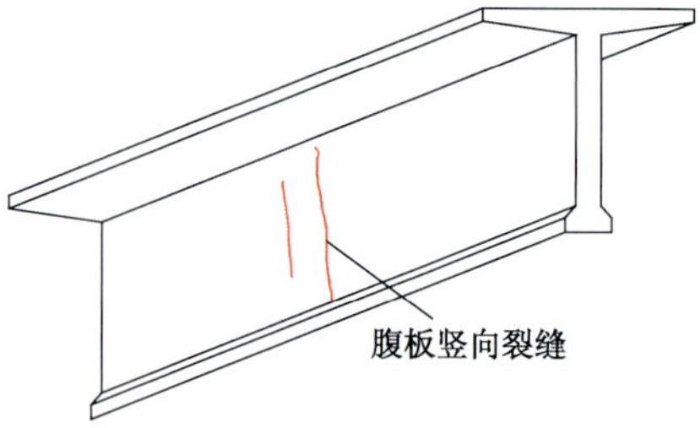


图 8.5-32　腹板竖向裂缝示意图

③底板有无横向裂缝(图 8.5-33)或渗水痕迹,尤其注意 T 梁跨中区域。

④翼缘板有无纵向裂缝(图 8.5-34、图 8.5-35),尤其注意靠近腹板的根部。

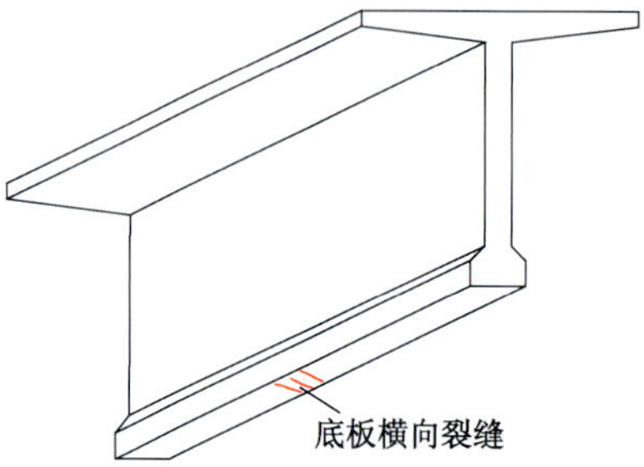


图 8.5-33　底板横向裂缝示意图

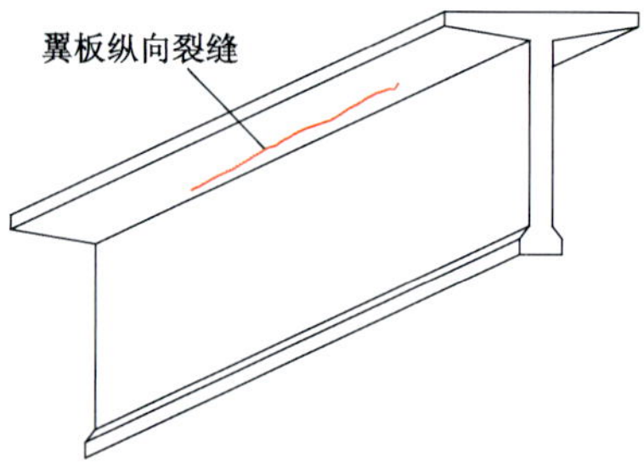


图 8.5-34　翼缘板纵向裂缝示意图

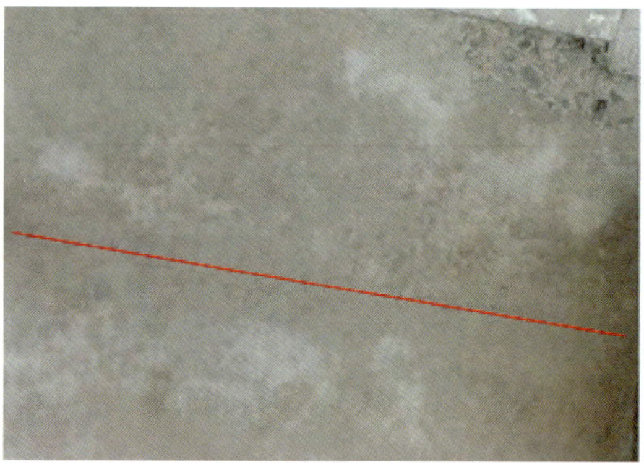

图 8.5-35　翼缘板纵向裂缝

⑤桥面重车通过时,跨中有无目视可见下挠(图 8.5-36)。

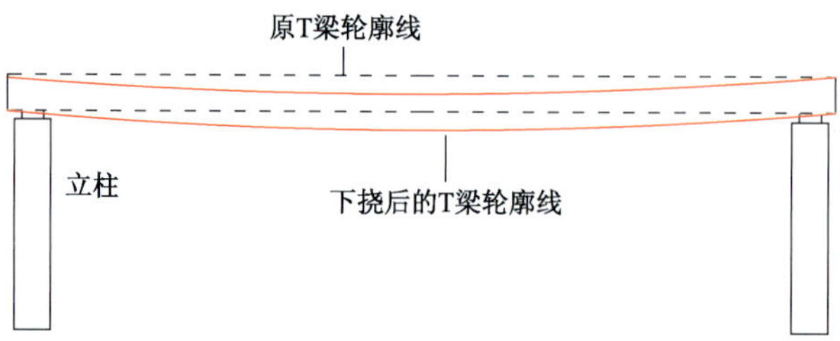


图 8.5-36　T 梁跨中下挠示意图

⑥T 梁间湿接缝有无开裂、渗水、析白(图 8.5-37)。

⑦梁体有无明显横、纵向滑移、变位。

⑧端横隔板、中横隔板连接处有无明显错位(图 8.5-38)、裂缝。

图 8.5-37　T 梁湿接缝渗水、析白

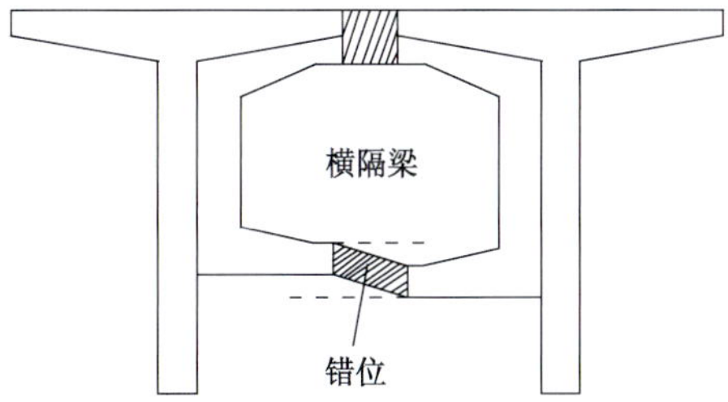


图 8.5-38　横隔板错位示意图

⑨端横隔板、中横隔板钢板保护层有无大面积脱落、钢板外露,外露钢板是否剥离、脱焊(图 8.5-39 ~ 图 8.5-42)。

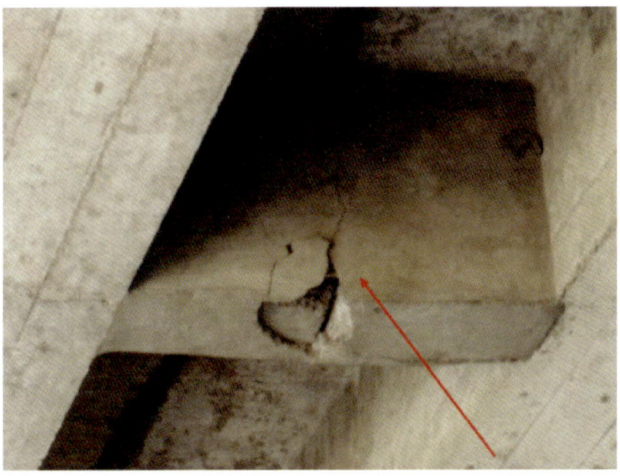

图 8.5-39　横隔板混凝土开裂脱落

图 8.5-40　横隔板底部钢板外露

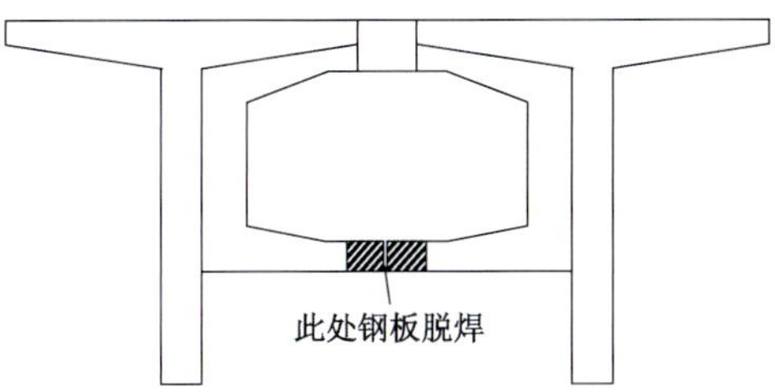


图 8.5-41　横隔板钢板脱焊示意图

图 8.5-42　横隔板钢板保护层脱落

**记录要点**：当湿接头、端横隔板、中横隔梁等具有明确定位的构件存在缺损、异常时，不需记录缺损位置。除上述构件外，当发现T梁梁体和湿接缝存在缺损、异常时，可记录缺损的大体位置，如墩顶、跨中、1/4跨等。若发现梁体存在裂缝病害，缺损状况应记录裂缝数量、走向、累计长度及最大缝宽，记录示例见表8.3-1中序号14；发现中横隔板连接钢板外露，缺损状况应记录钢板外露累计面积，记录示例见表8.3-1中序号15。

8.5.3.2 钢筋混凝土T梁桥

钢筋混凝土T梁部分病害情况与预应力混凝土T梁类似，病害示意图可参考预应力混凝土T梁。

**检查要点**：

①翼缘板有无纵向裂缝，尤其注意靠近腹板的根部。

②桥面重车通过时，跨中是否可见明显下挠。

③T梁间湿接缝渗水、析白。

④梁体有无明显横、纵向滑移、变位。

⑤端横隔板、中隔板连接处有无明显错位、裂缝。

⑥端横隔梁、中横隔板钢板保护层有无大面积脱落、钢板外露，外露钢板是否剥离、脱焊。

**记录要点**：当湿接头、端横隔板、中横隔梁等具有明确定位的构件存在缺损、异常时，不需记录缺损位置。除上述构件外，当发现T梁梁体和湿接缝存在缺损、异常时，需记录缺损大体的位置，如墩顶、跨中、1/4跨等。若发现梁体存在异常下挠，缺损状况应记录最大下挠高度，记录示例见表8.3-1中序号16；发现中横隔板连接钢板失效，缺损状况应记录连接钢板失效面积，记录示例见表8.3-1中序号17。

## 8.5.4 整体式箱梁桥

整体式箱梁桥分为钢筋混凝土等截面连续箱梁、预应力混凝土等截面连续箱梁和预应力混凝土变截面连续箱梁。重点检查区域为跨中区段（对于变截面连续箱梁尤其注意跨中合龙段位置）、1/4跨区域及支点附近区域。

8.5.4.1 弯桥

对于某些上部结构平面布置成曲线的桥梁（即弯桥），特别是单柱式匝道桥或上跨桥，有一定概率会出现梁体横向爬移（图8.5-43、图8.5-44），导致桥梁发生倾覆。对于这种结构形式的桥梁，当出现以下一种或几种病害情况时，需要注意桥梁是否出现爬移病害。

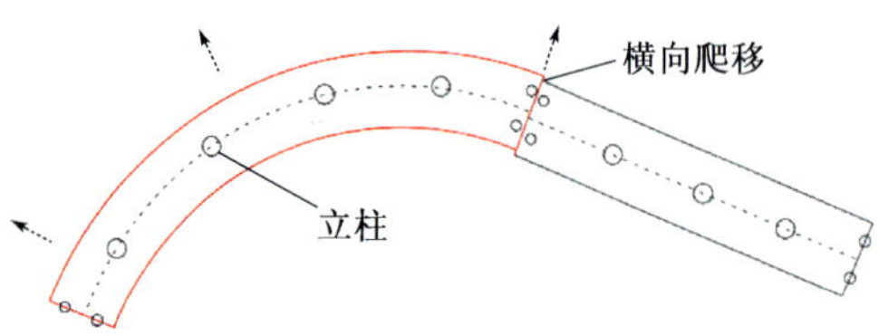


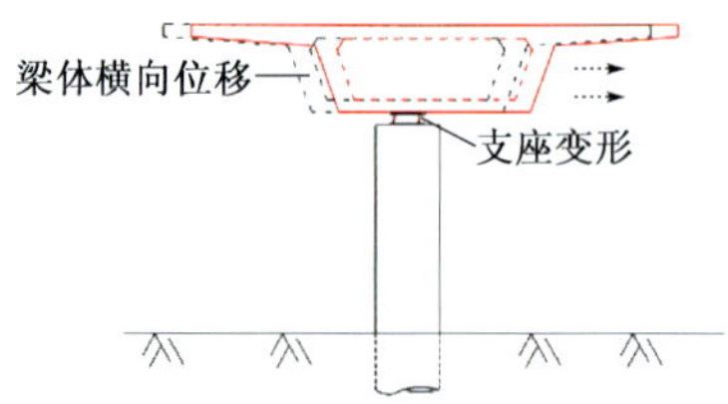


图8.5-43 梁体横向爬移示意图

①独柱墩顶若为板式支座，应检查支座有无脱空、偏压、滑移、剪切变形等；

②独柱墩顶若为盆式支座，应检查支座有无转角超限、位移超限或限位块与支座下座板顶死等病害，尤其是若发现支座方向与设计方向不一致，应重点进行关注；

③独柱墩若设置限位挡块，应检查支座（或支座垫石）与挡块原有间距有无缩小甚至挤压现象；

④联顶位置两侧梁体是否存在横桥向变位；

⑤检查中还应注意独柱墩表面有无环向裂缝或墩身有无目视可见的倾斜。

图 8.5-44　梁体横向滑移

**记录要点**：当支座、限位挡块等具有明确定位的构件存在缺损、异常时，不需记录缺损位置；当立柱存在缺损、异常时，可记录缺损的大体位置，如顶部、中部、底部等；当梁体存在缺损、异常时，可记录缺损的大体位置，如墩顶、跨中、1/4 跨等。若发现支座存在剪切变形，缺损状况应记录支座剪切变形方向，如横向、纵向、斜向等，记录示例见表 8.3-1 中序号 18；发现梁体异常位移，缺损状况应记录异常位移距离，记录示例见表 8.3-1 中序号 19。

#### 8.5.4.2　钢筋混凝土等截面连续箱梁

**检查要点**：

①腹板主筋附近竖向裂缝宽度是否大于 0.25mm（参考《04 规范》），腹板斜向裂缝宽度是否大于 0.30mm（参考《04 规范》）。

②若梁体已设置可进入的人孔，需进入箱室内检查，检查箱室内底板有无横向裂缝（图 8.5-45、图 8.5-46），尤其注意跨中区域。

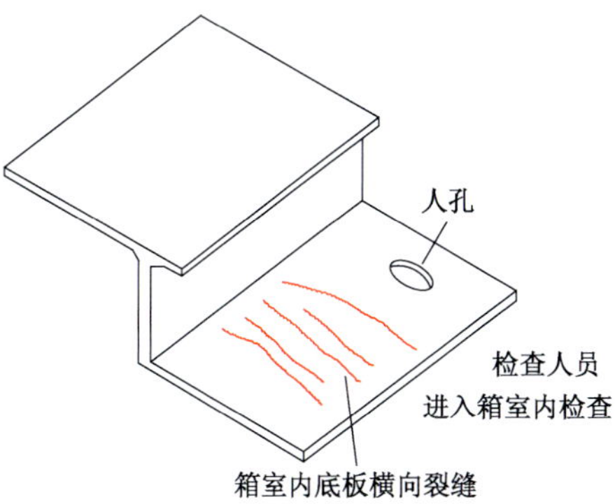


图 8.5-45　箱室内底板横向裂缝示意图

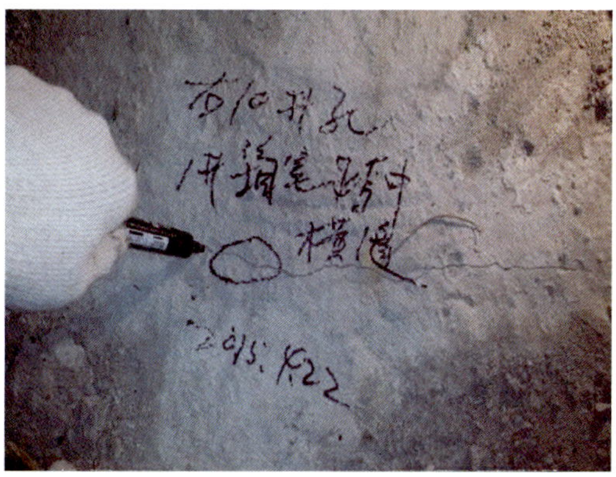

图 8.5-46　箱室内底板横向裂缝

③梁体有无明显横向变位（图 8.5-47、图 8.5-48），同时注意支座有无剪切破坏（图 8.5-49、图 8.5-50）、抗震挡块是否挤压开裂、墩柱有无受弯开裂等次生病害，尤其注意上部结构平面布置成曲线的单柱式桥。

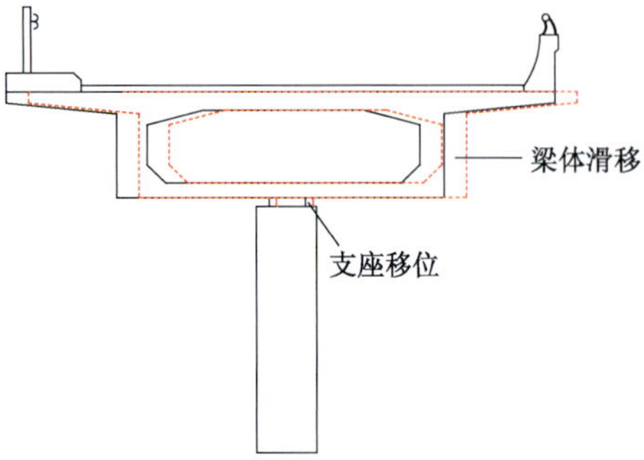


图 8.5-47　梁体滑移示意图

图 8.5-48　梁体滑移

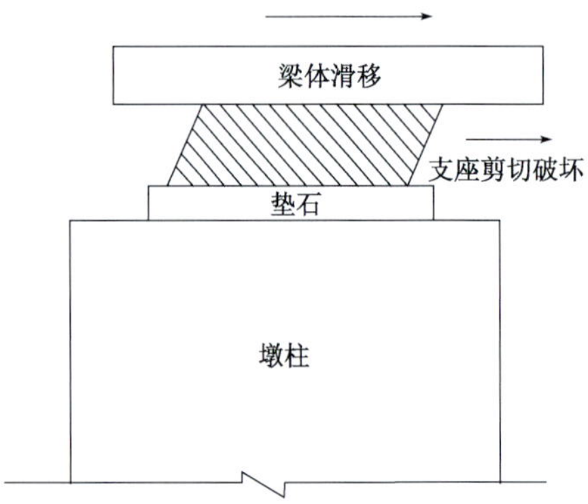


图 8.5-49　支座剪切破坏示意图

图 8.5-50　支座剪切破坏

④梁底通气孔附近及接缝处混凝土是否潮湿，有无渗水（图 8.5-51）、析白或明显水迹；若梁体已设置可进入的人孔，应检查箱室内是否存在积水（图 8.5-52）。

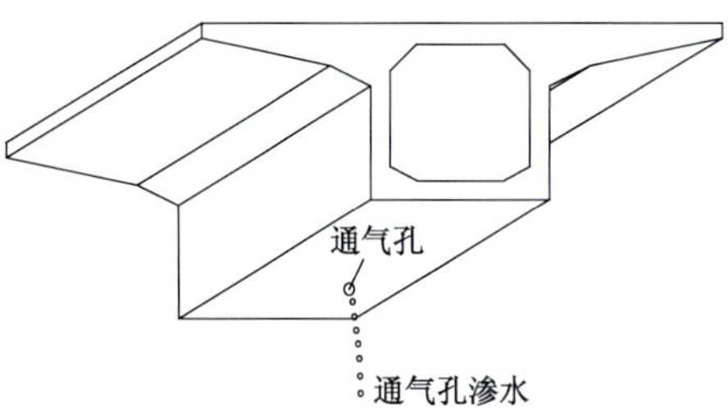


图 8.5-51　通气孔渗水示意图

图 8.5-52　箱室内积水

**记录要点：**当支座等具有明确定位的构件存在缺损、异常时，不需记录缺损位置。除上述构件外，当箱梁梁体内、外表面存在缺损时，可记录缺损的大体位置，如墩顶、跨中、1/4 跨等。若发现梁体存在裂缝病害，缺损状况应记录裂缝数量、走向、累计长度及最大缝宽，记录示例见表 8.3-1 中序号 20；发现箱室内积水，缺损状况应记录积水处数量，记录示例见表 8.3-1 中序号 21。

### 8.5.4.3 预应力混凝土连续箱梁

预应力混凝土连续箱梁分为等截面和变截面，两类桥梁病害特征相似。

**检查要点：**

①底板有无纵向裂缝，缝宽是否大于0.20mm（参考《04规范》）。

②腹板有无竖向裂缝，尤其注意跨中区域。

③腹板有无斜向裂缝（图8.5-53），尤其应注意墩顶至1/4跨区域。

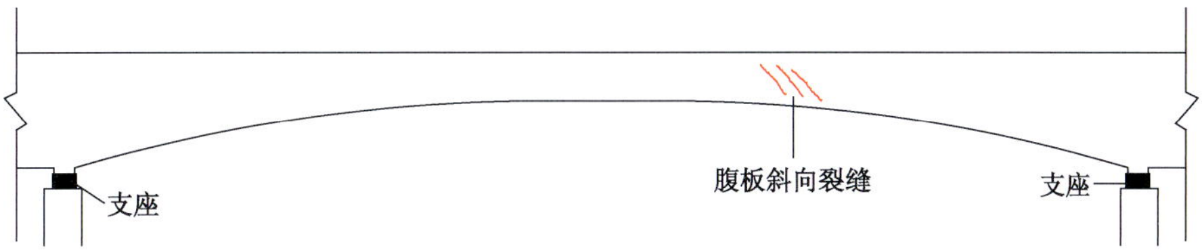


图8.5-53 腹板斜向裂缝示意图（变截面）

④底板有无横向裂缝（图8.5-54），尤其应注意跨中区域，并确认是否与腹板竖向或斜向裂缝连通，梁体是否存在全截面开裂。

⑤箱室内腹板有无竖向裂缝、斜向裂缝（图8.5-55～图8.5-58），尤其注意相应位置，箱室外腹板有无对应裂缝。

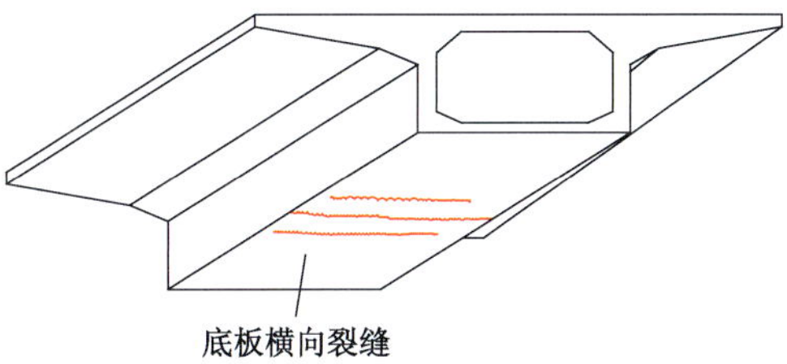


图8.5-54 底板横向裂缝示意图（等截面）

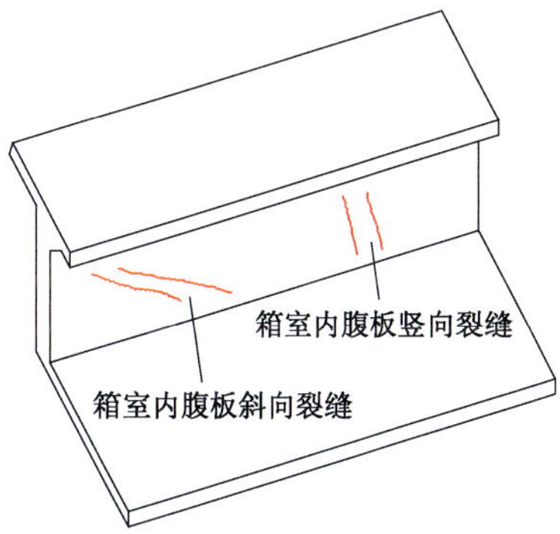


图8.5-55 箱室内腹板裂缝示意图

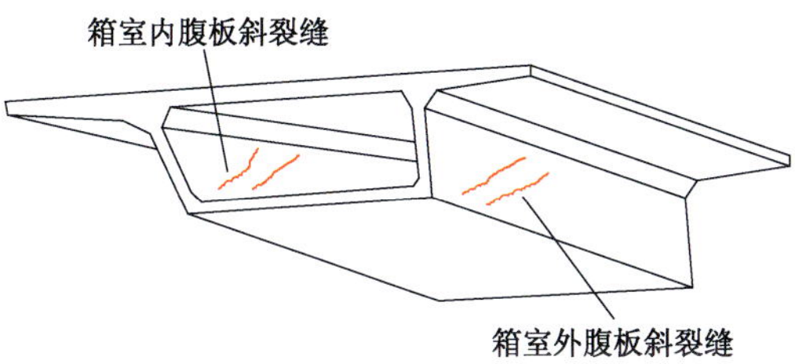


图8.5-56 箱室内外腹板裂缝示意图

图8.5-57 箱室内腹板斜向裂缝

⑥箱室内底板有无横向裂缝(图 8.5-59、图 8.5-60),尤其注意跨中区域。

图 8.5-58　箱室内腹板竖向裂缝

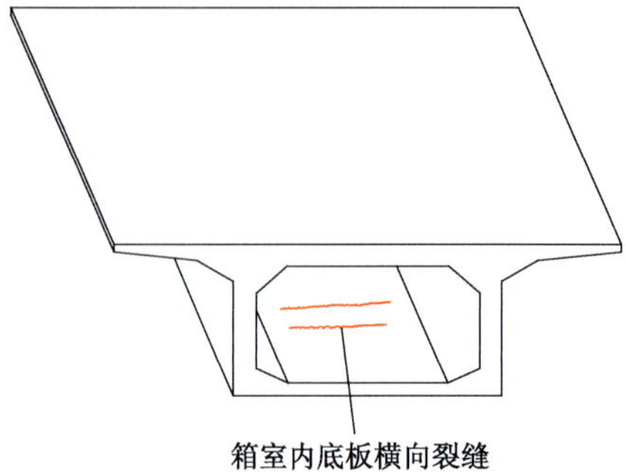


图 8.5-59　箱室内底板横向裂缝示意图

⑦箱室内顶板有无横向、纵向裂缝(图 8.5-61 ~ 图 8.5-64)。

图 8.5-60　箱室内底板横向裂缝

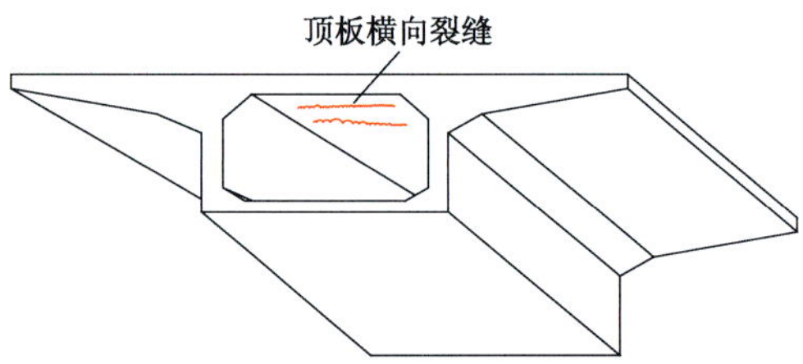


图 8.5-61　箱室内顶板横向裂缝示意图

图 8.5-62　箱室内顶板横向裂缝

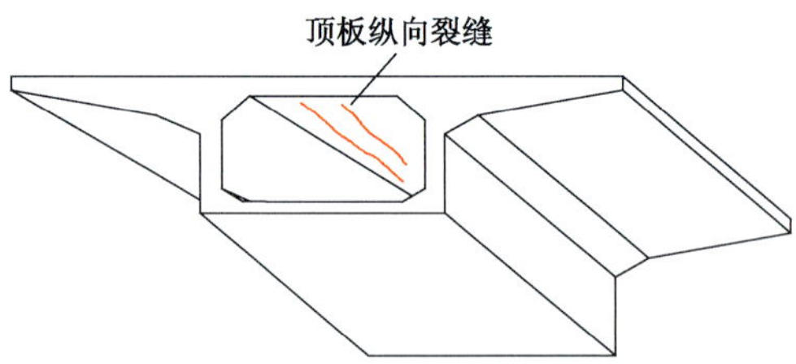


图 8.5-63　箱室内顶板纵向裂缝示意图

⑧箱室内齿板底(顶)面、侧面有无竖向裂缝(图 8.5-65),封锚处有无竖向、斜向裂缝(图 8.5-66、图 8.5-67),锚后有无纵向裂缝。锚固处局部应力分布如图 8.5-68 所示。

图8.5-64　箱室内顶板纵向裂缝

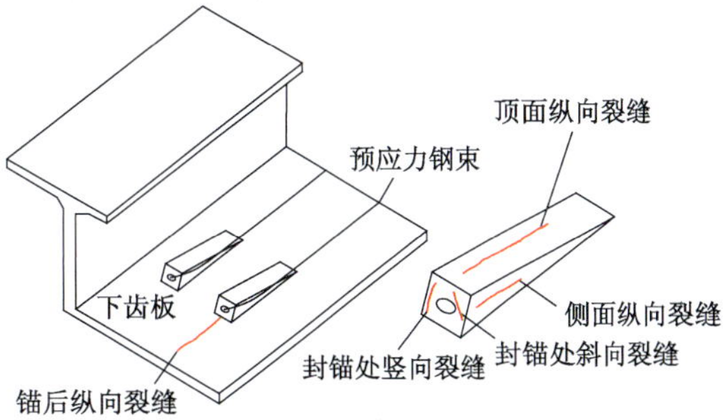


图8.5-65　箱室内齿板裂缝示意图

图8.5-66　箱室内齿板封锚处斜向裂缝

图8.5-67　箱室内齿板封锚处竖向裂缝

⑨箱室内锚头有无裸露(图8.5-69)、齿板钢绞线外露(图8.5-70)。

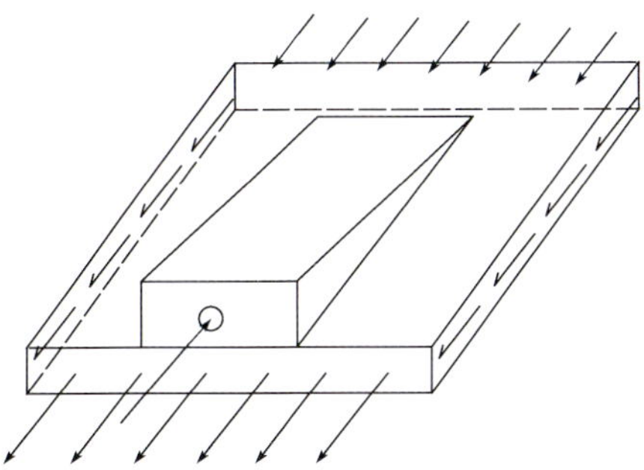

图8.5-68　锚固处局部应力分布图

图8.5-69　箱室内锚头裸露

⑩悬浇箱梁跨中合龙段结合面是否出现错台(图8.5-71)。

⑪梁体有无明显横向变位,同时注意支座有无剪切破坏、抗振挡块是否挤压开裂、墩柱有无受弯开裂等次生病害。

图 8.5-70　齿板钢绞线外露

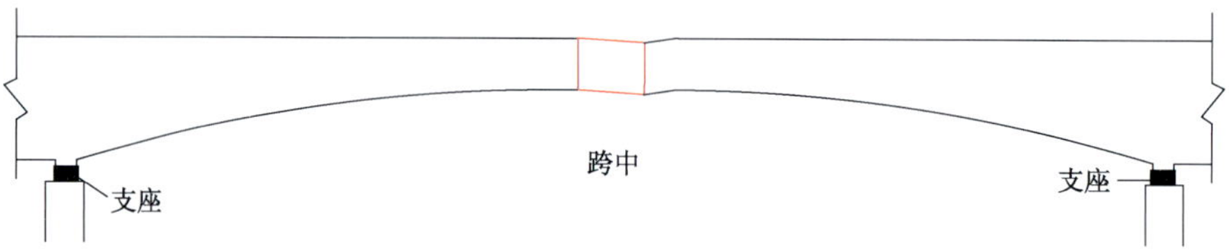


图 8.5-71　变截面连续箱梁跨中合龙段结合面错台示意图

⑫梁底有无渗水、析白或明显水迹；箱室内是否积水。

**记录要点**：当支座等具有明确定位的构件存在缺损、异常时，不需记录缺损位置。除上述构件外，当箱梁梁体内、外表面存在缺损、异常时，可记录缺损的大体位置，如墩顶、跨中、1/4跨等。若发现梁体存在裂缝病害，缺损状况应记录裂缝数量、走向、累计长度及最大缝宽，记录示例见表 8.3-1 中序号 22；若发现梁体锚头裸露在外，缺损状况应记录锚头裸露数量，记录示例见表 8.3-1 中序号 23。

## 8.6　钢结构梁桥

钢结构梁桥主要分为钢箱梁桥和钢桁架桥(图 8.6-1)。

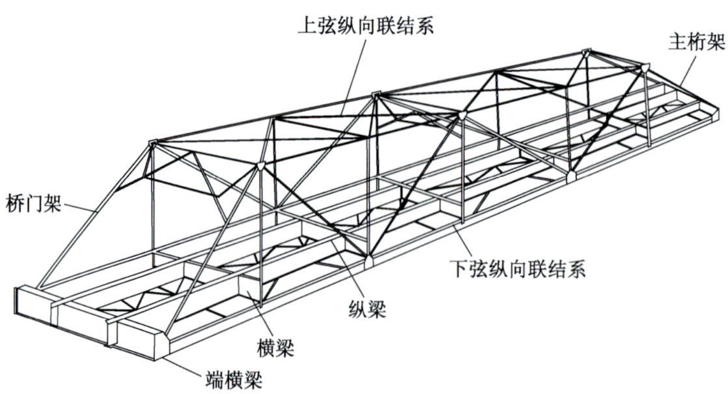


图 8.6-1　钢桁架桥结构示意图

**检查要点：**

①钢构件(尤其受压构件)有无穿孔、屈曲变形、局部损伤(图8.6-2、图8.6-3)。

图8.6-2 钢构件屈曲变形

图8.6-3 钢构件局部损伤

②构件螺栓(铆钉)有无烂头、脱落(图8.6-4)或断裂,节点板有无滑动、错裂。

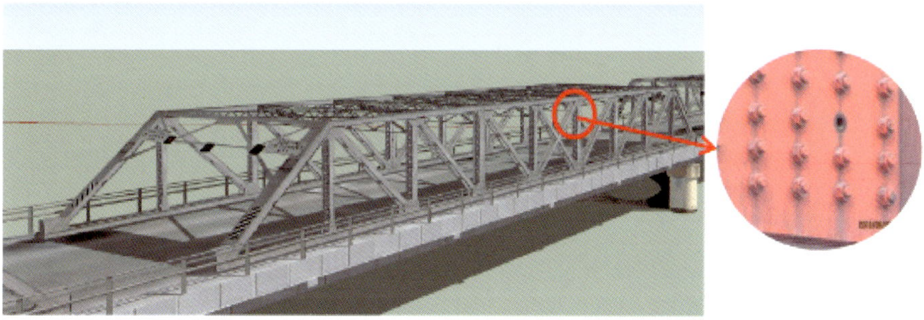

图8.6-4 钢桁架桥螺栓脱落

③构件焊缝是否开裂(图8.6-5)或脱开。

④构件涂层有无剥落、划伤(图8.6-6、图8.6-7)。

⑤重车过时构件有无异常振动或声响。

图8.6-5 钢构件焊缝开裂

图8.6-6 构件涂层剥落

图 8.6-7 构件表面划伤

**记录要点：**当记录节点(联结系)、横撑、斜撑等具有明确定位的构件缺损、异常时，不需记录缺损位置。除上述构件外，当发现弦杆、纵梁、主桁架等存在缺损、异常时，可记录缺损的大体位置，如墩顶、跨中、1/4 跨等。若发现钢结构焊缝开裂，缺损状况应记录开裂数量、累计长度、最大宽度，记录示例见表 8.3-1 中序号 24；发现螺栓损失，缺损状况应记录螺栓损失数量，记录示例见表 8.3-1 中序号 25。

## 8.7 缆索结构桥梁

### 8.7.1 系杆拱桥

系杆拱桥(图 8.7-1)是无推力拱式组合体系桥，兼有拱桥的较大跨越能力和简支梁桥对地基的适应能力，其在美观上胜于普通梁桥，多用于上跨景观桥梁。

**检查要点：**

①拱肋有无明显变形或异常变位(图 8.7-2)，如混凝土拱肋拱顶有无下挠或异常开裂、钢管拱哑铃形拱肋竖板是否外凸等(图 8.7-3)。

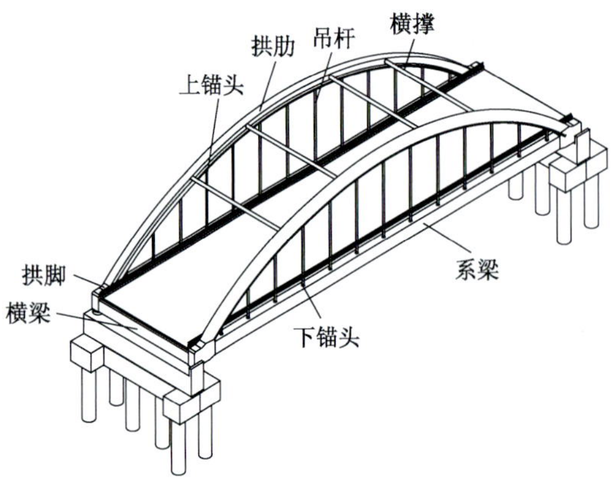


图 8.7-1 系杆拱桥结构示意图

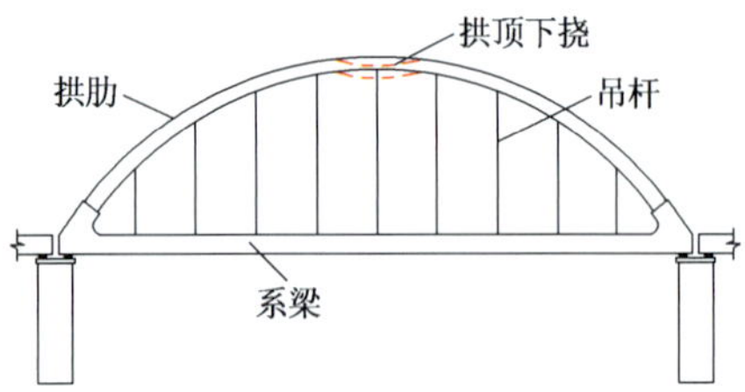


图 8.7-2 拱肋异常位移示意图

②拱脚有无明显变形或出现异常位移(图8.7-4),混凝土表面有无明显开裂(图8.7-5)。

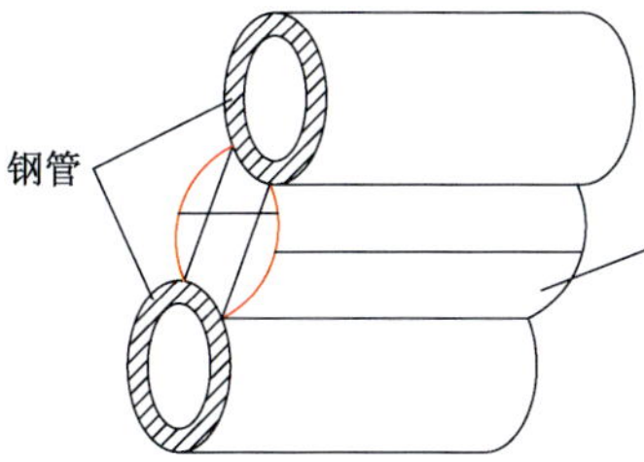


图8.7-3 拱肋竖板外凸示意图

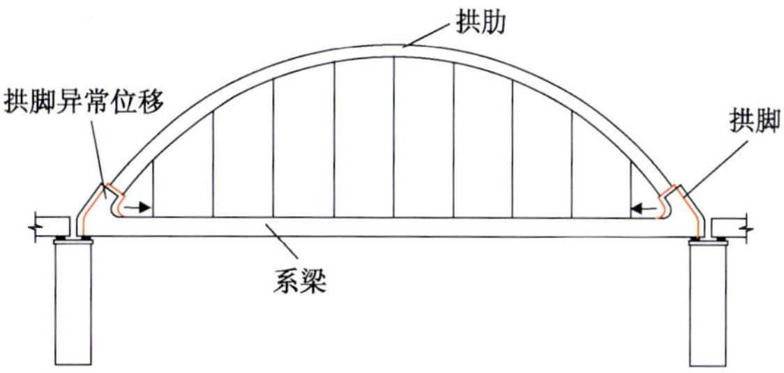


图8.7-4 拱脚异常位移示意图

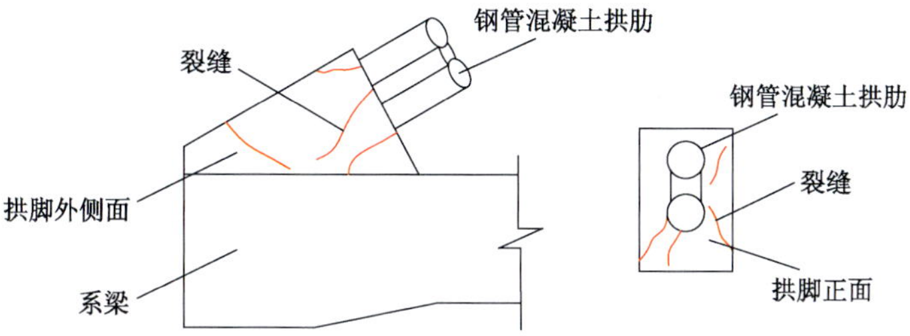


图8.7-5 拱脚裂缝开裂示意图

③吊杆防护层是否封闭完好,有无破坏(如剐擦、开裂、破损、火烧或渗水等),若吊杆防护层破损(图8.7-6),其内部钢绞线是否存在严重锈蚀或断裂现象;吊杆表面金属防护套是否完好,有无损坏(如锈蚀、凹陷变形、破损、火烧或松动等,见图8.7-7)。

图8.7-6 吊杆防护层破损

图8.7-7 表面金属防护套破损

④吊杆垂度是否异常(图8.7-8),重车过时或风雨环境中有无异常振动或声响;减振块或密封圈有无脱落或损坏。吊杆减振块偏位如图8.7-9所示。

⑤吊杆与拱圈连接位置有无异常。

**[案例01]** 2019年10月1日上午,台湾宜兰南方澳跨港大桥发生意外垮塌事故,一辆油罐车随桥掉落水中(图8.7-10)。事故原因主要为桥梁吊杆与拱圈连接部位发生断裂。

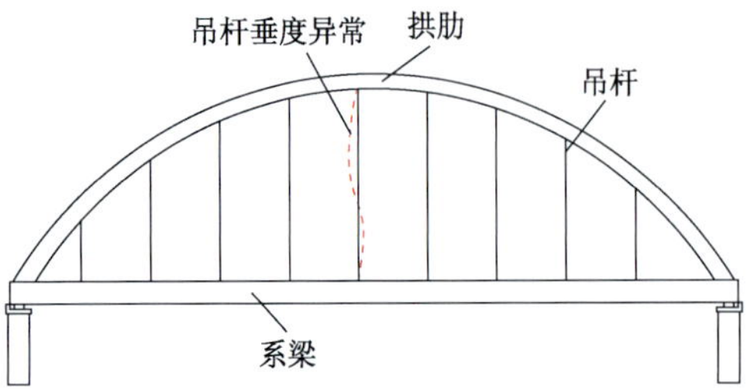


图 8.7-8　吊杆垂度异常示意图

图 8.7-9　吊杆减振块偏位

a)　　b)

图 8.7-10　系拱桥倒塌照片

⑥横撑、风撑与拱肋节点焊接处是否脱开、松动、错裂。

⑦吊杆两端锚固部位是否渗水、下锚头防水设施有无缺陷[端预埋管积水、防水罩移位(图 8.7-11)或密封不严实等];雨后下锚头位置有无渗水(图 8.7-12)。

图 8.7-11　下锚头防水盖上移

图 8.7-12　下锚头渗水

⑧系梁底面锚头封锚盖板固定螺栓有无缺失(图8.7-13)、雨天过后封锚盖板附近是否渗水。

⑨预应力钢筋混凝土系梁有无下挠;系梁底面有无横向裂缝、侧面有无竖向裂缝(图8.7-14、图8.7-15),系梁侧面与横梁连接处附近有无斜向裂缝。

⑩钢结构箱梁参照钢结构梁桥检查要点。

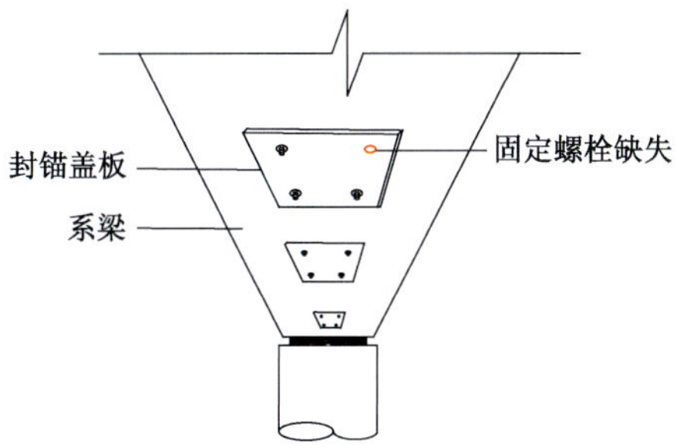


图8.7-13 系梁下锚头封锚盖板固定螺栓缺失

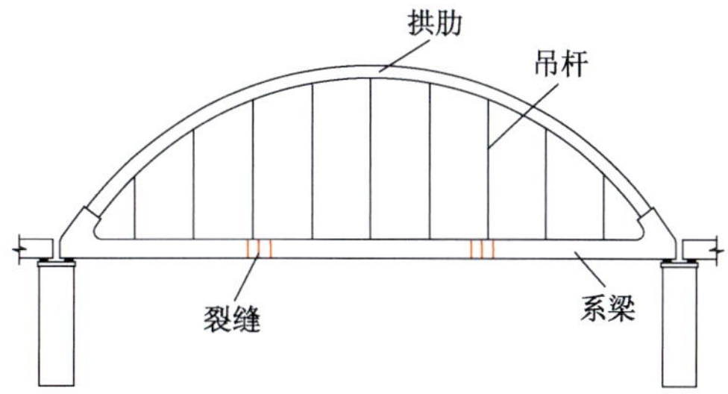


图8.7-14 吊杆附近系梁裂缝示意图1

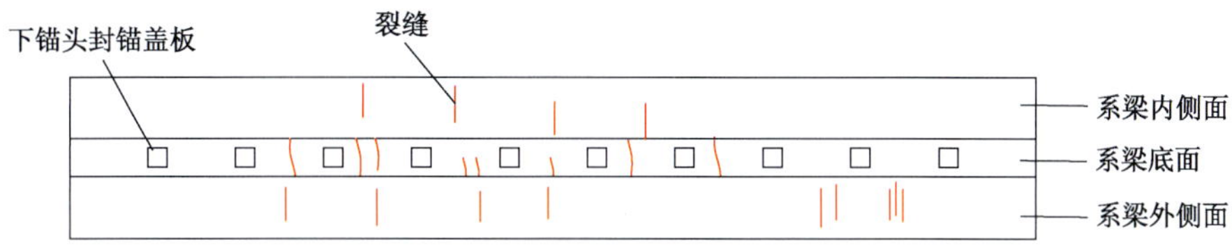


图8.7-15 吊杆附近系梁裂缝示意图2

**记录要点**:当记录吊杆、拱脚、横撑/风撑、上、下锚头等具有明确定位的构件缺损、异常时,不需记录缺损位置。除上述构件外,当发现拱肋、系杆等存在缺损、异常时,可记录缺损的大体位置,如墩顶、跨中、1/4跨等。若发现纵梁混凝土表面裂缝,缺损状况应记录裂缝数量、走向、累计长度、最大宽度,记录示例见表8.3-1中序号26;发现吊杆防护套损坏,缺损状况应记录防护套损坏数量,记录示例见表8.3-1中序号27。

### 8.7.2 斜拉桥

斜拉桥结构如图8.7-16所示。

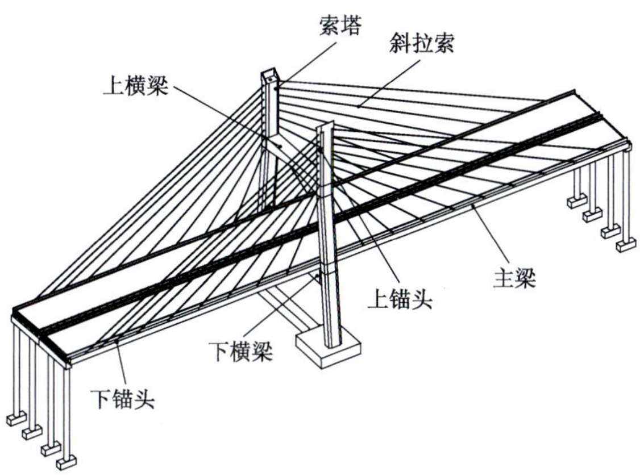


图8.7-16 斜拉桥结构示意图

斜拉桥主要由索塔、主索、斜拉索组成。是20世纪全世界公认的3项最重要的桥梁核心技术之一。

**检查要点：**

①防护体系是否完好，表面有无剐擦、火损等痕迹，有无明显破损（图8.7-17、图8.7-18）、开裂。

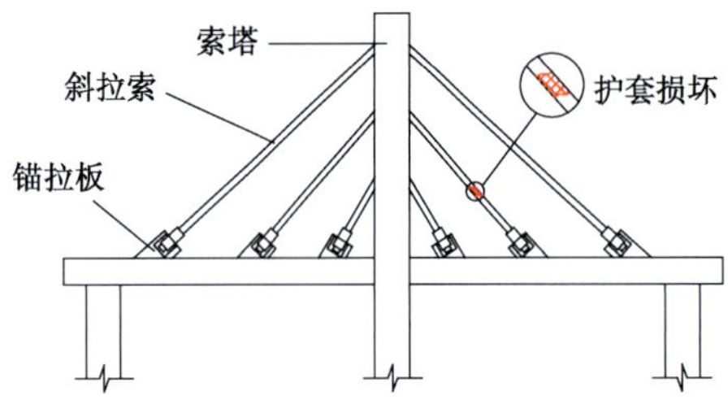


图8.7-17　斜拉索防护体系破损示意图

图8.7-18　斜拉索防护体系破损

②金属防护套是否完好，有无凹陷变形、松动、开裂（图8.7-19）等损坏。

③重车过时或在风雨环境中，拉索有无异常振动或声响。

④拉索阻尼器与拉索连接是否完好，紧固部件是否安装到位或损伤，减振橡胶圈有无脱落、缺失（图8.7-20、图8.7-21）等。

图8.7-19　斜拉索钢护套开裂

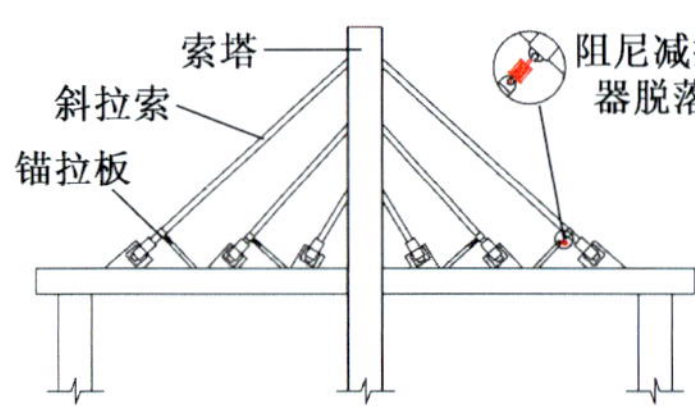


图8.7-20　斜拉索阻尼减振器脱落示意图

⑤斜拉索索体有无线形异常，有无目视可见明显松弛下挠（图8.7-22）。

⑥斜拉索喇叭口钢管上预留排水孔（图8.7-23）是否堵塞。

⑦锚拉板有无破损、松动，焊缝是否脱焊、开裂（图8.7-24）。

⑧锚头部位有无锈水流出痕迹、雨后下锚头位置有无渗水。

⑨索塔有无明显倾斜、变形、扭转、沉降；塔身有无明显缺损。

⑩混凝土主梁有无明显变形、混凝土表面是否出现大量新增裂缝。

图 8.7-21 斜拉索阻尼减振器脱落

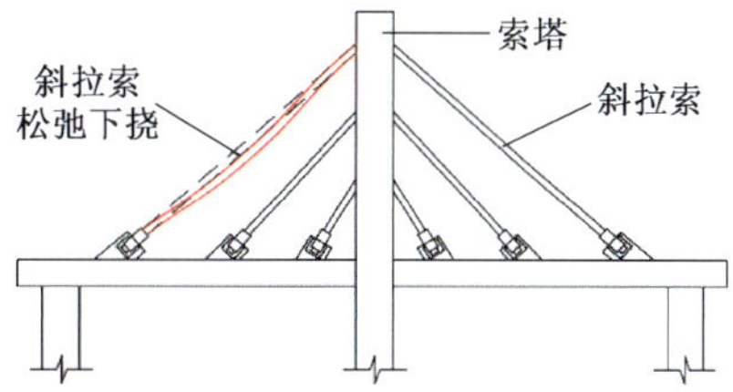


图 8.7-22 斜拉索松弛下挠示意图

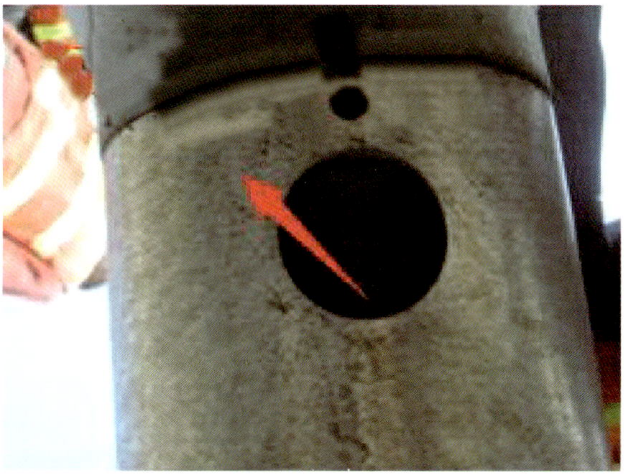

图 8.7-23 预留排水孔

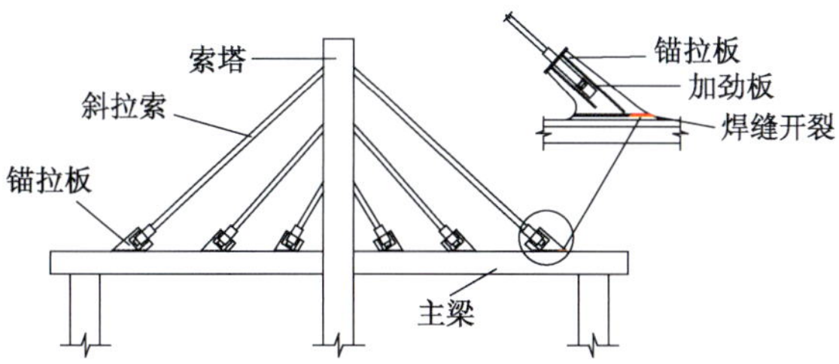


图 8.7-24 锚拉板焊缝开裂

⑪钢结构主梁检查要点同钢结构梁桥。

⑫索塔的爬梯、检查门、工作电梯是否可靠安全，塔内的照明系统是否完好。

**记录要点：**当记录斜拉索、减振装置、上/下锚头等具有明确定位的构件缺损、异常时，不需记录缺损位置。当索塔存在缺损、异常时，可记录缺损的大体位置，如东/南/西/北侧面、顶部、中部、底部等；除上述构件外，主梁存在缺损、异常时，可参照之前的同结构类型桥梁，记录缺损的大体位置，如墩顶、跨中、1/4 跨等。当发现斜拉索下锚头渗水，直接记录锚头渗水，记录示例见表 8.3-1 中序号 28；发现斜拉索减振设施损坏失效，记录减振设施具体缺损状况，如减振器与拉索连接失效、减振橡胶圈脱落、缺失等,记录示例见表 8.3-1 中序号 29。

### 8.7.3 悬索桥

悬索桥结构如图 8.7-25 所示。

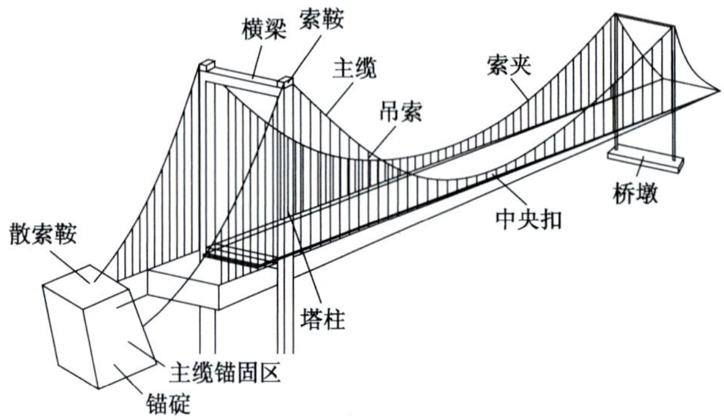


图 8.7-25 悬索桥结构示意图

**检查要点:**

①索塔有无明显倾斜(图 8.7-26)、下沉、变形或扭转,塔身有无明显缺损。

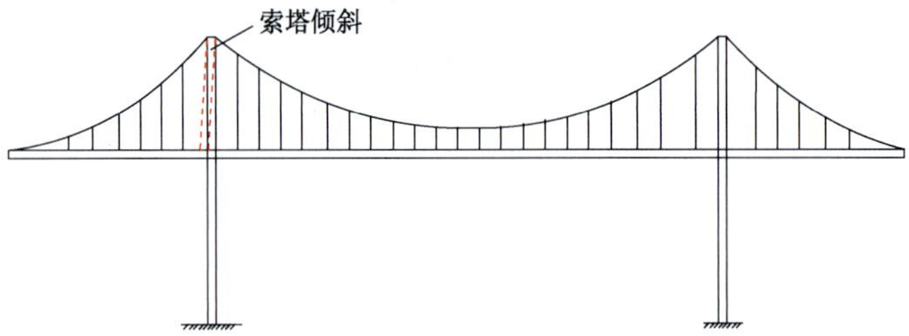


图 8.7-26 索塔倾斜示意图

②主缆防护层是否封闭完好,有无破坏[如缠丝外露、剐擦、开裂、破损、火烧或最低点渗水(图 8.7-27)等],主缆有无线形异常。

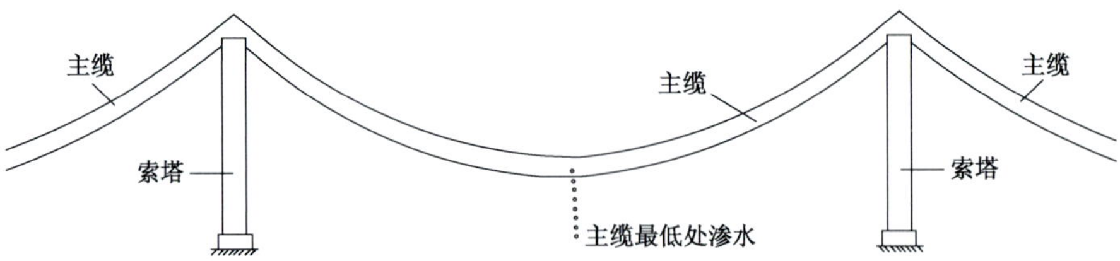


图 8.7-27 主缆最低点渗水示意图

③索夹是否滑移错位(图 8.7-28),锚固螺杆、螺栓、螺母有无断裂或缺失。

④吊索减振夹有无缺失、脱落、滑移,阻尼减振器是否缺损。

⑤吊索防护层是否完好,表面有无受到剐擦、火损等危害,有无明显破损、开裂,表面有无渗水。

⑥吊索线形是否异常，有无摆动、倾斜；吊索两端锚固部位、冷铸锚头等有无渗水；锚杯、耳板有无开裂。

⑦锚碇有无明显沉降、异常位移或拔动，锚杆是否存在断裂。

⑧预应力混凝土加劲梁有无明显变形、混凝土表面是否出现大量新增裂缝。

⑨索塔的爬梯、检查门、工作电梯是否可靠安全，塔内的照明系统是否完好。

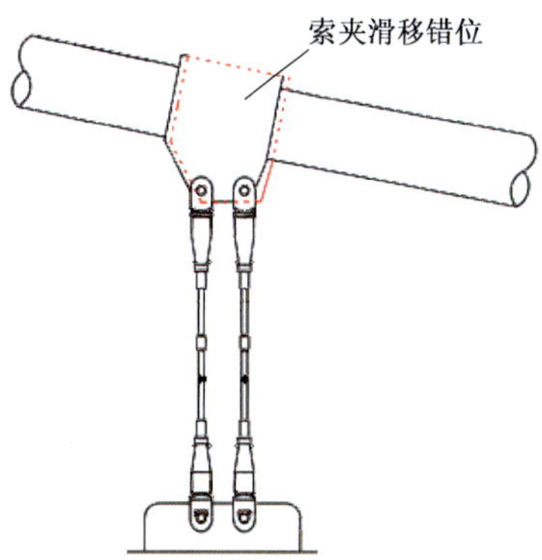


图 8.7-28　索夹滑移错位示意图

**记录要点：**当记录吊索、索夹、锚碇、锚具、索鞍等具有明确定位的构件缺损、异常时，不需记录缺损位置。当索塔存在缺损、异常时，可记录缺损的大体位置，如东/南/西/北侧面、顶部、中部、底部等；除上述构件外，主缆和主梁存在缺损、异常时，可参照之前的同结构类型桥梁，记录缺损的大体位置如：墩顶、跨中、1/4 跨等。当发现主缆缠丝外露，缺损状况应记录数量，记录示例见表 8.3-1 中序号 30；发现索夹滑移，缺损状况应记录滑移长度，记录示例见表 8.3-1 中序号 31。

## 8.8　支座

系统内支座大致可分为板式支座、球冠支座和盆式支座。其中板式支座和球冠支座病害特征相似。

### 8.8.1　板式支座（球冠支座）

**检查要点：**

①支座是否缺失，尤其注意台顶及过渡墩顶。

②支座是否全脱空（图 8.8-1），失去支承作用。

③支座有无异常偏位（图 8.8-2、图 8.8-3）。

图 8.8-1　支座全脱空

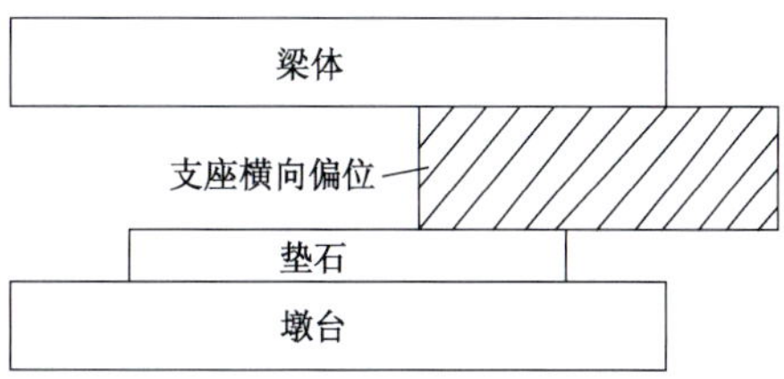


图 8.8-2　支座异常偏位示意图

图 8.8-3　支座横向偏位严重

**记录要点:**当记录支座缺损、异常时,不需记录缺损位置。当发现支座缺失,缺损状况直接记录缺失,记录示例见表 8.3-1 中序号 32;发现支座脱空,缺损状况直接记录全脱空或脱空,记录示例见表 8.3-1中序号 33。

## 8.8.2　盆式支座

**检查要点:**

①支座有无缺失或上下倒置(图 8.8-4、图 8.8-5)。

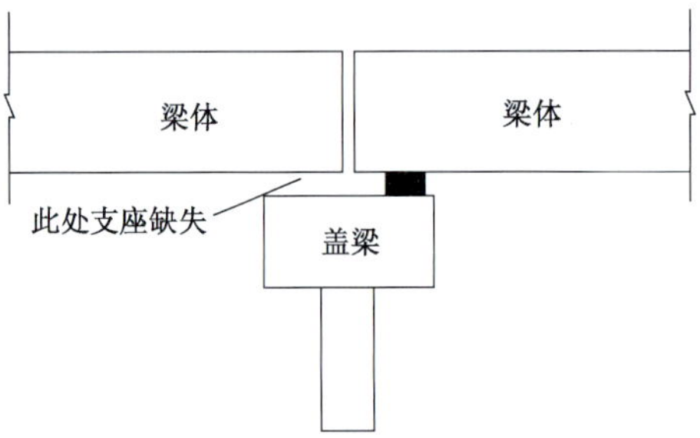


图 8.8-4　盆式支座缺失示意图

图 8.8-5　盆式支座上下倒置

②支座有无过大滑移(图 8.8-6)、转角超限,腔内聚四氟乙烯板是否挤出或磨耗过大(图 8.8-7)。

③支座限位板是否损坏(图 8.8-8)。

**记录要点:**当记录支座缺损、异常时,不需记录缺损位置。当发现支座方向错装,缺损状况可直接记录方向错装,记录示例见表 8.3-1 中序号 34;发现支座聚四氟乙烯板挤出,缺损状况可记录聚四氟乙烯板挤出长度,记录示例见表 8.3-1 中序号 35。

图8.8-6 支座滑移过大

图8.8-7 支座聚四氟乙烯板挤出

图8.8-8 支座限位板断裂脱落

## 8.9 下部结构

### 8.9.1 翼墙、耳墙

耳墙多为混凝土结构,翼墙多为混凝土或砌体结构。

**检查要点:**

①翼墙有无目视可见的倾斜、滑移、下沉坍塌(图8.9-1)等。

②翼墙、耳墙混凝土表面有无明显缺损、开裂(图8.9-2、图8.9-3)、风化剥落、甚至与前桥或桥台断裂脱离。

③浆砌翼墙墙体有无目视可见的开裂、鼓肚、倾斜、沉降。

图 8.9-1　翼墙倾斜、下沉坍塌

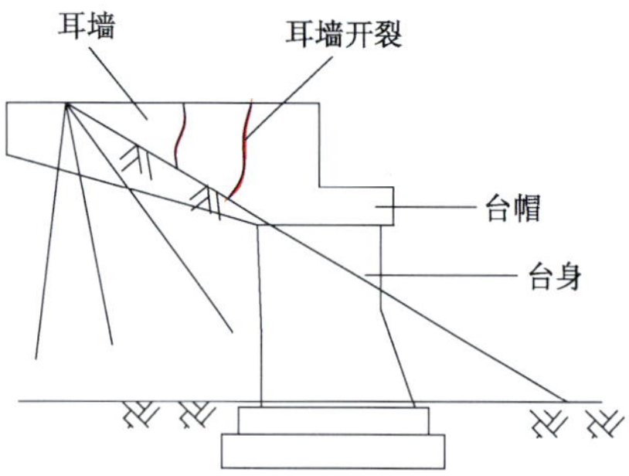


图 8.9-2　耳墙混凝土开裂示意图

图 8.9-3　耳墙混凝土开裂

**记录要点：**当记录翼墙、耳墙缺损、异常时，不需记录缺损位置。当发现翼墙断裂，缺损状况可直接记录翼墙断裂数量，记录示例见表 8.3-1 中序号 36；发现翼墙鼓肚，缺损状况应记录鼓肚数量、累计面积，记录示例见表 8.3-1 中序号 37。

## 8.9.2　锥坡、护坡

**检查要点：**

①锥坡、护坡有无目视可见的下沉、滑坡和塌陷（图 8.9-4）。

②锥坡、护坡铺砌面有无缺损、开裂、异常隆起。

③坡体、坡脚及基础有无冲蚀、淘空，坡内填土有无明显流失、淘空。

**记录要点：**当记录锥坡、护坡缺损、异常时，不需记录缺损位置。当发现护坡凹陷，缺损状况记录应记录凹陷数量和累计面积，记录示例见表 8.3-1 中序号 38；发现锥坡铺砌面缺损，缺损状况应记录铺砌面缺损数量和累计面积，记录示例见表 8.3-1 中序号 39。

图8.9-4　台前护坡坍塌

### 8.9.3　桥台

桥台结构形式较多,目前在江苏交控重力式桥台和轻型桥台的应用最为广泛。

8.9.3.1　重力式桥台

重力式桥台的常用形式是U形桥台,它由台帽、台身和基础三部分组成,基础部分一般都位于泥土或水面以下。

**检查要点:**

①桥台有无目视可见的倾斜(图8.9-5)、滑移或不均匀沉降,桥台周边土体有无塌陷、挤压隆起、开裂等异常变化。

②桥台侧墙或侧墙与前墙交接处有无混凝土开裂、前墙表面有无竖向裂缝或水平裂缝、侧墙有无明显竖向或斜向裂缝,裂缝有无开合现象。

③桥台是否受水侵蚀或受到生物腐蚀,若出现自上而下的渗水(图8.9-6),需检查对应台顶伸缩缝是否存在破漏。

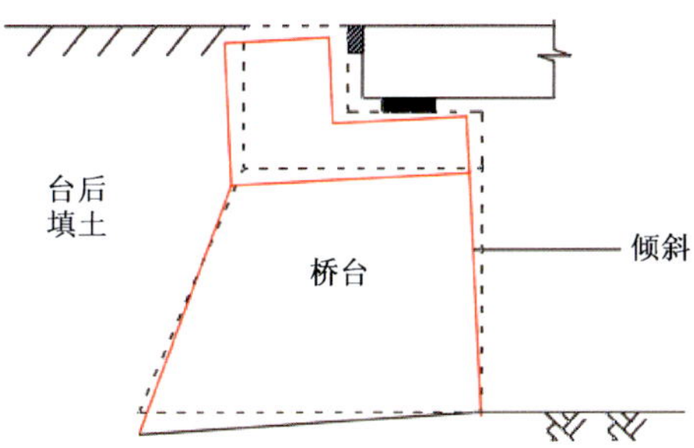


图8.9-5　桥台倾斜示意图

图8.9-6　台帽渗水

④台顶或台身四周有无易燃物堆积;桥台位置有无上部结构端头异物堵塞。

⑤桥台四周 30m 范围内有无不当堆土、重物堆压、非法取土或抽水。

**记录要点：**当记录桥台缺损、异常时，一般情况不需记录缺损位置，但为了有利于养护人员后期分析缺损原因和设计加固方式，部分缺损可注明位置。当发现易燃物堆积，缺损状况应记录易燃物堆积数量，记录示例见表 8.3-1 中序号 40；发现桥台裂缝，缺损状况应记录裂缝数量、走向、累计长度及最大缝宽，记录示例见表 8.3-1 中序号 41。

8.9.3.2　轻型桥台

轻型桥台有钢筋混凝土薄壁桥台、加筋土桥台和埋置式桥台等类型，其中埋置式桥台在江苏交控应用最为广泛。轻型桥台病害示意图与重力式桥台类似，此处相关示意图参考重力式桥台。

**检查要点：**

①桥台有无目视可见的倾斜、滑移或不均匀沉降等异常变位，桥台背墙混凝土有无明显开裂(图 8.9-7)。

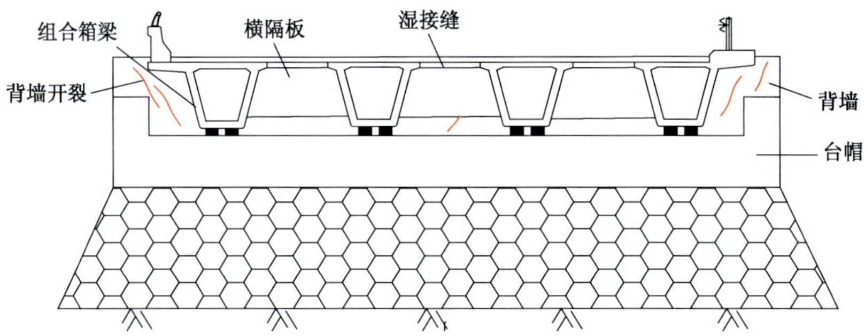


图 8.9-7　桥台背墙开裂示意图

②台帽有无下宽上窄明显的竖向开裂(图 8.9-8)；拼宽桥梁台帽接缝处有无错位(图 8.9-9)、挤压破损。

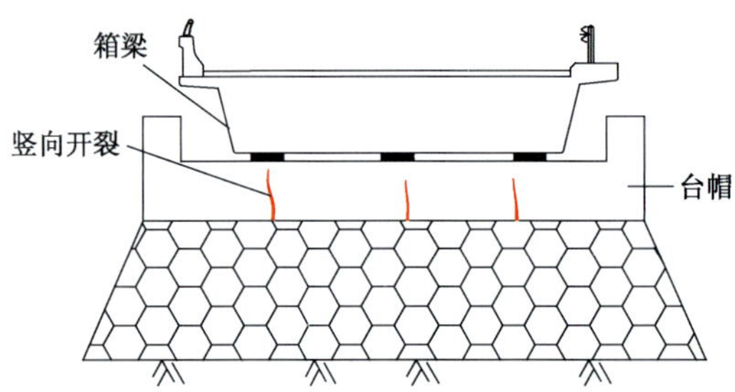


图 8.9-8　台帽竖向开裂示意图

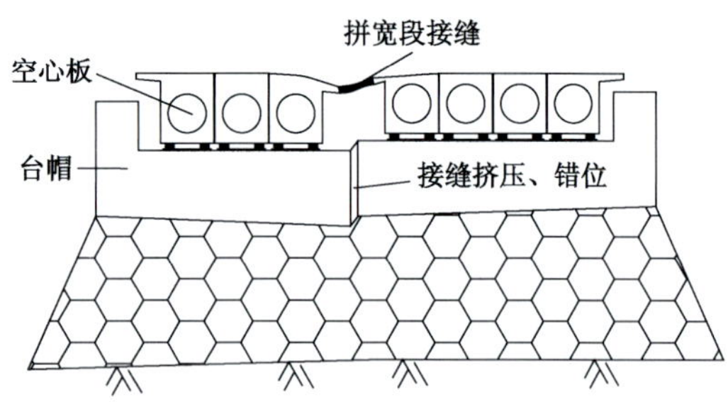


图 8.9-9　拼宽桥台台帽接缝处错位示意图

③桥台是否受水侵蚀或受到生物腐蚀，若出现自上而下的渗水(图 8.9-10)，需检查对应台顶伸缩缝是否存在破漏。

④台顶或台身四周有无易燃物堆积(图 8.9-11)；桥台位置有无上部结构端头异物堵塞(图 8.9-12)。

⑤桥台四周 30m 范围内有无不当堆土、重物堆压、非法取土或抽水。

图 8.9-10 台帽渗水

图 8.9-11 台顶垃圾(易燃柴草)堆积

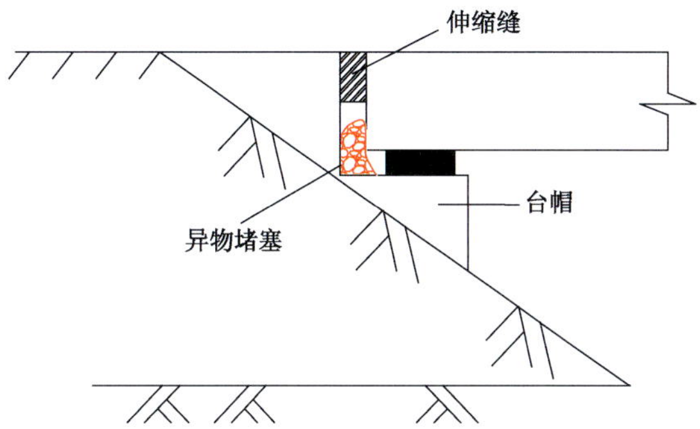


图 8.9-12 桥台端部异物堵塞示意图

**记录要点:**当记录桥台缺损、异常时,一般情况不需记录缺损位置,但为了有利于养护人员后期分析缺损原因和设计加固方式,部分缺损可注明位置。当发现桥台渗水,缺损状况应记录渗水数量,记录示例见表 8.3-1 中序号 42;发现拼宽桥台接缝错位,缺损状况应记录错位最大长度,记录示例见表 8.3-1 中序号 43。

## 8.9.4 桥墩

桥墩结构形式多样,目前在江苏交控内柱式墩和重力式墩应用最为广泛。

### 8.9.4.1 柱式墩

常见的柱式墩有单柱式墩、双柱式墩和多柱墩。

**检查要点:**

①墩柱有无目视可见的偏位、倾斜(图 8.9-13、图 8.9-14)或下沉,墩柱周边土体有无塌陷、挤压隆起、开裂等异常变化。

[**案例 02**] 2009 年 2 月,检查发现某高速公路桥自西向东方向 2 号墩内侧桥面严重下沉,2 号墩对应的 2-6 号桩基周边土沉陷(图 8.9-15),有明显的沉降现象,实际测量沉降量达到 13cm。

②墩柱为单柱式固结墩(刚构)时,墩身有无水平环向裂缝(图 8.9-16、图 8.9-17)。此裂

缝多发于上跨、匝道等弯桥或纵坡较大的桥梁中。

③墩柱为非固结墩时，墩柱顶部或近地位置有无水平环向裂缝（图 8.9-18），若墩柱为过渡墩，须检查墩顶有无垃圾堵塞或卡死。

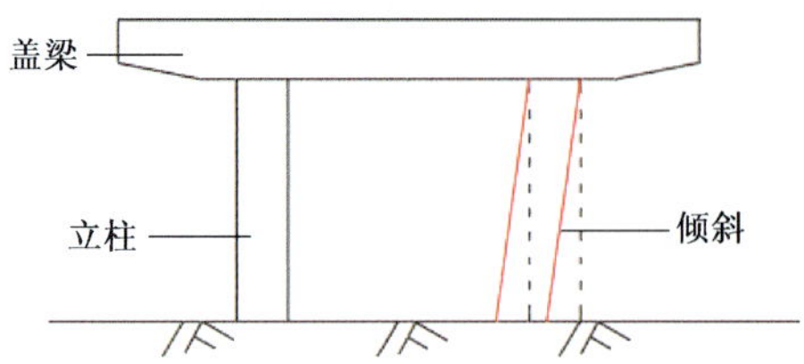


图 8.9-13　立柱横向倾斜示意图

图 8.9-14　立柱横向倾斜

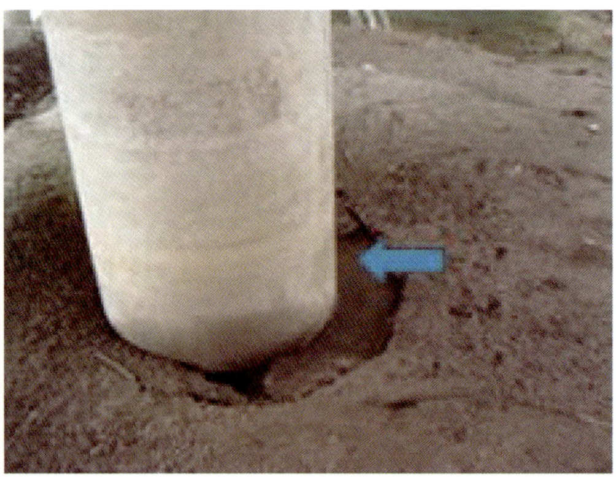

图 8.9-15　墩柱周边土沉陷

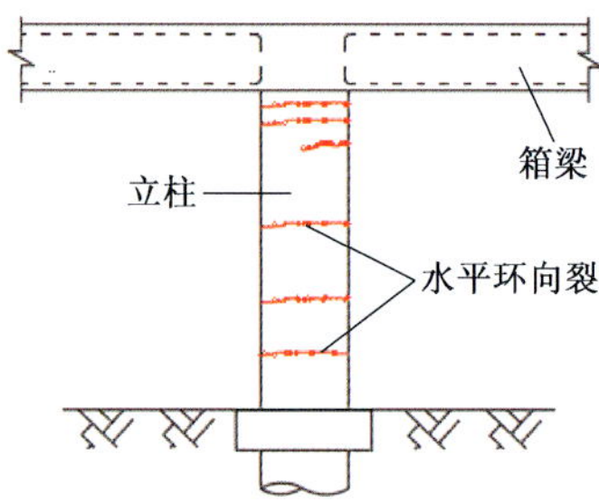


图 8.9-16　固结墩水平环向裂缝（纵桥向）示意图

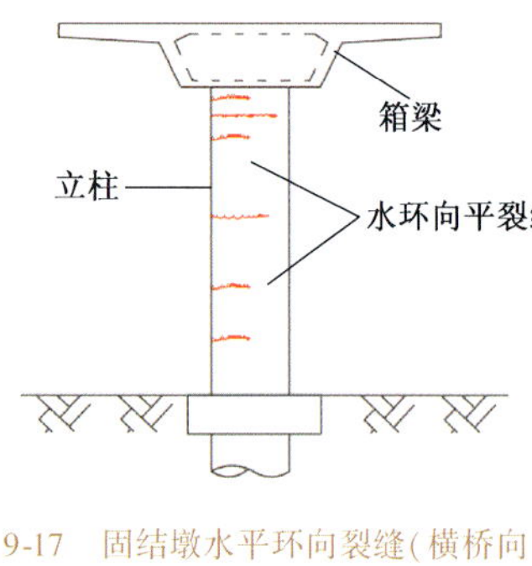


图 8.9-17　固结墩水平环向裂缝（横桥向）示意图

图 8.9-18　立柱水平环向裂缝

④独柱墩顶部有无竖向裂缝。

⑤系梁（承台）有无自下而上的竖向裂缝（图 8.9-19、图 8.9-20），尤其注意是否与系梁（承

台)顶面已有的纵向裂缝连通。

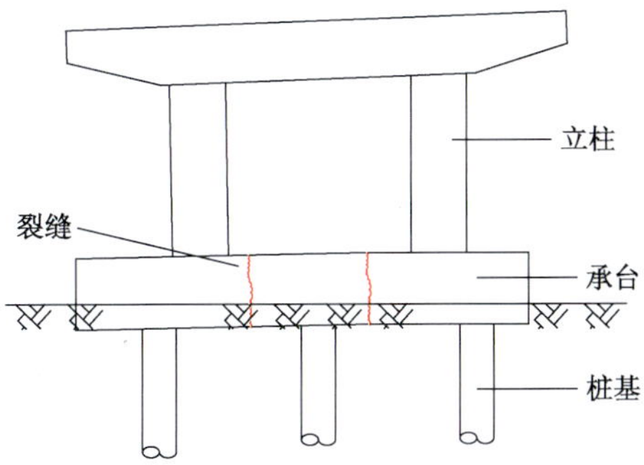


图8.9-19 桥墩承台裂缝示意图

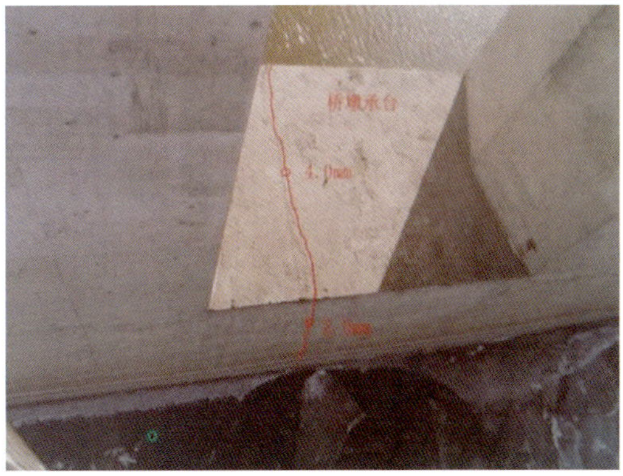

图8.9-20 桥墩承台裂缝

⑥墩柱是否受水侵蚀或受到生物腐蚀,若出现自上而下的渗水(图8.9-21、图8.9-22),需检查对应桥面处的伸缩缝橡胶条是否存在破漏。

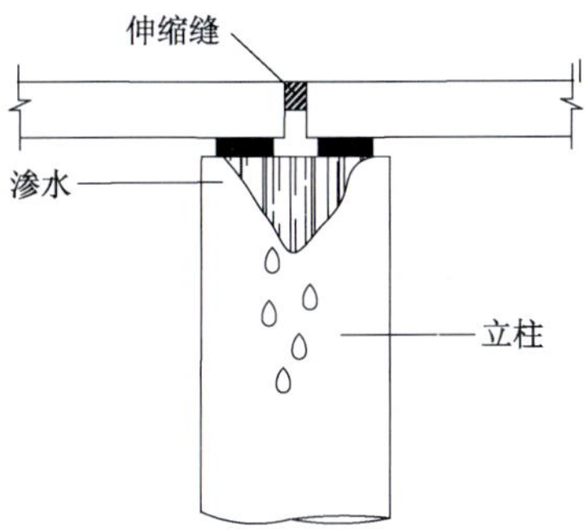


图8.9-21 桥墩水迹示意图

图8.9-22 桥墩水迹

⑦墩柱四周有无易燃物堆积(图8.9-23),墩顶有无垃圾堆积(图8.9-24)、堵塞。

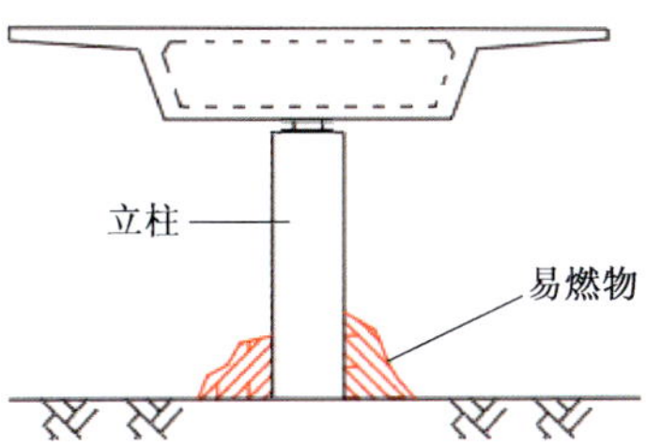


图8.9-23 桥墩四周易燃物堆积示意图

图8.9-24 墩顶混凝土垃圾堆积

⑧桥墩四周30m范围内有无不当堆土(图8.9-25、图8.9-26)、重物堆压、非法取土或抽水。

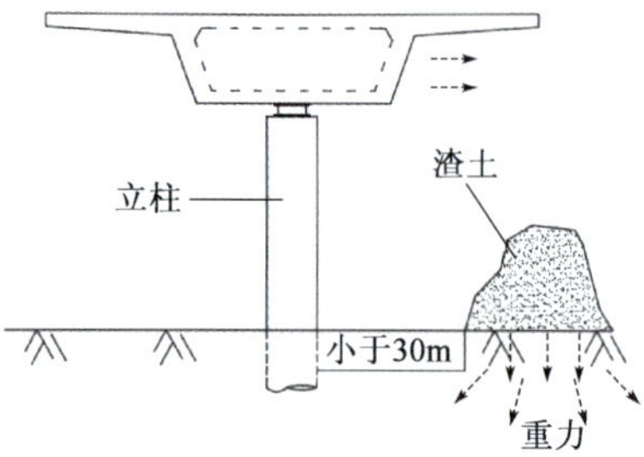


图8.9-25 桥墩附近渣土堆积示意图

图8.9-26 桥墩附近渣土堆积

[**案例03**] 2016年3月,某高速公路收费站附近某桥发生半幅梁板滑落,桥面出现V字形下陷,断裂面约有20m,下陷深度约2m,单幅交通彻底中断,所幸现场无人员伤亡。根据专家现场踏勘,初步判断造成桥梁断裂的原因是周边工地施工堆土处置不当。现场堆积的土方(横向约有60m宽,纵向约200m长,4.5m高),是导致桥发生侧向水平位移的主要因素(图8.9-27)。

图8.9-27 桥墩附近堆土,造成梁板滑落

**记录要点**:当记录桥墩缺损、异常时,一般情况不需记录缺损位置,但为了有利于养护人员后期分析缺损原因和设计加固方式,部分缺损可注明位置,如顶部、中部、底部等。当发现墩柱偏位,缺损状况可直接记录倾斜,记录示例见表8.3-1中序号44;发现墩柱裂缝,缺损状况应记录裂缝数量、走向、累计长度及最大缝宽,记录示例见表8.3-1中序号45。

8.9.4.2 重力式墩

**检查要点**:

①墩身有无目视可见的偏位、倾斜或下沉(图8.9-28),墩身周边土体有无塌陷、挤压隆起、开裂等异常变化。

②墩身顶部有无自上而下的竖向裂缝(图8.9-29)。

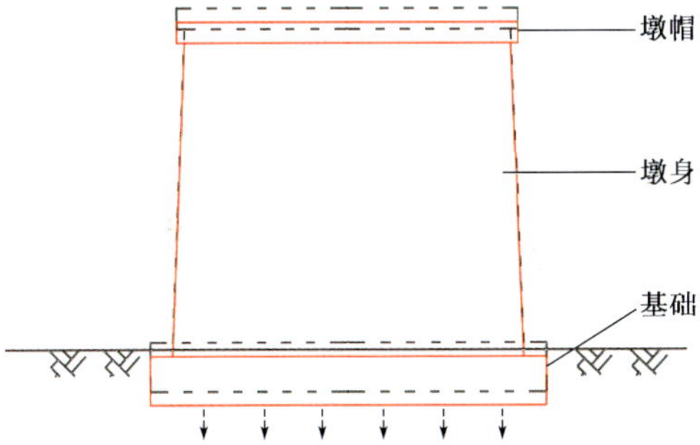


图8.9-28　桥墩下沉示意图

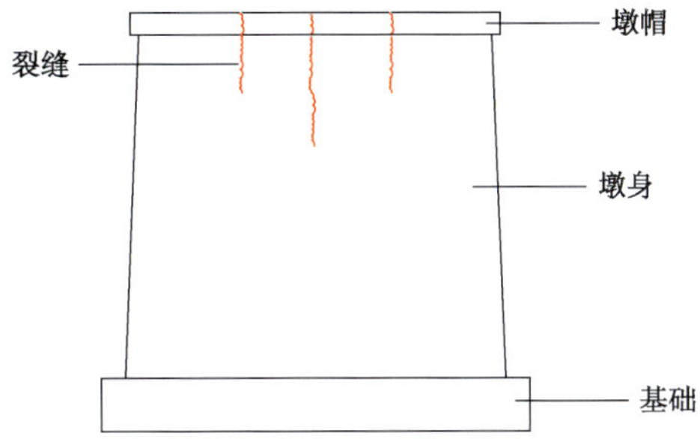


图8.9-29　墩身顶部竖向裂缝示意图

③墩身底部有无自下而上且下宽上窄的裂缝(图8.9-30、图8.9-31)。

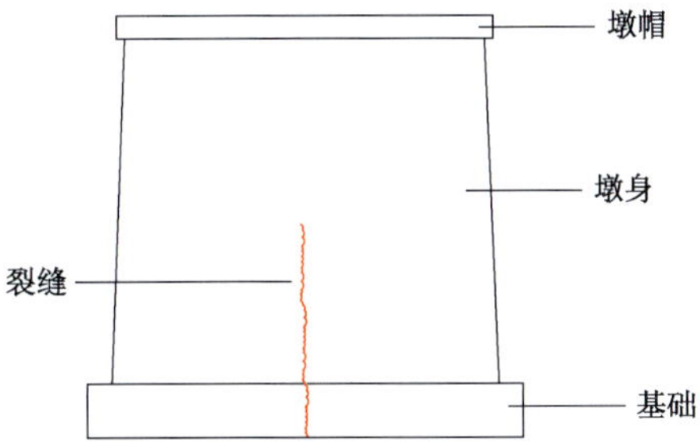


图8.9-30　墩身底部竖向裂缝示意图

图8.9-31　墩身底部竖向裂缝

④墩身是否受水侵蚀或受到生物腐蚀,若出现自上而下的渗水,需检查对应桥面伸缩缝是否存在破漏。

⑤墩身顶面及四周有无易燃物堆积。

⑥桥墩四周30m范围内有无不当堆土、重物堆压、非法取土或抽水。

**记录要点:**当记录桥墩缺损、异常时,一般情况不需记录缺损位置,但为了有利于养护人员后期分析缺损原因和设计加固方式,部分缺损可注明位置,如顶部、中部、底部等。当发现墩身裂缝,缺损状况应记录裂缝数量、走向、累计长度及最大缝宽,记录示例见表8.3-1中序号46;发现墩身不均匀沉降,缺损状况应记录大致沉降高度,记录示例见表8.3-1中序号47。

#### 8.9.4.3　薄壁墩

薄壁墩病害情况可参照重力式墩章节中的病害情况。

#### 8.9.4.4　盖梁

常见的盖梁形式有矩形盖梁、L形盖梁、倒T形盖梁。

**检查要点:**

①盖梁横桥向表面有无竖向或斜向裂缝(图8.9-32、图8.9-33),同时注意是否与盖梁底

面已有的纵向裂缝相连通；对于放置双排支座的盖梁尤其需注意盖梁顶面是否存在纵向裂缝，并与盖梁横桥向表面裂缝相连通。

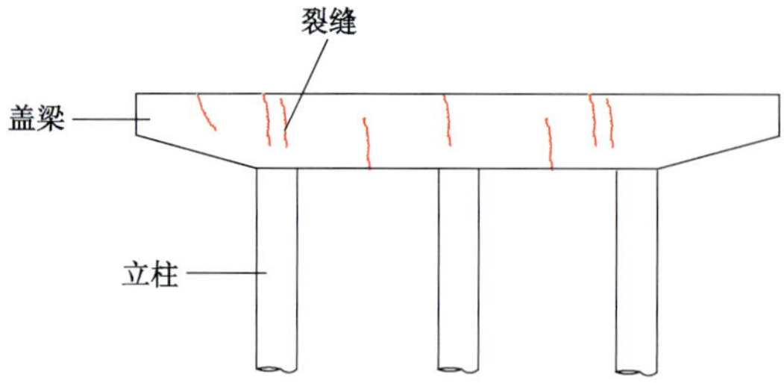


图 8.9-32　盖梁横桥向表面裂缝示意图

图 8.9-33　盖梁横桥向表面裂缝

②L 形盖梁梁端间隙处有无异物堵塞、盖梁增高段有无明显竖向裂缝、低支座下方盖梁纵桥向侧面有无斜向裂缝或竖向裂缝(图 8.9-34)、角隅位置有无混凝土开裂。

③倒 T 形盖梁梁端间隙处有无垃圾硬物堵塞或卡死、盖梁颈部有无混凝土开裂(图 8.9-35、图 8.9-36)。

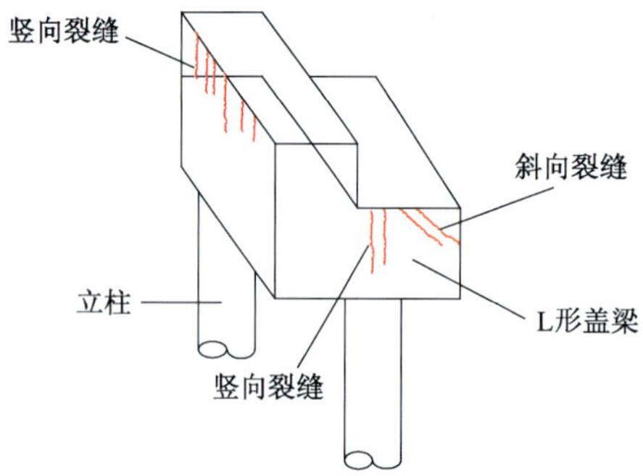


图 8.9-34　L 形盖梁裂缝示意图

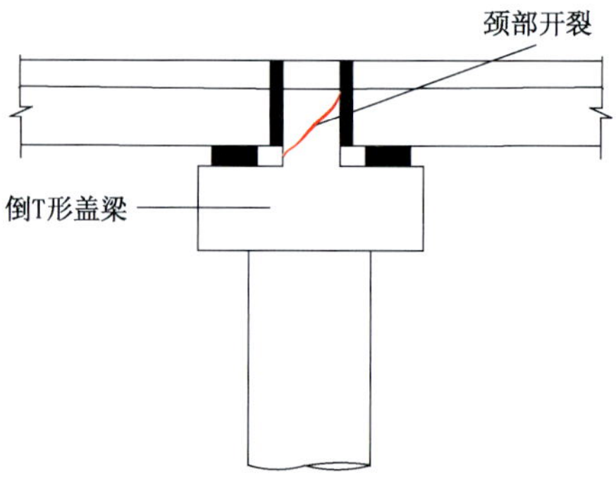


图 8.9-35　倒 T 形盖梁颈部开裂示意图

图 8.9-36　倒 T 形盖梁颈部开裂

④盖梁是否受水侵蚀或受到生物腐蚀，若出现自上而下的渗水，需检查对应桥面伸缩缝是否存在破漏。

⑤盖梁顶面有无易燃物堆积或梁体端部垃圾堵塞(图 8.9-37、图 8.9-38)，尤其在台顶或联顶位置。

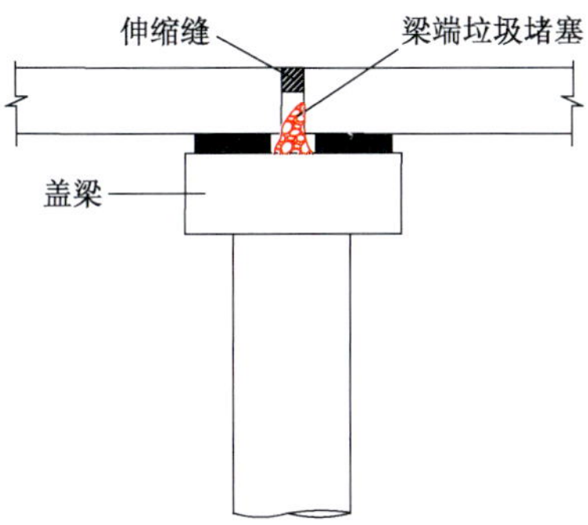


图 8.9-37　盖梁顶面垃圾未清理示意图

图 8.9-38　盖梁顶面垃圾未清理

**记录要点：**当记录盖梁缺损、异常时，可记录缺损的大体位置，如内/外侧面、东/西/南/北侧面、顶面、底面、高低盖梁角隅处等。当发现盖梁裂缝，缺损状况应记录裂缝数量、走向、累计长度及最大缝宽，记录示例见表 8.3-1 中序号 48；发现盖梁顶面垃圾堵塞，缺损状况应记录堵塞垃圾数量，记录示例见表 8.3-1 中序号 49。

## 8.9.5　抗震挡块

**检查要点：**

①抗震挡块是否断裂失效或开裂，尤其注意挡块开裂是否因与梁体互相抵死所致。

②抗震挡块与梁体间隙内有无异物堵塞(图 8.9-39)或卡死。

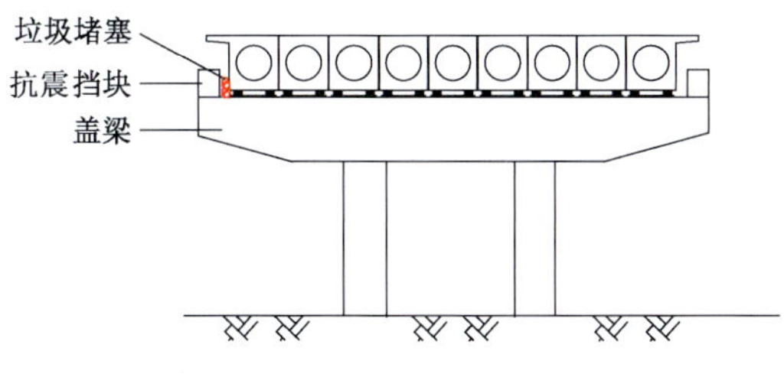


图 8.9-39　抗震挡块与梁体异物堵塞示意图

③抗震挡块与梁体是否互相抵死，构件是否存在开裂。

**记录要点：**当记录挡块缺损、异常时，一般情况不需记录缺损位置，但为了有利于养护人员后期分析缺损原因和设计加固方式，部分缺损可注明位置，如内/外侧面、东/西/南/北侧面、顶面等。当发现挡块开裂，缺损状况应记录开裂数量，记录示例见表 8.3-1 中序号 50；发现挡块抵死，缺损状况应记录与梁体抵死或与垃圾/木模/碎石等抵死，记录示例见表 8.3-1 中序号 51。

## 8.9.6 墩台基础

墩台基础的类型很多,在工程上普遍使用的是扩大基础、桩基础和深井基础,目前在江苏交控多采用桩基础。大部分墩台基础位于泥土或河床以下,只有少数位于可检范围以内,还有部分水中桩基,在枯水期也可能显露在外。经常检查人员可根据实际情况选择合适的检查日期对墩台基础进行检查。

**检查要点:**

①基础有无目视可见的倾斜、偏位(图 8.9-40)、下沉、滑移或不均匀沉降。

图 8.9-40 桩柱中心偏位

②基础有无冲刷淘空、损坏、悬空(图 8.9-41)、钢筋笼外露等;桩基顶段在水位涨落、干湿交替变化处有无磨损、缩颈(图 8.9-42、图 8.9-43)、空洞、露筋(图 8.9-44)等,在寒冷季节有无环状冻裂的现象;

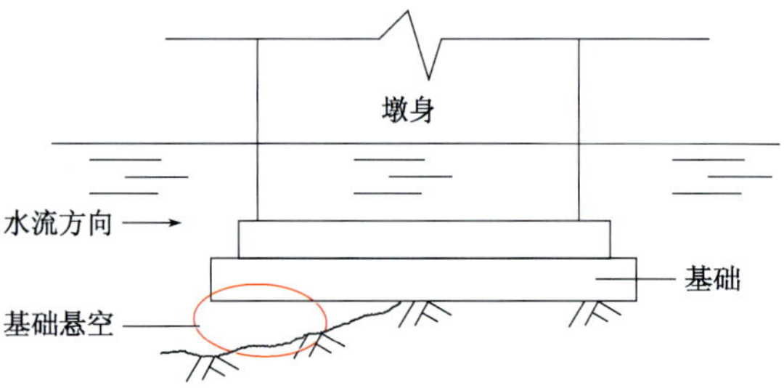


图 8.9-41 基础悬空示意图

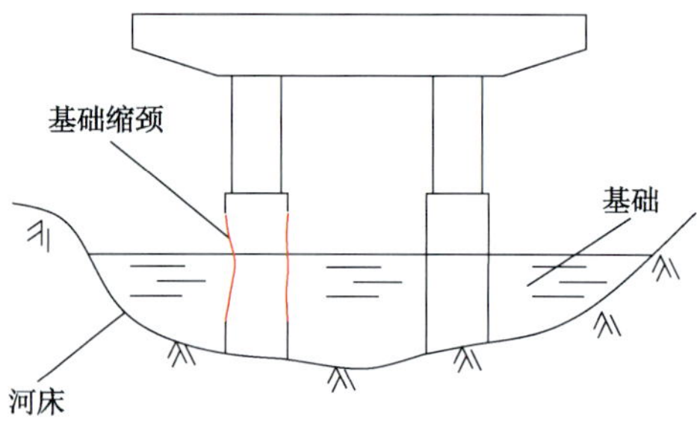


图 8.9-42 基础缩颈示意图

③桩柱结合部有无酥松、剥落、钢筋外露、偏位、砖块包裹(图 8.9-45、图 8.9-46)等缺陷。

④扩大基础有无外露并伴有明显开裂。

⑤桩基表面有无夹泥或受到生物腐蚀。

**记录要点:**当记录基础缺损、异常时,一般情况不需记录缺损位置,但为了有利于养护人员后期分析缺损原因和设计加固方式,部分缺损可注明位置,如桩柱结合面、3 点/6 点/9 点/12 点方向等。当发现基础冲刷掏空,缺损状况应记录冲刷掏空、累计面积、最大深度、露筋数量和累计露筋长度,记录示例见表 8.3-1 中序号 52;发现基础中心偏位,缺损状况应记录大致偏位方向和偏位距离,记录示例见表 8.3-1 中序号 53。

图 8.9-43　桥墩基础缩颈

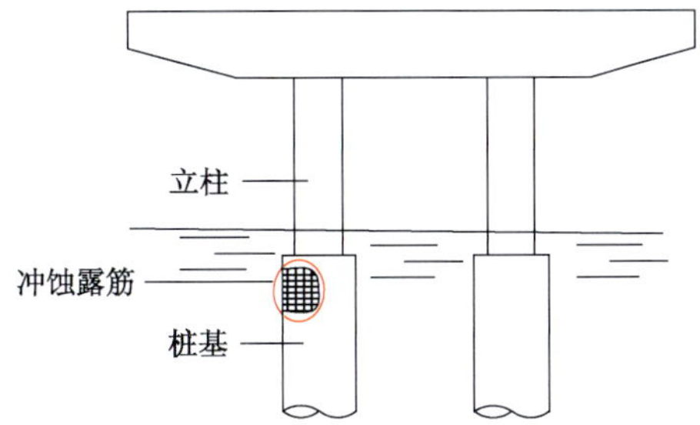


图 8.9-44　桩基冲蚀露筋示意图

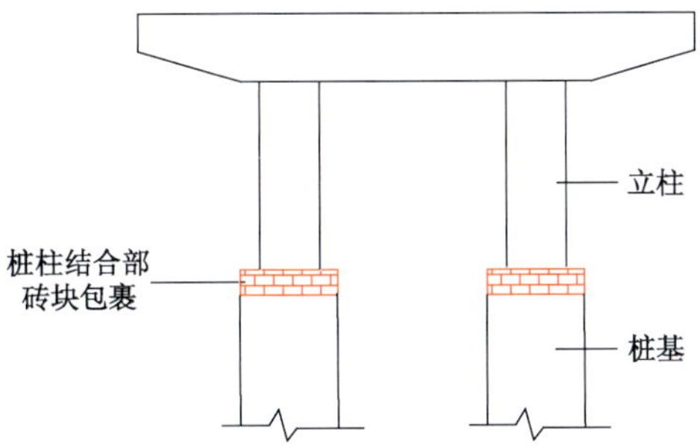


图 8.9-45　桩柱结合部砖块包裹示意图

图 8.9-46　桩柱结合部砖块包裹

## 8.9.7　河床

一般情况下河床无法检查,仅在枯水季节或上游关闸蓄水时,有可能显露在外。

**检查要点:**

河床铺砌面有无明显冲刷(图 8.9-47、图 8.9-48)、掏空。

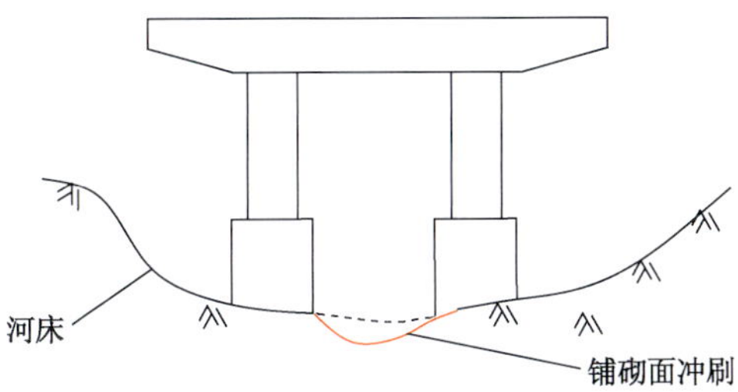


图 8.9-47　河床铺砌面冲刷示意图

图 8.9-48　河床冲刷断裂

**记录要点**：当记录河床缺损、异常时，一般情况不需记录缺损位置，但为了有利于养护人员后期分析缺损原因和设计加固方式，部分缺损可注明位置。当发现河道堵塞，缺损状况应记录堵塞数量和堵塞物，记录示例见表 8.3-1 中序号 54。

## 8.10 事故及隐患排查

### 8.10.1 车辆或船只撞损、擦痕

此类病害多出现于跨路孔或跨河、跨航道孔，病害集中在外侧上部承重构件和桥墩位置，对桥梁结构安全影响较大，多由于人为因素导致。

**检查要点**：

①跨路孔桥梁有无车辆撞损或明显擦伤、划痕，重要部件有无主筋或钢绞线外露、撞断情况（图 8.10-1），邻近支座是否脱落或偏离原设计位置。

②跨河或航道孔桥梁有无船只、漂流物撞损或明显擦伤、划痕，重要部件有无主筋或钢绞线外露、撞断情况（图 8.10-2），邻近支座是否脱落或偏离原设计位置。

图 8.10-1　梁底被超高车辆撞损露筋

图 8.10-2　立柱被超宽车辆撞损

**记录要点**：当记录构件车辆或船只撞损、擦伤时，可记录缺损的大体位置，如梁体跨中、墩柱北侧面等。当发现构件擦伤，缺损状况应记录擦伤数量和累计面积，记录示例见表 8.3-1 中序号 55；发现构件撞损，缺损状况应记录撞损数量、撞损累计面积、最大深度、露筋数量和累计露筋长度，记录示例见表 8.3-1 中序号 56。

### 8.10.2 桥梁火损病害

此类病害多由于孔下易燃物未及时清理，后被明火引燃所致。由于起火位置多位于孔下，故在日常巡查中较难被发现。病害发生后，对桥梁结构安全可能存在较大影响。

**检查要点**：

①当发现混凝土桥梁孔下出现燃烧物残留痕迹时，需注意各构件混凝土表面是否存在烟熏发黑、龟裂、剥落、发白等火损痕迹（图 8.10-3），尤其注意重要部件有无主筋或钢绞线外露、支座表面有无碳化迹象。

a) b)

图8.10-3 桥梁火损病害

②当发现钢结构桥孔下出现燃烧物残留痕迹时，需注意钢结构桥梁火损后构件有无异常变形。

③桥孔下是否残留燃烧物。

**记录要点：**当记录构件火损缺陷时，可记录缺损的大体位置，如梁体跨中、墩柱北侧面等。当发现构件火损，缺损状况应记录火损数量、累计面积和剥落深度，记录示例见表8.3-1中序号57。

［**案例04**］ 2013年11月，某高速公路桥左幅10号墩附近一棚户发生火灾，主要燃烧物为木柴、稻谷等，火灾对部分箱梁、支座、桥墩盖梁造成损伤（图8.10-4）。

a) b)

图8.10-4 孔下易燃物引起桥梁火损

## 8.11 周边环境

周边环境检查要点除参照桥梁日常巡查手册中周边环境检查项目外，还应增加以下内容：

①桥下是否存在地方单位进行诸如开辟新路、拓宽下穿旧路等工程施工，或破坏桥梁原有环境甚至损坏桥梁结构的活动，如护坡开挖、非法取土等。桥下施工作业如图8.11-1所示。

②桥头踏步有无被灌木遮挡或塌陷（图8.11-2）、损坏。

a) b)

图 8.11-1　桥下施工作业

图 8.11-2　桥头踏步塌陷

**记录要点**：当记录周边环境缺损、异常时，一般情况不需记录缺损位置，但为了有利于养护人员后期分析缺损原因和设计加固方式，部分缺损可注明位置。当发现桥下堆载时，应记录堆载数量和堆载物类型，记录示例见表 8.3-1 中序号 58。

## 8.12　加固桥梁检查

对于维修加固后的桥梁在经常检查过程中，除查看维修是否失效外，还应关注维修加固后的构件是否有新的病害产生。

### 8.12.1　封缝、灌缝

造成桥梁工程出现裂缝的原因很多，且较为复杂。常见裂缝有受弯剪裂缝、收缩裂缝、温差裂缝。这些裂缝与构件受力、混凝土材料的特性等均有关。采用封缝修补、灌缝修补是有效且常规的裂缝修补处理方法，且成本较低。

**检查要点：**

①裂缝是否扩展(裂缝宽度或裂缝长度扩展)。

②封缝胶有无脱落。

**记录要点：**记录构件封缝、灌缝修补后裂缝扩展和封缝胶脱落两类缺损时，可记录缺损的大体位置，如跨中、墩顶、东/西/南/北侧面等。修补后裂缝扩展的缺损状况应记录裂缝扩展数量及扩展最大长度或宽度，记录示例见表8.3-1中序号59；封缝胶脱落的缺损状况应记录封缝胶脱落数量及累计脱落长度，记录示例见表8.3-1中序号60。

### 8.12.2 碳纤维粘贴

碳纤维粘贴加固法，是利用树脂类粘接剂将复合材料粘贴到结构构件的表面，形成复合材料体，通过复合材料与构件的协同工作，来提高结构构件的承载力和延性的一种加固技术方法。

**检查要点：**

①碳纤维表面防腐涂装有无明显脱落。

②碳纤维是否存在剥离，主要分为两种：老化剥离和剐擦剥离。前者是指碳纤维材料本身在自然环境下的老化；后者是指跨路孔碳纤维在超高车辆等外力剐擦导致的剥离失效。

**记录要点：**记录构件碳纤维布修补后表面防腐涂装脱落和碳纤维布剥离两类缺损时，可记录缺损的大体位置，如跨中、墩顶等。碳纤维布防腐涂装脱落的缺损状况应记录脱落数量及累计面积，记录示例见表8.3-1中序号61；碳纤维布剥离的缺损状况应记录剥离数量、剥离类型和剥离长度，记录示例见表8.3-1中序号62。

### 8.12.3 预应力碳纤维板

预应力碳纤维板加固技术是一种主动加固的方法，是体外预应力加固方法的延伸，与体外预应力加固有相似之处，但不完全相同。该项技术可使碳纤维板在承担结构传递的荷载应力之前就已经处于较高的应力水平，预先发挥一定的强度，使其高强性能得到充分利用。

**记录要点：**记录构件预应力碳纤维板锚固松弛或板材损坏两类缺损时，可记录缺损的大体位置，如跨中、墩顶等。预应力碳纤维板锚固松弛的缺损应记录张拉端或锚固端滑移、内缩的长度，记录示例见表8.3-1中序号63；预应力碳纤维板板材损坏的缺损状况应记录损坏数量，记录示例见表8.3-1中序号64。

### 8.12.4 钢板粘贴

钢板粘贴加固法是采用高性能的环氧类粘接剂将钢板粘贴在混凝土构件的表面，使钢板与混凝土形成统一的整体，利用钢板良好的抗拉强度达到增强构件承载能力及刚度的目的。

**检查要点：**

①钢板是否存在剥离、脱落或目视可见明显分层。

②钢板是否存在明显锈蚀，防腐涂装是否脱落。

**记录要点：**记录构件粘贴钢板剥离、脱落或钢板防腐涂装脱落、锈蚀等缺损时，可记录缺损的大体位置，如跨中、墩顶等。当发现粘贴钢板剥离，应记录剥离数量，记录示例见表8.3-1中序号 65；发现钢板防腐涂装脱落，缺损状况应记录脱落数量及累计面积，记录示例见表 8.3-1 中序号 66。

### 8.12.5 体外预应力

体外预应力加固法是通过在梁体外增设预应力索（包括钢绞线、高强度钢丝束和精轧螺纹钢筋），对原有结构构件进行主动加固的方法。其作用原理是通过预应力手段，改变原结构的内力分布，调整原结构应力水平，从而达到提高结构承载能力、改善结构抗裂和耐久性的目的。

**检查要点：**

①锚固区域是否松弛，钢束有无异常变形（图 8.12-1）。

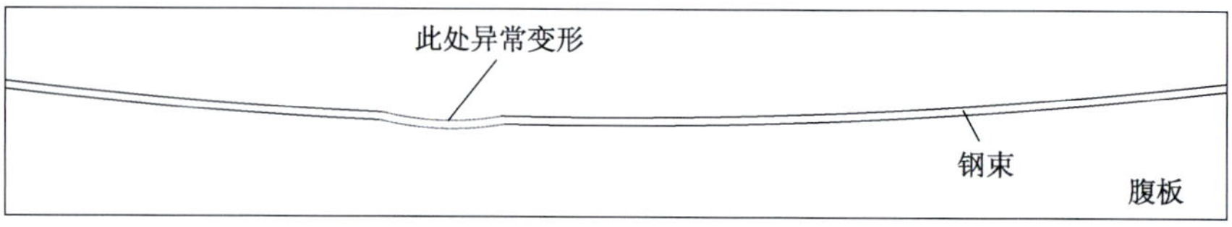


图 8.12-1 钢束异常变形示意图

②钢绞线外包 PE 有无受损（图 8.12-2），钢绞线是否外露或锈蚀。

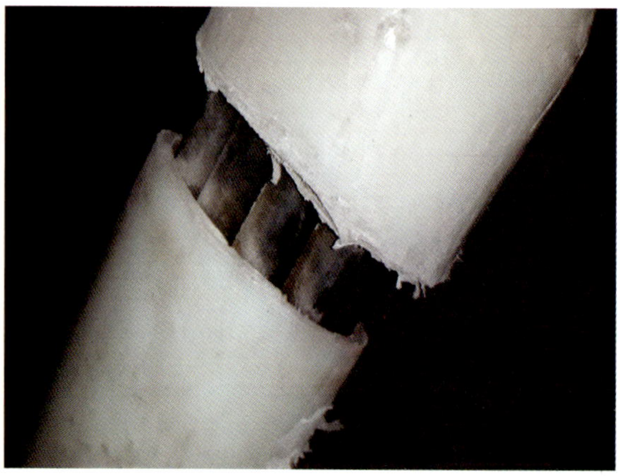

图 8.12-2 PE 管破损

**记录要点：**记录体外预应力构件松弛或钢绞线外包护套损伤、钢绞线外露、锈蚀等缺损、异常时，可记录缺损的大体位置，如跨中、墩顶等。当发现钢束异常变形，应记录变形数量，记录示例见表 8.3-1 中序号 67；发现钢绞线外露时，缺损状况应记录外露数量及累计长度，记录示例见表 8.3-1 中序号 68。

### 8.12.6 增大截面

增大截面加固（图 8.12-3）是在原受力构件的上浇一层新的混凝土并增设相应的钢筋，浇筑层混凝土处在受力区时，增加了构件的有效高度，从而提高了构件的抗弯、抗剪等承载力，增加构件的刚度，提高最大承载能力。

a) b)

图8.12-3 增大截面加固

**检查要点:**

结合面开裂。此类病害多为施工控制不当引起,可能未按设计文件进行凿毛,导致新旧混凝土的黏结力不足,引起新旧混凝土的开裂脱空,新增截面表面出现较多不规则的裂缝(图8.12-4)。

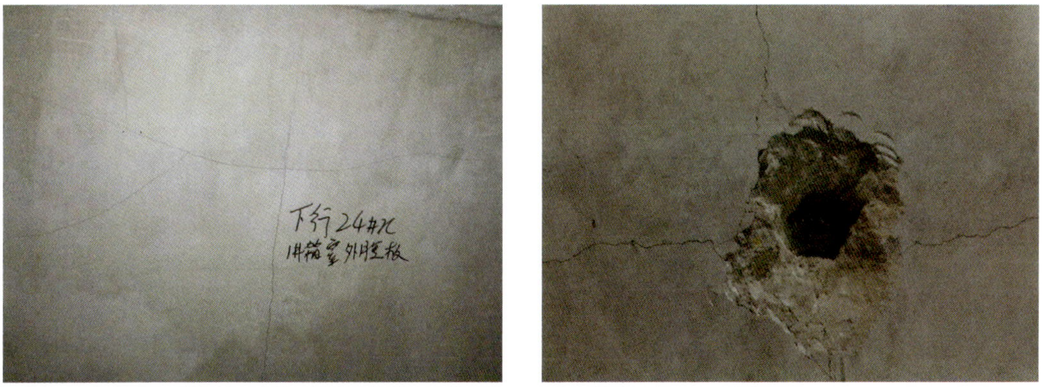

a) b)

图8.12-4 增大截面表面网状开裂

**记录要点:**记录构件体增大截面结合面开裂、脱空等缺损时,可记录缺损的大体位置,如跨中、墩顶等。当发现构件增大截面结合面开裂时,缺损状况应记录结合面开裂数量、开裂形式及累计开裂面积,记录示例见表8.3-1中序号69。

## 8.12.7 混凝土防腐涂装

混凝土防腐涂装能抵挡暴露环境中腐蚀因子的侵蚀,阻止空气中的水和其他物质等通过微小通道或孔洞进入混凝土内部,避免发生化学腐蚀,起到保护桥梁的作用。

**检查要点:**表面有无明显起皮或剥落。

**记录要点:**记录构件体混凝土防腐涂装起皮、剥落等缺损时,可记录缺损的大体位置,如跨中、墩顶、东/西/南/北侧面等。当发现构件混凝土防腐涂装剥落时,缺损状况应记录涂装剥落数量、累计面积,记录示例见表8.3-1中序号70。

Chapter Nine

# 第 9 章

# 桥梁定期检查

## 9.1 定期检查目的及意义

定期检查主要是对桥梁主体结构及其附属构造物的技术状况进行的全面检查，并为桥梁养护管理系统搜集结构技术状况的动态数据。

定期检查内容虽然包括了某些日常巡查和经常检查的内容，但应比日常巡查和经常检查的内容更全面、更深入、更详细。须接近桥梁各部件检查，更有利于发现病害。

定期检查工作要求委托有能力的专业单位负责实施，检查人员应具备一定的桥梁专业知识和病害分析处理能力，具备掌握检查设备操作技能，并获得试验检测师(检测工程师)或助理试验检测师(检测员)证书后持证上岗，能够灵活运用相关专业知识识别影响桥涵结构安全的病害和严重程度，并由此判断病害产生的可能原因。但仍需在以下方面进行加强：

(1)检测单位应保证资源供应，做好人员及仪器设备的调配，保证定期检查工作按计划开展，应采取有针对性的措施对常规检查难以到达的隐蔽部位进行检查，避免漏检情况的发生。

(2)加强检查人员对关联病害的敏感程度，检查中能举一反三，系统思考，归纳病害原因。

(3)需建立统一的定期检查工作流程，如：病害标记方式统一、病害记录表格统一、病害记录方式统一、定检报告格式统一等。

本手册对定期检查过程常见的典型病害进行了归纳总结，并整理检查中的注意要点，同时提供了典型病害记录模板及标准化报告格式。帮助检查人员提高检查效率和质量,确保在定期检查时能够更加全面、更加细致,避免遗漏影响桥梁结构安全的病害或隐患,保障桥涵结构安全。

## 9.2 检查过程和要求

### 9.2.1 检查过程

定期检查过程包括工作准备、现场检查、成果提交及建议等三个阶段的工作,具体流程如图9.2-1所示。

#### 9.2.1.1 工作准备

(1)定期检查计划:在进行定期检查前,桥梁主管工程师需根据《04规范》3.3.1节要求,对辖区的桥梁制定相应的定期检查计划,合理安排时间点。检测单位在对现场情况充分调查后,根据桥梁的分布地点、结构类型及现场条件编制实施性检测方案,对每座桥梁进行合理的安排,细化至月度计划,使工作的开展具有明显的连续性、层次性。

(2)收集基本数据,查阅近期报告:检查人员在检查前,应收集并阅读待查桥梁的竣工图纸、收集并掌握桥梁各构件的编号信息、收集并阅读最近一期的定期检查报告、特殊检查报告和最近的经常检查记录(必要时还应查看其他相关检查报告或记录)。

(3)准备检查器材、记录表:配置检查车一辆,出发前检查人员应核查相关检查设备、登高设备、安全装备、简单急救用品、记录工具、定期检查记录表(纸质)、病害标记工具(油漆笔),是否已准备齐全。

(4)如有交通管制需求的,应提前做好交通管制相关申请工作,并准备现场交通管制所需标志等设施。

#### 9.2.1.2 现场检查

(1)检查人员到达现场后,首先校核桥梁基本数据,再次确认桥梁各构件编号,并对照最近一期的定期检查报告及经常检查记录,确定桥梁原有重点病害位置,在检查过程中注意跟踪检查。

(2)依次对桥面系、上部结构、支座、下部结构、附属构造物和周边环境进行目视检查。定期检查应认真、仔细地做好记录,对构件的缺损和病害情况详细描述,检查时对桥梁构件的每处病害都应进行拍照记录。病害的记录不仅以长、宽、面积等单位对病害大小进行记录,对病害位置进行记录,还要对病害程度进行描述。

(3)根据现场检查结果,现场检查人员应第一时间将检查项目的缺损位置、缺损状况及照片编号填入定期检查记录表中。

(4)当发现桥梁重要部件(如墩台与基础、上部承重结构、支座)存在严重病害时,检查人员需第一时间上报管养单位。若检查过程中发现桥梁遭受突发自然灾害(地震、洪水、泥石流、冰雪等)、意外撞击(船舶、车辆)和火灾等损伤,检查人员也应第一时间上报管养单位,同时采取应急处理措施。

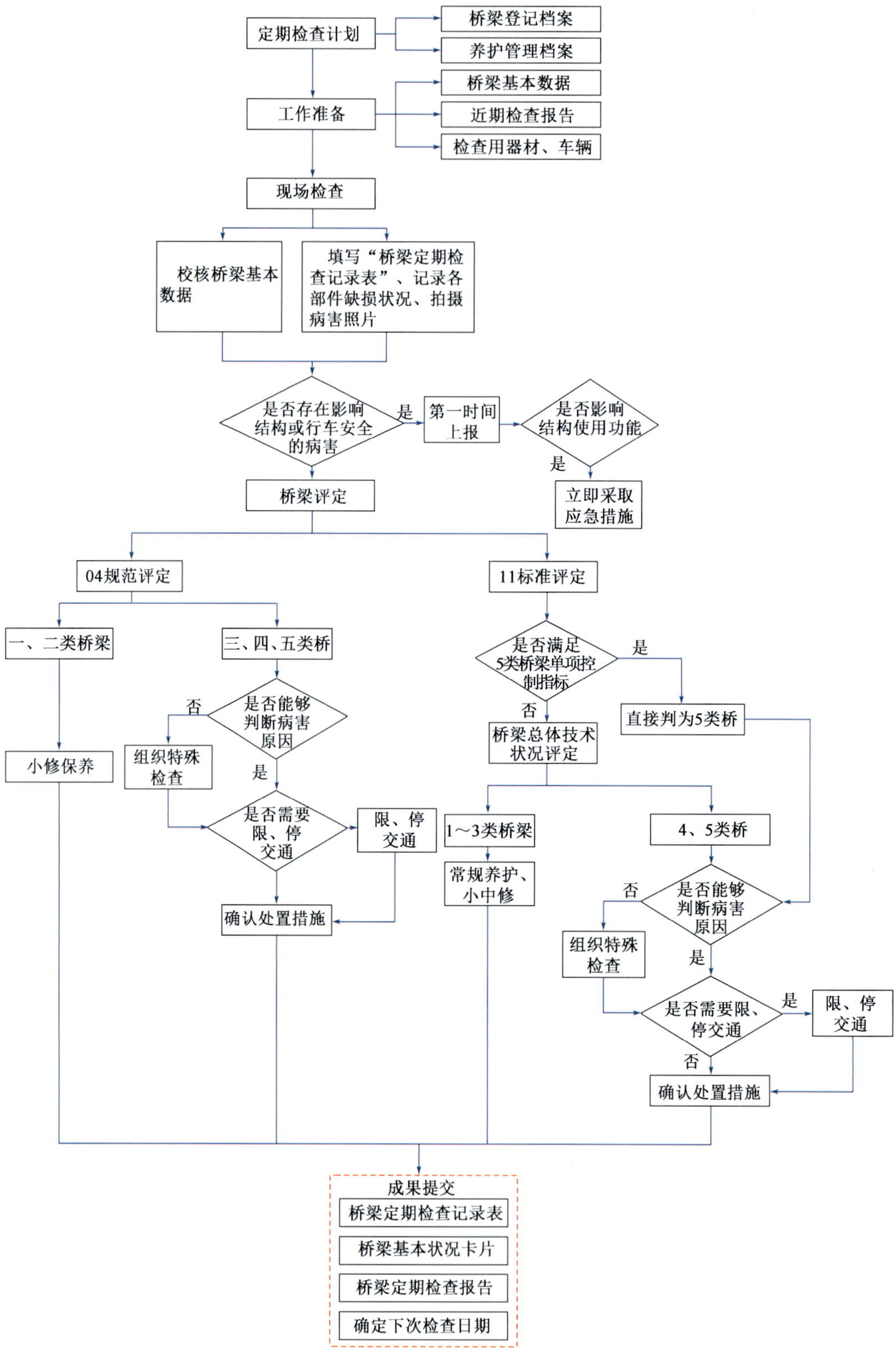


图 9.2-1　定期检查流程图

#### 9.2.1.3 成果提交及建议

(1)对于检查过程中发现的存在重大结构隐患的病害,第一时间上报管养单位的同时,还应在发现此类病害的48h内提出建议措施。

(2)现场检查完成后,检查人员应根据定期检查记录表的检查内容,及时将桥梁病害情况进行汇总与描述,分析缺损和病害原因,并对全桥进行等级评估,提出养护和维修建议。

(3)填写桥梁基本状况卡片,并出具桥梁定期检查报告,同时,根据桥梁技术状况,确定下次检查时间。

### 9.2.2 检查要求

#### 9.2.2.1 现场检查记录要求

(1)现场测距要求

测量病害纵桥向位置时,应统一以墩台顶支座中心线为参照,当直接测量值是以盖梁侧面或横隔梁侧面等其他横断面为参照时,应进行换算。

(2)拍摄照片要求

①需拍摄两张桥梁总体照片,一张桥面正面照片,一张桥梁上行侧立面照片。桥梁改建后应重新拍照一次。如桥梁拓宽改造后,上、下行桥梁结构不一致,还要有下行侧立面照片,并标注清楚。

②当检查中发现威胁结构或行车安全的病害,或其他典型缺损和病害,应至少拍摄一张照片,以能清晰反映病害情况(位置、形状及走向)为原则,必要时可分别拍摄位置分布图及细部详图。

(3)现场记录要求

①当场填写"桥梁定期检查记录表",记录各部件缺损状况。

②缺损状况的描述应采用本手册要求,说明缺损的构件(具体参照)、类型、性质、范围、数量和程度等。其中长度以m为单位,精确至0.1m;宽度以mm为单位,精确至0.01mm。

③记录的内容应准确、完整、表述清楚,字迹清晰、工整,并记录照片编号,以便录入电子版时查询、对照。

④如现场检测采用手机、平板电脑(Pad)等智能移动设备录入病害,应严格按照App要求进行操作。

#### 9.2.2.2 常见病害标记方法

定期检查中常见的病害主要为裂缝及表观缺损,具体标记方法如下所述:

(1)裂缝标记

①目测裂缝:确定裂缝所在部位、界面及大致走向,以便勾画。

②用笔勾画:检查人员手持不易褪色的油漆笔,在距裂缝边缘5~10mm位置不间断的画出平行于裂缝走向的长线条,两者长度基本相等,并在裂缝端部画垂直于裂缝的3~5cm的短线段,表示裂缝截止。若后续检查过程中发现裂缝两端有超过原标记的现象,则证明裂缝已发展。此时可用不同颜色的油漆笔,继续标记。同时还需在测量裂缝宽度的位置画圆圈或垂直于裂缝宽度的线段,为以后判定裂缝是否开展提供依据。

③标记信息：在标记线条中部，自上而下依次标记裂缝的长度 $L$、宽度 $W$、深度 $D$、构件温度 $T$ 及测量日期(图9.2-2)。其中长度 $L$ 单位以 m 计、宽度 $W$ 及深度 $D$ 单位以 mm 计，温度 T 单位以℃计，日期格式为 yyyy. mm. dd，如：2017. 07. 10。

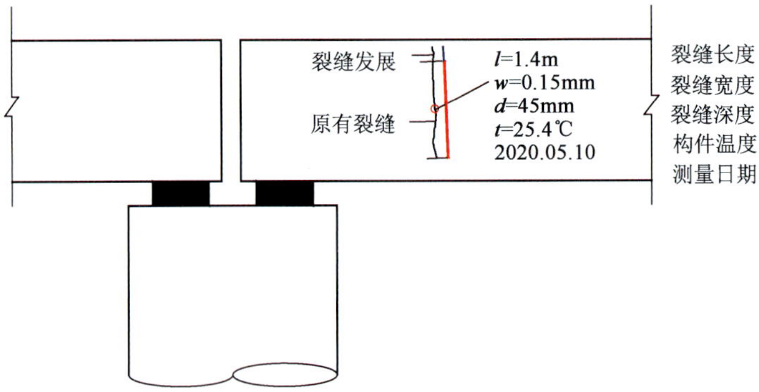


图9.2-2　裂缝现场标记示意图

④伴随病害检查：检查裂缝处是否伴随有水、白浆或其他颜色黏液(铁锈色、姜黄色等)渗出。

(2)龟裂标记

检查人员应用油漆笔标注龟裂的范围、面积 $S$、最大裂缝的宽度 $W_{max}$ 及测量日期(图9.2-3)。标记信息中面积以 $m^2$ 计，裂缝宽度及测量日期同上裂缝标记。

(3)表面缺损标记

混凝土结构表面缺损包括涂层缺陷、蜂窝、麻面、锈胀、渗水、泛碱等损伤。检查人员应用油漆笔标注损伤范围、面积 $S$ 及测量日期(图9.2-4)。标记信息格式及单位同上。

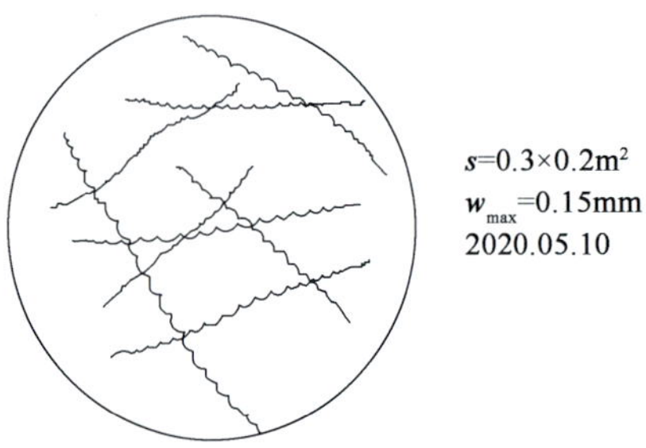


图9.2-3　龟裂现场标记示意图

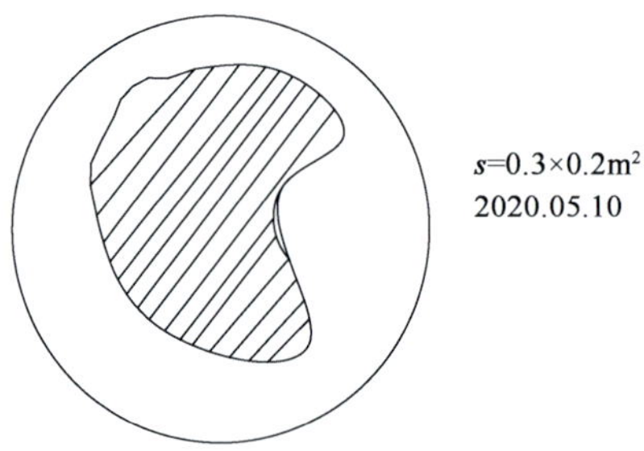


图9.2-4　表面缺损标记示意图

(4)缺损深度标记

缺损深度标记主要包括混凝土剥落、掉角、空洞等病害。检查人员应用油漆笔标注损伤范围、面积 $S$、最大深度 $D_{max}$ 及测量日期(图9.2-5)。标记信息中面积以 $m^2$ 计，深度以 m 计，格式同上。

(5)其他

其他病害标记方法(如裂缝网格化标记、碳纤维板滑移标记、螺栓防松标记等)详见各病害章节。

### 9.2.3 检查方法及检查工具

#### 9.2.3.1 检查方法

以目视观察结合仪器观测进行，须接近各部件，仔细检查其缺损与病害情况。为了达到接近检查的要求，在桥梁较高、跨度较大或者跨越河沟时，应通过桥检车、支架、折叠梯、登高车、船舶等方式实施检查，检查过程中各个构件或部位对应的现场检查方法如表9.2-1所示。

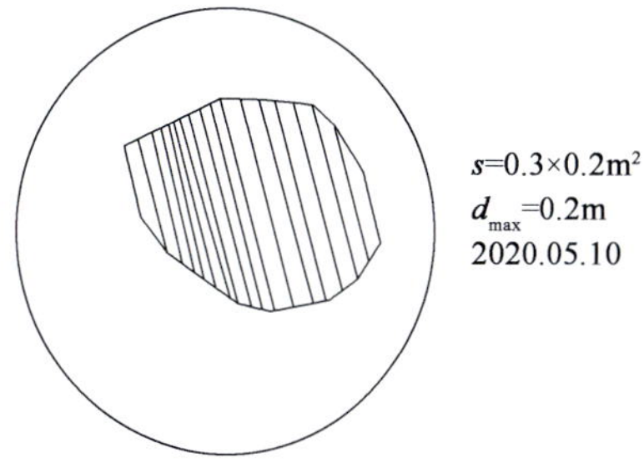


图9.2-5 空洞现场标记示意图

现场检查方法 表9.2-1

| 构件/部位 | 检查人员到达位置与检查方法 |
|---|---|
| 翼墙(侧墙、耳墙) | 检查人员步行到达桥台翼墙(侧墙、耳墙)处，目视检查构件状况 |
| 锥坡、护坡 | 检查人员步行到达锥坡、护坡处，目视检查构件状况 |
| 桥台 | 检查人员步行到达桥台，贴近桥台，目视检查构件状况 |
| 桥墩及基础 | 若桥墩不在水中，检查人员可步行至桥墩处，目视或使用爬梯贴近桥墩及基础，检查构件状况；<br>若桥墩在水中，主要采用潜水员配合组合式水下摄像检测仪的作业方法对桥梁水下结构进行检查 |
| 地基冲刷 | 检查人员步行到达河岸，目视或使用望远镜检查墩台基础周围地基冲刷状况。<br>若逢水位较低，应注意检查外露河床的冲刷状况 |
| 支座 | 检查人员步行到达桥台或桥墩位置，目视或借助手电筒、头灯对支座进行检查；<br>对于孔下净高0.5~2.0m的桥梁，检查人员可直接对支座进行检查；<br>对净高2.0~5.0m的桥梁，检查人员可借助爬梯对墩(台)顶支座进行检查。<br>对净高在5.0m往上的桥梁，检查人员可借助桥梁检测车等辅助登高设备对墩(台)顶支座进行检查 |
| 上部结构 | 对于孔下净空较低的桥梁，检查人员可以通过目视或辅以简单工具。对于净空较高或跨河的桥梁，需借助桥检车、登高车等大型辅助到达设备进行检查。对于已开设人孔的桥梁，必须进入箱室内部检查。对于特殊结构桥梁，如：钢管混凝土拱桥可借助于悬挂挂篮，使检查人员接近梁底进行目视检查 |
| 桥与路连接处 | 检查人员步行至桥头与路连接处的硬路肩处，目视检查并量测桥头高差情况，并观察行经车辆的跳车情况 |
| 伸缩缝 | 检查人员面向来车方向在紧急停靠带内步行至伸缩缝处，检查伸缩缝的工作状况 |
| 桥面铺装 | 检查人员对逐条车道进行目视检查，检查桥面是否有杂物堆积、油或其他化学物污染。特别注意有无螺栓等容易损坏桥面铺装的硬物。对于桥墩正上方的桥面铺装，应特别注意检查其是否存在开裂等病害 |
| 人行道、缘石 | 检查人员在紧急停靠带内面向来车方向步行，通过目视检查人行道或缘石的病害情况。对于无人行道的桥梁，则无须检查 |

续上表

| 构件/部位 | 检查人员到达位置与检查方法 |
| --- | --- |
| 栏杆、护栏、防撞墙 | 检查人员在紧急停靠带上面向来车方向步行，通过目视检查栏杆（金属扶手）和护栏（波形护栏或防撞墙）的病害情况，尤其应注意桥面外侧防撞墙顶面线形是否存在异常 |
| 标志、标线、孔下标志牌 | 检查人员在紧急停靠带上面向来车方向步行，通过目视检查标志、标线的病害情况，应着重检查桥面标线整体是否存在异常错位和弯曲。<br>对于孔下有道路或航道穿越的桥梁，桥下步检时、也注意相应的限高标志或通航标志等是否存在问题 |
| 排水设施 | 检查人员在紧急停靠带上面向来车方向步行，目视检查各排水孔和引水槽是否有堵塞或缺陷、桥面有无积水。<br>桥下步检时也应检查从桥面伸出的泄水管、引水管是否存在相应缺损 |
| 照明系统 | 检查人员在紧急停靠带上面向来车方向步行，目视检查桥面照明系统是否存在病害 |
| 周边环境 | 检查人员应关注桥梁净空是否满足要求，桥梁墩柱防撞设施是否设置到位，桥梁基础防冲刷能力等是否满足要求。桥台护坡冲刷，台后沉降。桥梁周围树木、电线、房屋和垃圾等是否阻碍桥梁检测车检查，桥下堆积物是否对桥梁造成火灾隐患 |
| 在检查中发现桥梁遭受突发自然灾害（地震、洪水、泥石流、冰雪等）、遭受意外撞击（船舶、车辆）和火灾等，检查人员应第一时间上报管养单位 | |

9.2.3.2 检查工具

定期检查应配备的仪器工具有：外观检查设备（钢卷尺、照相机、望远镜、手电等）；桥检车、登高车等辅助到达设备；无损检测设备（回弹仪、钢筋检测仪、裂缝观测仪等）；测量设备（全站仪及水准仪）。具体如下：

（1）简易测量设备：测距仪、钢卷尺、皮尺、钢直尺等，如图 8.2-2 所示。

用途：用于测量结构物宽度、长度及结构病害的范围。

（2）照相机，如图 8.2-3 所示。

用途：记录每处结构病害图像，便于病害查询及更直观地描述。

（3）望远镜，如图 9.2-6 所示。

用途：在无法使用其他辅助工具时，观测高处或远处结构物；对存在重点病害的跨路孔或跨河孔桥梁部位，可使用光学电子望远镜进行观测。

（4）照明设备：手电筒、头灯，如图 8.2-5 所示。

用途：当光线不足时，用于提供足够的光源。

（5）标记工具：油漆笔，如图 8.2-6 所示。

用途：标记病害。

（6）小型登高设备：爬梯、移动脚手架（图 9.2-7、图 9.2-8）。

a)普通望远镜　　b)光学电子望远镜

图9.2-6　望远镜

图9.2-7　爬梯

图9.2-8　移动脚手架

(7)大型登高设备:桥梁检测车、登高车(图9.2-9、图9.2-10)。

图9.2-9　桥梁检测车

图9.2-10　登高车

(8)其他辅助到达设备:皮划艇或自制简易设备(图9.2-11~图9.2-14)等。
用途:接近各部位。

图9.2-11　皮划艇

图9.2-12　浮箱

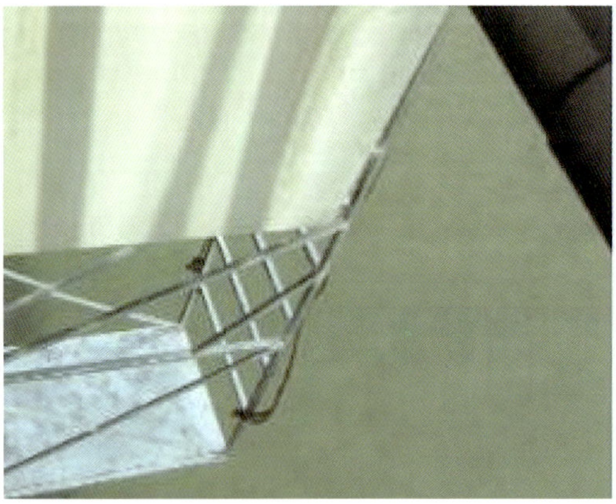

图9.2-13　自制挂篮

图9.2-14　简易爬梯

(9)无损检测仪器:混凝土碳化尺、混凝土回弹仪、钢筋检测仪、裂缝观测仪、非金属超声检测仪、结构扫描雷达、混凝土电阻率仪、钢筋锈蚀仪(图9.2-15～图9.2-22)等。

用途:遇到构件病害较特殊或较严重时,进行有针对性的无损检测。

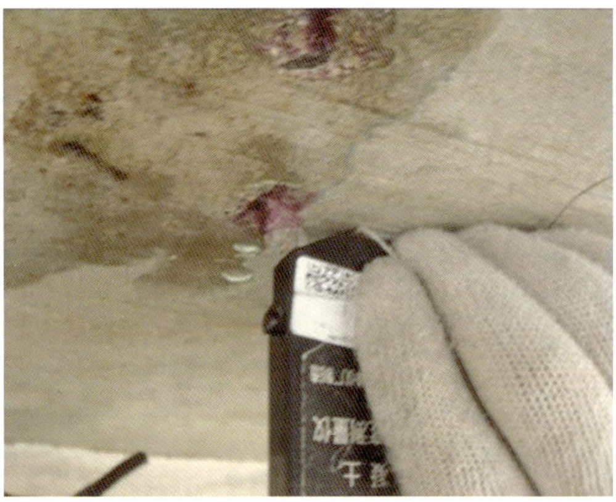

图9.2-15　混凝土碳化尺

图9.2-16　混凝土回弹仪

图 9.2-17　钢筋检测仪

图 9.2-18　裂缝观测仪

图 9.2-19　非金属超声检测仪

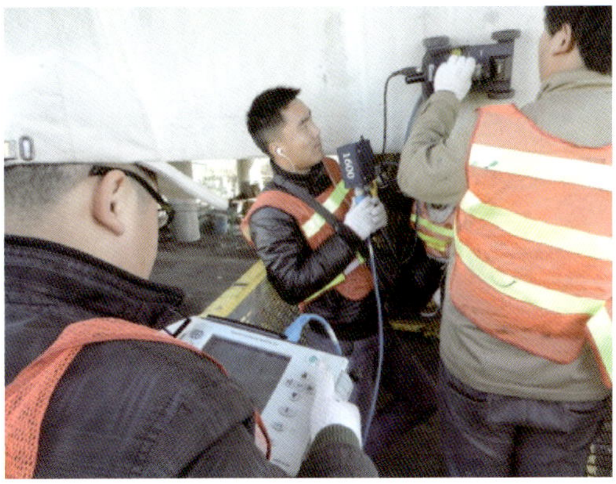

图 9.2-20　结构扫描雷达

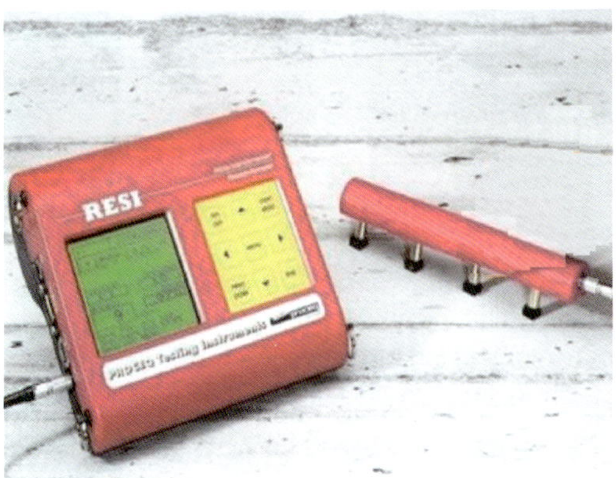


图 9.2-21　混凝土电阻率仪

图 9.2-22　钢筋锈蚀仪

(10)测量设备:电子水准仪、全站仪(图 9.2-23、图 9.2-24)等。

用途:检测结构变形,监测永久性观测点,跟踪结构挠度变化情况。

图 9.2-23　电子水准仪

图 9.2-24　全站仪

## 9.3　记录示例

定期检查记录示例见表 9.3-1。

定期检查记录示例　　表 9.3-1

| 序号 | 构　　件 | 缺损类型 | 缺 损 位 置 | 缺 损 状 况 | 保养措施 |
|---|---|---|---|---|---|
| 1 | 1 号孔 1 号板底板 | 蜂窝 | 距 0 号台顶 10m 处 | 1 处蜂窝，面积 $0.1\times0.2m^2$ | B |
| 2 | 1 号孔 1 号梁底板 | 麻面 | 距 1 号墩 1.2～2.7m，距外腹板 0～1.0m 处 | 1 处麻面，面积 $1.5\times0.9m^2$ | B |
| 3 | 1 号孔 1 号梁底板 | 空洞 | 距 2 号墩 3.4～4.4m，距外腹板 1.2～1.8m 处 | 1 处空洞，面积 $1.0\times0.6m^2$，最深 0.002m | B |
| 4 | 1 号孔 1 号梁底板 | 破损、剥落 | 距 1 号墩 1.8～2.4m，距外腹板 0.2～0.7m 处 | 1 处混凝土破损，面积 $0.6\times0.5m^2$，最深 0.002m | B |
| 5 | 1 号孔 3 号梁底板 | 锈胀、露筋 | 距 1 号墩 1.2m，距外腹板 0.4m 处 | 2 处露筋，累计长 0.6m | C |
| 6 | 1 号孔内腹板 | 龟裂 | 距 2 号墩台 1.2～1.8m，距顶板 0.2～0.7m 处 | 1 处龟裂，面积 $0.6\times0.5m^2$，最大缝宽 0.2mm | B |
| 7 | 1 号孔底板 | 涂层劣化 | 距 3 号墩 3.2～8.9m，距外侧 0.8～6.4m 处 | 5 处涂层脱落，累计面积 $5.7\times5.6m^2$ | B |
| 8 | 外侧拱肋 | 涂层劣化 | 2 号吊杆与 7 号吊杆间 | 3 处涂层变色，累计面积 $1\times7m^2$ | C |
| 9 | 1 号孔主桁 | 焊缝开裂 | 距 2 号墩 3.7m，距外侧 0.9m 处 | 1 条焊缝开裂，长 0.3m，宽 0.2mm | B |
| 10 | 1 号孔主桁 | 构件异常变形 | 距 2 号墩 3.7m，距外侧 0.9～1.8m 处 | 杆件严重变形，面积 $0.9\times0.2m^2$，弯曲矢度 5mm | A |

续上表

| 序号 | 构　件 | 缺损类型 | 缺损位置 | 缺损状况 | 保养措施 |
|---|---|---|---|---|---|
| 11 | 1号孔底板 | 构件锈蚀 | 距1号墩3.2m,距外侧0~0.2m处 | 1处锈蚀,面积$0.2\times0.4m^2$ | B |
| 12 | 1号孔底板 | 施工损伤 | 距1号墩7.2m,距外侧0.4~2.5m处 | 2处熏黑,累计面积$3.2m^2$ | B |
| 13 | 1号孔9号榀1号竖板 | 连接退化 | 距下端0.3~1.0m处 | 5个铆钉腐蚀 | B |
| 14 | 1号孔1号梁底板 | 车辆撞损 | 距1号墩6.9~8.3m,距外侧0~0.2m处 | 2处混凝土撞损露筋,累计面积$0.6m^2$,最深0.1m,2根钢绞线被撞断 | A |
| 15 | 1号孔1~5号梁底板 | 车辆撞损 | 距1号墩7.2~8.4m,距外侧0.6~1.2m处 | 1处超高车辆刷痕,面积$1.2\times0.6m^2$ | B |
| 16 | 1号孔桥面铺装 | 重物掉落 | 第3车道,距外侧0.2~3.0m,距4号墩8.0~9.5m处 | 1处桥面凹陷,面积$2.8\times1.5m^2$,最深0.2m,疑似重物掉落 | A |
| 17 | 1号孔外腹板 | 重物掉落 | 距4号墩9.2m处 | 1条竖向裂缝,长0.6m,宽0.2mm | A |
| 18 | 2号孔2号墩5号支座 | 船只撞损 | — | 纵向剪切变形35° | A |
| 19 | 2号墩系梁顶面 | 船只撞损 | 距外侧0.3m处 | 1条纵向裂缝,长0.6m,宽0.2mm | A |
| 20 | 1号孔1号梁底板 | 火损桥梁 | 距2号墩1.3~4.7m,距外侧0.6~4.1m处 | 2处烟熏发黑,累计面积$5m^2$ | B |
| 21 | 1号孔1~5号梁底板 | 火损桥梁 | 2号墩顶处 | 5处混凝土火损露筋,混凝土累计剥落面积$10m^2$,最深0.1m,3根箍筋外露,露筋长1.3m | A |
| 22 | 1号孔1~3号梁底板 | 梁体被撞隐患 | 距3号墩5.6~6.2m处 | 1处超高车辆刷痕,面积$1.2\times0.6m^2$ | B |
| 23 | 4号孔 | 梁体被撞隐患 | 跨路孔 | 最低净空4.3m,不满足三级公路要求 | B |
| 24 | 3号孔 | 龙门架安全隐患 | 外侧龙门架 | 横梁上斜撑缺失 | B |
| 25 | 4号墩1号立柱 | 墩柱被撞隐患 | 距地面1.2~2.2m处 | 2处涂料剥落,累计面积$1\times1m^2$,存在被撞隐患 | B |
| 26 | 1号孔孔内 | 火烧隐患 | — | 1处柴草堆积,面积$0.9\times1.8m^2$,最高1.9m | B |
| 27 | 1号孔外侧声屏障 | 声屏障隐患 | 距5号墩5.6~12.6m处 | 4处声屏障屏体缺损,累计面积$10m^2$ | B |

续上表

| 序号 | 构　件 | 缺损类型 | 缺损位置 | 缺损状况 | 保养措施 |
|---|---|---|---|---|---|
| 28 | 1 号孔外侧防落网 | 防落网隐患 | 距 5 号墩 5.6～12.6m 处 | 3 处网片缺失,累计面积 $10m^2$ | B |
| 29 | 1 号孔孔内 | 周边不当作业 | — | 道路施工,向下开挖 0.5m | A |
| 30 | 6 号孔桥面铺装 | 裂缝 | 第 1 车道,距内侧 0.2～1.4m,距 5 号墩 0.3m 处 | 1 条横向裂缝,长 1.2m,宽 1.6mm | B |
| 31 | 2 号孔桥面铺装 | 裂缝 | 第 2 车道,距外侧 4.0～7.0m,距 3 号墩 3.0～10.0 处 | 1 处网状裂缝,面积 $7.0\times3.0m^2$,宽 0.8mm | B |
| 32 | 2 号孔桥面铺装 | 变形 | 第 3 车道,距外侧 3.8～6.6m,距 2 号墩 3.3～6.5m 处 | 1 处车辙,面积 $2.8\times3.2m^2$,最深 0.01m | B |
| 33 | 2 号孔桥面铺装 | 变形 | 第 3 车道,距外侧 3.7m,距 3 号墩 6.7～8.8m 处 | 1 处拥包,面积 $1.1\times0.3m^2$,波峰波谷最大高差为 0.2m | B |
| 34 | 5 号孔桥面铺装 | 泛油 | 第 2 车道,距外侧 4.5～8.5m,距 5 号墩 3.3～10.5m 处 | 1 处泛油,面积 $4\times7.2m^2$ | C |
| 35 | 3 号孔桥面铺装 | 破损 | 第 2 车道,距外侧 5.7～7.5m,距 3 号墩 8.5～11.8m 处 | 1 处松散,面积 $3.0\times1.7m^2$ | B |
| 36 | 1 号孔桥面铺装 | 破损 | 第 2 车道,距外侧 4.2～7.5m,距 1 号墩 9.7～12.5m 处 | 1 处坑槽,面积 $0.8\times0.3m^2$,最深 0.04m | B |
| 37 | 1 号孔桥面铺装 | 跳车 | 第 3 车道,距外侧 3.1～4.5m,0 号墩顶处 | 1 处跳车,长 1.4m,高差 0.15m | B |
| 38 | 3 号孔桥面铺装 | 烧伤 | 第 3 车道,距外侧 0.2～3.0m,距 3 号墩 5.0～9.5m 处 | 1 处烧伤,面积 $4.5\times2.8m^2$ | B |
| 39 | 5 号孔桥面铺装 | 外力损伤 | 第 3 车道,距外侧 7.6～10.4m,距 5 号墩 8.3～11.6m 处 | 1 处外力损伤,面积 $2.0\times0.8m^2$,最深 0.02m | B |
| 40 | 5 号孔桥面铺装 | 坑槽 | 第 3 车道,距外侧 5.2～6.6m,距 5 号墩 5.0～6.2m 处 | 1 处修补不良形成坑槽,面积 $0.8\times0.4m^2$,最深 0.03m | B |
| 41 | 4 号孔桥面铺装 | 危化品泄漏 | 第 1、2 车道,距外侧 3.5～11.5m,距 4 号墩 1.3～12.5m处 | 1 处危化品泄漏,面积 $10.0\times8.0m^2$ | A |
| 42 | 5 号孔桥面铺装 | 积水 | 第 3 车道,距外侧 0～4.4m,距 5 号墩 7.5～12.6m 处 | 1 处积水,面积 $5.0\times3.0m^2$ | B |
| 43 | 3 号孔桥面铺装 | 铺装开裂 | 第 2、3 车道,距外侧 0.2～6.5m,距 4 号墩 0.4m 处 | 1 条横向裂缝,长 6.3m,宽 1.0mm | B |
| 44 | 3 号孔桥面铺装 | 铺装开裂 | 第 2 车道,距外侧 4.0m,距 3 号墩 3.0m 处 | 1 处板角断裂,面积 $0.4\times0.3m^2$ | B |

续上表

| 序号 | 构　　件 | 缺损类型 | 缺损位置 | 缺损状况 | 保养措施 |
|---|---|---|---|---|---|
| 45 | 6号孔桥面铺装 | 铺装开裂 | 第2、3车道，距外侧1.5～8.0m，距6号墩1.0～5.0m处 | 2处破碎板，累计面积6.0m$^2$ | B |
| 46 | 1号孔桥面铺装 | 错台 | 第3车道，距外侧3.1～5m，距0号墩5m处 | 1处错台，长1.9m，最大高差0.017m | C |
| 47 | 4号孔桥面铺装 | 接缝料损坏 | 第2车道，距外侧3.2m，距4号墩7.2～10.2m处 | 1处接缝填料老化，长3.0m | B |
| 48 | 4号孔桥面铺装 | 剥落 | 第2车道，距外侧4.6～5.6m，距7号墩6.9～11.5m处 | 3处剥落，累计面积4.6m$^2$ | B |
| 49 | 3号孔桥面铺装 | 桥面拱起 | 第1～2车道，距外侧2～9m，3号墩顶处 | 1处桥面拱起，面积7×0.3m$^2$，波峰波谷最大高差0.02m | A |
| 50 | 4号孔桥面铺装 | 磨损、脱皮、露骨 | 第3车道，距外侧2.7～3.7m，距3号墩2.0～3.5m处 | 1处磨损露骨，面积1.5×1.0m$^2$ | C |
| 51 | 5号孔桥面铺装 | 磨损、脱皮、露骨 | 第2、3车道，距外侧3.2～6.0m，距5号墩4.8～7.2m处 | 1处起皮，面积2.8×2.4m | C |
| 52 | 11号孔桥面铺装 | 坑洞 | 第3车道，距外侧2.2～2.8m，距10号墩10.4～12.2m处 | 7处坑洞，累计面积0.5×0.2m$^2$，最深0.02m | B |
| 53 | 1号孔桥面铺装 | 跳车 | 第3车道，距外侧3.1～4.5m，0号墩顶处 | 1处跳车，长1.4m，高差0.015m | B |
| 54 | 3号孔桥面铺装 | 板底脱空 | 第2车道，距外侧4.0～4.8m，距3号墩4.0～5.0m处 | 1处板底脱空，面积约1.0×0.8m$^2$ | B |
| 55 | 5号孔桥面铺装 | 垃圾堆积 | 第3车道，距外侧2.0～4.8m，距5号墩2.0～15.0m处 | 1处砂石垃圾堆积，面积13.0×2.8m$^2$，高1.0～1.8m不等 | A |
| 56 | 8号孔桥面铺装 | 唧泥 | 第2车道，距外侧3.7～6.0m，距8号墩5.8～9.0m处 | 2处唧泥，累计长约3.0m | B |
| 57 | 7号孔桥面铺装 | 修补不良 | 第2车道，距外侧6.2～6.6m，距7号墩4.5～5.0m处 | 1处板角断裂修补不良，面积0.5×0.4m$^2$ | B |
| 58 | 2号孔2号墩顶伸缩缝 | 橡胶条破漏 | 距外侧1.2～3.0m处 | 1处橡胶条破漏，长约1.8m | B |
| 59 | 3号孔3号台顶伸缩缝 | 橡胶条脱落 | 距外侧5.5～9.0m处 | 1处橡胶条脱落，长约3.5m | B |
| 60 | 1号墩顶伸缩缝 | 型钢脱焊、断裂或变形 | 距外侧0～15.0m处 | 1处伸缩缝中梁型钢断裂，长约15m | A |
| 61 | 0号台顶伸缩缝 | 型钢凹凸不平 | 距外侧6.2～8.0m处 | 1处伸缩缝型钢竖向变形，差值15mm | B |

续上表

| 序号 | 构 件 | 缺损类型 | 缺 损 位 置 | 缺 损 状 况 | 保养措施 |
|---|---|---|---|---|---|
| 62 | 2 号孔 2 号墩顶伸缩缝 | 型钢间距异常 | 距外侧 0 ~ 15.5m 处 | 两侧型钢互相顶死，桥面温度 40℃ | A |
| 63 | 3 号孔 3 号台顶伸缩缝 | 型钢间距异常 | 距外侧 6.2 ~ 8.0m 处 | 1 处橡胶条拉裂，长约 1.8m，桥面温度 -4℃ | B |
| 64 | 5 号孔 5 号墩顶伸缩缝 | 锚固混凝土破损 | 距外侧 3.0 ~ 5.0m 处 | 2 处锚固混凝土破损，累计面积 $0.6 \times 0.2m^2$，最深 0.01m | C |
| 65 | 8 号孔 8 号台顶伸缩缝 | 锚固混凝土开裂 | 距外侧 2.0 ~ 10.0m 处 | 20 处横向开裂，累计长度 6.0m，最宽 1.2mm | B |
| 66 | 1 号孔 0 号台顶伸缩缝 | 锚固混凝土高差 | 距外侧 1.0 ~ 5.0m 处 | 锚固混凝土与台后路面存在高差，最大高差 3cm | C |
| 67 | 3 号孔 3 号墩顶伸缩缝 | 堵塞、卡死 | 距外侧 0 ~ 10.0m 处 | 2 处砂石泥土堵塞，长约 5.0m | B |
| 68 | 3 号孔外侧防撞墙内侧面 | 车辆撞损剐痕 | 距 3 号墩 1.0 ~ 12.5m 处 | 2 处车辆撞损，累计面积 $2.0 \times 0.4m^2$，最深 0.05m | B |
| 69 | 3 号孔外侧防撞墙 | 竖向变形 | 3 号墩顶处 | 竖向错位，高差 5cm | A |
| 70 | 5 号孔外侧防撞墙 | 横向错位 | 5 号墩顶处 | 横向错位 5cm | A |
| 71 | 8 号孔外侧防撞墙 | 开裂 | 8 号墩顶处 | 1 处竖向开裂，长 0.9m，最宽 0.2mm | B |
| 72 | 2 号孔外侧防撞墙上金属扶手 | 缺失 | 距 2 号墩 5.5 ~ 9.5m 处 | 2 处缺失，累计长度 4.0m | B |
| 73 | 4 号孔桥面 | 桥面排水病害 | 外侧 | 2 处泄水口堵塞 | B |
| 74 | 2 号孔外侧防撞墙外侧面 | 桥下排水病害 | 距 2 号墩 0 ~ 25.0m 处 | 5 处泄水管未伸出梁体 | B |
| 75 | 10 号孔外侧人行道内照明灯具 | 照明系统病害 | 距 10 号墩 3.0 ~ 22.0m 处 | 15 处灯具线路损坏 | B |
| 76 | 4 号孔桥面第 2 车道外侧标线 | 标线病害 | 距 4 号墩 2.0 ~ 8.0m 处 | 2 处标线磨损，累计长约 4.0m | B |
| 77 | 1 号孔桥头外侧防撞墙内侧面桥铭牌 | 标志病害 | — | 缺失 | B |
| 78 | 1 号孔 1 号铰缝 | 铰缝病害 | 距 2 号墩 2.1 ~ 10.5m 处 | 勾缝脱落，长 8.4m | B |
| 79 | 2 号孔 1 号板 | 梁底渗水、析白 | 距 2 号墩 10.1m，距外侧 0.1 ~ 0.9m 处 | 1 条横向裂缝，长 0.8m，宽 0.15mm，伴随渗水、析白 | B |
| 80 | 2 号孔 13 号铰缝两侧 | 错台 | 距 2 号墩 3.7 ~ 10.4m 处 | 板间错台，最大高差 5.4cm | B |
| 81 | 0 号台顶 | 梁端垃圾堵塞 | 梁端与背墙之间 | 混凝土垃圾填充堵塞，影响正常伸缩 | B |

续上表

| 序号 | 构 件 | 缺损类型 | 缺损位置 | 缺损状况 | 保养措施 |
|---|---|---|---|---|---|
| 82 | 1号孔1号板 | 落梁隐患 | 0号台顶处 | 搁置长度30cm,存在落梁趋势 | A |
| 83 | 3号孔5号梁底板 | 裂缝 | 距3号墩5.6m,距外侧0.1~1.0m处 | 1条横向裂缝,长0.9m,宽0.1mm | B |
| 84 | 3号孔1号梁外腹板 | 裂缝 | 距3号墩11.2m,距下缘0.1~0.8m处 | 1条竖向裂缝,长0.7m,宽0.1mm | B |
| 85 | 3号孔1号梁外腹板 | 裂缝 | 距3号墩0.9~0.4m,距下缘0.8~0.1m处 | 1条斜向裂缝,长0.9m,宽0.1mm | B |
| 86 | 1号孔1号梁端 | 封锚不到位 | 0号台顶处 | 锚头混凝土破损,面积0.1×0.2m$^2$,未见锚头锈蚀 | A |
| 87 | 3号孔底板 | 裂缝 | 距3号墩5.6~7.9m,距外侧1.9m处 | 1条纵向裂缝,长2.3m,宽0.1mm | B |
| 88 | 3号孔1号湿接缝 | 裂缝 | — | 15条横向裂缝,每条长约0.8m,其中8条伴随析白 | B |
| 89 | 4号孔3号墩顶<br>2号横隔板 | 横隔板<br>缺损 | — | 钢板脱焊 | B |
| 90 | 1号孔 | 整体滑移 | — | 往外侧整体滑移5cm | A |
| 91 | 3号孔 | 跨中下挠过大 | — | 跨中下挠1.4cm | A |
| 92 | 3号孔2号梁底板 | 裂缝 | 距3号墩3.5~11.0m,距外侧0.1m处 | 1条纵向裂缝,长7.5m,宽0.1mm | B |
| 93 | 3号孔2号梁底板 | 裂缝 | 距3号墩5.6m,距外侧0.1~1.0m处 | 1条横向裂缝,长0.9m,宽0.1mm | B |
| 94 | 3号孔3号梁底板 | 梁底渗水、析白 | 距3号墩8.6m,距外侧0.5m处 | 梁底渗水,面积0.7×0.3m$^2$,梁端堵头板未见破损、钢绞线无外露、封锚到位 | B |
| 95 | 3号孔3号墩顶<br>2号横隔板 | 裂缝 | — | 1条竖向裂缝,长1.1m,宽0.12mm | B |
| 96 | 3号孔1号梁3号墩顶湿接头 | 湿接头开裂 | — | 1处竖向开裂,长0.6m,宽0.2mm | A |
| 97 | 5号孔1号梁端 | 梁端封锚混凝土开裂、剥落 | 5号墩顶处 | 封锚混凝土开裂,长0.8m | B |
| 98 | 5号孔箱梁 | 梁体横向变位 | — | 向内侧横向爬移15cm | A |
| 99 | 6号孔箱梁 | 梁底渗水 | 距5号墩5.3~6.7m,距外侧0.1~1.0m处 | 1处渗水,面积1.4×0.9m$^2$ | B |
| 100 | 3号孔底板 | 裂缝 | 距3号墩5.6m,距外侧1.3~3.4m处 | 1条横向裂缝,长2.1m,宽0.1mm | B |

续上表

| 序号 | 构　件 | 缺损类型 | 缺损位置 | 缺损状况 | 保养措施 |
|---|---|---|---|---|---|
| 101 | 3 号孔底板 | 结合面错台 | 跨中合龙段 | 结合面错台，最大高差1.3cm | B |
| 102 | 3 号孔外腹板 | 裂缝 | 距 3 号墩 1.9 ~ 0.8m，距下缘1.1 ~ 0.2m 处 | 1 条"倒八字"形斜向裂缝，长 1.2m，宽 0.1mm | B |
| 103 | 3 号孔箱室内<br>5 号下齿板 | 裂缝 | 侧面 | 1 条纵向裂缝，长 0.3m，宽0.15mm | B |
| 104 | 5 号孔箱室内部 | 箱梁内部垃圾堆积 | 距 5 号墩 3m 处 | 1 处混凝土垃圾未清理，面积 $4.2 \times 1.6m^2$，最高 1.2m | B |
| 105 | 2 号孔 2 号纵向加劲肋 | 螺栓缺失、松动 | 距 2 号墩 1.1m 处 | 2 个紧固螺栓缺失 | B |
| 106 | 3 号孔钢箱梁内部 | 钢箱梁内部积水、锈斑 | 距 3 号墩 2.7m 处 | 3 处锈斑，累计面积 $1.2m^2$ | B |
| 107 | 1 号孔 3 号横向加劲肋 | 疲劳损伤 | 距内侧 1.7m 处 | 1 条纵向裂缝，长 0.8m，宽0.1mm | B |
| 108 | 3 号孔上弦杆 | 高强度螺栓缺失 | 距 3 号墩 3.2m 处 | 2 个高强度螺栓缺失 | B |
| 109 | 2 号孔 3 号桥面板 | 桥面板网状裂缝 | 距 2 号墩 2.1m 处 | 1 处网状裂缝，面积 $0.3 \times 0.2m^2$，宽 0.12mm | B |
| 110 | 1 号孔外侧 5 号吊杆 | 护套损坏 | 距桥面 8.9m 处 | PE 护套破损，面积 $0.1 \times 0.1m^2$，最深 0.01m | B |
| 111 | 1 号孔外侧 3 号拉索 | 护套损坏 | 钢护套根部 | 1 处开裂，面积 $0.2 \times 0.2m^2$ | B |
| 112 | 1 号孔内侧 5 号<br>吊杆下锚头 | 锚头黄油缺失 | — | 锚头黄油缺失 | B |
| 113 | 1 号孔外侧 3 号拉索 | 索力松弛 | — | 线形异常 | A |
| 114 | 1 号孔外侧 3 号吊杆 | 钢丝锈蚀、断裂 | 距桥面 2.1m 处 | 2 根钢丝外露，轻微锈蚀，面积 $0.1 \times 0.2m^2$ | A |
| 115 | 1 号孔外侧检查门 | 附属设施缺陷 | — | 把手松动，无法关闭 | B |
| 116 | 1 号孔外侧 1 号吊杆<br>上端减振块 | 减振设施缺陷 | — | 减振块局部下滑 0.2m | C |
| 117 | 1 号孔外侧 2 号吊杆<br>桥面防护罩 | 防护设施缺陷 | — | 上移 | B |
| 118 | 1 号孔外侧 3 号吊杆<br>桥面防护罩 | 防护设施缺陷 | — | 内部黄油老化、失效 | B |

续上表

| 序号 | 构　　件 | 缺损类型 | 缺 损 位 置 | 缺 损 状 况 | 保养措施 |
|---|---|---|---|---|---|
| 119 | 1 号孔外侧拱肋 | 拱肋缺陷 | 距 3 号墩 19.8m 处 | 竖板外凸 | B |
| 120 | 1 号孔 | 横向联结件缺陷 | 2 号横撑与斜撑交节点 | 1 条焊缝开裂，长 0.5m | B |
| 121 | 1 号孔外侧 1 号拱脚 | 拱脚裂缝 | 内侧面 | 1 条纵向裂缝，长 1.8m，宽 0.12mm | B |
| 122 | 1 号孔外侧系梁 | 系梁裂缝 | 外侧面距 2 号墩 3.8m 处 | 1 条竖向裂缝，长 0.4m，宽 0.10mm | B |
| 123 | 1 号孔 3 号横梁 | 横梁裂缝 | 底面距外侧 1.8m 处 | 1 条纵向裂缝，长 0.3m，宽 0.1mm | B |
| 124 | 1 号孔 1 号索塔 | 索塔裂缝 | 内侧面距塔顶 4.5 ~7.9m 处 | 1 条竖向裂缝，长 3.4m，宽 0.15mm | B |
| 125 | 1 号孔外侧 2 号拉索阻尼减振器 | 减振设施缺陷 | — | 脱落 | A |
| 126 | 1 号孔 4 号斜拉索 | 斜拉索缺陷 | 喇叭口钢管上预留排水孔 | 堵塞 | B |
| 127 | 1 号孔 3 号斜拉索锚拉板 | 锚拉板破损、松动 | — | 焊缝脱焊，长 0.8m | B |
| 128 | 1 号孔西侧主缆 4 号吊索索夹 | 索夹错位、滑移 | — | 滑移错位 2cm | A |
| 129 | 1 号孔主索鞍 | 索鞍与主缆滑移 | 1 号塔柱顶外侧 | 主缆偏移索鞍 1.6cm | A |
| 130 | 1 号孔主索鞍 | 索鞍上座板与下座板位移 | 1 号塔柱顶外侧 | 上座板与下座板相对位移 1.2cm | A |
| 131 | 1 号孔西侧主缆 | 主缆最低点渗水 | 主缆最低点，距 2 号墩 53.2m 处 | 渗水 | B |
| 132 | 1 号孔 1 号塔柱 | 主塔倾斜、变形、沉降 | — | 沉降凹陷 5cm | A |
| 133 | 1 号孔外侧 1 号索柱 | 主塔裂缝 | 小桩号面距上端 4.5 ~7.9m 处 | 1 条竖向裂缝，长 3.4m，宽 0.15mm | A |
| 134 | 1 号孔 1 号锚室 | 锚碇缺陷 | 锚杆与锚碇混凝土接触界面 | 渗水 | B |
| 135 | 2 号孔 2 号墩 5 号支座 | 支座开裂 | — | 环向开裂，宽 3mm，占周长 1/4 | C |
| 136 | 2 号孔 2 号墩 2 号支座 | 支座变形 | — | 横向剪切变形 10° | C |
| 137 | 3 号孔 3 号墩 2 号支座 | 支座偏位 | — | 纵向偏位 50cm | C |
| 138 | 4 号孔 4 号墩 8 号支座 | 支座脱空 | — | 局部脱空 30% | B |

续上表

| 序号 | 构　件 | 缺损类型 | 缺损位置 | 缺损状况 | 保养措施 |
|---|---|---|---|---|---|
| 139 | 2 号孔 2 号墩 5 号支座 | 支座垫石开裂 | — | 下垫石严重开裂，宽 0.3mm | B |
| 140 | 3 号孔 3 号墩 2 号支座 | 支座使用环境病害 | — | 周边积水，支座橡胶溃烂 | B |
| 141 | 2 号孔 2 号墩 2～5 号支座 | 支座嵌入梁体 | — | 嵌入梁体 | B |
| 142 | 2 号孔 2 号墩 2 号支座 | 安装缺陷 | — | 支座方向安装错误 | C |
| 143 | 2 号孔 2 号墩 2 号支座 | 支座工作状态异常 | — | 偏压 30° | B |
| 144 | 1 号孔 1 号墩 3 号支座 | 支座工作状态异常 | — | 位移超限，横向滑移 15cm | A |
| 145 | 1 号孔 2 号墩 2 号支座 | 钢组件损坏、锈蚀 | — | 钢盆开裂 | B |
| 146 | 2 号孔 2 号墩 2 号支座 | 支座垫石缺陷 | — | 下垫石混凝土空鼓，占比 40% | A |
| 147 | 1 号孔 0 号台帽 | 受水侵蚀 | — | 渗水，面积 $3.0 \times 4.5m^2$ | C |
| 148 | 1 号孔 0 号台帽 | 异物堵塞 | 台顶梁端与背墙间 | 混凝土垃圾填充堵塞，影响正常伸缩 | B |
| 149 | 1 号孔 0 号台翼墙 | 翼墙变形 | — | 局部下沉 5.5cm | A |
| 150 | 5 号孔 5 号台外侧耳墙 | 耳墙开裂 | — | 1 处斜向开裂，长 0.4m，宽 0.35mm | B |
| 151 | 1 号孔 0 号台锥坡 | 锥坡塌陷 | — | 局部坍塌，面积 $5.0 \times 4.8m^2$ | B |
| 152 | 1 号孔 0 号台护坡 | 护坡开裂 | — | 1 处开裂，长约 5m | B |
| 153 | 5 号孔 5 号台锥坡 | 锥坡冲蚀、淘空 | — | 坡脚冲蚀成浅坑，面积 $5.0 \times 4.2m^2$，最深 0.8m | B |
| 154 | 1 号孔 0 号台锥坡 | 锥坡下沉、破损 | — | 局部下沉 10cm | B |
| 155 | 1 号孔 0 号桥台 | 桥台变位 | — | 不均匀沉降 4cm | A |
| 156 | 5 号孔 5 号台前墙 | 前墙裂缝 | 距外侧 5.1m，距地面 0.2～1.4m处 | 1 条竖向裂缝，长 1.2m，宽 0.1mm | B |
| 157 | 1 号孔 0 号台外侧侧墙 | 侧墙裂缝 | 距前墙 0.2～1.0m，距地面 0.2～1.0m 处 | 1 条斜向裂缝，长 1m，宽 0.2mm | B |
| 158 | 1 号孔 0 号台外侧侧墙 | 侧墙外倾 | — | 往外侧倾斜 12cm | A |

续上表

| 序号 | 构 件 | 缺损类型 | 缺损位置 | 缺损状况 | 保养措施 |
|---|---|---|---|---|---|
| 159 | 1号孔0号台外侧侧墙 | 前墙与侧墙交接处开裂 | 与前墙交接处 | 1处开裂,长4.2m,宽1.9mm | B |
| 160 | 1号孔0号台背墙 | 背墙开裂 | 外侧 | 1条斜向裂缝,长1.2m,宽0.1mm | B |
| 161 | 5号孔5号台帽 | 台帽开裂 | 距外侧5.1m,距台帽顶面0.2~1.4m处 | 1条竖向裂缝,长1.2m,宽0.1mm | B |
| 162 | 1号孔0号台帽 | 台帽错位、挤压破损 | 接缝处 | 错位高差5cm | B |
| 163 | 3号孔3号墩2号立柱 | 墩身裂缝 | 3点钟至9点钟方向,距地面1.4m处 | 1条环向裂缝,长1.2m,宽0.1mm | B |
| 164 | 3号孔3号墩2号立柱 | 墩柱倾斜、变位 | — | 向内侧倾斜10° | A |
| 165 | 2号孔2号墩盖梁 | 盖梁裂缝 | 距外侧1.4m,距顶面0.2~1.2m处 | 1条竖向裂缝,长1m,宽0.1mm | B |
| 166 | 5号孔5号墩顶内侧挡块 | 抗震挡块缺损 | — | 与梁体间隙过小,间隙1cm | C |
| 167 | 3号孔3号墩3号桩基 | 基础冲刷、淘空 | 6点至9点方向,距系梁底面0~0.7m处 | 冲刷掏空,面积$1.2\times0.3m^2$,最深0.2m,外露4根主筋,总长约2.1m,外露5根箍筋 | A |
| 168 | 3号孔3号墩3号桩基 | 桩基缩颈、露骨、露筋 | 6点至9点方向,距系梁底面0.3~0.7m处 | 桩基缩颈10cm | A |
| 169 | 2号孔2号墩2号桩基 | 基础腐蚀 | 6点至9点方向,距系梁底面0.3~0.7m处 | 表面生物腐蚀,面积$0.4\times1.4m^2$ | B |
| 170 | 2号孔基础 | 基础开裂 | 距地面0.3~1.7m处 | 2处竖向开裂,共长1.4m,宽0.5mm | B |
| 171 | 3号孔3号墩1号立柱 | 桩柱结合部缺陷 | — | 桩柱结合部砖块包裹 | C |
| 172 | 3号孔3号墩2号立柱 | 桩柱中心偏位 | — | 桩柱中心偏位6cm | A |
| 173 | 5号孔5号墩柱 | 不均匀沉降 | — | 不均匀沉降6~10cm不等 | A |
| 174 | 5号孔下河床 | 河床缺损 | — | 铺砌大面积损坏 | A |
| 175 | 6号孔下调治构造物 | 调治构造物缺损 | — | 局部坍塌、变形 | B |
| 176 | 2号孔3号梁底板 | 裂缝扩展 | 距2号墩5.6m处 | 1条封缝宽度扩展,宽0.2mm | C |
| 177 | 2号孔3号梁翼缘板 | 封缝起皮、脱落 | 距2号墩5.6m处 | 1条封缝局部起皮、脱落,长2.0m | C |

续上表

| 序号 | 构　件 | 缺损类型 | 缺损位置 | 缺损状况 | 保养措施 |
|---|---|---|---|---|---|
| 178 | 2 号孔 1 号梁底板 | 灌缝胶体灌注不饱满 | 距 2 号墩 2.6m 处 | 1 条灌缝胶体灌注不饱满 | C |
| 179 | 1 号孔 1 号板底碳纤维布 | 碳纤维布剥离 | 距 1 号墩 9.2m 处 | 2 处剐擦剥离，累计长 0.5m | B |
| 180 | 4 号孔 1 号梁底板 1 号碳纤维板 | 预应力碳纤维板滑移 | 锚固端 | 往 2 号墩方向滑移 1.2cm | B |
| 181 | 1 号孔外腹板 3 号钢板 | 钢板空鼓 | — | 2 处空鼓，累计面积 0.7$m^2$，钢板面积 2$m^2$，有效黏结面积 65% | B |
| 182 | 2 号孔 1 号梁腹板钢板 | 钢板剥离、分层、脱落 | 距 2 号墩 6.7～11.7m 处 | 1 处剥离，面积 1.2×5$m^2$ | A |
| 183 | 3 号孔 1 号梁外腹板 5 号钢板 | 钢板锈蚀、表面防锈漆剥落 | — | 钢板严重锈蚀，面积 1×2$m^2$ | C |
| 184 | 1 号孔 1 号梁外腹板钢束 | 钢束异常变形 | 距 1 号墩 3.8～5.0m 处 | 异常变形，长 1.2m | A |
| 185 | 2 号孔箱室内 1 号钢束 | 钢绞线外包 PE 受损、钢绞线外露锈蚀 | 距 2 号墩 5.7m 处 | 1 处 PE 管破损，长 0.3m | A |
| 186 | 2 号孔箱室内外腹板 | 增大截面网状开裂 | 距 2 号墩 5.6～17.8m，距下缘 0.2～0.8m 处 | 3 处网状开裂，累计面积约 12.0$m^2$，最大缝宽 0.12mm | B |
| 187 | 2 号孔外侧防撞墙内侧面 | 涂装剥落 | 距 2 号墩 0～20.0m 处 | 3 处涂装剥落，累计面积 1×8.2$m^2$ | C |

注：保养措施中，A 表示立即处理，B 表示等待集中处理，C 表示继续观察。

## 9.4　材料共性病害

### 9.4.1　混凝土表观缺损

**常见病害：**混凝土表面蜂窝，麻面，空洞，破损、剥落，钢筋锈胀、露筋，龟裂等。

(1)蜂窝

**检查要点：**应着重检查构件底面或端部等不宜振捣或易漏浆位置。

**记录要点：**缺损位置应记录蜂窝中心距参照物相对距离，缺损状况应记录蜂窝数量、长度、宽度，见表 9.3-1 中序号 1。

注：一般选择同跨墩(台)、内外侧梁板、地面等作为参照物。

(2)麻面

**检查要点：**应着重检查大体积混凝土构件表面。

**记录要点：**缺损位置应记录麻面中心距参照物相对距离，缺损状况应记录麻面数量、长度、宽度，参见表9.3-1中序号2。

(3)空洞

**检查要点：**应着重检查某些构件钢筋布置密集、钢筋间距过小的区域，如连续箱梁内部腹板、齿板，预应力管道，组合梁梁端等钢筋密集部位。检查人员宜采用小铁锤进行敲击检测，通过空洞声区别判断。

**记录要点：**缺损位置应记录空洞中心距参照物相对距离，缺损状况应记录空洞数量、长度、宽度、深度，见表9.3-1中序号3。

(4)破损、剥落

**检查要点：**应着重检查梁体、墩身表面及边角，或组合梁连接部位，或墩柱顶部。

**记录要点：**缺损位置应记录破损或剥落距参照物相对距离，缺损状况应记录破损或剥落数量、长度、宽度、深度，见表9.3-1中序号4。

(5)锈胀、露筋

**检查要点：**宜通过看形态、摸高差、敲空壳的方法进行判断(敲击声响清脆，则内部未起壳，无胀裂现象；若声响沉闷和明显起壳声，则内部有胀裂现象)。

**记录要点：**缺损位置应记录锈胀或露筋距参照物相对距离，缺损状况应记录锈胀或露筋数量、长度，参见表9.3-1中序号5。

(6)龟裂

**记录要点：**缺损位置应记录龟裂中心距参照物相对距离，缺损状况应记录龟裂数量、长度、宽度、缝宽，参见表9.3-1中序号6。

### 9.4.2 钢结构表观缺损

**常见病害：**涂层劣化、焊缝开裂、构件异常变形、构件锈蚀、施工损伤及连接退化等。

(1)涂层劣化

包括涂层变色、涂层开裂、涂层粉化、涂层起泡、涂层脱落等。

**检查要点：**应着重检查结构下侧或盐分附着的部位。

**记录要点：**缺损位置应记录劣化涂层距参照物相对距离，缺损状况应记录劣化涂层数量、长度、宽度，参见表9.3-1中序号7、8。

(2)焊缝开裂

**检查要点：**应着重检查以下部位：吊杆与防水板间的角焊缝，吊耳加劲板与上斜腹板的角焊缝，桥面板与横隔板的双侧角焊缝，底板与侧板折角处横隔板的搭接焊缝，桥面板与U肋的角焊缝，桥面板与桥底板的纵向对接焊缝。

现场应做裂缝标记，并按中风险病害处置。

**记录要点：**缺损位置应记录开裂焊缝距参照物相对距离，缺损状况应记录开裂数量、长度、宽度，参见表9.3-1中序号9。

(3)构件异常变形

**检查要点**:结构出现明显的永久变形(图9.4-1),变形值大于规范值,应按高风险病害处置。

图9.4-1 杆件严重变形

**记录要点**:缺损位置应记录变形构件距参照物相对距离,缺损状况应记录长度、宽度、弯曲矢度,见表9.3-1中序号10。

(4)构件锈蚀

**检查要点**:注意区别锈蚀程度及锈蚀部位。

**记录要点**:缺损位置应记录锈蚀距参照物相对距离,缺损状况应记录锈蚀数量、长度、宽度,见表9.3-1中序号11。

(5)施工损伤

包括涂装刮伤、烧伤、熏黑、凹凸不平等(图9.4-2~图9.4-5)。

图9.4-2 施工损伤(刮伤)

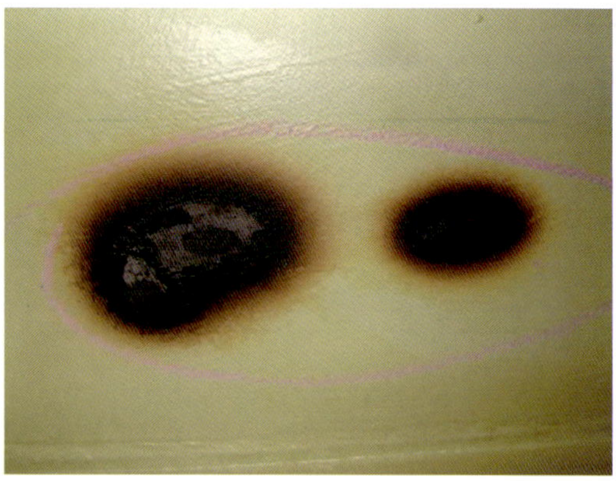

图9.4-3 施工损伤(烧伤)

**记录要点**:缺损位置应记录损伤距参照物相对距离,缺损状况应记录损伤类型、数量、长度、宽度,见表9.3-1中序号12。

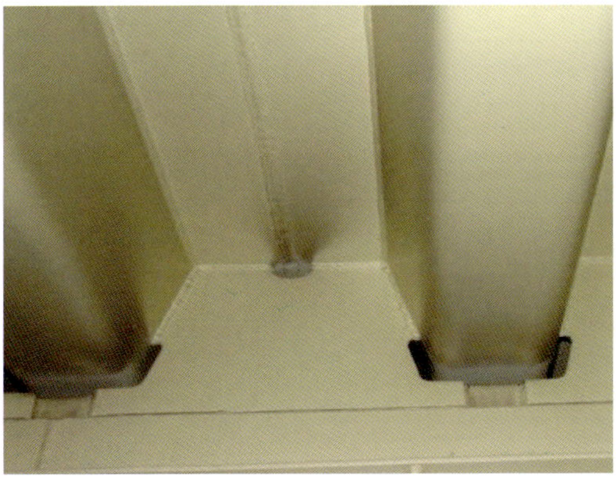

图9.4-4 施工损伤(熏黑)

图9.4-5 施工损伤(凹凸不平)

(6)连接退化

包括螺栓(铆钉)腐蚀(图9.4-6、图9.4-7)、脱落或断裂,节点板滑动、错裂等。

**检查要点:**应着重检查以下部位:铆合和螺合板束较厚处,即长铆钉或长螺栓处;已经维修或更换过铆钉和螺栓的连接处;纵横梁及横梁与主梁连接处;承受反复应力的连接;与混凝土桥面板连接的纵横梁上翼缘;易于积水污、积灰尘和隐蔽角落,平、纵连接点。

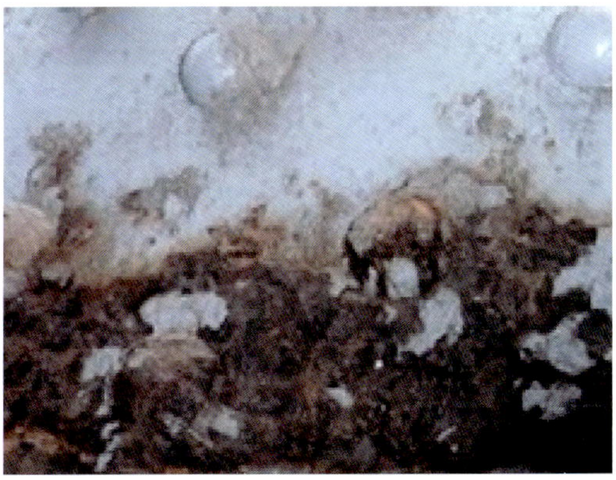

图9.4-6 铆钉腐蚀

图9.4-7 螺栓腐蚀

**记录要点:**缺损位置应记录连接退化距参照物相对距离,缺损状况应记录数量、类型,见表9.3-1中序号13。

## 9.5 事故及隐患排查

### 9.5.1 撞损桥梁

撞损桥梁会有截面破损,削弱等病害,严重时主筋、预应力筋撞断,影响桥梁结构安全。

**常见病害:**车辆撞损上部结构、下部结构,桥面车辆重物掉落,船只撞损下部结构等。

(1)车辆撞损

包括车辆撞损上部结构和下部结构(图9.5-1)。

**检查要点:**应着重检查跨路孔梁体外侧倒角及两侧墩柱。发现此类病害,现场须查明撞损严重程度。上部结构梁体钢绞线或主筋撞断(图9.5-2),墩柱主筋撞断或偏斜,影响桥梁结构安全,应按极高风险病害处置。

图9.5-1　超高车辆撞损底板

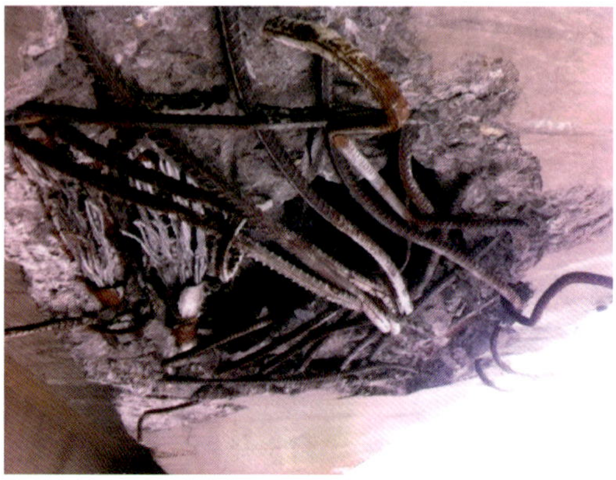

图9.5-2　钢绞线及主筋撞断

**记录要点:**缺损位置应记录撞损或剐痕距参照物相对距离。

①撞损:缺损状况应记录数量、长度、宽度、深度、撞损程度、露筋根数、露筋长度、钢绞线或钢筋撞断根数,见表9.3-1中序号14。

②剐痕:缺损状况应记录数量、长度、宽度,见表9.3-1中序号15。

(2)重物掉落

**检查要点:**现场须确认桥面铺装层及上部结构的损坏程度(图9.5-3)。上部结构梁体新增大量受力裂缝,缝宽严重超限(图9.5-4),影响桥梁结构安全,应按极高风险病害处置。

图9.5-3　桥面车辆重物掉落桥面破损

图9.5-4　梁体腹板斜向裂缝

**记录要点:**缺损位置应记录损伤位置距参照物相对距离。

①桥面凹陷:缺损状况应记录数量、长度、宽度、深度,见表9.3-1中序号16。

②裂缝:缺损状况应记录数量、裂缝走向、长度、缝宽,见表9.3-1中序号17。

(3)船只撞损

**检查要点**:应着重检查跨航道孔两侧墩柱及上部结构有无擦痕、撞损。发现此类病害,应检查挡块有无挤压破损(图9.5-5),支座有无变形(图9.5-6)或偏位,桩柱及系梁部位是否开裂(图9.5-7、图9.5-8)等次生病害。上部结构梁体钢绞线或主筋撞断,梁体偏位,墩柱主筋撞断或偏斜,影响桥梁结构安全,应按极高风险病害处置。

图9.5-5 挡块破损偏位

图9.5-6 支座挤压变形

图9.5-7 墩柱环向裂缝

图9.5-8 系梁裂缝

**记录要点**:

①支座变形:缺损状况应记录类型、方向、角度,见表9.3-1中序号18。

②裂缝:缺损位置应记录裂缝距参照物相对距离。缺损状况应记录数量、裂缝走向、长度、缝宽,见表9.3-1中序号19。

### 9.5.2 火损桥梁

火损桥梁会有混凝土龟裂、空洞、剥落、发白等病害,严重时主筋、预应力筋外露,支座火烧碳化等,影响桥梁结构安全。

**常见病害**:孔下易燃物致使结构火损,桥面易燃物致使结构火损等(图9.5-9、图9.5-10)。

图 9.5-9　孔下火损

图 9.5-10　立柱火烧痕迹

**检查要点**：应着重检查上部结构梁体、下部结构墩（台）帽、立柱等重要承重构件。发现此类病害，现场需查明火损严重程度。混凝土大面积剥落，或主筋、预应力筋外露，影响桥梁结构安全，应按极高风险病害处置。

**记录要点**：缺损位置应记录火损位置距参照物相对距离。

①烟熏发黑：缺损状况应记录数量、长度、宽度，见表 9.3-1 中序号 20。

②火损：缺损状况应记录数量、长度、宽度、深度、火损程度、露筋根数、露筋长度，见表 9.3-1 中序号 21。

### 9.5.3　隐患排查

定期检查还应注意对安全隐患的排查，如龙门架损坏、被撞隐患、火烧隐患、防落网掉落、周边不当作业等。

（1）梁体被撞隐患

**检查要点**：

①应着重检查跨路孔底板剐痕（图 9.5-11）。

②现场应观察一段时间车流量情况及主要通过车辆类型，应着重检查是否有混凝土运输车或运梁车等超高车辆通行。

③现场应测量并记录桥孔最低净空（图 9.5-12），净空高度须满足《公路工程技术标准》（JTG B01—2014）3.6.1 节中的相关规定，“一条公路需采用同一净高，高速公路、一级公路、二级公路的净高应为 5.0m；三级公路、四级公路的净高应为 4.5m”。

存在被撞隐患的桥孔，应按中风险病害处置。

**记录要点**：

①剐痕：缺损位置应记录剐痕距参照物相对距离，缺损状况应记录数量、长度、宽度，见表 9.3-1 中序号 22。

②净空高度不足：缺损状况应记录跨路孔最低净空、下穿道路等级、净空高度与下穿道路等级的匹配情况，见表 9.3-1 中序号 23。

图9.5-11　底板超高车辆剐痕

图9.5-12　测距仪测孔下净空

(2)龙门架安全隐患

包括龙门架倒塌、变形等安全隐患。

**检查要点**：除检查龙门架外观外，对于变形的龙门架，应复核门架的实际净空是否低于跨路桥孔净空，桥梁有无被撞风险。存在安全隐患的龙门架(图9.5-13～图9.5-18)，应按中风险病害处置。

图9.5-13　龙门架变形

图9.5-14　龙门架倒塌

图9.5-15　横梁与立柱交界处断裂变形

图9.5-16　门架横梁上斜撑缺失

图9.5-17　龙门架碰撞变形

图9.5-18　龙门架碰撞，连接处断裂

**记录要点：**缺损位置应记录龙门架相对桥孔位置，缺损状况应记录龙门架损伤情况，如龙门架倒塌、龙门架横梁上斜撑缺失、龙门架凹陷变形，见表9.3-1中序号24。

(3)墩柱被撞隐患

**检查要点：**应注意跨路孔墩柱周边有无设置防撞措施及反光膜，已设置的反光膜是否醒目、反光涂料有无剥落等问题(图9.5-19～图9.5-22)。存在被撞隐患的墩柱，应按中风险病害处置。

图9.5-19　墩柱反光涂料大面积剥落

图9.5-20　墩柱外侧无反光膜

图9.5-21　墩柱未设置防撞设施

图9.5-22　墩柱反光膜不醒目

**记录要点**：缺损位置应记录隐患位置距参照物相对距离，缺损状况应记录墩柱防撞措施及反光膜的完整程度，如数量、长度、宽度，以此判断隐患，见表9.3-1中序号25。

(4)火烧隐患

**检查要点**：应着重检查周边住户或商户的桥孔。存在火烧隐患(图9.5-23、图9.5-24)的桥孔，应按中风险病害处置。

图9.5-23　桥下易燃物堆积

图9.5-24　桥墩周围柴草堆积

**记录要点**：缺损状况应记录易燃物类型、数量、长度、宽度、高度，见表9.3-1中序号26。

(5)声屏障隐患

包括声屏障紧固件(螺栓螺母、铆钉等)缺失或未紧固到位，柱结构及吸(隔)声板变形或失稳，吸(隔)声板掉落或缺损，构件焊缝开裂或脱开等。

**检查要点**：存在脱落、断裂等安全隐患的声屏障，应按高风险病害处置。

**记录要点**：缺损位置应记录声屏障隐患位置距参照物相对距离，缺损状况应记录声屏障缺损数量、长度、宽度，见表9.3-1中序号27。

(6)防落网隐患

包括防落网片破损、缺失、锈漆剥落、锈蚀，防落网立柱、螺栓缺损等。

**检查要点**：存在脱落、断裂等安全隐患的防落网，应按高风险病害处置。

**记录要点**：缺损位置应记录防落网隐患位置距参照物相对距离，缺损状况应记录网片缺失数量、长度、宽度，见表9.3-1中序号28。

(7)周边不当作业

**检查要点**：应关注桥位四周30m范围内有无不当堆土、重物堆压、非法取土或抽水。发现此类问题，应按高风险病害处置。

**记录要点**：缺损状况应记录不当作业的类型、程度，见表9.3-1中序号29。

## 9.6 桥面系

### 9.6.1 桥面铺装层

江苏交控桥梁的桥面铺装层一般采用沥青混凝土铺装层和水泥混凝土铺装层。前者多用于主线桥梁和匝道桥梁,后者多见于跨线桥梁。

9.6.1.1 沥青混凝土铺装层

沥青混凝土铺装层类病害常见的有裂缝(横向裂缝、纵向裂缝、网状裂缝)、变形(车辙、推移、波浪拥包、隆起)、泛油、松散、坑槽、跳车等。

(1)裂缝

**检查要点:**

①横向裂缝:应着重检查墩顶铺装处。

②纵向裂缝:应着重检查采用混凝土铰接形式连接的预制梁(板)桥,或拓宽桥梁拼接位置。当板梁桥铰缝混凝土脱落,并伴有渗水、析白(图9.6-1),对应桥面出现纵向裂缝,重车通过出现单板受力,应按高风险病害处置。

③网状裂缝:应着重检查行车道的轮迹带(图9.6-2)。

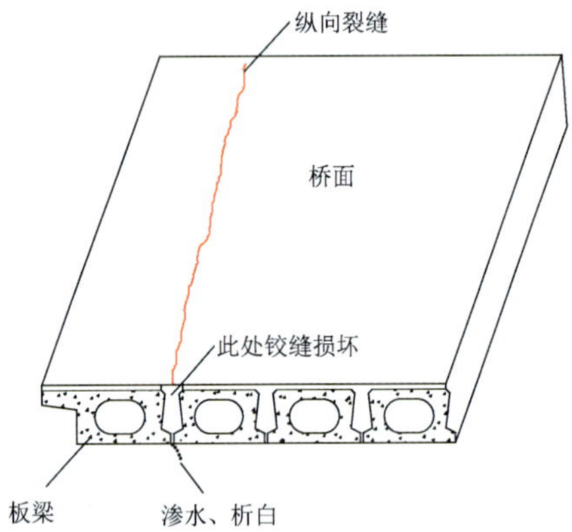


图9.6-1 桥面纵向裂缝处铰缝损坏

图9.6-2 沥青混凝土铺装层龟裂

**记录要点:**缺损位置应记录裂缝所处车道及距参照物相对距离。

①横向、纵向裂缝:缺损状况应记录数量、裂缝走向、长度、缝宽,见表9.3-1中序号30。

②网状裂缝:缺损状况应记录数量、长度、宽度、缝宽,见表9.3-1中序号31。

(2)变形

**检查要点:**

①车辙(图9.6-3):应着重检查货车道。

②波浪拥包(图9.6-4):应着重检查车辆变速或停靠概率较高的匝道或收费站入口。

③桥面隆起、推移(图9.6-5、图9.6-6):应着重检查夏季高温天墩台顶部位。梁端间互相挤压导致桥面起鼓,影响结构安全,应按高风险病害处置。

**记录要点:**缺损位置应记录变形所处车道及距参照物相对距离。

①车辙:缺损状况应记录车辙数量、长度、宽度、深度,见表9.3-1中序号32。

②波浪拥包、桥面隆起:缺损状况应记录拥包数量、长度、宽度、波峰波谷高差,见表9.3-1中序号33。

(3)泛油

**检查要点:**宜选择夏季高温天气检查。

图9.6-3 沥青铺装层车辙

图9.6-4 沥青混凝土铺装层波浪拥包

图9.6-5 沥青混凝土铺装层隆起

图9.6-6 沥青混凝土铺装层推移

**记录要点**:缺损位置应记录泛油所处车道及距参照物相对距离,缺损状况应记录泛油数量、长度、宽度,见表9.3-1中序号34。

(4)破损

**检查要点**:

①松散露骨(图9.6-7):应着重检查车辆轮迹带位置。

②坑槽(图9.6-8):应着重检查车辆轮迹带位置。

**记录要点**:缺损位置应记录破损所处车道及距参照物相对距离。

①松散露骨:缺损状况应记录松散数量、长度、宽度,见表9.3-1中序号35。

②坑槽:缺损状况应记录坑槽数量、长度、宽、深度,见表9.3-1中序号36。

(5)其他

**检查要点**:

①跳车:应着重检查桥跨连接部位。

②除上述病害外,还应在检查中关注铺装层有无烧伤或外力损伤(图9.6-9、图9.6-10)、修补后二次破损、沙土污染桥面、桥面液化品泄漏或积水等问题。桥面存在有害化学物泄漏污染,应按高风险病害处置。

图9.6-7　沥青铺装层表面松散

图9.6-8　沥青混凝土铺装层坑槽

图9.6-9　铺装层烧伤

图9.6-10　铺装层外力损伤

**记录要点：**缺损位置应记录缺损所处车道及距参照物相对距离。

①跳车：缺损状况应记录跳车数量、长度、高差，见表9.3-1中序号37。

②烧伤：缺损状况应记录烧伤数量、长度、宽度，见表9.3-1中序号38。

③外力损伤：缺损状况应记录外力损伤数量、长度、宽度、深度，见表9.3-1中序号39。

④修补不良形成坑槽：缺损状况应记录坑槽数量、长度、宽度、深度，见表9.3-1中序号40。

⑤危化品泄漏：缺损状况应记录危化品泄漏数量、长度、宽度，见表9.3-1中序号41。

⑥积水：缺损状况应记录积水数量、长度、宽度，见表9.3-1中序号42。

9.6.1.2　水泥混凝土铺装层

**常见病害：**铺装开裂（裂缝、破碎板、板角断裂），错台，接缝料损坏，剥落，拱起，磨损、脱皮、露骨，坑洞，跳车，板底脱空等，相关图片如图9.6-11～图9.6-14所示。

（1）铺装开裂

包括裂缝（横向裂缝、纵向裂缝、斜向裂缝等）、板角断裂、破碎板。

图9.6-11 水泥混凝土铺装层横向裂缝

图9.6-12 水泥混凝土铺装层斜向裂缝

图9.6-13 水泥混凝土铺装层板角断裂

图9.6-14 水泥混凝土铺装层破碎板

**记录要点**:缺损位置应记录开裂所处车道及距参照物相对距离。

①裂缝:缺损状况应记录裂缝数量、裂缝走向、长度、缝宽,见表9.3-1中序号43。

②板角断裂,破碎板:缺损状况应记录数量、长度、宽度,见表9.3-1中序号44、45。

(2)错台

**检查要点**:应着重检查接缝两侧(图9.6-15)。

**记录要点**:缺损位置应记录错台所处车道及距参照物相对距离,缺损状况应记录错台数量、长度、高差,见表9.3-1中序号46。

(3)接缝料损坏

包括接缝处填料老化(图9.6-16)、漏水,部分填料脱空、或被杂物填塞等。

**记录要点**:缺损位置应记录接缝料损坏所处车道及距参照物相对距离,缺损状况应记录损坏类型、数量、长度,见表9.3-1中序号47。

(4)剥落

**检查要点**:应着重检查接缝两侧。

水泥混凝土铺装层接缝碎裂、层状剥落分别如图9.6-17、图9.6-18所示。

图9.6-15 水泥混凝土铺装层接缝两侧错台

图9.6-16 接缝处填料老化

图9.6-17 水泥混凝土铺装层接缝碎裂(边角剥落)

图9.6-18 水泥混凝土铺装层层状剥落

**记录要点**:缺损位置应记录剥落所处车道及距参照物相对距离,缺损状况应记录剥落数量、长度、宽度,见表9.3-1中序号48。

(5)桥面拱起

**检查要点**:应着重检查夏季高温天墩台顶部位。梁端间互相挤压导致桥面起鼓(图9.6-19),影响结构安全,应按高风险病害处置。

**记录要点**:缺损位置应记录桥面拱起所处车道及距参照物相对距离,缺损状况应记录桥面拱起数量、长度、宽度、高差,见表9.3-1中序号49。

(6)磨损、脱皮、露骨

**检查要点**:应着重检查车辆轮迹带位置。

水泥混凝土铺装层磨损、露骨,铺装层起皮分别见图9.6-20、图9.6-21。

**记录要点**:缺损位置应记录磨损、脱皮、露骨所处车道及距参照物相对距离,缺损状况应记录数量、长度、宽度,见表9.3-1中序号50、51。

(7)坑洞

**检查要点**:应着重检查车辆轮迹带位置。

水泥混凝土铺装层表面坑洞如图9.6-22所示。

图9.6-19 水泥混凝土铺装层桥面拱起

图9.6-20 水泥混凝土铺装层磨损、露骨

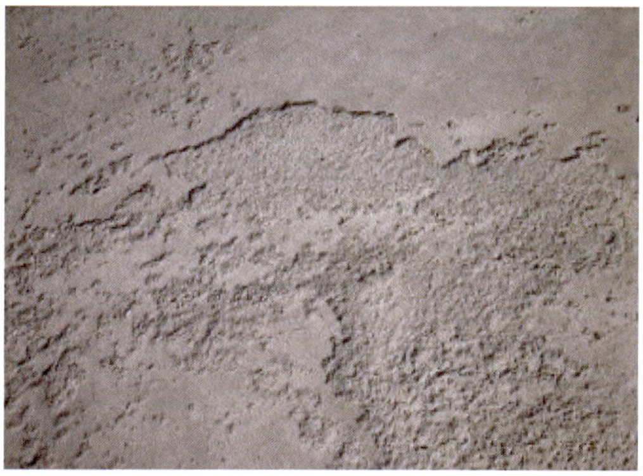

图9.6-21 水泥混凝土铺装层起皮

图9.6-22 水泥混凝土铺装层表面坑洞

**记录要点：**缺损位置应记录坑洞所处车道及距参照物相对距离，缺损状况应记录坑洞数量、长度、宽度、深度，见表9.3-1中序号52。

(8)其他

**检查要点：**

①跳车：应着重检查桥跨连接部位。

②脱空：应着重检查车辆轮迹带位置。

③垃圾堆积：包括柴草、砂石等堆积。应着重检查交通量较小的跨线桥梁。

④应在检查中关注铺装层有无唧泥，修补不良等问题。

其他病害如图9.6-23～图9.6-26所示。

**记录要点：**缺损位置应记录缺损所处车道及距参照物相对距离。

①跳车：缺损状况应记录跳车数量、长度、高差，见表9.3-1中序号53。

②板底脱空：缺损状况应记录板底脱空数量、长度、宽度，见表9.3-1中序号54。

③垃圾堆积：缺损状况应记录垃圾堆积数量、类型、长度、宽度、高度，见表9.3-1中序号55。

④唧泥：缺损状况应记录唧泥数量、长度，见表9.3-1中序号56。

⑤修补不良：缺损状况应记录修补不良数量、长度、宽度，见表9.3-1中序号57。

图 9.6-23 水泥混凝土铺装层板底脱空

图 9.6-24 铺装层砂石堆积

图 9.6-25 水泥混凝土铺装层唧泥

图 9.6-26 水泥混凝土铺装层修补损坏

## 9.6.2 伸缩缝

伸缩装置种类较多，目前在江苏交控桥梁上模数式伸缩装置及异型钢单缝式伸缩装置应用最为广泛，建议检查人员选择高、低温或雨天等极端天气对伸缩缝情况进行检查，能够更加真实地反映伸缩缝的工作状况。

**常见病害：**堵塞，橡胶条破损、脱落，间距异常，型钢脱焊、断裂或变形，锚固区缺陷等。

（1）橡胶条

**检查要点：**橡胶条破损、脱落（图 9.6-27、图 9.6-28）：可与伸缩缝下部墩台渗水情况对应检查。

**记录要点：**缺损位置应记录橡胶条破漏及脱落距参照物相对距离，缺损状况应记录类型、数量、长度，见表 9.3-1 中序号 58、59。

（2）型钢

**检查要点：**

①型钢脱焊、断裂或变形：应着重检查行车道轮迹带位置，伸缩缝边梁或中梁型钢焊缝位置或下部支撑横梁附近。伸缩缝型钢脱焊、断裂，存在行车安全隐患，应按高风险病害处置。

②凹凸不平：如有严重异常，须量测 10 个点高差。

图 9.6-27 伸缩缝橡胶条破损

图 9.6-28 伸缩缝橡胶条脱落

③间距异常：应着重检查夏季高温及冬季严寒天气上跨桥台顶伸缩缝。伸缩缝型钢互相顶死、桥面挤压隆起，影响结构安全的，或伸缩量到达上限、橡胶条开裂，存在落梁隐患的，应按高风险病害处置。

型钢伸缩缝相关病害如图 9.6-29 ~ 图 9.6-32 所示。

图 9.6-29 型钢伸缩缝断裂

图 9.6-30 型钢伸缩缝纵向变形

图 9.6-31 伸缩缝拉开

图 9.6-32 型钢伸缩缝互相顶死

**记录要点**：缺损位置应记录型钢缺损距参照物相对距离。

①型钢脱焊、断裂或变形：缺损状况应记录类型、数量、长度，见表 9.3-1 中序号 60。

②型钢凹凸不平：缺损状况应记录最大高差，见表 9.3-1 中序号 61。

③型钢间距异常：缺损状况应记录长度、型钢间距、桥面温度，见表 9.3-1 中序号 62、63。

(3)锚固区

锚固区缺陷：包括锚固混凝土开裂、破损、空洞等(图 9.6-33、图 9.6-34)。

图 9.6-33　锚固混凝土损坏引起桥头跳车

图 9.6-34　锚固混凝土空洞

**记录要点**：缺损位置应记录锚固混凝土缺损距参照物相对距离。

①锚固混凝土破损：缺损状况应记录混凝土破损数量、长度、宽度、深度，见表 9.3-1 中序号 64。

②锚固混凝土开裂：缺损状况应记录开裂数量、长度、缝宽，见表 9.3-1 中序号 65。

③锚固混凝土高差：缺损状况应记录高差，见表 9.3-1 中序号 66。

(4)其他

**检查要点**：堵塞、卡死：应着重检查主线桥应急车道处伸缩缝及上跨桥伸缩缝。伸缩缝严重堵塞(图 9.6-35)，不能自由变形伸缩，应按中风险病害处置。

**记录要点**：缺损位置应记录堵塞距参照物相对距离，缺损状况应记录堵塞物类型、堵塞长度，见表 9.3-1 中序号 67。

图 9.6-35　伸缩缝卡口内堵塞

### 9.6.3　栏杆、护栏

目前高速公路桥梁较为常见的护栏为中央分隔带内的波形护栏及紧急停靠带外侧护栏(钢筋混凝土墙式护栏、金属制梁柱式护栏、组合式桥梁护栏)。

**常见病害**：车辆撞损剐痕、竖向变形、横向错位、开裂、混凝土表观缺损、表面涂装剥落、表面锈蚀、防锈漆剥落、变形、断裂、缺失、锚固件松动或缺失等。

(1)车辆撞损剐痕

**检查要点:**若发现护栏撞损病害,应对伸缩缝、上下部结构位置、支座位置等进行排查,对于匝道桥或其他斜弯桥更应该重视此现象。

**记录要点:**缺损位置应记录车辆撞损剐痕距参照物相对距离,缺损状况应记录车辆撞损剐痕数量、长度、宽度、深度、露筋长度,见表9.3-1中序号68。

(2)竖向变形

**检查要点:**应着重检查大跨径变截面连续梁桥护栏有无竖向波浪变形。桥梁下挠引起护栏竖向波浪变形或高差,应按高风险病害处置。

**记录要点:**缺损位置应记录护栏竖向变形段相对位置,缺损状况应记录高差,见表9.3-1中序号69。

(3)横向错位

**检查要点:**应着重检查上部结构平面布置成曲线的单柱式桥。若发现护栏横向错位,应关注板式支座有无剪切破坏、盆式支座有无转角或位移超限、抗震挡块是否挤压开裂、墩柱有无受弯开裂等病害,综合判断梁体有无横向变位。发现梁体横向变位,应按高风险病害处置。

**记录要点:**缺损位置应记录护栏横向错位相对位置,缺损状况应记录错位数值,见表9.3-1中序号70。

(4)开裂

**检查要点:**应着重检查墩顶位置。

**记录要点:**缺损位置应记录护栏开裂相对位置,缺损状况应记录开裂数量、走向、长度、宽度,见表9.3-1中序号71。

(5)其他

**检查要点:**还应在检查中关注金属扶手有无断裂、缺失或锈蚀,涂装是否存在剥落,中央分隔带护栏上柱帽、连接螺栓等配件有无缺失等问题(图9.6-36~图9.6-41)。

**记录要点:**缺损位置应记录缺损距参照物相对距离,缺损状况应记录缺损数量、长度,见表9.3-1中序号72。

图9.6-36 桥面金属扶手缺失

图9.6-37 桥面金属扶手变形

图 9.6-38 桥面金属扶手锈蚀

图 9.6-39 防撞墙涂料剥落

图 9.6-40 中央分隔带护栏

图 9.6-41 护栏底座锈胀露筋

## 9.6.4 排水系统

**常见病害：**桥面排水病害和桥下排水病害。

(1)桥面排水病害

包括泄水口堵塞、被沥青/混凝土封死(非跨路或跨河孔),泄水口设置不合理,水箅子缺失等。

**记录要点：**缺损位置应记录缺损距参照物相对距离,缺损状况应记录缺损类型、数量,见表9.3-1中序号73。

(2)桥下排水病害

包括泄水管损坏、缺失或未伸出梁体,泄水管处周边混凝土缺陷,桥下引水管与泄水管接头不良,引水管损坏,引水管内堵塞堆泥,未设滴水檐(未设泄水管)等。

**检查要点：**应着重检查泄水管缺损或滴水檐缺失对构件表面的水害影响。

**记录要点：**缺损位置应记录缺损距参照物相对距离,缺损状况应记录缺损类型、数量,见表9.3-1中序号74。

### 9.6.5 照明、标志、标线

(1)照明系统病害

包括中分带管箱及托架损坏,桥面灯具缺失或损坏,灯柱与护栏连接处固定螺栓缺失、松动或出现损坏、锈蚀、变形等。

**记录要点:**缺损位置应记录照明系统缺损距参照物相对距离,缺损状况应记录缺损类型、数量,见表9.3-1中序号75。

(2)标线病害

包括表面污染、泛黄脱色等。

**检查要点:**应着重检查交通流量大、重载车辆多、车道变换频繁的路段。

**记录要点:**缺损位置应记录缺损标线距参照物相对距离,缺损状况应记录标线病害类型、数量、长度,见表9.3-1中序号76。

(3)标志病害

除桥面上的百米标及里程牌等辅助类标志外,还包括指示、警告、禁令等各类交通标志。

包括标志变形,板面残缺,标志缺失,标志污染,标志设置不合理、不规范,标志设置错误(限高标志牌限制高度不符合实际要求)等(图9.6-42~图9.6-45)。

图9.6-42 标志位置设置不合理

图9.6-43 标志设置不规范

图9.6-44 跨路孔标志板面残缺

图9.6-45 限高标志牌缺失

**检查要点:**应着重检查跨路孔是否设置限高或限宽标志,标志内容是否与下穿道路等级及净空要求相符;两侧桥头是否设置桥铭牌,桥铭牌上标注内容须与桥梁实际情况相符。

**记录要点:**缺损状况应记录标志病害类型,见表 9.3-1 中序号 77。

## 9.7 混凝土及预应力混凝土梁桥

目前较为常见的梁桥有板梁桥、T 梁桥、组合箱梁桥、钢筋(或预应力)混凝土连续梁桥、变截面连续箱梁桥等,这些类型的桥梁被广泛应用于江苏省高速公路桥梁中。

### 9.7.1 板梁桥

板梁桥分为先张预应力混凝土空心板、后张预应力混凝土空心板、钢筋混凝土空(实)心板和钢筋混凝土现浇板。

9.7.1.1 共性病害

**常见病害:**铰缝病害,梁底渗水、析白、错台,梁端垃圾堵塞、落梁隐患等。

(1)铰缝病害

包括铰缝渗水、析白,铰缝失效,铰缝勾缝混凝土脱落,铰缝未做勾缝等。

**检查要点:**应着重检查对应货车道的铰缝。检查中应通过铰缝相邻梁板间有无明显错台、铰缝位置有无渗水和其对应桥面位置有无纵向裂缝等表观现象,初步判断病害严重程度。当勾缝混凝土脱落,并伴有渗水、析白,对应桥面出现纵向裂缝,重车通过出现单板受力,应按高风险病害处置。

**记录要点:**缺损位置应记录缺损位置距参照物相对距离,缺损状况应记录类型、长度,见表 9.3-1 中序号 78。

(2)梁底病害

**检查要点:**

①梁底渗水、析白:应着重检查梁底有无水迹、潮湿及网状裂缝,应对存在明显渗水痕迹的空心板梁梁底空腔较低处钻孔排水。针对空腔积水的梁桥,应排查梁端堵头板位置有无破损,钢绞线有无外露,采用后张法施工工艺的梁桥封锚是否到位。

②错台:应着重检查底板跨中位置。现场须排查设计构造原因,或施工安装原因,或跨中下挠原因。板间未渗水,且板梁本身未出现受力裂缝,以观测为主;板间明显渗水,或对应桥面出现纵向裂缝,单板受力现象明显,应按高风险病害处置。

**记录要点:**缺损位置应记录缺损位置距参照物相对距离。

①梁底渗水、析白:缺损状况应记录裂缝走向、长度、缝宽、渗水及析白情况,见表 9.3-1 中序号 79。

②错台:缺损状况应记录错台高差,见表 9.3-1 中序号 80。

(3)梁端

**检查要点:**

①梁端垃圾堵塞:应着重检查梁端隐蔽部位,应与桥面伸缩缝间距检查相对应。

②落梁隐患:应着重检查梁体墩(台)顶位置搁置长度。搁置长度 $a$ 是否满足《公路桥梁

抗震设计细则》(JTG/T 2231-01—2020)11.2.1 中 $50+0.1L+0.8H+0.5L_k$(cm)[$L$ 为一联上部结构总长度(m);$H$ 为支承一联上部结构桥墩的平均高度(m),桥台的高度取值 0;$L_k$ 为一联上部结构的最大单孔跨径(m)],且不小于 60cm。上部结构有落梁趋势,应按高风险病害处置。

**记录要点:**缺损位置应记录缺损位置距参照物相对距离。

①梁端垃圾堵塞:缺损状况应记录垃圾类型、影响程度,见表 9.3-1 中序号 81。

②落梁隐患:缺损状况应记录搁置长度、是否存在落梁趋势,见表 9.3-1 中序号 82。

注:搁置长度指支座中心线距梁端距离。

#### 9.7.1.2 先张预应力混凝土空心板

除共性病害外,先张预应力混凝土空心板病害常见的有底板横向裂缝、底板纵向裂缝、腹板竖向裂缝、腹板斜向裂缝、腹板纵向裂缝及封锚不到位等。

(1)底板裂缝

**检查要点:**

①底板横向裂缝:应着重检查板梁跨中区域及墩顶附近。检查发现新增裂缝,或原有裂缝进一步发展,现场应做裂缝标记,并按高风险病害处置。

②底板纵向裂缝:应着重检查梁(板)空腔底部混凝土最薄处及梁端部位。检查发现新增裂缝,或原有裂缝进一步发展,且缝宽 >0.2mm,现场应做裂缝标记,并按高风险病害处置。

**记录要点:**缺损位置应记录裂缝距参照物相对距离,缺损状况应记录裂缝走向、长度、缝宽、典型裂缝深度,见表 9.3-1 中序号 83。

(2)腹板裂缝

**检查要点:**

①腹板竖向裂缝:应着重检查板梁跨中区域及梁端上部。检查发现新增裂缝,或原有裂缝进一步发展,现场应做裂缝标记,并按高风险病害处置。

②腹板斜向裂缝:应着重检查梁端至 1/4 跨。检查发现新增裂缝,或原有裂缝进一步发展,现场应做裂缝标记,并按高风险病害处置。

③腹板纵向裂缝:应着重检查梁端部位。检查发现新增裂缝,或原有裂缝进一步发展,且缝宽 >0.2mm,现场应做裂缝标记,并按高风险病害处置。

**记录要点:**缺损位置应记录裂缝距参照物相对距离,缺损状况应记录裂缝走向、长度、缝宽、典型裂缝深度,见表 9.3-1 中序号 84、85。

#### 9.7.1.3 后张预应力混凝土空心板

后张预应力混凝土空心板在江苏省高速公路上主要为跨径 25m 及以上时使用。

**常见病害:**底板横向裂缝、底板纵向裂缝、腹板竖向裂缝、腹板斜向裂缝、腹板纵向裂缝及封锚不到位等。

部分病害(底板横向裂缝、底板纵向裂缝、腹板竖向裂缝、腹板纵向裂缝)与先张预应力混凝土空心板类似,检查要点及记录要点参照先张预应力混凝土空心板。腹板斜向裂缝,检查中应注意区别裂缝倾斜方向,记录要点参照先张预应力混凝土空心板。

封锚不到位:包括梁端封锚混凝土开裂、剥落,预应力钢绞线锈蚀,锚头外露、锈蚀或破损等。

**检查要点:**注意梁端隐蔽部位的检查,应着重检查梁底支座是否移动至封锚混凝土下端。锚头严重破损,应按高风险病害处置。

**记录要点:**缺损位置应记录锚头位置距参照物相对距离,缺损状况应记录缺损类型、长度、宽度、锚头锈蚀程度,见表9.3-1中序号86。

#### 9.7.1.4 钢筋混凝土空心板

**常见病害:**底板横向裂缝,腹板竖向裂缝及腹板斜向裂缝等。记录要点与先张预应力混凝土空心板类似,参照先张预应力混凝土空心板。

(1)底板

**检查要点:**底板横向裂缝:应着重检查板梁跨中区域。裂缝宽度>0.25mm时,现场应做裂缝标记,并按中风险病害处置。

(2)腹板

①腹板竖向裂缝:应着重检查板梁跨中区域。裂缝宽度>0.25mm时,现场应做裂缝标记,并按中风险病害处置。

②腹板斜向裂缝:应着重检查梁端至1/4跨。裂缝宽度>0.3mm时,现场应做裂缝标记,并按中风险病害处置。

#### 9.7.1.5 钢筋混凝土实心板

钢筋混凝土实心板在江苏省高速公路上应用较少。

**常见病害:**底板横向裂缝、腹板竖向裂缝及腹板斜向裂缝等。

记录要点与先张预应力混凝土空心板类似,参照先张预应力混凝土空心板。

(1)底板裂缝

**检查要点:**底板横向裂缝:应着重检查板梁跨中区域。裂缝宽度>0.25mm时,现场应做裂缝标记,并按中风险病害处置。

(2)腹板裂缝

①腹板竖向裂缝:应着重检查板梁跨中区域及梁端部位。裂缝宽度>0.25mm时,现场应做裂缝标记,并按中风险病害处置。

②腹板斜向裂缝:应着重检查梁端至1/4跨。裂缝宽度>0.3mm时,现场应做裂缝标记,并按中风险病害处置。

#### 9.7.1.6 钢筋混凝土整体现浇板

钢筋混凝土整体现浇板在江苏省高速公路上应用较少。

**常见病害:**底板横向裂缝、底板纵向裂缝及腹板竖向裂缝等。

(1)底板裂缝

**检查要点:**

①底板横向裂缝:应着重检查梁板跨中区域。裂缝宽度>0.25mm时,现场应做裂缝标记,并按中风险病害处置。

②底板纵向裂缝:应着重检查梁板跨中区域。裂缝宽度>0.2mm时,现场应做裂缝标记,

并按中风险病害处置。

**记录要点:**缺损位置应记录裂缝距参照物相对距离,缺损状况应记录裂缝走向、长度、缝宽、典型裂缝深度,见表9.3-1中序号87。

(2)腹板裂缝

**检查要点:**腹板竖向裂缝:应着重检查跨中区域。裂缝宽度>0.25mm时,现场应做裂缝标记,并按中风险病害处置。

**记录要点:**参照9.7.1.6钢筋混凝土整体现浇板"(1)底板裂缝",见表9.3-1中序号87。

### 9.7.2 梁桥

T梁桥分为钢筋混凝土T梁和预应力混凝土T梁。

9.7.2.1 共性病害

**常见病害:**湿接缝裂缝,湿接缝渗水、析白,横隔板损坏、开裂,整体滑移,跨中下挠过大,底板纵向裂缝,翼缘板裂缝等。

(1)湿接缝

包括湿接缝纵向裂缝,横向裂缝,渗水、析白等。

**检查要点:**注意裂缝位置是否白化。

**记录要点:**缺损状况应记录裂缝数量、走向、长度、渗水及析白情况,见表9.3-1中序号88。

(2)横隔板

包括横隔板连接错位、开裂,钢板保护层脱落、钢板外露,外露钢板剥离、脱焊等。

**检查要点:**应着重检查对应货车道的横隔板。

**记录要点:**缺损状况应记录缺损类型,见表9.3-1中序号89。

(3)整体滑移

**检查要点:**应着重检查支座与梁体间的相对距离、挡块与梁体间的相对距离、梁体与墩柱之间的相对位置、梁端伸缩缝宽度。

**记录要点:**缺损状况应记录滑移方向、位移,见表9.3-1中序号90。

(4)跨中下挠过大

**检查要点:**应着重检查底板跨中位置。检查中可通过桥面护栏高差及裂缝发展情况初步判断。挠度值>跨度的1/1400时,应按高风险病害处置。

**记录要点:**缺损状况应记录下挠位移值,见表9.3-1中序号91。

(5)底板裂缝

**检查要点:**底板纵向裂缝:应着重检查T梁跨中部位。裂缝宽度>0.2mm时,现场应做裂缝标记,并按中风险病害处置。

**记录要点:**缺损位置应记录裂缝距参照物相对距离,缺损状况应记录裂缝走向、长度、缝宽、典型裂缝深度,见表9.3-1中序号92。

(6)翼缘板裂缝

**检查要点:**翼缘板纵向裂缝:应着重检查靠近腹板根部位置。裂缝宽度>0.2mm时,现场应做裂缝标记,并按中风险病害处置。

**记录要点**:参照 9.7.2.1 共性病害“(5)底板裂缝”,见表 9.3-1 中序号 92。

9.7.2.2 预应力混凝土 T 梁

**常见病害**:腹板斜向裂缝、腹板竖向裂缝、腹板纵向裂缝、底板横向裂缝及翼缘板横向裂缝等。

**记录要点**:参照 9.7.2.1 共性病害“(5)底板裂缝”,见表 9.3-1 中序号 92。

(1)底板裂缝

**检查要点**:底板横向裂缝:应着重检查 T 梁跨中区域。检查发现新增裂缝,或原有裂缝进一步发展,现场应做裂缝标记,并按高风险病害处置。

(2)腹板裂缝

**检查要点**:

①腹板斜向裂缝:应着重检查梁端至 1/4 跨。检查发现新增裂缝,或原有裂缝进一步发展,现场应做裂缝标记,并按高风险病害处置。

②腹板竖向裂缝:应着重检查 T 梁跨中区域。检查发现新增裂缝,或原有裂缝进一步发展,现场应做裂缝标记,并按高风险病害处置。

③腹板纵向裂缝:应着重检查马蹄侧面。检查发现新增裂缝,或原有裂缝进一步发展,且缝宽 >0.2mm,现场应做裂缝标记,并按高风险病害处置。

(3)翼缘板裂缝

**检查要点**:翼缘板横向裂缝:应着重检查墩顶位置。检查发现新增裂缝,或原有裂缝进一步发展,现场应做裂缝标记,并按高风险病害处置。

9.7.2.3 钢筋混凝土 T 梁

**常见病害**:腹板斜向裂缝、腹板竖向裂缝、腹板纵向裂缝、底板横向裂缝及翼缘板横向裂缝等。

**检查要点**:

①底板横向裂缝:应着重检查 T 梁跨中区域。裂缝宽度 >0.25mm 时,现场应做裂缝标记,并按中风险病害处置。

②腹板斜向裂缝:应着重检查梁端至 1/4 跨。裂缝宽度 >0.3mm 时,现场应做裂缝标记,并按中风险病害处置。

③腹板竖向裂缝:应着重检查 T 梁跨中区域。裂缝宽度 >0.25mm 时,现场应做裂缝标记,并按中风险病害处置。

④腹板纵向裂缝:应着重检查马蹄侧面。裂缝宽度 >0.2mm 时,现场应做裂缝标记,并按中风险病害处置。

⑤翼缘板横向裂缝:应着重检查墩顶位置。裂缝宽度 >0.25mm 时,现场应做裂缝标记,并按中风险病害处置。

**记录要点**:参照 9.7.2.1 共性病害“(5)底板裂缝”,见表 9.3-1 中序号 92。

### 9.7.3 组合箱梁桥

**常见病害**:腹板竖向裂缝、腹板斜向裂缝、底板横向裂缝、底板纵向裂缝、腹板纵向裂缝、翼缘板纵向裂缝、湿接缝纵向裂缝、湿接缝横向裂缝、横隔梁竖向裂缝、封锚不到位、梁端垃圾堵塞等。

(1)底板裂缝

**检查要点:**

①底板横向裂缝:应着重检查跨中区域,同时注意底板横向裂缝是否与腹板竖向或斜向裂缝连通形成L形或U形裂缝,梁体有无全截面开裂。检查发现新增裂缝,或原有裂缝进一步发展,现场应做裂缝标记,并按高风险病害处置。

②底板纵向裂缝:应着重检查底板横向两边侧位置。检查发现新增裂缝,或原有裂缝进一步发展,且缝宽>0.2mm,现场应做裂缝标记,并按高风险病害处置。

③梁底渗水、析白:若发现部分梁底渗水、析白,应在梁底空腔较低处钻孔排水,同时排查梁端堵头板位置有无破损,钢绞线有无外露,封锚是否到位。

**记录要点:**缺损位置应记录裂缝距参照物相对距离。

①裂缝:缺损状况应记录裂缝走向、长度、缝宽、典型裂缝深度,见表9.3-1中序号93。

②梁底渗水、析白:缺损状况应记录长度、宽度、梁端堵头板有无破损、钢绞线有无外露、封锚是否到位,见表9.3-1中序号94。

(2)腹板裂缝

**检查要点:**

①腹板竖向裂缝:应着重检查跨中区域。检查发现新增裂缝,或原有裂缝进一步发展,现场应做裂缝标记,并按高风险病害处置。

②腹板斜向裂缝:应着重检查梁支点至1/4跨径范围内。检查发现新增裂缝,或原有裂缝进一步发展,现场应做裂缝标记,并按高风险病害处置。

③腹板纵向裂缝:注意裂缝开展处是否伴有锈迹。检查发现新增裂缝,或原有裂缝进一步发展,且缝宽>0.2mm,现场应做裂缝标记,并按高风险病害处置。

**记录要点:**参照9.7.3组合箱梁"(1)底板裂缝",见表9.3-1中序号93。

(3)翼缘板裂缝

**检查要点:**翼缘板纵向裂缝:应着重检查翼缘板与腹板的交接处。检查发现新增裂缝,或原有裂缝进一步发展,且缝宽>0.2mm,现场应做裂缝标记,并按高风险病害处置。

**记录要点:**参照9.7.3组合箱梁"(1)底板裂缝",见表9.3-1中序号93。

(4)横隔板裂缝

横隔板裂缝包括竖向裂缝和斜向裂缝。

**检查要点:**应着重检查横隔板中部及横隔板与箱梁边角处。

**记录要点:**缺损状况应记录裂缝走向、长度、缝宽,见表9.3-1中序号95。

(5)湿接缝

湿接缝病害包括湿接缝纵向裂缝,横向裂缝,渗水、析白等。

**检查要点:**注意裂缝位置是否白化。

**记录要点:**参照9.7.2.1共性病害"(1)湿接缝",见表9.3-1中序号88。

(6)湿接头

**检查要点:**对于湿接头开裂、破损,应着重检查背阴面隐蔽部位。湿接头严重开裂,应按高风险病害处置。

**记录要点**：缺损状况应记录数量、长度、缝宽，见表 9.3-1 中序号 96。

(7)梁端

**检查要点**：

①梁端封锚混凝土开裂、剥落：应着重检查背阴面梁端隐蔽部位，关注梁底支座是否移动至封锚混凝土下端。锚头严重破损，应按高风险病害处置。

②端部垃圾堵塞：注意梁端隐蔽部位，应对应检查桥面伸缩缝间距及梁端横隔板表观缺损。

③封锚不到位：包括梁端堵头板损坏、失效，预应力钢绞线锈蚀，锚头外露、锈蚀或破损等。应着重检查梁端隐蔽部位。

**记录要点**：

①梁端封锚混凝土开裂、剥落：缺损状况应记录开裂及剥落长度，见表 9.3-1 中序号 97。

②端部垃圾堵塞：参照 9.6.2 伸缩缝"(4)其他"，见表 9.3-1 中序号 67。

③封锚不到位：参照 9.7.1.3 后张预应力混凝土空心板"封锚不到位"，见表 9.3-1 中序号 86。

## 9.8 现浇箱梁桥

现浇箱梁桥分为钢筋混凝土等截面连续箱梁、预应力混凝土等截面连续箱梁和预应力混凝土变截面连续箱梁。

### 9.8.1 共性病害

**常见病害**：梁体横向变位、梁底渗水等。

(1)梁体横向变位

**检查要点**：应着重检查上部结构平面布置成曲线的单柱式桥。检查中应关注板式支座有无剪切破坏、盆式支座有无转角或位移超限、抗震挡块是否挤压开裂、墩柱有无受弯开裂等病害，综合判断梁体有无横向变位。发现此类病害，应按高风险病害处置。

**记录要点**：缺损状况应记录滑移方向、位移，见表 9.3-1 中序号 98。

(2)梁底渗水

**检查要点**：应着重检查梁底通气孔附近及接缝处混凝土是否潮湿，存在异常且无法进入箱室内的桥梁可开小孔采用内窥镜进行检查；针对已开设人孔的桥梁，须进入箱室内检查积水情况。

**记录要点**：缺损位置应记录缺损位置距参照物相对距离，缺损状况应记录渗水数量、长度、宽度，见表 9.3-1 中序号 99。

### 9.8.2 钢筋混凝土等截面连续箱梁

除共性病害外，钢筋混凝土等截面连续箱梁病害常见的有底板横向裂缝、腹板竖向裂缝、腹板斜向裂缝、底板纵向裂缝、翼缘板横向裂缝、翼缘板斜向裂缝、翼缘板竖向裂缝及箱室内顶板裂缝等。

钢筋混凝土箱梁桥裂缝数量较多，每孔应至少选取5条典型裂缝（缝宽未超限）进行标记，并在后续的定期检查中跟踪观测，了解病害的发展演变过程。

为方便裂缝定位与追溯，提高检测效率，现场检测工作可采用网格化标记（现场用油漆笔将构件表面划分为若干个区域，区域划分数量以提高裂缝记录的准确性和跟踪的便捷性为原则）。

以20m钢筋混凝土箱梁为例，首次检查现场用油漆笔将底板划分为5个区域，每次检查采集每个区域内的横向裂缝数量、长度、宽度等参数，通过对比得到裂缝发展趋势，图9.8-1中⑤区域内共有6条横向裂缝。

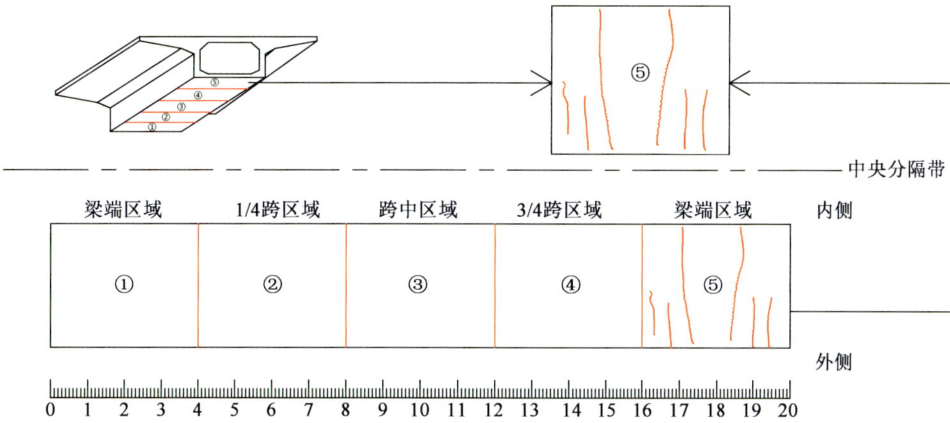


图9.8-1 裂缝网格化标记示意图

注：上述区域划分不适用底板纵向裂缝、斜向裂缝的检测，记录时不可将裂缝分区域断开，应保持连贯。

（1）底板裂缝

**检查要点：**

①底板横向裂缝：

a. 应着重检查跨中区域，同时注意底板横向裂缝是否与腹板竖向裂缝连通，形成L形或U形裂缝。

b. 针对已开设人孔的桥梁，必须进入箱室内部检查，核查箱室内外裂缝分布规律是否相同。

c. 裂缝数量较多时，宜采用网格化标记。

d. 裂缝宽度 >0.25mm 时，现场应做裂缝标记，并按中风险病害处置。

②底板纵向裂缝：裂缝宽度 >0.2mm 时，现场应做裂缝标记，并按中风险病害处置。

**记录要点：**缺损位置应记录裂缝距参照物相对距离，缺损状况应记录裂缝走向、长度、缝宽、典型裂缝深度，见表9.3-1中序号100。

（2）腹板裂缝

检查要点：

①腹板竖向裂缝（图9.8-2）：

a. 应着重检查跨中区域，同时注意腹板竖向裂缝是否与底板横向裂缝连通，形成L形或U

形裂缝。

b. 针对已开设人孔的桥梁，必须进入箱室内部检查，核查箱室内外裂缝分布规律是否相同。

c. 裂缝数量较多时，宜采用网格化标记。

d. 裂缝宽度 >0.25mm 时，现场应做裂缝标记，并按中风险病害处置。

②腹板斜向裂缝（图 9.8-3）：应着重检查梁支点至 1/4 跨径范围内。针对已开设人孔的桥梁，必须进入箱室内部检查，核查箱室内外裂缝分布规律是否相同。裂缝宽度 >0.3mm 时，现场应做裂缝标记，并按中风险病害处置。

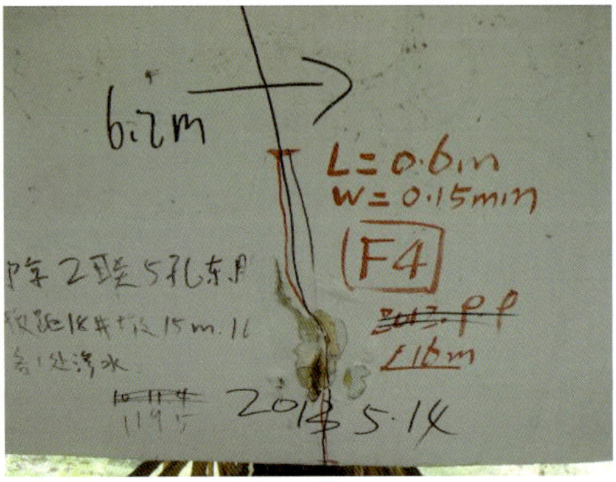


图 9.8-2　腹板竖向裂缝（箱室外）

图 9.8-3　腹板斜向裂缝（箱室内）

**记录要点**：参照 9.8.2 钢筋混凝土等截面连续箱梁“（1）底板裂缝”，见表 9.3-1 中序号 100。

（3）翼缘板裂缝

**检查要点**：

①翼缘板横向裂缝、斜向裂缝：应着重检查两侧墩顶位置。裂缝宽度 >0.25mm 时，现场应做裂缝标记，并按中风险病害处置。

②翼缘板竖向裂缝：应着重检查桥台伸缩缝下方的翼缘板加厚段。裂缝宽度 >0.25mm 时，现场应做裂缝标记，并按中风险病害处置。

**记录要点**：参照 9.8.2 钢筋混凝土等截面连续箱梁“（1）底板裂缝”，见表 9.3-1 中序号 100。

（4）顶板

顶板裂缝包括横向裂缝和纵向裂缝等。

**检查要点**：应着重检查墩顶区域。裂缝宽度 >0.25mm 时，现场应做裂缝标记，并按中风险病害处置。

**记录要点**：参照 9.8.2 钢筋混凝土等截面连续箱梁“（1）底板裂缝”，见表 9.3-1 中序号 100。

### 9.8.3　预应力混凝土连续箱梁

预应力混凝土连续箱梁分为等截面和变截面，两类桥梁病害特征相似，现归纳检查要点、检查要点及记录要点。

**常见病害**:底板纵向裂缝、底板横向裂缝、腹板竖向裂缝、腹板斜向裂缝、腹板纵向裂缝、翼缘板裂缝、顶板裂缝、齿板裂缝、封锚不到位,结合面错台,跨中下挠过大及箱梁内部垃圾堆积等。

(1)底板

**检查要点**:

①底板横向裂缝:应着重检查跨中区域,同时注意底板横向裂缝是否与腹板竖向裂缝连通,形成L形或U形裂缝。同时检查箱室内底板横向裂缝,核查箱室内外裂缝分布规律是否相同。检查发现新增裂缝,或原有裂缝进一步发展,现场应做裂缝标记,并按高风险病害处置。

②底板纵向裂缝:应重点检查两侧墩顶位置及跨中合龙段位置。检查发现新增裂缝,或原有裂缝进一步发展,且缝宽>0.2mm,现场应做裂缝标记,并按高风险病害处置。

③底板网状裂缝:应着重检查3号、4号、5号块悬交结合位置。

④结合面错台:应着重检查悬浇箱梁跨中合龙段,现场应量测箱梁截面尺寸实际值,对比设计尺寸。

**记录要点**:

①裂缝:参照9.8.2钢筋混凝土等截面连续箱梁"(1)底板裂缝",见表9.3-1中序号100。

②结合面错台:缺损位置应记录错台距参照物相对距离或相对位置,缺损状况应记录错台高差,见表9.3-1中序号101。

(2)腹板裂缝

**检查要点**:

①腹板竖向裂缝:应着重检查腹板厚度变化的过渡段和跨中区域。同时注意腹板竖向裂缝是否与底板横向裂缝连通,形成L形或U形裂缝。同时检查箱室内腹板竖向裂缝,核查箱室内外裂缝分布规律是否相同。发现此类裂缝,现场应做裂缝标记,并按高风险病害处置。

②腹板斜向裂缝:包括正八字形斜向裂缝和倒八字形斜向裂缝。

应着重检查腹板厚度变化的过渡段(边跨关注梁端至1/4跨区域,中跨关注1/4跨至跨中区域)以及主墩附近腹板。核查箱室内外腹板裂缝位置的对应性,两侧墩顶裂缝的对称性,以及裂缝端部与齿板锚具的相关性。检查发现新增裂缝,或原有裂缝进一步发展,现场应做裂缝标记,并按高风险病害处置。

③腹板纵向裂缝:应着重检查距顶板0.1~0.3m位置,同时检查箱室内腹板。检查发现新增裂缝,或原有裂缝进一步发展,且缝宽>0.2mm,现场应做裂缝标记,并按高风险病害处置。

**记录要点**:缺损位置应记录裂缝距参照物相对距离,缺损状况应记录裂缝走向、长度、缝宽、典型裂缝深度,见表9.3-1中序号102。

(3)翼缘板裂缝

**检查要点**:

①翼缘板横向裂缝或斜向裂缝:应着重检查两侧墩顶位置。检查发现新增裂缝,或原有裂

缝进一步发展，现场应做裂缝标记，并按高风险病害处置。

②翼缘板纵向裂缝：应着重检查跨中位置翼缘板根部。检查发现新增裂缝，或原有裂缝进一步发展，且缝宽 >0.2mm，现场应做裂缝标记，并按高风险病害处置。

**记录要点：**参照 9.8.2 钢筋混凝土等截面连续箱梁“(1)底板裂缝”，见表 9.3-1 中序号 100。

(4)顶板裂缝

顶板裂缝包括横向裂缝和纵向裂缝等。

**检查要点：**应着重检查箱梁的跨中和墩顶区段。检查发现新增裂缝，或原有裂缝进一步发展，且缝宽 >0.15mm，现场应做裂缝标记。

**记录要点：**参照 9.8.2 钢筋混凝土等截面连续箱梁“(1)底板裂缝”，见表 9.3-1 中序号 100。

(5)齿板

**检查要点：**

①齿板裂缝包括箱室内齿板底(顶)面、侧面纵向裂缝，封锚处竖向、斜向裂缝，锚后纵向裂缝等。

检查发现新增裂缝，或原有裂缝进一步发展，且缝宽 >0.15mm，现场应做裂缝标记，并按高风险病害处置。

②封锚不到位包括箱室内锚头裸露，钢绞线外露、锈蚀等。

应着重检查箱室内隐蔽部位。锚头严重破损，应按高风险病害处置。

**记录要点：**

①齿板裂缝：缺损位置应记录裂缝距参照物相对距离，缺损状况应记录裂缝走向、长度、缝宽、典型裂缝深度，见表 9.3-1 中序号 103。

②封锚不到位：参照 9.7.1.3 后张预应力混凝土空心板“封锚不到位”，见表 9.3-1 中序号 86。

(6)其他

**检查要点：**

①跨中下挠过大：应着重检查大跨径变截面连续箱梁主跨跨中合龙段。跨中下挠的桥梁通常还会伴有底板横向裂缝、腹板斜向裂缝等病害，除此之外，检查人员还可从桥面系病害情况加以推测，如发现：路面标线的弯曲或护栏的下挠；主桥桥面两端伸缩缝，一个出现挤压破坏现象，另一个存在拉伸现象；跨中桥面出现不下沉等。跨中下挠过大，挠度值 >跨度的 1/1600 时，应按高风险病害处置。

②箱梁内部垃圾堆积：尤其关注箱室内隐蔽部位。超方体积 >$2m^2$，影响结构受力，应按高风险病害处置。

**记录要点：**

①跨中下挠过大：参照 9.7.2.1 共性病害“(4)跨中下挠过大”，见表 9.3-1 中序号 91。

②箱梁内部垃圾堆积：缺损位置应记录堆积物距参照物相对距离，缺损状况应记录堆积物类型、长度、宽度、高度，见表 9.3-1 中序号 104。

## 9.9 钢结构及钢-混凝土叠合梁桥

与钢筋混凝土及预应力混凝土梁桥相比,江苏省高速公路钢结构梁桥数量并不多,但呈增长趋势,近年来在新建及改扩建工程中应用较多,目前较为常见的有钢箱梁桥、钢桁架桥、钢-混凝土叠合梁桥等。

### 9.9.1 钢箱梁桥

**常见病害:**螺栓缺失、松动,疲劳损伤,内部锈斑等。

(1)螺栓

**检查要点:**螺栓缺失、松动:应着重检查振动幅度大的隐蔽部位。

**记录要点:**缺损位置应记录螺栓距参照物相对距离,缺损状况应记录螺栓数量、类型,见表9.3-1中序号105。

(2)钢箱梁

**检查要点:**

①钢箱梁内部积水、锈斑:注意钢箱梁内部有无积水,锈斑周边有无渗水痕迹。

②疲劳损伤:应着重检查焊接部位(如纵肋对接焊缝,纵肋与面板焊缝,纵肋底部过焊孔,纵肋与面板、横隔板焊缝),或存在拼装误差构件,或受到较大荷载的构件。检查发现桥面铺装新增网状裂缝,或原有裂缝进一步发展,应进入钢箱梁内部检查。

**记录要点:**

①钢箱梁内部积水、锈斑:缺损位置应记录锈斑距参照物相对距离,缺损状况应记录锈斑数量、面积,见表9.3-1中序号106。

②疲劳损伤:缺损位置应记录裂缝距参照物相对距离,缺损状况应记录裂缝走向、长度、缝宽,见表9.3-1中序号107。

### 9.9.2 钢桁架桥

**常见病害:**高强度螺栓断裂、松动、脱落等。

**检查要点:**应着重检查四分点和跨中部位。现场应采用专用油漆笔对螺栓典型截面做紧固防松标记线(图9.9-1、图9.9-2),以便下次检查对照。

**记录要点:**缺损位置应记录高强度螺栓距参照物相对距离,缺损状况应记录病害数量、类型,见表9.3-1中序号108。

### 9.9.3 钢-混凝土叠合梁桥

**常见病害:**桥面板网状裂缝,高强度螺栓断裂、松动、脱落等。

(1)桥面板

**检查要点:**桥面板网状裂缝(图9.9-3、图9.9-4):应着重检查货车道底板。

图 9.9-1　螺栓防松标记线

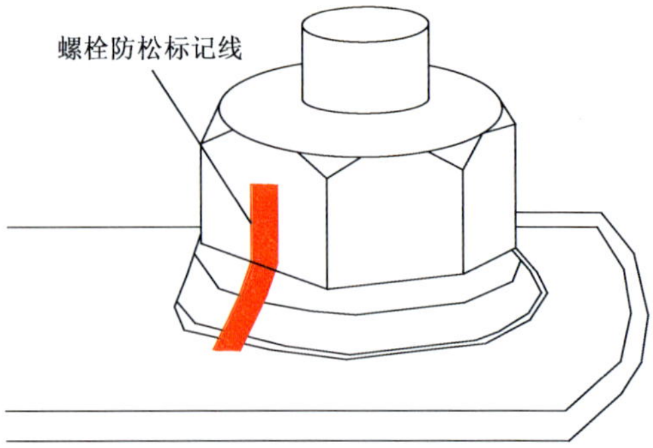


图 9.9-2　螺栓防松标记示意图

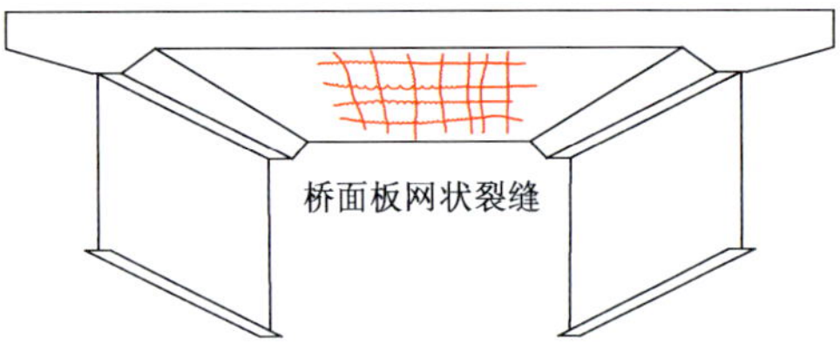


图 9.9-3　桥面板网状裂缝示意图

图 9.9-4　桥面板网状裂缝

**记录要点：**缺损位置应记录网状裂缝距参照物相对距离，缺损状况应记录网状裂缝长度、宽度、缝宽，见表 9.3-1 中序号 109。

（2）高强度螺栓

**检查要点：**高强度螺栓断裂、松动、脱落：应着重检查交通流量大（振动幅度大）的桥梁节点处螺栓。现场应采用专用油漆笔对典型截面螺栓做紧固防松标记线，以便下次检查对照。

**记录要点：**参照 9.9.2 钢桁架桥“高强度螺栓缺损”，见表 9.3-1 中序号 108。

## 9.10　缆索结构桥梁

本节不包含润扬大桥、江阴大桥、泰州大桥、苏通大桥等跨江大桥定期检查要点，各公司自行参照内部维护手册开展工作。

### 9.10.1 共性病害

缆索结构桥梁共性病害常见的有护套局部损伤(PE 护套及钢护套损坏)、锚固部位缺陷、索力松弛、钢丝缺损、附属设施缺陷等。

(1)护套损坏

①PE 护套损坏包括缠丝外露、剐擦、开裂、破损、火烧、老化等。

**检查要点:**应着重检查 PE 护套的封闭完好性,若 PE 护套损坏,应注意其有无渗水可能,同时应检查施工热缩带是否连接可靠,粘贴缝隙处是否存在渗水可能。发现此类病害,应按中风险病害处置。

**记录要点:**缺损位置应记录损伤 PE 护套距参照物相对距离,缺损状况应记录 PE 损伤类型、长度、宽度、深度,见表 9.3-1 中序号 110。

②钢护套损坏包括锈蚀、凹陷变形、开裂、破损或松动等。

**检查要点:**应着重检查钢护套损坏有无渗水可能,须与下锚头检查情况进行相互关联分析。

**记录要点:**缺损位置应记录损伤钢护套距参照物相对距离,缺损状况应记录损伤类型、长度、宽度,见表 9.3-1 中序号 111。

(2)锚固部位

**常见病害:**锚具锈蚀、锚头渗水、锚头防锈油泄漏、锚头松动、锚头裂纹、锚固区损坏等。

**检查要点:**

①定期检查:须有计划、有比例对锚固部位进行开锚检查。

②应着重检查锚头内部是否积水,防腐油脂是否饱满,镦头钢丝有无锈蚀、损伤。可利用铁丝插入镦头孔洞内检查防腐油脂是否灌实,防护是否到位。

③锚固部位渗漏水的检查,应注意与全桥防护情况检查相关联。

**记录要点:**缺损状况应记录病害类型,见表 9.3-1 中序号 112。

(3)吊索

**常见病害:**索力松弛,钢丝锈蚀、断裂等。

**检查要点:**

①索力松弛包括系杆拱桥吊杆索力松弛,斜拉桥拉索索力松弛,悬索桥主缆、吊索索力松弛等。

②发现钢丝锈蚀、断裂,应按极高风险病害处置。

**记录要点:**

①索力松弛:缺损状况应记录病害类型,见表 9.3-1 中序号 113。

②钢丝锈蚀、断裂:缺损位置应记录吊索距参照物相对距离,缺损状况应记录锈蚀及断裂位置、根数、长度、宽度,见表 9.3-1 中序号 114。

(4)附属设施缺陷

**检查要点:**关注索塔的爬梯、检查门、工作电梯是否可靠安全,塔内的照明系统是否完好。

**记录要点:**缺损状况应记录缺陷类型、目前状态,见表 9.3-1 中序号 115。

### 9.10.2 系杆拱桥

除共性病害外，系杆拱桥常见的病害有：减振设施损坏，桥面以上防护不到位，密封材料老化、失效，拱肋变形，横向连接松动，拱脚裂缝，系梁、横梁裂缝等。

(1)减振设施

**常见病害**：减振块或密封圈破损、掉落、下滑等。

**检查要点**：应着重检查净空较高的隐蔽部位。

**记录要点**：缺损状况应记录病害类型、位移，见表9.3-1中序号116。

(2)防护设施

**检查要点**：

①桥面以上防护不到位：包括防护罩移位、防护罩密封不严实、导管积水等。

表面防护不到位，须打开防护罩检查内部积水情况；导管内部积水，应按高风险病害处置。

②密封材料老化、失效：须打开防护罩方可检查。注意有无渗水可能，须与下锚头检查情况进行关联分析。

**记录要点**：缺损状况应记录病害类型，见表9.3-1中序号117、118。

(3)拱肋

拱肋变形：包括拱肋拱顶下挠、异常开裂、拱轴线变化、竖板外凸等。

**检查要点**：发现此类病害，应按高风险病害处置。

**记录要点**：缺损位置应记录拱肋距参照物相对距离，缺损状况应记录病害类型，见表9.3-1中序号119。

(4)横向联结件

**检查要点**：横向联结件松动：应着重检查横撑、风撑等横向联结件与拱肋节点焊接处有无脱开、松动或滑动错裂。发现此类病害，应做裂缝标记，并按高风险病害处置。

**记录要点**：缺损位置应记录横向联结件相对位置，缺损状况应记录开裂长度，见表9.3-1中序号120。

(5)拱脚

拱脚病害包括拱脚裂缝、变形、异常位移等。

**检查要点**：应着重检查拱脚处钢管拱肋和混凝土拱脚交界处。拱脚变形、异常位移，应按高风险病害处置。

**记录要点**：缺损位置应记录拱脚裂缝相对位置，缺损状况应记录裂缝走向、长度、缝宽、典型裂缝深度，见表9.3-1中序号121。

(6)系梁(杆)

系梁(杆)裂缝：包括顶、底面横向裂缝，侧面竖向裂缝，侧面与横梁连接处附近斜向裂缝等。

**检查要点**：应着重检查系梁跨中区域。

**记录要点**：缺损位置应记录系梁裂缝距参照物相对距离，缺损状况应记录裂缝走向、长度、缝宽、典型裂缝深度，见表9.3-1中序号122。

(7)横梁

横梁裂缝包括横梁底面纵向裂缝、侧面横向裂缝等。

**检查要点:**应着重检查横梁预应力筋封锚混凝土部位。

**记录要点:**缺损位置应记录横梁裂缝距参照物相对距离,缺损状况应记录裂缝走向、长度、缝宽、典型裂缝深度,见表9.3-1中序号123。

### 9.10.3 斜拉桥

除共性病害外,斜拉桥病害常见的有索塔裂缝,减振设施损坏,斜拉索喇叭口钢管上预留排水孔堵塞,锚拉板破损、松动等。

(1)索塔

**检查要点:**索塔裂缝:应着重检查塔座棱线两侧两个夹角较小的临空面。裂缝宽度 > 0.15mm时,现场应做裂缝标记,并按高风险病害处置。

**记录要点:**缺损位置应记录索塔裂缝距参照物相对距离,缺损状况应记录裂缝走向、长度、缝宽、典型裂缝深度,见表9.3-1中序号124。

(2)减振设施

减振设施损坏包括减振器橡胶错位变形、开裂,阻尼减振器脱落、损坏,减振圈掉落等。

**记录要点:**缺损状况应记录病害类型,见表9.3-1中序号125。

(3)斜拉索

**检查要点:**应着重检查斜拉索喇叭口钢管上预留排水孔有无堵塞。

**记录要点:**缺损位置应记录排水孔相对位置,缺损状况应记录病害类型,见表9.3-1中序号126。

(4)锚拉板

**检查要点:**锚拉板破损、松动:应着重检查锚拉板焊接处有无脱焊、开裂。发现此类病害,应做裂缝标记,并按中风险病害处置。

**记录要点:**缺损位置应记录锚拉板相对位置,缺损状况应记录病害类型、数量、长度,见表9.3-1中序号127。

### 9.10.4 悬索桥

**常见病害:**索夹错位、滑移,索鞍与主缆滑移,索鞍上座板与下座板位移,主缆最低点渗水,主塔倾斜、变形、沉降,主塔裂缝,锚碇病害等。

(1)索夹

**检查要点:**索夹错位、滑移:须在主缆和索夹上分别做出相对明显的标记,每次检查时需量测这两个标记之间的相对位移。发现此类病害,应按高风险病害处置。

**记录要点:**缺损位置应记录索夹相对位置,缺损状况应记录位移,见表9.3-1中序号128。

(2)索鞍

**检查要点:**

①索鞍与主缆滑移:应在主索鞍两端、散索鞍入端主缆上设标记环线1道,检查中注意索鞍上的夹紧主缆的螺杆有无松动,发生相对滑动的主缆缠丝有无断裂或鼓包。发现此类病害,

应按高风险病害处置。

②索鞍上座板与下座板位移:应在上、下座板间设置相对明显的标记,每次检查需量测这两个标记之间的相对位移。发现此类病害,应按高风险病害处置。

**记录要点:**缺损位置应记录索鞍相对位置,缺损状况应记录位移值,见表9.3-1中序号129、130。

(3)主缆

**检查要点:**主缆最低点渗水:发现此类病害,应按中风险病害处置。

**记录要点:**缺损位置应记录主缆相对位置,缺损状况应记录病害类型,见表9.3-1中序号131。

(4)主塔

**检查要点:**

①主塔倾斜、变形、沉降:索塔基础出现严重沉降或位移,应按高风险病害处置。

②主塔裂缝:应着重检查主鞍座底部接触的塔顶混凝土顶面。裂缝宽度>0.15mm时,现场应做裂缝标记,并按高风险病害处置。

**记录要点:**

①主塔倾斜、变形、沉降:缺损状况应记录位移值,见表9.3-1中序号132。

②主塔裂缝:缺损位置应记录裂缝距参照物相对距离,缺损状况应记录裂缝走向、长度、缝宽、典型裂缝深度,见表9.3-1中序号133。

(5)锚碇

锚碇病害包括锚碇渗水、沉降、异常位移或拔动等。

**检查要点:**应着重检查锚杆与锚碇混凝土接触界面有无水流入侵,侵蚀锚杆。

**记录要点:**缺损位置应记录缺陷部位距参照物相对距离,缺损状况应记录病害类型、位移,见表9.3-1中序号134。

## 9.11 支座

### 9.11.1 板式橡胶支座

板式橡胶支座常用于板梁桥、T梁桥和组合箱梁桥,部分连续箱梁桥中也有少量应用。

**常见病害:**开裂,变形,脱空,偏位,支座垫石等附属构件病害及支座使用环境病害等。

(1)开裂

包括环向开裂、斜向开裂、不规则开裂及老化裂纹4种形式。

**记录要点:**缺损状况应记录开裂类型、宽度、长度占比,见表9.3-1中序号135。

(2)变形

包括剪切变形、压缩变形、分层外鼓等。

**检查要点:**剪切变形:应着重检查台顶及过渡墩顶滑板支座。

**记录要点:**缺损状况应记录变形类型、方向、角度,见表9.3-1中序号136。

(3)偏位

**检查要点：**关注梁底支座是否移动至封锚混凝土下端，导致封锚混凝土开裂。

**记录要点：**缺损状况应记录偏位方向、位移，见表9.3-1中序号137。

(4)脱空

**检查要点：**应着重检查空心板梁桥等多片梁的结构形式。支座全脱空，应按中风险病害处置。

**记录要点：**缺损状况应记录脱空比例，见表9.3-1中序号138。

(5)支座垫石等附属构件病害

包括垫石开裂、破损，垫石表面平整度差，垫石放样定位偏差，支座上钢垫板小于支座承压面，钢垫板与承压面错位，钢垫板缺失等。

**检查要点：**支座垫石开裂宽度>0.5mm，应按高风险病害处置。

**记录要点：**缺损状况应记录平整度差、宽度，见表9.3-1中序号139。

(6)支座使用环境病害

包括混凝土、碎石或其他堆积物，临时支撑或木模未拆除，支座混凝土包裹，支座周边排水不畅潮湿积水，上垫钢板锈蚀等。

**记录要点：**缺损状况应记录病害类型，见表9.3-1中序号140。

(7)其他

**检查要点：**关注支座上下有无倒置、同排支座型号是否一致、支座有无嵌入梁体等问题。

**记录要点：**缺损状况应记录病害类型，见表9.3-1中序号141。

### 9.11.2 球冠支座

球冠支座多用于建设年代较早的空心板梁桥中，由于球冠原因，安装后易存在局部偏压，脱空等现象，目前在江苏交控内已基本被板式橡胶支座所替代，其病害情况与板式橡胶支座类似。相关要点参照板式橡胶支座。

### 9.11.3 盆式橡胶支座

盆式支座多用于各类连续箱梁桥。

**常见病害：**安装缺陷，支座工作状态异常，钢组件损坏、锈蚀，支座垫石等附属构件病害及支座使用环境病害等。

(1)安装缺陷

包括支座安装方向错误(支座实际安装方向与设计方向不符)，临时连接件未拆除，螺栓安装不到位、缺失、过长，螺母松动、缺失，钢盆安装倒置，支座安装偏位等。

**检查要点：**尤其关注支座安装方向是否正确。新建桥梁交付使用后，管养单位须至少安排一次细致的支座功能检查，现场检查结合图纸和一般设计思路进行。

**记录要点：**缺损状况应记录病害类型，见表9.3-1中序号142。

(2)支座工作状态异常

包括竖向压缩超限、偏压、转角超限、滑移超限、聚四氟乙烯板磨损、聚四氟乙烯板挤出、盆内橡胶挤出等。

**检查要点：**应着重检查匝道弯梁桥。检查中应关注盆式支座有无转角或位移超限、抗震挡块是否挤压开裂、墩柱有无受弯开裂等病害，综合判断梁体有无横向变位。发现梁体横向变位，应按高风险病害处置。

**记录要点：**缺损状况应记录病害类型、偏压角度、位移值，见表9.3-1中序号143、144。

(3)钢组件损坏、锈蚀

包括钢盆开裂，上承压板变形，上下承压板、钢盆、螺栓锈蚀，限位导轨脱焊移位或断裂，锚固螺栓过长出现顶死、顶弯或剪断等。

**检查要点：**缺损状况应记录病害类型，见表9.3-1中序号145。

(4)支座垫石等附属构件病害

包含垫石开裂、歪斜、不平整、垫石尺寸不规范、垫石混凝土松散、垫石模板未拆除等。

**检查要点：**应着重检查部分未设置垫石的独柱墩顶。独柱墩顶混凝土开裂破损，应按高风险病害处置。

**记录要点：**缺损状况应记录病害类型、占比，见表9.3-1中序号146。

(5)支座使用环境病害

包括混凝土、碎石或其他堆积物，临时支撑或木模未拆除，支座混凝土包裹，支座周边排水不畅潮湿积水，上垫钢板锈蚀等。

## 9.12 下部结构

### 9.12.1 墩台共性病害

**常见病害：**受水侵蚀、异物堵塞等。

(1)受水侵蚀

**检查要点：**应着重检查过渡墩柱。若出现自上而下的渗水，需检查对应墩台顶伸缩缝是否破漏。

**记录要点：**缺损状况应记录受水侵蚀长度、宽度，见表9.3-1中序号147。

(2)异物堵塞

**检查要点：**尤其关注梁端隐蔽部位及过渡墩顶，应与桥面伸缩缝间距对应检查。垃圾(碎石、沥青混凝土等)堵塞影响梁体正常伸缩，梁端挤压隆起，影响结构安全，应按高风险病害处置。

**记录要点：**缺损位置应记录异物堵塞相对位置，缺损状况应记录病害类型、影响程度，见表9.3-1中序号148。

### 9.12.2 翼墙、耳墙

**常见病害：**变形、开裂等。

**检查要点：**

①翼墙变形包括翼墙倾斜、滑移、下沉等。

发现此类病害,应按高风险病害处置。

②耳墙开裂:应着重检查棱角部位。开裂宽度 >0.30mm,现场应做裂缝标记,并按中风险病害处置。

**记录要点:**

①翼墙变形:缺损状况应记录位移值、程度,见表 9.3-1 中序号 149。

②耳墙开裂:缺损状况应记录开裂数量、长度、宽度,见表 9.3-1 中序号 150。

### 9.12.3 锥坡、护坡

**常见病害:**砌缝脱落、坍塌,铺砌面开裂,冲蚀、掏空,填土沉陷、破损等。

**检查要点:**

①塌陷:塌陷面积 >30%,应按中风险病害处置。

②铺砌面开裂、异常隆起:缺陷面积 >30%,应按中风险病害处置。

③冲蚀、淘空:坡脚和锥坡出现冲蚀,冲成深坑、沟或槽,或有掏空现象,应按中风险病害处置。

④下沉、破损:缺陷面积 >30%,应按中风险病害处置。

**记录要点:**

①塌陷:缺损状况应记录塌陷长度、宽度,见表 9.3-1 中序号 151。

②铺砌面开裂、异常隆起:缺损状况应记录开裂数量、长度,见表 9.3-1 中序号 152。

③冲蚀、淘空:缺损状况应记录冲蚀长度、宽度、深度,见表 9.3-1 中序号 153。

④下沉、破损:缺损状况应记录下沉位移值,见表 9.3-1 中序号 154。

### 9.12.4 桥台

桥台结构形式较多,目前在江苏交控内重力式桥台和轻型桥台应用广泛。

#### 9.12.4.1 重力式桥台

**常见病害:**桥台变位、前墙竖向裂缝、前墙横向裂缝、侧墙竖向或斜向裂缝、侧墙外倾、前墙与侧墙交接处开裂等。

(1)桥台变位

包括桥台倾斜、滑移或不均匀沉降等。

**检查要点:**尤其关注桥台周边土体有无塌陷、挤压隆起、开裂等异常变化。发现此类病害,应按高风险病害处置。

**记录要点:**缺损状况应记录下沉方向、位移值,见表 9.3-1 中序号 155。

(2)前墙

**检查要点:**

①前墙竖向裂缝:尤其关注台身中部。裂缝宽度 >0.30mm,或缝长 > 截面尺寸 1/3,现场应做裂缝标记,并按中风险病害处置。

②前墙横向裂缝:尤其关注墙面中间位置。裂缝宽度 >0.30mm,现场应做裂缝标记,并按中风险病害处置。

**记录要点:**缺损位置应记录裂缝距参照物相对距离,缺损状况应记录裂缝走向、长度、缝宽、典型裂缝深度，见表9.3-1中序号156。

(3)侧墙

**检查要点：**

①侧墙裂缝包括竖向裂缝和斜向裂缝。

尤其关注棱角部位。开裂宽度>0.30mm，现场应做裂缝标记，并按中风险病害处置。

②侧墙外倾：尤其关注高桥台。侧倾>10cm，应按高风险病害处置。

③前墙与侧墙交接处开裂：尤其关注前墙与侧墙交接处。裂缝宽度>0.30mm，现场应做裂缝标记，并按中风险病害处置。

**记录要点：**

①侧墙裂缝：缺损位置应记录裂缝距参照物相对距离，缺损状况应记录裂缝走向、长度、缝宽，见表9.3-1中序号157。

②侧墙外倾：缺损状况应记录倾斜方向、位移，见表9.3-1中序号158。

③前墙与侧墙交接处开裂：缺损位置应记录开裂相对位置，缺损状况应记录开裂数量、长度、缝宽，见表9.3-1中序号159。

9.12.4.2 轻型桥台

轻型桥台部分病害情况与重力式桥台类似，病害示意、检查要点及记录要点参考重力式桥台。

**常见病害：**桥台变位，背墙开裂，台帽竖向裂缝，台帽错位、挤压破损等。

(1)桥台变位

包括桥台倾斜、滑移或不均匀沉降等。

**检查要点：**尤其关注桥台周边土体有无塌陷、挤压隆起、开裂等异常变化。发现此类病害，应第一时间上报管养单位。

**记录要点：**照9.12.4.1重力式桥台"(1)桥台变位"，见表9.3-1中序号155。

(2)背墙开裂

背墙开裂包括竖向开裂和斜向开裂。

**检查要点：**尤其关注桥台两侧。裂缝宽度>0.30mm，现场应做裂缝标记，并按中风险病害处置。

**记录要点：**缺损位置应记录开裂相对位置，缺损状况应记录开裂数量、长度、缝宽，见表9.3-1中序号160。

(3)台帽

**检查要点：**

①台帽竖向开裂：尤其关注台身中下部。裂缝宽度>0.30mm，现场应做裂缝标记，并按中风险病害处置。

②台帽错位、挤压破损：应着重检查拼宽桥梁台帽接缝处。同时关注桥台周边土体有无塌陷、挤压隆起、开裂等异常变化。

**记录要点：**

①台帽竖向开裂：缺损位置应记录开裂距参照物相对距离，缺损状况应记录开裂数量、长度、缝宽，见表9.3-1中序号161。

②台帽错位、挤压破损：缺损位置应记录错位相对位置，缺损状况应记录位移值，见表9.3-1中序号162。

### 9.12.5 桥墩

桥墩结构形式多样，目前在江苏交控内柱式墩和薄壁式墩应用广泛。

9.12.5.1 柱式墩

**常见病害：**墩身竖向裂缝，墩身环向裂缝，墩柱倾斜、变位等。

(1)墩身裂缝

**检查要点：**

①竖向裂缝：应着重检查立柱中间部位及独柱墩顶部。无盖梁的柱顶发现竖向裂缝，应检查其箍筋配置情况。裂缝宽度>0.30mm，现场应做裂缝标记，并按中风险病害处置。

②环向裂缝：应着重检查单柱式固结墩（刚构），以及上跨、匝道等弯梁桥。发现此类裂缝后，须关注柱顶盆式支座安装方向是否正确，梁体有无滑移或倾斜；过渡墩立柱出现环向裂缝，还须检查墩顶有无垃圾堵塞或卡死。梁端顶死，影响结构安全，应按高风险病害处置。

**记录要点：**缺损位置应记录裂缝方向、裂缝距参照物相对距离，缺损状况应记录裂缝走向、长度、缝宽、典型裂缝深度，见表9.3-1中序号163。

(2)墩柱倾斜、变位

包括墩柱偏位、倾斜及下沉等。

**检查要点：**关注墩柱周边土体有无塌陷、挤压隆起、开裂等异常变化，桥面有无不均匀沉降，伸缩缝有无异常伸缩。发现此类病害，应按高风险病害处置。

**记录要点：**缺损状况应记录倾斜方向、角度，见表9.3-1中序号164。

9.12.5.2 重力式墩

**常见病害：**墩柱倾斜、变位，墩身竖向裂缝，墩身水平裂缝，墩身网状裂缝，墩帽放射性裂缝等。

(1)墩身裂缝

**检查要点：**

①墩身竖向裂缝：关注裂缝走向，区分裂缝自墩身底部向上发展，或自墩身顶部向下发展，若出现在墩顶位置，需检查墩顶区域受拉钢筋布置。裂缝宽度>0.30mm，现场应做裂缝标记，并按中风险病害处置。

②墩身水平裂缝：尤其关注10m以上的高桥墩。

③墩身网状裂缝：尤其关注常水位以上墩身的向阳部分。

**记录要点：**参照9.12.5.1柱式墩"(1)墩身裂缝"，见表9.3-1中序号163。

(2)墩帽

**检查要点：**墩帽放射性裂缝：尤其关注跨度大、支承反力大的桥墩帽。发现此类裂缝，现场应做裂缝标记，并按中风险病害处置。

**记录要点：**参照9.12.5.1柱式墩"(1)墩身裂缝"，见表9.3-1中序号163。

(3)墩柱倾斜、变位

包括墩柱偏位、倾斜及下沉等。

**检查要点:**应着重检查墩身周边土体有无塌陷、挤压隆起、开裂等异常变化。发现此类病害,应按高风险病害处置。

**记录要点:**参照9.12.5.1 柱式墩"(2)墩柱倾斜、变位",见表9.3-1 中序号164。

9.12.5.3 薄壁墩

薄壁式墩墩身为钢筋混凝土实体结构,墩身与混凝土承台相连,多用于跨径较大的桥梁主墩,大部分位于航道跨河孔。其病害情况与重力式墩类似,相关要点参照重力式墩。

## 9.12.6 墩帽(盖梁)

**常见病害:**竖向裂缝、斜向裂缝、角隅开裂、倒T形盖梁颈部混凝土开裂等。

(1)矩形盖梁

**检查要点:**

①竖向裂缝:尤其关注盖梁跨中区段及墩柱上方。当发现跨中区段出现竖向裂缝时,还须关注裂缝是否延伸至盖梁底面或盖梁顶面,形成贯通裂缝。裂缝宽度 >0.30mm 或与盖梁顶、底面连通形成贯通裂缝,现场应做裂缝标记,并按中风险病害处置。

②斜向裂缝:尤其关注立柱两侧,还须关注裂缝是否延伸至盖梁底面或顶面,形成贯通裂缝。裂缝宽度 >0.30mm,现场应做裂缝标记,并按中风险病害处置。

**记录要点:**缺损位置应记录裂缝距参照物相对距离,缺损状况应记录裂缝走向、长度、缝宽、典型裂缝深度,见表9.3-1 中序号165。

(2)L形盖梁

L形盖梁裂缝包括竖向裂缝、斜向裂缝、横向裂缝、纵向裂缝等。

**检查要点:**尤其关注过渡墩高低盖梁高出一侧,以及棱角部位。裂缝宽度 >0.30mm,现场应做裂缝标记,并按中风险病害处置。

**记录要点:**参照9.12.6 盖梁"(1)矩形盖梁",见表9.3-1 中序号165。

(3)倒T形盖梁

**检查要点:**倒T形盖梁颈部混凝土开裂:发现此类病害,应检查梁端间隙处有无垃圾硬物堵塞或卡死,影响结构安全,应按高风险病害处置。

**记录要点:**参照9.12.6 盖梁"(1)矩形盖梁",见表9.3-1 中序号165。

## 9.12.7 系梁(承台)

**常见病害:**竖向裂缝、纵向裂缝等。

**检查要点:**应着重检查竖向裂缝是否与系梁(承台)顶面纵向裂缝连通。裂缝宽度 >0.30mm,现场应做裂缝标记,并按中风险病害处置。

**记录要点:**参照9.12.6 盖梁"(1)矩形盖梁",见表9.3-1 中序号165。

## 9.12.8 抗震挡块

**常见病害:**挡块与梁体挤压开裂,挡块与梁体无间隙或间隙过小,挡块与梁体间垃圾堵塞,墩(台)帽未设挡块,混凝土表观缺损等。

**检查要点:**应着重检查挡块与梁体挤压开裂,或挡块与梁体间隙过小等问题,现场应对梁体是否产生横向滑移进行检查确认,并做横向位移观测,现场标记相对间距及日期,以便下次检查对照。

**记录要点:**缺损状况应记录缺损类型、间距,见表9.3-1中序号166。

### 9.12.9 墩台基础

墩台基础类型较多,工程上普遍使用的是扩大基础、桩基础和深井基础,目前江苏交控多采用桩基础。

**常见病害:**桩柱中心偏位,基础下沉,冲刷、淘空,缩颈,开裂,桩柱结合部缺陷及腐蚀等。

(1)桩基础

**检查要点:**

①基础冲刷、淘空:尤其关注水流较为湍急的河道,建议安排在枯水期进行检查, 对于水下桩基可采用专用摄像设备配合潜水员进行水下检测。发现此类病害,应建议管养单位予以重点关注。基础冲空面积>20%截面面积,应按高风险病害处置。

②桩基缩颈、露骨、露筋:尤其关注桩基顶段水位涨落、干湿交替变化处,建议安排在枯水期进行检查,对于水下桩基可采用专用摄像设备配合潜水员进行水下检测。发现此类病害,应建议管养单位予以重点关注。基础缩颈面积>20%截面面积,应按高风险病害处置。

③基础腐蚀:应着重检查滨海盐土和内陆盐土地区干湿交界面。

**记录要点:**

①基础冲刷、淘空:缺损位置应记录冲刷方向及距参照物相对距离,缺损状况应记录冲刷长度、冲刷宽度、冲刷深度、露筋根数、露筋长度,见表9.3-1中序号167。

②桩基缩颈、露骨、露筋:缺损位置应记录缩颈方向及距参照物相对距离,缺损状况应记录缩颈深度,见表9.3-1中序号168。

③基础腐蚀:缺损位置应记录基础腐蚀方向及距参照物相对距离,缺损状况应记录基础腐蚀长度、宽度,见表9.3-1中序号169。

(2)扩大基础

**检查要点:**基础开裂,尤其关注扩大基础。基础开裂>截面尺寸的1/3,应按中风险病害处置。

**记录要点:**缺损位置应记录开裂距参照物相对距离,缺损状况应记录开裂数量、长度、缝宽,见表9.3-1中序号170。

(3)桩柱结合部

桩柱结合部缺陷包括酥松、混凝土局部强度不足、砖块包裹等。

**检查要点:**尤其关注外露部位,可选取少量进行局部开挖检查。若桩柱结合部砖块包裹,应凿除立模砖块,检测其桩头混凝土质量及配筋情况。

**记录要点:**缺损状况应记录缺陷类型,见表9.3-1中序号171。

(4)其他

**检查要点:**

①桩柱中心偏位:尤其关注桩基周边地表土体有无沉陷。通过土体凹陷部位初步判断偏

位方向,发现此类病害,应按高风险病害处置。

②不均匀沉降:尤其关注拼宽桥梁新桥基础。发现此类病害,应按高风险病害处置。

**记录要点:**

①桩柱中心偏位:缺损状况应记录偏位值,见表9.3-1中序号172。

②不均匀沉降:缺损状况应记录沉降值,见表9.3-1中序号173。

### 9.12.10 河床及调治构造物

一般情况下河床无法检查,仅在枯水季节或上游关闸蓄水时,可能显露在外。定期检查应有计划予以关注,建议在汛期前后各观测一次。

**常见病害:**河床冲刷、扩宽、淤积,河道堵塞,河底铺砌损坏;调治构造物变形、冲蚀、缺失、损坏等。

(1)河床

**检查要点:**河床变迁影响结构安全,应按高风险病害处置。

**记录要点:**缺损状况应记录河床缺损类型、程度,见表9.3-1中序号174。

(2)调治构造物

**检查要点:**表面出现大面积损坏、下滑,构造物出现下沉、倾斜、局部坍塌,应按中风险病害处置。

**记录要点:**缺损状况应记录调治构造物缺损类型、程度,见表9.3-1中序号175。

## 9.13 周边环境

定期检查中除包含结构本身病害外,还需对桥梁周边环境进行检查,检查要点参照桥梁日常巡查、经常检查手册中周边环境检查项目。

对于常规手段无法达到的孔跨,应第一时间上报管养单位。

## 9.14 加固桥梁检查

桥梁耐久性病害的修复方法主要有封缝、灌缝、防腐涂装等。加固方法主要有碳纤维粘贴、预应力碳纤维板粘贴钢板粘贴、体外预应力、增大截面等。

### 9.14.1 封缝

包括裂缝扩展(缝宽扩展或缝长扩展等)、封缝胶脱落。

**检查要点:**

①裂缝扩展:应着重检查上部结构梁体。应在封缝后进行初始检查,在裂缝端部画垂直于裂缝的短线段,表示裂缝截止,以便下次检查对照。

②封缝起皮、脱落:应着重检查施工年份超过6年,或基面未处理,或处于潮湿环境中的封缝。若修补裂缝处存在水迹,应着重关注外侧梁体有无滴水檐,泄水管下端露出长度是否合理等关联性问题。

**记录要点**：

①裂缝扩展：缺损位置应记录缺损封缝距参照物相对距离，缺损状况应记录缺损封缝数量、类型，若为长度扩展，还应记录长度；若为宽度扩展，还应记录宽度，见表9.3-1中序号176。

②封缝起皮、脱落：缺损位置应记录脱落封缝距参照物相对距离，缺损状况应记录脱落数量、长度，见表9.3-1中序号177。

### 9.14.2 灌缝

**检查要点**：胶体灌注不饱满：此类病害不易发现，应在检查中予以关注，必要时可采用灌缝取芯检测(图9.14-1)。

**记录要点**：缺损位置应记录缺损灌缝距参照物相对距离，缺损状况应记录缺损灌缝数量、类型，见表9.3-1中序号178。

图9.14-1 灌缝取芯检测

### 9.14.3 碳纤维布

碳纤维布剥离包括老化剥离和剐擦剥离。

**检查要点**：应着重检查跨路孔底板碳纤维布。

**记录要点**：缺损位置应记录剥离碳纤维布距参照物相对距离，缺损状况应记录碳纤维布剥离类型、数量、长度，见表9.3-1中序号179。

### 9.14.4 预应力碳纤维板

**检查要点**：碳纤维板滑移：现场应采用专用油漆笔对碳纤维板末端做位移标记(图9.14-2)，标记碳纤维板外露距离及日期，以便下次检查对照。发现碳纤维板滑移，应按中风险病害处置。

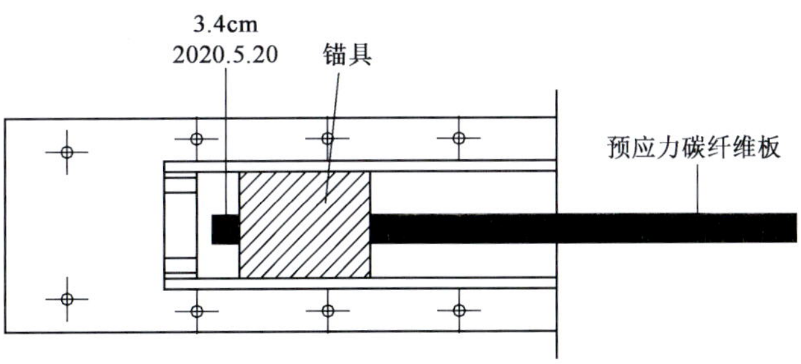


图9.14-2 碳纤维板滑移标记示意图

**记录要点**：缺损位置应记录碳纤维板锚固端或张拉端相对位置，缺损状况应记录碳纤维板滑移方向、位移，见表9.3-1中序号180。

### 9.14.5 钢板粘贴

钢板粘贴常见病害有空鼓、剥离、分层、脱落、锈蚀、表面防锈漆剥落等。

**检查要点：**

①钢板空鼓：宜采用敲击检测法进行钢板空鼓检测。此项检测工作量较大，可按 1% ~ 5% 的比例进行抽检（优先选取存在水迹或遭受雨水侵蚀，或面积大于 $1m^2$、长度大于 3m、厚度大于 5mm，或螺栓布置较少的钢板）。

图 9.14-3　钢板锈蚀

②钢板剥离、分层、脱落：应着重检查存在水迹或遭受雨水侵蚀，或面积大于 $1m^2$、长度大于 3m、厚度大于 5mm，或螺栓布置较少的钢板。跨路孔梁体加固钢板大面积脱落、影响通行安全的，应按高风险病害处置。

③钢板锈蚀（图 9.14-3）、表面防锈漆剥落：应着重检查存在水迹部位或遭受雨水侵蚀的钢板。

敲击检测法测钢板空鼓如图 9.14-4 所示。

**记录要点：**

①钢板空鼓：缺损状况应记录钢板空鼓数量、空鼓面积、钢板面积、有效黏结面积占比，见表 9.3-1 中序号 181。

②钢板剥离、分层、脱落：缺损位置应记录剥离钢板距参照物相对距离，缺损状况应记录剥离数量、长度、宽度，见表 9.3-1 中序号 182。

③钢板锈蚀、表面防锈漆剥落：缺损状况应记录钢板锈蚀程度、长度、宽度，见表 9.3-1 中序号 183。

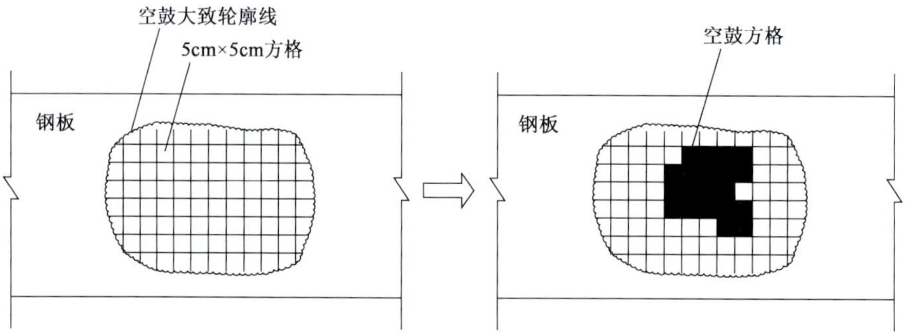


图 9.14-4　敲击检测法测钢板空鼓示意图

注：敲击检测法（采用小铁锤敲击钢板表面，通过辨别空鼓处与非空鼓处声音的不同来确定空鼓位置，用油漆笔标记出每处空鼓的大致轮廓，继而用钢尺在所画轮廓内部画 5cm × 5cm 的正方形方格，细敲确定每个空鼓方格并标记，通过空鼓方格数量计算空鼓面积）；如本图所示中共有 20 个空鼓方格，每个方格面积 $0.0025m^2$，则空鼓总面积为 $0.05m^2$。

## 9.14.6　体外预应力

**常见病害：**锚固区域松弛、钢束异常变形、钢绞线外包 PE 受损、钢绞线外露或锈蚀等。

**检查要点：**

①锚固区域松弛、钢束异常变形：体外预应力线形严重异常，锚固块严重破坏，应按高风险病害处置。

②钢绞线外包PE受损、钢绞线外露或锈蚀：钢绞线严重锈蚀、断丝，应按高风险病害处置。

**记录要点：**

①锚固区域松弛、钢束异常变形：缺损位置应记录异常变形钢束距参照物相对距离，缺损状况应记录变形长度，见表9.3-1中序号184。

②钢绞线外包PE受损、钢绞线外露锈蚀：缺损位置应记录受损钢束距参照物相对距离，缺损状况应记录缺损数量、类型、长度，见表9.3-1中序号185。

### 9.14.7 增大截面

**检查要点：**结合面开裂、网状开裂（图9.14-5）：宜采用小铁锤轻轻敲击增大截面表面，若有空响声，则表明新旧界面黏结不好。

**记录要点：**缺损位置应记录网状开裂距参照物相对距离，缺损状况应记录网状开裂数量、面积、缝宽，见表9.3-1中序号186。

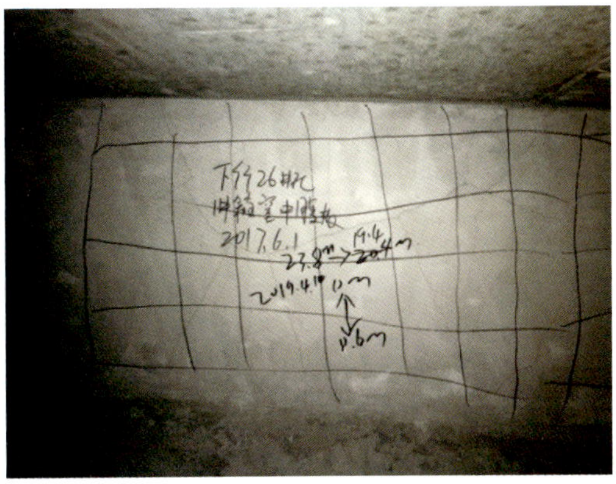

图9.14-5 增大截面表面网状开裂

### 9.14.8 混凝土防腐涂装

**检查要点：**表面起皮或剥落：宜采用小铁锤轻轻敲击增大截面表面，若有空响声，则表明新旧界面黏结不好。

**记录要点：**缺损位置应记录涂装剥落距参照物相对距离，缺损状况应记录涂装剥落数量、长度、宽度，见表9.3-1中序号187。

Chapter Ten

# 第 10 章

# 桥梁特殊检查

## 10.1 特殊检查目的及意义

根据《04 规范》的规定,特殊检查是查清楚桥梁的病害原因、破损程度、承载能力、抗灾能力,确定桥梁技术状况的工作。特殊检查分为专门检查和应急检查。

(1)专门检查:根据各类桥梁检查的结果,对需要进一步判明损坏原因、缺损程度或使用能力的桥梁,针对病害进行专门的现场试验检测、验算与分析等鉴定工作。

(2)应急检查:当桥梁受到灾害性损伤或异常情况影响造成的损害后,为了查明破损状况,采取应急措施,组织恢复交通,对结构进行的详细检查和鉴定工作。

## 10.2 特殊检查要求

### 10.2.1 总体要求

根据《04 规范》的规定,特殊检查应委托有相应资质和能力的单位承担。实施特殊检查前,承担单位负责检查的工程师应充分收集资料,包括设计资料(设计文件、计算所用的程序、方法和计算结果)、竣工图、材料试验报告、施工记录、历次桥梁定期检查和特殊检查报告,以及历次维修资料等。原资料如有不全或疑问时，可现场测绘构件尺寸，测试构件材料组成及性能、勘察水文地质情况等。

桥梁特殊检查应根据需要对以下3个方面问题做出鉴定：

(1)桥梁结构材料缺损状况，包括对材料物理、化学性能退化程度及原因的测试鉴定，结构或构件开裂状态的检测与评定。

(2)桥梁结构承载能力，包括对结构强度、稳定性和刚度的检算、试验与鉴定。

(3)桥梁防灾能力，包括桥梁抵抗洪水、流冰、风、地震及其他地质灾害能力的检测鉴定。

### 10.2.2 检查时机

《04规范》中规定了应进行特殊检查的情况。

以下4种情况下应进行专门检查：

(1)定期检查中难以判明损坏原因及程度的桥梁。

(2)桥梁技术状况为三类、四类、五类者。

(3)拟通过加固手段提高荷载等级的桥梁。

(4)条件许可时，特殊重要的桥梁在正常使用期间可周期性进行荷载试验。

在以下情况发生时应进行应急检查：

桥梁遭受洪水、流冰、滑坡、地震、风灾、漂流物或船舶撞击，因超重车通过或其他异常情况影响造成损害时。

### 10.2.3 检查方法

特殊检查应根据桥梁的破损状况和性质，采用仪器设备进行现场测试、荷载试验及其他辅助试验，针对桥梁现状进行检算分析，形成鉴定结论。

特殊检查应具有针对性，即针对执行特殊检查的具体原因来确定检查项目，在检查之前应由承担单位编制专门的特殊检查方案。

### 10.2.4 检查项目

对于常见的病害，可参考表10.2-1的原则进一步确定检查项目。

专门检查项目参考表　　表10.2-1

| 特殊检查类型及检查原因 | | 检 查 项 目 |
|---|---|---|
| 专门检查 | 定期检查中难以判明损坏原因及程度的病害 | 针对具体病害研究确定所需要的试验项目 |
| | 桥梁技术状况为三类、四类、五类者 | ①测试混凝土碳化深度、混凝土强度、氯离子含量(针对滨海桥梁或使用除冰盐桥梁)、钢筋锈蚀等项目，掌握混凝土结构耐久性能；<br>②宜利用静动载试验或快速荷载试验查明桥梁承载能力；<br>③针对具体病害，研究确定其他需要检测的项目 |
| | 拟通过加固手段提高载重等级时 | ①必要时，采用静动载试验或快速荷载试验，查明桥梁的承载能力；<br>②针对具体病害，研究确定其他需要检测的项目 |

续上表

| 特殊检查类型及检查原因 | | 检查项目 |
|---|---|---|
| 专门检查 | 每隔一定周期的专门检查(针对特大桥、特殊结构桥梁和单孔跨径超过60米的桥梁) | ①测试混凝土碳化深度、混凝土强度、氯离子含量(针对滨海桥梁或使用除冰盐桥梁)、钢筋锈蚀等项目,掌握混凝土结构耐久性能;<br>②条件允许时宜利用静动载试验或快速荷载试验,查明桥梁承载能力;<br>③针对具体病害,研究确定其他需要检测的项目 |
| 应急检查 | | 针对具体病害情况,制定需要检测的项目 |

## 10.3 应急检查

桥涵遭受火损、撞损等突发事件后,需立即进行抢险应急检查并制定维修方案进行加固,以保障结构安全。以下总结火损、撞损桥涵的检查重点、常规检查步骤。

### 10.3.1 火损后的应急检查

#### 10.3.1.1 检查项目

桥涵遭受火损后应重点检查以下项目:

(1)火场调查,包括构件表面最高温度、火场最高温度;

(2)火场温度分布;

(3)外观检查;

(4)无损检查,包括混凝土强度检测、保护层厚度检测、钢构件焊缝检查、索力测试、动力特性测试等。

#### 10.3.1.2 检查步骤

(1)火场最高温度调查:到达现场后,应对起火时间、起火源、扑灭时间、有效燃烧时间及火灾发生时的自然外界温度进行走访调查,对火灾燃烧物进行确认并拍照。以上参数确定后按《火灾后工程结构鉴定标准》(T/CECS 252—2019)确定火场的最高温度。

(2)构件表面最高温度:到达被火损构件表面后,按照《火灾后工程结构鉴定标准》(T/CECS 252—2019)附录B表B-1开展检查,擦净表面烟熏痕迹后进行锤击及目视检查,重点关注锤击回声、混凝土表面颜色、裂损剥落情况,综合推断构件表面的最高温度。

(3)上下部结构外观检查:对火损孔的上下部结构进行检查,重点关注上下部构件截面是否有混凝土破损、削弱,构造钢筋及主筋有无外露,预应力钢绞线波纹管有无外露,并测量破损面积、深度。若是钢结构构件受火损,应当注意检查钢构件是否发生了塑性变形。

(4)支座外观检查:对火损孔支座逐个检查,检查前应擦净表面烟熏痕迹,重点关注支座橡胶部分是否受高温熔化、变形,甚至已经失去承载能力。

(5)桥面系外观检查:对火损孔桥面铺装、护栏、伸缩缝、防眩板等构件进行检查。对桥面车辆燃烧导致的火损,应重点检查桥面系病害及其可能对上下部构件产生的影响。

(6)无损检测:应对火损构件及完好构件进行无损检测,无损检测包括混凝土强度、保护层厚度、碳化深度等,混凝土强度测试应将受火损表面酥松的混凝土清理干净,露出坚实且较平整面后方可进行。

(7)基于检测结果的承载能力评定:根据现场外观检测及无损检测的数据,对受火损桥涵进行承载能力评定。

(8)初步鉴定分级:

按照《火灾后工程结构鉴定标准》(T/CECS 252—2019)6.1.2节,火灾后结构构件的初步鉴定评级,应根据构件烧灼损伤、变形、开裂(或断裂)程度,按下列标准评价损伤状态等级:

Ⅱa级:轻微或未直接遭受烧灼作用,结构材料及结构性能未受影响,可不采取措施或仅采取提高耐久性措施。

Ⅱb级:轻度烧灼,未对结构材料及结构性能产生明显影响,尚不影响结构安全,应采取提高耐久性或局部处理和外观修复措施。

Ⅲ级:中度烧灼尚未破坏,显著影响结构材料或结构性能,明显变形或开裂,对结构安全性或正常使用性产生不利影响,应采取加固或局部更换措施。

Ⅳ级:破坏,火灾中或火灾后结构倒塌或构件塌落;结构严重烧灼损坏、变形损坏或开裂损坏,结构承载能力丧失或大部丧失,危及结构安全,必须立即采取安全支护、彻底加固或拆除更换措施。

(9)详细鉴定分级:火灾后结构构件的详细检定评级,根据检测鉴定分析结果,评定为b、c、d级,详细鉴定分级是判断构件是否符合安全要求的指标,应在基于检测结果的承载能力评定基础上进行。

b级:基本符合标准下限水平要求,尚不影响安全,可正常使用,宜采取适当措施。

c级:不符合标准要求,在目标使用年限内影响安全和正常使用,应采取措施。

d级:严重不符合标准要求,严重影响安全,必须及时或立即加固或拆除。

注:火灾后的结构构件不评a级。

### 10.3.2 撞损后的应急检查

#### 10.3.2.1 检查项目

(1)桥梁外观检查:对桥梁的外观状态进行全面检查,初步掌握桥梁的工作状态。

(2)桥梁撞损程度检查,重点对撞损程度、钢筋钢绞线损伤程度进行记录,对撞损后桥梁可能发展病害进行检查。

(3)无损检测:对桥梁的梁体、墩柱和桥台等主要构件进行无损检测,包括以下内容:

①检测混凝土的强度和碳化深度;

②探测混凝土的保护层厚度;

③立柱垂直度。

(4)跨路孔桥梁净空测量:对桥梁净空进行测量,了解桥梁净空是否满足规范及限高要求。

(5)根据详细检测的结果对结构的承载能力和使用性能进行计算分析。计算分析包括对桥梁原设计的复核和撞损后桥梁结构验算鉴定。

10.3.2.2 检查步骤

(1)事故调查时,对发生事故的时间,事故原因、撞击过程、撞击部位,船只、车辆撞击时速均应进行现场走访调查。

(2)上下部结构外观检查:对撞损孔的上下部结构进行检查,重点关注上下部构件截面是否有混凝土破损、削弱,构造钢筋及主筋有无外露,预应力钢绞线波纹管有无外露,并测量破损面积、深度。如有预应力筋外露、破损、断裂,应详细检查其病害位置数量,对照竣工图检查预应力筋断裂的股丝数量。

(3)支座外观检查:逐个检查撞损孔支座,检查时重点关注支座是否存在移位、限位挡块破损现象。

(4)桥面系外观检查:对撞损孔桥面铺装、护栏、伸缩缝、防眩板等构件进行检查。

(5)无损检测:应对撞损构件进行无损检测,无损检测包括混凝土强度、保护层厚度、碳化深度等,在做混凝土强度测试时应将表面酥松的混凝土清理干净,露出坚实且较平整面后方可进行。

(6)基于检测结果的承载能力评定:根据现场外观检测及无损检测的数据,对撞损桥涵进行承载能力评定。

## 10.4 新型检测技术介绍

1)缆索检测机器人(图10.4-1)

缆索是大跨径缆索承重桥梁的主要承重结构。缆索结构构造复杂、人工检测效率低,利用电动、气动机器人可以实现索结构的快速检测,及时可靠地发现缆索病害,指导开展后续养护工作。

图10.4-1 缆索检测机器人

2)无人机

采用无人机进行桥梁检测(图10.4-2),主要利用无人机可高空任意地点悬停的特点,借助高像素专业拍照采集系统,在已知位置和距离对检测对象局部拍照,数据存储于机身,后期专业人员通过已知空间位置、时间轴线、高清照片或录像来分析病害位置和危害程度。

3)水下机器人

水下机器人(图10.4-3)具有体积小、机身灵活、操作方便等优点。采用水下机器人对水面以下的桩基进行检查,可使检查更细致、更全面,避免复杂水况下的人员水下作业。此外,针对桥墩使用时间长、附着物太多、水质浑浊等情况,水下机器人可配备专业的图像声呐系统,利用声波来做更全面深入的检查。

4)结构外观病害远程非接触检测(图10.4-4)

此项技术是一种远距离、非接触、高分辨率结构外观检测新型技术,测量精度可达亚毫米级,可用于桥梁、隧道及高层建筑等大型高耸结构物远距离观测。其配套的计算软件可通过距离、焦距、像素与真实病害的一定比例关系，计算出病害的尺寸，百米测量精度小于0.05mm。

图10.4-2 无人机进行桥梁检测

图10.4-3 水下机器人

图10.4-4 结构外观病害远程非接触检测

## 10.5 无损检测

### 10.5.1 混凝土强度检测

对桥梁混凝土强度，在主要构件或主要受力部位布置测区，采用回弹法、超声回弹综合法、取芯法等进行检测。

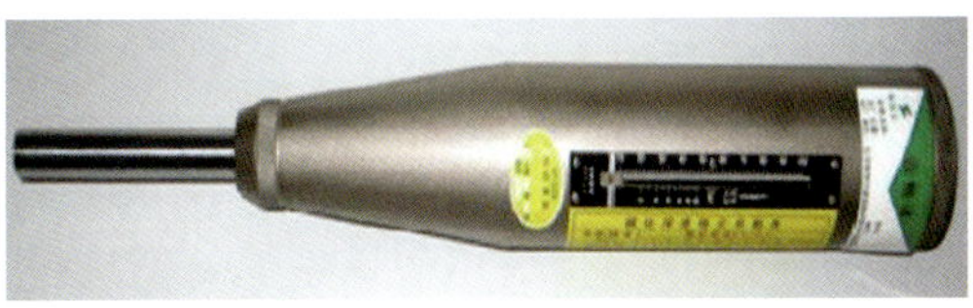

图10.5-1 回弹仪

回弹法：是采用回弹仪（图10.5-1）的弹簧驱动重锤，使其以一定的冲击动能撞击顶在混凝土表面的冲击杆后，测出重锤被反弹回来的距离，以回弹值（反弹距离与弹簧初始长度的比值)作为强度相关指标来推算混凝土强度的一种方法。适用条件为龄期不超过1000d的混凝土,对遭受冻害、化学侵蚀、火灾、结构表面温度低于-4℃或高于60℃、被测构件厚度小于100mm的不适用。

超声回弹法:此方法在回弹法基础上结合了超声波无损技术,比回弹法精确度高。适用条件为龄期不超过2000d的混凝土。

钻芯取样法:本方法为有损检测,现场取芯后进行混凝土抗压强度试验,其结果精度最高。一般在火损构件、撞损构件及以上两种方法无法确定结构强度时适用。

### 10.5.2 混凝土碳化深度检测

碳化深度测试一般与混凝土强度测试同时进行。

混凝土碳化深度测试的方法有酸碱指示剂呈色法(酚酞试液测试法、彩虹指示剂法、茜素黄R试剂法)、热分析法、X射线物相分析法、红外光谱法、岩相分析法等。

酚酞试液测试法为桥梁混凝土结构碳化状况检测的推荐方法。使用酚酞试液喷在混凝土的新鲜破损面,根据试液颜色的变化,测量混凝土的碳化深度。检测范围为主要承重构件或承重构件的主要受力部位,或根据一般检查结果有迹象表明钢筋可能存在锈蚀的部位。

### 10.5.3 混凝土钢筋保护层厚度检测

混凝土结构的钢筋保护层厚度是指最外层钢筋外边缘至混凝土表面的距离。电磁感应法和雷达法是最为典型的两种非破损检测方法。电磁感应法是利用电磁感应原理,使用钢筋探测仪(图10.5-2)在构件混凝土表面向内部发射电磁波,形成电磁场,混凝土内部的钢筋切割磁力线产生感应电磁场,由于感应电磁场的强度和空间梯度变化受钢筋位置、直径、保护层厚度的制约,通过测量感应电磁场的梯度变化,并通过技术分析就能确定钢筋的位置、保护层厚度和钢筋直径等参数。雷达法则是通过发射和接收到的毫微秒级电磁波,来检测混凝土结构及构件中间距、混凝土保护层厚度。

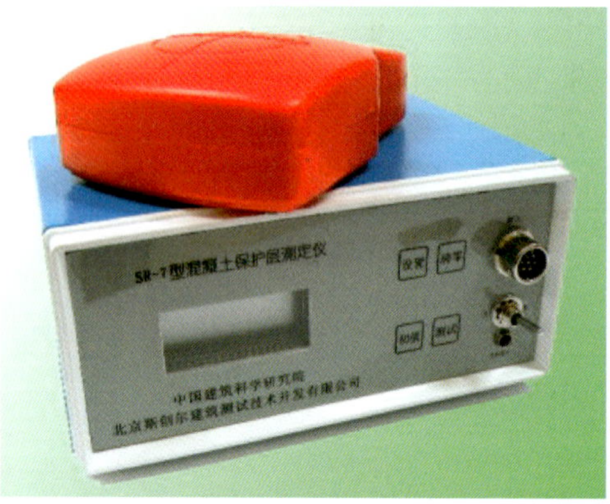

图10.5-2 钢筋探测仪

### 10.5.4 混凝土桥梁钢筋锈蚀电位检测

混凝土中钢筋锈蚀状况的检测主要应用半电池电位法。

半电池电位法是利用混凝土中钢筋锈蚀的电化学反应引起的电位变化来测定钢筋锈蚀状态的一种方法。通过测定钢筋/混凝土作为一个电极与在混凝土表面的铜/硫酸铜参考电极之间的电位差,评定钢筋的锈蚀状态(图10.5-3)。

混凝土中钢筋锈蚀不仅影响结构耐久性,而且影响结构的安全性。钢筋锈蚀电位直接反映了混凝土中钢筋锈蚀的活动性。通常,电位差越大,混凝土中钢筋发生锈蚀的可能性越大。

### 10.5.5 混凝土桥梁电阻率检测

通常混凝土电阻率的测量采用四电极方法，即在混凝土表面等间距接触四支电极，两外侧电极为电流电极，两内侧电极为电压电极，通过检测两电压电极间的混凝土电阻即可获得混凝土电阻率。

混凝土电阻率反映了混凝土的导电性能，可间接评定钢筋的可能锈蚀速率。通常混凝土电阻率越小，混凝土导电能力越强，钢筋锈蚀发展速度越快。

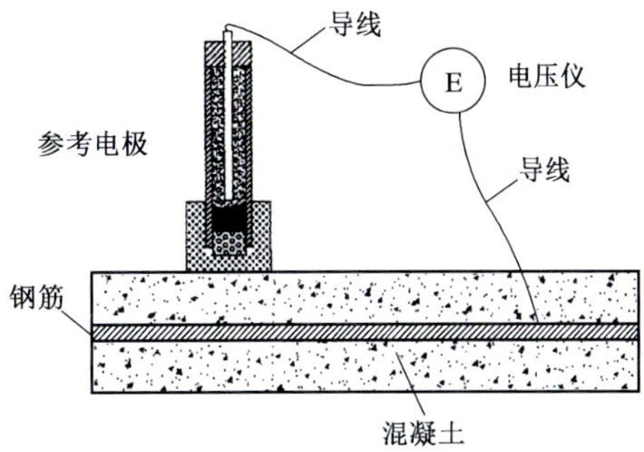


图10.5-3 钢筋锈蚀检测系统连接方法

### 10.5.6 混凝土氯离子含量检测

混凝土中氯离子含量，可采用在结构上钻取不同深度的混凝土粉末样品，然后在实验室采用化学分析法测定。

混凝土中氯离子可诱发并加速钢筋的锈蚀，测量混凝土中氯离子含量可间接评定钢筋锈蚀活化的可能性。混凝土中氯离子含量越高，钢筋发生锈蚀的可能性越大。

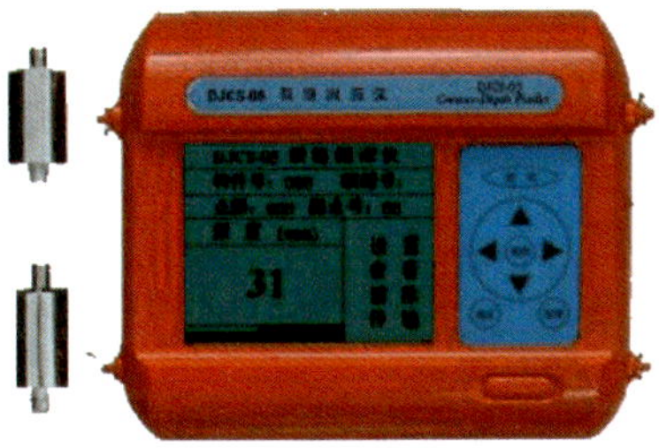


图10.5-4 超声波检测仪

### 10.5.7 裂缝深度测量

采用超声波检测仪(图10.5-4)，测量超声脉冲波在混凝土中的传播速度、首波幅度和接收信号主频率等声学参数，并根据这些参数及其相对变化，判定混凝土中的缺陷情况。

利用此原理可以检测混凝土密实度、内部空洞、裂缝深度、结合面质量、完整性等。

### 10.5.8 桥梁结构自振频率检测

采用脉动法进行自振测试，由速度传感器作拾振器，经电荷放大到磁带机内，然后进行信号回放处理，在频域和时域中进行谱分析和时程分析，测试实施中采用高精度超低频速度传感器进行测量。

桥梁自振频率变化不仅能够反映结构损伤状况，而且还能反映结构主体性能和受力体系的改变。通过测试桥梁自振频率的变化，可以分析桥梁结构性能，评价桥梁工作状况。此方法一般适用于特殊检测。

### 10.5.9 索结构索力测量

一般采用振动频率法测量索力。索的自振频率，可采用随机环境振动的测量方法，测量索在风等环境激励下的振动信号。若由于测试系统灵敏度不够，可采用人工激振。

振动频率法测量索力的原理是，在一定条件下索股拉力与索的振动频率存在对应的关系，在已知索的长度与分布质量时,可通过索股的振动频率计算索的拉力。一般索长较长且梁端约束明确的构件,索力测量结果较精确;而短索的索力测量结果受两约束端影响大,精确度低。本方法常在特殊检测中使用。

### 10.5.10 覆层厚度检测

覆层厚度检测仪器可无损伤地检测磁性金属(如铁、钢、合金和硬磁性钢等)基体上非磁性覆层(如锌、铝、铬、铜、橡胶、油漆等)的厚度及非磁性金属基体(如铜、铝、锌、锡等)上非导电覆层(如橡胶、油漆、塑料、阳极氧化膜等)的厚度。

### 10.5.11 焊缝检测

超声波焊缝探伤仪是利用超声能透入金属材料的深处,并由一截面进入另一截面时,在界面边缘发生反射的特点来检查零件缺陷的一种方法。当超声波束自零件表面由探头通至金属内部,遇到缺陷与零件底面时就分别发出反射波,在荧光屏上形成脉冲波形,根据这些脉冲波形来判断缺陷位置和大小。

### 10.5.12 混凝土结构内部缺陷检测

高精度结构雷达可对混凝土结构的内部缺陷进行检测。其原理是根据电磁波在有耗介质中的传播特性,发射天线向结构体发射高频脉冲电磁波,电磁波在结构中传播时,其传播路径、电磁场强度和波形将随所通过介质的电性和几何形态的变化而变化。雷达主机接收后对数据进行后处理得到雷达图像,根据雷达图像可确定结构体的分界面、空间位置和结构特性。由此来判断混凝土的内部缺陷。

# 参考文献


[1] 交通运输部. 公路养护安全作业规程:JTG H30—2015[S]. 北京:人民交通出版社股份有限公司,2015.

[2] 交通部. 公路桥涵养护规范:JTG H11—2004[S]. 北京:人民交通出版社,2004.

[3] 交通运输部. 公路桥梁技术状况评定标准:JTG/T H21—2011[S]. 北京:人民交通出版社,2011.

[4] 交通运输部. 公路桥梁加固设计规范:JTG/T J22—2008[S]. 北京:人民交通出版社,2008.

[5] 交通运输部. 公路桥梁加固施工技术规范:JTG/T J23—2008[S]. 北京:人民交通出版社,2008.

[6] 交通运输部. 公路桥涵设计通用规范:JTG D60—2015[S]. 北京:人民交通出版社股份有限公司,2015.

[7] 交通运输部. 公路桥梁抗震设计规范:JTG/T 2231-01—2020[S]. 北京:人民交通出版社股份有限公司,2020.

[8] 交通运输部. 公路工程技术标准:JTG B01—2014[S]. 北京:人民交通出版社股份有限公司,2014.

[9] AASHTO. Guide Manual for Condition Evalua-tion and Load and Resistance Factor Rating(LR-FR) of Highway Bridges,2003.

[10] AASHTO. Manual for Condition Evaluation of Bridges[M]. 1994.

[11] AASHTO. Manual For Maintenance Inspection of Bridges[M]. 1983.

[12] FHWA. National Bridge Inspection Standards[S]. Federal Highway Administration,U. S. Department of Transportation,2004.

[13] Vesa Mannisto,Raimo Tapio. Infrastruchtre Management System:Case Study of the Finnish National Road Administration[J]. Transportation Research Record.

[14] FHWA. Bridge Inspector's Reference Manual[S]. Federal Highway Administration,U. S. Department of Transportation,2012.

[15] Department of Transportation. New York State of Opportunity Bridge Inspection Manual [S]. 2017.

[16] 刘自明. 桥梁工程养护与维修手册[M]. 北京:人民交通出版社,2004.

[17] 张宇峰,朱晓文. 桥梁工程试验检测技术手册[M]. 北京:人民交通出版社,2009.

[18] 邵旭东. 桥梁工程[M]. 5 版. 北京:人民交通出版社股份有限公司,2019.

[19] 杨在林. 材料力学[M]. 2 版. 哈尔滨:哈尔滨工业大学出版社,2018.

[20] 包世华,辛克贵. 结构力学(上册)[M]. 4 版. 武汉:武汉理工大学出版社,2012.

[21] 包世华,辛克贵. 结构力学(下册)[M]. 4 版. 武汉:武汉理工大学出版社,2012.

[22] 哈尔滨工业大学理论力学教研室. 理论力学[M]. 8 版,北京:高等教育出版社,2016.

[23] 交通运输部公路科学研究院. 公路桥梁养护人员应知应会手册[M]. 北京:人民交通出

版社,2013.
[24] 王水龙.桥梁病害[M].上海:上海大学出版社, 2015.
[25] 叶见曙.公路旧桥病害与检查[M].北京:人民交通出版社,2012.
[26] 叶见曙.结构设计原理[M].北京:人民交通出版社股份有限公司,2014.
[27] 浙江省交通运输厅.中小跨径桥梁典型病害防治手册[M].北京:人民交通出版社,2011.
[28] 黄官平,储晓文.常规公路桥梁典型病害分析与养护对策[M].杭州:浙江大学出版社,2017.
[29] 交通运输部.公路桥涵养护规范:JTG 5120—2021[S].北京:人民交通出版社股份有限公司,2021.